Financial
Accounting
Standards

머 리 말

회계는 경영언어(Business Language)로서 투자자와 채권자 등 기업의 사업내용을 알고자 하는 수많은 사람과의 의사소통수단이다. 따라서 경영언어를 사실과 다르게 왜곡 표현하는 회계분식은 악순환의 속도와 파급효과가 매우 크기 때문에 그 뿌리를 사전에 근절하지 않으면 자본시장의 근간이 무너지는 엄청난 결과를 초래하게 된다. 미국 엔론, 월드컴, 대우그룹의 사례에서 우리는 값비싼 경험을 한 바 있다.

오늘날 국경을 초월한 투자환경이 조성되고 재무제표의 비교가능성과 투명성이 주요 현안으로 부각되면서 회계기준의 국제적 조화 또는 통일의 필요성이 제기되었으며 그 일환으로 국제회계기준의 도입은 불가피한 선택이 되고 있다. 우리나라도 '회계기준의 글로벌화' 라는 세계적인 추세를 반영하여 2011년부터 모든 상장기업과 금융회사들은 국제회계기준위원회(International Accounting Standards Boards : IASB)가 제정한 국제회계기준을 도입하여 채택한 한국채택국제회계기준(K-IFRS)을 적용하게 되었다. 한편으로 K-IFRS의 적용의무가 없는 비상장기업에게 적용되는 일반기업회계기준과 중소기업회계기준이 제정됨에 따라 우리나라 회계기준은 K-IFRS, 일반기업회계기준 및 중소기업회계기준의 3원화 체제로 유지된다.

본 서는 이러한 회계환경을 반영하여 투자와 신용분석 등 회계분야의 전문지식 함양이라는 요구에 부합하고자 하였으며, 특히 다음과 같은 구성과 내용에 역점을 두었다.

첫째, 본 서는 금융업계 실무자 절대 다수의 연수수요를 반영하여 일반기업회계기준을 중심으로 집필하였다. 또한 일반기업회계기준과 상이한 한국채택국제회계기준의 주요 내용에 대해서는 각 장마다 한국채택국제회계기준의 주요 내용을 요약 · 정리하였다.

둘째, 학습효과를 제고하기 위해 주요한 주제는 본문에 설명하고 부수적인 내용은 보론과 각주에 기술하였으며, 특히 학습자의 이해를 높이기 위하여 다양한 유형의 사례문제, 회계정보의 이해, Case Study, 생각해봅시다 및 연습문제를 소개하였다.

셋째, 본 서의 구성은 재무회계 개관, 재무회계 개념체계, 재무제표, 재무상태표 항목, 손익계산서 항목 및 감사보고서 순서로 하였다. 특히 감사보고서는 기업의 신용도를 평가할 때 필수적인 내용이므로 기술하였다.

넷째, 본 서는 회계원리 수준의 기업신용분석 기초지식을 갖춘 실무자를 대상으로 한다. 따라서 회계 기초지식이 없는 학습자는 본서를 학습하기 전에 회계원리 수준의 기초지식을 갖추어야 할 것이다.

이와 같은 관점에서 본 서를 집필하였지만 저자의 미숙으로 깨닫지 못한 오류와 미비점이 있지 않을까 두려움이 앞선다. 이러한 점에 대해서는 앞으로 계속 수정 · 보완하면서 좀더 알찬 내용으로 만들어 나갈 것을 약속드리며, 그 과정에서 독자 제위와 여러 교수님들의 충고와 지도편달을 부탁드린다. 끝으로 본 서가 출판되도록 허락하여 주신 한국금융연수원장과 관계자 여러분께 감사의 말씀을 드린다.

2025년 3월

저자 씀

차 례

Financial
Accounting
Standards

Financial
Accounting
Standards

Financial
Accounting
Standards

Financial
Accounting
Standards

이 책의 학습목표

첫째, 신용평가 업무의 기초자료가 되는 재무제표와 회계기준을 이해한다.

둘째, 재무제표와 구성요소 및 그 경제적 의미를 이해한다.

셋째, 재무제표의 이해를 통해서 기업을 이해하고, 이를 통해 신용분석 역량을 함양한다.

Financial Accounting &
Accounting Standards

제1장

재무회계와 회계기준

학습목표

본장을 학습한 후 다음 사항을 이해할 수 있다.

1. 재무회계, 재무보고 및 재무제표의 의의와 역할
2. 재무정보의 수요와 공급
3. 일반적으로 인정된 회계원칙
4. 회계기준 제정기구와 체계

1. 자본시장과 재무제표

자본시장(capital markets)은 경영활동에 필요한 자금을 조달하려는 기업들과 그 자금을 공급하는 투자자(investors)로 구성된다. 재무제표는 기업의 경영활동에 대한 정보를 제공하는 핵심적 수단으로서 자본시장이 원활히 기능하는 데 중요한 역할을 한다. 투자자는 재무제표를 통해 기업의 재무상태와 경영성과를 파악함으로써 투자 및 신용의사결정을 하게 된다.

그림 1-1 자본시장과 재무제표

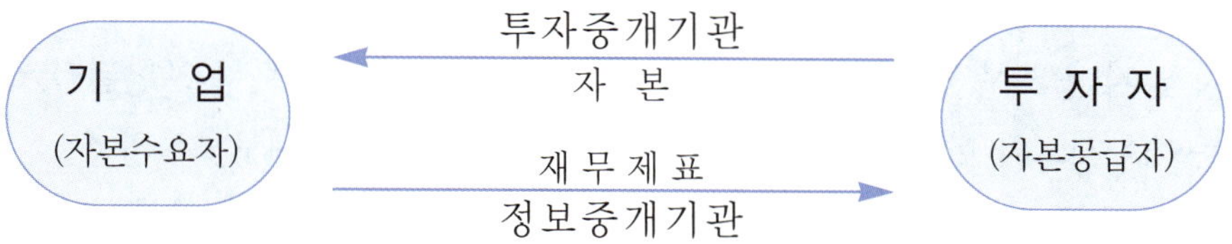

- 투자중개기관 : 투자신탁, 투자회사, 사모펀드, 은행, 벤처캐피탈, 보험회사 등
- 정보중개기관 : 증권분석가, 신용평가기관, 외부감사인, 경제신문 등

1-1 재무회계

회계란 일반적으로 '정보이용자가 사정을 잘 알고서 판단과 의사결정을 할 수 있도록 경제적 정보를 식별 · 측정 · 전달하는 과정' 으로 정의하는데, 재무회계, 원가 · 관리회계, 세무회계, 회계감사 및 정부 · 비영리기관회계 등의 세부분야로 분류된다.

재무회계란 내 · 외부정보이용자를 위하여 기업실체의 거래를 인식, 측정, 기록하여 재무제표를 작성하는 것을 목적으로 하는 재무정보의 산출 및 보고절차에 주요 관심을 두는 회계의 한 연구영역을 말하며, 투자자와 채권자로부터 재무자원을 조달하기 위한 회계이기 때문에 재무회계라고 한다.

1-2 재무보고와 재무제표

재무보고(financial reporting)란 기업실체 외부의 다양한 이해관계자의 경제적 의사결정을 위해 경영자가 기업실체의 경제적 자원과 의무, 경영성과, 현금흐름, 자본변동 등에 관한 재무정보를 제공하는 것을 말한다. 재무보고는 기업실체의 회계시스템에 근거한 재무제표에 의해 주로 이루어지나, 그 외의 수단에 의해서도 재무정보가 제공될 수 있다. 이러한 정보는 감독규정의 요구, 관습, 경영자의 자발적 판단 및 기타 이해관계자의 요구에 의해 제공된다.

재무제표(financial statements)는 기업실체가 외부 정보이용자에게 재무정보를 전달하는 재무보고의 핵심적인 수단이며, 기업실체의 자산, 부채 및 자본과 이들의 변동에 관한 정보를 제공하는 재무보고서로서 주석을 포함한다. 일반기업회계기준에서는 재무상태표, 손익계산서, 현금흐름표, 자본변동표와 주석을 재무제표로 본다.

한편, 재무보고의 기타 수단으로 제공되는 재무정보에는 재무제표에 보고하기는 적절하지 않지만 재무정보이용자의 의사결정에 적합한 정보가 모두 포함된다. 사업보고서는 재무제표와 더불어 기업실체의 재무정보를 제공하는 재무보고의 수단의 예이며, 일반적으로 비재무정보를 포함한다. 또한 주석 외의 공시사항, 경영자 예측, 기업실체의 사회 · 환경적 영향에 대한 설명 등은 재무제표에 제공되지 않는 재무정보 또는 비재무정보의 예이다. 따라서 재무보고는 재무제표를 포괄하는 광범위한 개념이다. 재무보고과정의 개요는 [그림 1-2]와 같다.

그림 1-2 재무보고의 과정

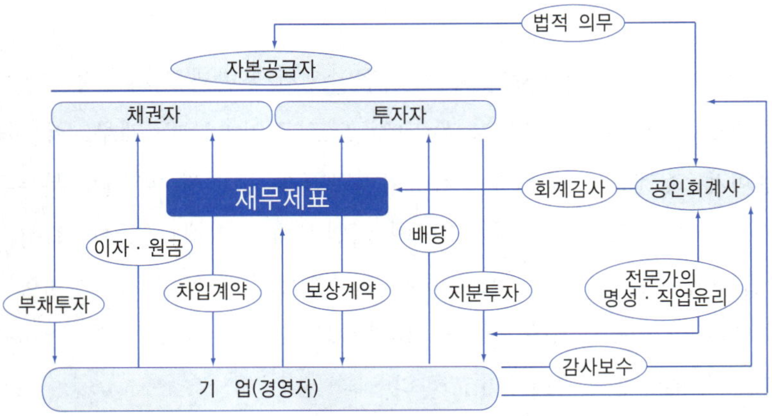

1-3 회계의 기능

회계는 정보이용자의 합리적인 의사결정을 도움으로써 다음과 같은 기능을 수행한다.

(1) 회계의 정보제공기능

회계는 자본주의 경제체제 내의 희소한 자원(scarce economic resources)을 효율적으로 이용하는 경제실체(기업)를 파악하는데 중요한 역할을 한다. 투자자와 채권자는 투자 및 신용의사결정을 함에 있어서 어떤 기업이 상대적으로 자원을 효율적으로 활용하고 있는지 회계정보를 이용하여 기업간 비교를 할 수 있다. 그 결과 투자 및 신용의사결정에서 예상되는 수익 및 위험 등을 평가하여 기업가치와 기업(경영)성과를 산정할 수 있으며, 이는 궁극적으로 희소한 자원의 효율적 배분에 기여하게 되는 것이다.

(2) 수탁책임의 보고

재산의 관리 또는 운영을 위임받은 사람(경영자)이 소유 또는 지배하는 사람(소유주, 투자자 등)에 대하여 관리 및 운용에 대한 책임을 수탁책임이라고 하는데 회계는 수탁책임에 관한 보고기능을 한다.

(3) 사회적 직능의 수행을 위한 기초자료 제공

회계는 기업의 다양한 이해관계자들의 형평문제를 결정하는 데 도움을 준다. 자본주의는 경쟁, 시장 등의 자율적인 기능에 의하여 자원의 효율적인 배분이 달성되지만 정부의 규제 및 간섭이 필요한 경우도 있다. 세금의 징수, 근로협약, 공공요금의 결정, 보조금의 지급 등은 정부가 자원의 효율적이고 공평한 배분을 위해 사용하는 정책수단인데, 회계가 이를 위한 기초자료를 제공한다.

2. 재무정보의 수요와 공급

재무보고에 포함되는 재무정보는 재무정보에 대한 수요와 공급의 결과 발생한 산물이다. 재무정보의 종류로는 재무상태표, 손익계산서, 현금흐름표, 자본변동표와 주석 등의 재무제표와 재무제표 이용자의 의사결정에 유용할 것으로 예상되는 여러 가지 부속명세서, 경영자의 분석보고서나 검토보고서 등의 설명자료, 재무분석가 등이 제공하는 재무제표분석 등의 가공된 정보가 있다.

2-1 재무정보의 수요

재무정보를 요구하는 집단으로는 주주 · 투자자, 채권자, 경영자, 종업원, 거래처 및 고객, 정부감독기관 및 기타수요자가 있다. 이러한 집단들은 재무정보를 이용하여 합리적 의사결정을 함으로써 자신의 부를 극대화시키고 동시에 사회 전체적으로 한정된 자원의 효율적 배분과 사회적 후생의 증대가 이루어진다.

(1) 주주 · 투자자

주주와 투자자는 재무정보의 주된 이용자로 볼 수 있는데, 이들은 어느 회사의 주식을 매입 · 보유 또는 매도할 것이며, 언제 매입 · 매도할 것인가에 관한 의사결정을 한다. 주주와 투자자는 회사의 주인(principal)이지만 경영을 대리인(agent)이라고 할 수 있는 전문경영자에게 위임하고 배당 또는 자본이득을 얻는 데 관심이 있다. 따라서 주주와 투자자의 재무정보에 대한 수요는 투자목적과 수탁기능목적으로 구분된다. 투자목적에 따른 수요는 재무정보를 기초로 미래현금흐름의 시기, 금액 및 불확실성을 추정하여 미래의 수익성과 위험을 예측하기 위한 것이다. 수탁기능목적에 따른 정보수요는 경영자의 행동을 관찰 · 감독하여 경영자에게 위탁된 자원이 주주와 투자자의 이해관계에 부합되는 방향으로 활용되도록 하기 위한 것이다.

(2) 채권자

채권자는 회사의 재무상태 및 수익성을 검토하여 대출채권의 원금과 이자 또는 외상채권을 적절히 지급받을 수 있는가를 판단한다. 대표적인 자금공급자인 금융기관은 회사의 부채비율, 수익성, 현금흐름 등 재무상태와 경영성과를 분석하여 대출여부, 대출규모, 이자율, 대출기간 등을 결정하며, 대출기간 중에 차입자가 지켜야 할 제약사항(debt covenants)을 대출약정에 포함시키고 대출기업이 제약사항을 위반하는 경우에는 이자율 인상 또는 대출금의 회수와 같은 대출조건을 재조정하기도 한다. 이 제약사항은 운전자본의 유지, 배당 제한, 추가 차입의 제한 또는 재무비율 등의 회계수치로 명시되기도 한다.

(3) 경영자

경영자가 재무정보에 관심을 갖는 이유는 자신의 보상계약이나 차입계약을 수익률 또는 자기자본비율과 같은 재무제표수치에 기초하여 체결하기 때문이다. 이러한 경우에는 계약조건을 준수하기 위하여 재무정보를 세밀하게 관찰하고 경우에 따라서는 이를 적극적으로 관리하기도 한다.

(4) 종업원

종업원은 회사의 안정성과 수익성에 관심을 가지며, 재무정보를 통하여 그 판단을 하게 된다. 특히 임금인상협상을 회사의 경영성과나 재무상태와 관련하여 결정하기로 한 경우 재무정보의 신뢰성과 결과에 관심을 갖게 되는 것은 당연하다고 볼 수 있다.

(5) 거래처 및 고객

거래처는 납품대금의 회수가능성, 고객은 회사의 계속성을 평가하기 위하여 재무정보를 필요로 한다. 거래처는 회사의 매입채무 및 미지급금의 지급능력에 관심이 있으며, 고객은 제품보증, 하자보수 등의 약정된 서비스를 제공받기 위하여 존속가능성에 관심이 있기 때문이다.

(6) 정부 및 감독기관

정부 및 감독기관도 기업의 재무정보를 필요로 한다. 예컨대 조세의 부과, 전기요금 · 버스요금 등 공공요금의 결정, 관급공사계약시 업자의 선정, 독과점 규제 및 정책금융 등의 규제와 지원을 위하여 재무정보가 필요하다.

(7) 기타 수요자

각자의 목적에 따라 재무정보를 요구하는 다양한 집단이 있다. 증권분석가는 회사의 정보를 수집 · 분석하여 일반 정보이용자에게 다양한 경영분석정보를 제공하는데, 증권분석가들이 이용하는 정보 중에는 가장 비중이 큰 것이 재무정보이다. 또한 감사인은 회사의 재무정보에 따라 감사의 범위를 결정하며, 학자, 시민단체, 지역주민 등도 연구 · 환경보호 및 사회적 책임 등의 목적에서 재무정보를 필요로 한다.

2-2 재무정보의 공급

재무정보의 수요에 부응하여 재무정보가 제공된다면 한정된 자원의 효율적 배분이라는 회계의 역할이 적절히 수행될 수 있다. 그러나 경영자는 경제적 자원을 위탁한 사람들의 대리인의 지위에 있기 때문에 위탁자의 이익에 반하는 의사결정을 할 수도 있으며, 그에 따라 자신의 이해관계에 반하는 항목의 공시를 꺼리거나 선별적인 재무정보의 공시행태를 취할 수도 있다. 따라서 다양한 이해관계자의 수요에 부합되는 재무정보를 공급하게 하는 제도적 장치로 정부의 규제와 자발적인 공시유인이 있다.

(1) 정부의 규제

재무정보의 공급에 대하여 규제가 필요하다고 보는 이유는 다음과 같은 이유 때문이다.

① 재무정보는 공공재(public goods)의 성격이 있기 때문인데, 재무정보는 생산원가를 부담하는 주주와 경영자뿐만 아니라 생산원가를 부담하지 않는 일반투자자에게도 도움을 준다. 그러나 주주와 경영자는 사회 전체적으로 필요한 수준까지 공급하지 않기 때문에 규제가 필요하다고 본다.

② 경영자는 회사의 기밀이나 자신에게 불리한 정보를 공개하지 않으려는 유인이 있기 때문에 규제가 필요하다고 본다.

어느 나라에서나 재무정보의 공시를 규제하는 제도적 장치를 두고 있는데, 우리나라는 「상법」, 「자본시장과 금융투자업에 관한 법률」, 「주식회사 등의 외부감사에 관한 법률」에 따라 재무정보를 공시하고 있으며, 금융감독원이 도입한 전자공시시스템(DART: data analysis retrieval and transfer)을 통하여 실시간으로 기업 재무정보를 입수할 수 있다.

(2) 자발적인 공시

재무정보의 공시를 강제하지 않더라도 회사가 자발적으로 공급하는 경우도 있다. 회사가 법에 정하는 재무정보뿐만 아니라 추가적인 정보까지 스스로 공시하는 이유는 자발적 공시를 통하여 회사의 명성과 신뢰성을 재고시킬 수 있기 때문이다. 또한 증권시장, 노동시장 및 경영권지배시장 등의 시장요인도 재무정보의 공시에 영향을 준다.

3. 회계원칙의 제정방법

3-1 일반적으로 인정된 회계원칙

재무정보 이용자는 다양한 집단으로 구성되어 있다. 각 집단이 필요로 하는 정보는 일치하는 경우도 있지만 그 요구내용에 따라 다양하다. 기업이 재무정보 이용자 집단의 다양한 정보요구를 모두 충족시킬 수 없기 때문에 일반적으로 많이 요구된다고 판단되는 정보를 제공하는 것이 일반적이다. 따라서 외부정보이용자에게 전달하는 재무제표를 일반목적의 재무제표 또는 간단히 재무제표라고 부른다.

재무제표는 기업의 재무상태와 경영성과 등에 대한 정보를 제공하는데 재무제표를 작성함에 있어서 편의, 부정확, 불명확 등의 오류가 발생할 수 있고, 상이한 기업들이 유사한 사건을 다르게 보고할 수 있다. 따라서 재무제표 작성의 오류를 최소화하고 상이한 기업들이 유사한 사건을 보고할 때 통일성을 부여함으로써 재무제표의 비교가능성을 높이기 위하여 일반적으로 보편타당하고 합리적이라고 인정되는 일련의 기준 또는 원칙이 마련되었는데, 이를 '일반적으로 인정된 회계원칙(GAAP, generally accepted accounting principles)'이라고 한다. '일반적으로 인정된'이란 의미는 특정한 회계사항에 대하여 회계원칙제정기관이 회계원칙을 정하였거나 또는 오랜 기간에 걸쳐 특정한 회계처리관습이 회계실무계의 광범위한 지지를 받아 사용되어 온 결과 하나의 회계원칙으로 형성되어 있음을 의미한다. 따라서 일반적으로 인정된 회계원칙을 '다수의 실질적으로 권위있는 지지'(substantial authoritative support)를 갖는 원칙이라고 정의한다. 우리나라에서 GAAP은 한국채택 국제회계기준(K-IFRS), 일반기업회계기준 및 중소기업회계기준을 의미한다.

3-2 회계원칙제정의 주체

회계원칙이 누구에 의하여 제정되는가에 따라 자유시장접근법(free-market approach)과 규제접근법(regulatory approach)으로 나눈다.

(1) 자유시장접근법

회계정보를 다른 일반재화와 같이 하나의 경제재(economic goods)로 간주하여 투자자와 채권자들은 회계정보에 대한 수요가 있고 그 수요에 따라 회사는 재무제표 등의 회계정보를 공급한다. 이 때 수요와 공급의 균형에 의하여 제공되는 회계정보가 결정되고 그러한 회계정보를 산출하기 위한 회계원칙이 제정되어야 한다는 견해이다. 따라서 이 방법은 특별한 규제가 필요하지 않다는 입장이다.

(2) 규제접근법

회계정보를 공공재(public goods)로 인식하여 회계원칙을 규제기관에서 제정하여야 한다는 견해이다. 공공재는 대가를 지불하지 않고 혜택을 보는 무임승차자(free-rider) 현상이 존재하기 때문에 가격에 의한 수요와 공급의 균형이 달성될 수 없다고 본다. 따라서 제공된 회계정보의 양이나 질이 사회적 최적(social optimum)의 상태에 이르지 못하게 됨으로써 시장실패(market failure)를 초래하게 되므로 개인들의 이익 보호를 위하여 규제기관이 필요하다고 본다. 오늘날은 회계정보를 공공재로 인식하고 이에 따라 규제기관이 회계원칙을 제정하는 방법이 더 많은 지지를 받고 있다.

회계원칙을 제정하는 규제기관으로 공공부문과 민간부문이 있다. 공공부문이 회계원칙을 제정하는 경우에는 법적 강제성과 공정성이 유지될 수 있는 장점이 있지만 전문성, 유연성이 결여되는 단점도 있다. 한편, 민간부문이 회계원칙을 제정하는 경우 전문지식과 경험이 풍부한 회계전문가들이 제정하기 때문에 실무적으로 수용가능성이 높은 장점이 있지만 정부의 강력한 지지가 있어야 강제력이 유지된다는 단점이 있다. 우리나라는 1999년까지 금융감독위원회(현재 금융위원회)가 회계원칙을 제정하여 왔고 현재에도 제정권을 가지고 있으나 2000년 7월 27일부터 회계원칙의 제정업무를 한국회계기준원에 위탁하여 민간부문에서 제정하는 방식으로 전환되었다.

4. 우리나라의 회계제도

4-1 우리나라 회계기준의 역사

우리나라 회계기준의 효시는 1958년 6월, 당시 재무부장관의 자문기구였던 재정금융위원회의 기업회계준칙제정 분과위원회가 중간 보고의 형태로 공표한「기업회계원칙」이다. 실무에 필요한「재무제표규칙」은 동년 7월에 재무부 고시로 발표되었다.

그 후 기업공개정책의 영향으로 상장법인의 수가 크게 늘면서 1974년에는 대통령령으로「상장법인 등의 회계처리에 관한 규정」이 제정되었고 1975년에는 재무부령으로「상장법인 등의 재무제표에 관한 규칙」이 공표되었다. 한국공인회계사회는 동 규정의 시행에 따른 실무계의 질의를 처리하기 위하여 1974년부터 1981년까지 10개의 의견서와 135개의 사례를 발표하였다. 1980년 12월에는「주식회사의 외부감사에 관한 법률」이 제정되었고 동법 제13조와 동법시행령 제6조의 규정에 따라 증권관리위원회는 종전의 모든 규정을 대체하는 전문 9장 133조로 구성된「기업회계기준」을 1981년 12월에 공포하였다.

기업회계기준은 1997년까지 9차의 개정을 거치면서 발전하였으나 정부의 정책 목적에 따라 일관성이나 국제적 적합성 없이 빈번하게 변경되었다는 비판을 받았다. 또한 기업회계기준이 법조문의 형식으로 되어 있어 해석이나 적용상의 편차가 있었으며 국제적인 비교도 어려웠다. 1998년에는 기업회계기준의 제정주체가 금융감독위원회로 바뀌었으며 같은 해 10월에는 30대 기업집단에 적용되는「기업집단결합재무제표준칙」이 재정되었고, 12월에는 국제회계기준과 합치할 목적으로 기업회계기준이 전면 개정되었다.

4-2 우리나라의 회계기준

(1) 한국회계기준원의 설립배경 및 구조

우리나라의 기업회계기준은 한국 경제의 성장과 함께 계속하여 발전하여 왔으나 회계기준의 제정권한이 증권관리위원회나 금융감독위원회 등 정부 부처에 있었기 때문에 투자자 보호보다는 정부의 정책 목적에 지나치게 영향을 받았다는 평가를 받았다. 이에 따라 1999년 9월 1일자로 한국회계기준원(Korea Accounting Institute, KAI)이 개원되었다.

한국회계기준원은 금융감독위원회의 허가를 받아 설립된 사단법인이다. 한국회계기준원은 금융감독원, 한국상장회사협의회, 한국공인회계사회 등 13개 기관으로 구성된 회원총회와 10여명의 이사로 구성된 이사회로 구성된다. 또한 한국회계기준원에는 회계기준의 제·개정 및 해석작업을 수행하기 위하여 한국 회계기준원 원장이 겸임하는 위원장 1인, 상임위원 1인과 5인의 비상임의원으로 구성된 한국회계기준위원회(Korea Accounting Standards Board, KASB)와 한국회계기준위원회의 상임위원과 20인이내의 비상임위원으로 구성된 회계기준자문위원회가 설치되어 있다. 회계기준자문위원회는 새로운 기업회계기준 등의 필요성, 기존에 공포된 기업회계기준 등의 재검토 필요성, 기업회계기준 등의 제·개정안, 회계기준위원회의 구조 및 운영 절차, 회계기준위원회 연구과제팀의 조직과 구성 등에 대한 자문을 회계기준위원회에 제공한다. 또한 회계기준의 설정에 관한 기초조사연구를 수행하고 회계기준위원회의 업무수행을 지원하기 위하여 조사연구실을 운용하고 있다.

(2) 국제회계기준의 채택에 따른 회계기준의 체계

2011년부터 우리나라가 국제회계기준을 전면 도입하기로 결정하고, 2013년에는 중소기업회계기준이 제정됨에 따라 회계기준이 3원화되게 되었다. 하나는 상장기업(금융회사 포함, 코넥스시장 상장기업 제외)이 강제적으로 적용하여야 하는 한국채택국제회계기준(K-IFRS)이며, 다른 각각은 비상장 외부감사대상기업이 적용하여야 하는 일반기업회계기준과 외부감사대상이 아닌 비상장중소기업이 적용하여야 하는 중소기업회계기준이다. 일반기업회계기준은 K-IFRS의 적용에 따른 회계처리의 부담을 줄여주기 위하여 K-IFRS의 적용의무가 없는 비상장 외부감사대상기업을 위해

2009년 12월말에 제정되었다. 그러나 비상장기업도 원하는 경우 K-IFRS를 선택할 수 있으며, 비상장기업이 상장기업의 연결자회사인 경우에는 반드시 K-IFRS에 의해 재무제표를 작성하여야 한다.

국제회계기준은 국제회계기준위원회(2001년 이전에 International Accounting Standards Committee : IASC, 2001년 이후 International Accounting Standards Boards : IASB로 변경됨)에서 제정한다. 국제회계기준위원회의 명칭이 변경됨에 따라 국제회계기준의 명칭도 2가지로 구분되는데, 하나는 IASC가 제정한 IAS(International Accounting Standards)와 IASB가 제정한 IFRS이다. 명칭은 다르지만 국제회계기준으로서의 효력에는 차이가 없다.

K-IFRS는 국제회계기준을 한국어로 번역한 것이며, 국제회계기준의 형식을 그대로 취하고 있다. 2024년 2월 현재 K-IFRS는 42개(IAS 25개, IFRS 17개) 이며, 기업회계기준서와 기업회계기준해석서로 구성된다. K-IFRS는 원칙중심의 회계기준이기 때문에 가급적이면 해석서의 발행을 자제하지만 K-IFRS에 대해 해석서가 있는 경우가 많다.

그림 1-3 우리나라 기업회계기준의 체계

2011년 이전		2011년 이후		
외환위기 이전	외환위기 이후	비상장기업		상장기업
		비외부감사대상	외부감사대상	
기업회계기준 준 칙 해 석	기업회계기준서 기업회계기준해석서 기업회계기준적용사례	중소기업회계기준 (총10장으로 구성)	일반기업회계기준 (총32장으로 구성)	한국채택국제회계기준 (회계기준서와 회계기준해석서로 구성)

(3) 회계기준의 국제화와 필요성

자본의 국제적인 이동에 따라 통일된 회계기준의 필요성이 제기되었다. 이러한 상황에서 1973년에 국제회계기준위원회(IASB, International Accounting Standards Board)가 창설되어 국제회계기준(IAS, International Accounting Standards)을 제정하였다. 초기의 국제회계기준은 구속력이 없어서 광범위하게 수용되지 못하였으나 1981년 국제증권감독자기구(IOSCO, International Organization of Securities Commissions)가 국제회계기준위원회의 자문그룹으로 참여하면서 자본시장의 세계화에 도움이 되도록 회계기준의 국제적 통일화를 촉구하고 있다. IOSCO는 IASB와 연합하여 각국이 수용가능한 국제회계기준을 정비한 후 IOSCO가맹국의 증권시장에 상장할 경우에는 국제회계기준에 의하여 작성한 재무제표를 제출한 경우에 한하여 승인하도록 강제화하였다. 그리하여 국제회계기준은 국제적 강행성을 갖는 기준으로 자리잡게 되었으며, 2023년 현재 160여개 국가가 도입하거나 이와 유사한 회계기준을 유지하고 있다.

국가마다 재무제표를 작성하는 회계기준이 상이한 경우 외국기업의 회계정보는 이해가능성(understandability)과 비교가능성이 낮아져서 재무제표의 유용성이 현저히 떨어지게 된다. 또한 1990년대 외환위기에서 경험한 바와 같이 투명한 회계제도가 정비되지 아니한 국가의 재무정보는 외국투자자로부터 신뢰를 얻을 수 없기 때문에 그러한 국가의 기업이 국제자본시장에서 자본을 조달하려고 할 때 비싼 대가를 지불하게 되고 국제자본시장의 활성화에 장애물로 작용한다.

따라서 국제적으로 통일된 하나의 국제회계기준을 사용하는 경우에는 다음과 같은 이점이 있다고 본다.

① 국제자본시장에의 접근 및 자본자유화가 용이해진다.
② 회계투명성이 개선되어 기업의 자본비용이 낮아진다.
③ 국가간 재무제표의 비교가능성이 크게 개선된다.
④ 국내외 자본시장에 중복 상장된 기업의 재무보고 비용이 감소된다.
⑤ 회계문제에 대한 정부 및 압력집단의 간섭이 감소되어 중립성이 유지된다.

생각해봅시다

1. 재무제표 이용자들은 각자 어떠한 목적에서 재무제표를 이용하는가?

2. 자본시장에서 재무제표의 역할은 무엇인가?

3. 재무제표의 신뢰성을 확보하기 위한 제도적 장치로는 무엇이 있는가?

4. 기업회계기준을 국제회계기준과 일치시키려는 이유는 무엇인가?

5. 국제회계기준위원회에서 한국회계기준원의 영향력을 강화시켜야 하는 이유는 무엇인가?

6. 회계기준의 제정시 적법한 절차를 거쳐야 하는 이유는 무엇인가?

7. 회계분식과 부실감사가 사회에 미치는 피해는 무엇인가?

8. 회계기준제정에 관심을 갖고 있는 단체로는 어떤 것이 있는가?

9. 회계기준제정에서 정치적 과정의 긍정적인 면과 부정적인 면은 무엇인가?

확인문제

다음 설명이 맞으면 ○, 틀리면 × 하시오.

01 오늘날 재무정보는 공공재로 이해하여 재무정보의 공급에 대해 규제가 필요하다는 것이 일반적인 견해이다. ( )

02 우리나라는 재무정보가 법률에 의해 강제 공시되며, 여기에는 「법인세법」도 포함된다. ( )

03 우리나라의 일반적으로 인정된 회계원칙은 기업회계기준이라 하며, 기업회계기준은 3원화체계를 갖추고 있다. ( )

04 한국채택국제회계기준(K-IFRS)은 원칙중심의 회계기준이며, 국제회계기준을 한국어로 번역한 것이다. ( )

05 상장 중소기업은 한국채택국제회계기준(K-IFRS)과 일반기업회계기준은 적용할 수 있지만 중소기업회계기준을 적용할 수 없다. ( )

정답 및 해설

01 ○

02 × 「법인세법」은 재무제표의 공시 관련 법률이 아니다.

03 ○

04 ○

05 × 중소기업 여부와 관계없이 상장기업은 한국채택국제회계기준(K-IFRS)을 적용하여야 한다.

연습문제

01 재무회계에 관한 설명 중 옳지 않은 것은?

① 재무회계는 경제내의 한정된 자원이 효율적으로 배분되도록 하는 데 기여한다.
② 재무회계는 다양한 이해관계자의 형평문제를 결정하는 데 도움을 준다.
③ 재무회계는 경영자의 수탁책임의 보고기능을 한다.
④ 재무회계는 투자자와 채권자로부터 재무적 자원을 조달하기 위한 회계이다.
⑤ 재무회계는 재무제표에 초점을 두는 회계로서 재무제표에는 주석은 제외된다.

02 재무제표와 회계원칙에 대한 설명으로 옳지 않은 것은?

① 재무제표는 재무보고의 핵심적인 수단이며, 주석도 재무제표에 포함된다.
② 우리나라에서는 재무제표가 법률에 의해 강제적으로 공시되고 있다.
③ 외부감사대상 비상장 중소기업은 한국채택국제회계기준과 일반기업회계기준 중 어느 하나를 선택·적용할 수 있다.
④ 비상장기업이 상장기업의 연결자회사인 경우에는 한국채택국제회계기준과 일반기업회계기준 중 어느 하나를 선택·적용할 수 있다.
⑤ 한국채택국제회계기준의 도입으로 회계문제에 대한 정부의 간섭이 감소되어 중립성이 유지되는 효과가 있다.

03 우리나라의 일반적으로 인정된 회계원칙에 관한 설명으로 옳지 않은 것은?

① 주권상장법인은 K-IFRS를 의무적으로 적용하여야 하나 비상장법인도 이를 적용할 수 있다.

② 주권상장법인의 연결자회사인 비상장법인은 일반기업회계기준과 K-IFRS를 선택하여 적용할 수 있다.

③ K-IFRS를 적용하면 국내외 자본시장에 중복 상장된 기업의 재무보고비용이 낮아진다.

④ K-IFRS는 원칙중심의 회계기준이기 때문에 전문가의 판단을 중시하고 가급적 해석서의 발행을 자제한다.

⑤ 우리나라는 규제접근법에 의하여 회계원칙을 제정하고 있으며, 「주식회사 등의 외부감사에 관한 법률」의 직접적 지배를 받고 있다

04 우리나라에서 일반기업회계기준을 제정하는 기관은 무엇인가?

① 한국회계기준원
② 한국회계학회
③ 한국공인회계사회
④ 국세청
⑤ 금융위원회

05 재무제표에 해당하지 않는 것은?

① 현금흐름표
② 자본변동표
③ 주석
④ 재무상태표
⑤ 사업보고서

06 재무제표와 회계기준에 관한 설명으로 옳지 않은 것은?

① 재무제표는 기업실체의 자산, 부채 및 자본과 이들의 변동에 관한 정보를 제공하는 재무 보고서이다.

② 우리나라의 회계기준은 한국채택국제회계기준, 일반기업회계기준 및 중소기업회계기준의 3원화 체제이다.

③ 한국채택국제회계기준으로 재무제표를 작성하면 회계문제에 대하여 정부 및 압력집단의 간섭이 감소되어 중립성이 유지될 수 있다.

④ 한국채택국제회계기준에 의해 작성된 재무제표는 재무제표의 비교가능성은 개선되지만 기업의 자본비용은 증가하게 된다.

⑤ 일반기업회계기준은 비상장기업에 한하여 적용할 수 있으며, 상장기업은 적용할 수 없다.

07 기업유형별 기업회계기준의 적용에 대한 설명으로 옳지 않은 것은? 단, 연결자회사 여부는 고려하지 않으며, 상장법인(회사)은 주권상장법인을 의미함

ㄱ. 비상장 중소기업인 금융회사	한국채택국제회계기준(K-IFRS)만 적용
ㄴ. 비상장 외부회계감사대상 중소기업	한국채택국제회계기준(K-IFRS)과 일반기업회계기준 중 선택 적용
ㄷ. 비상장 외부회계감사대상 대기업	한국채택국제회계기준(K-IFRS)만 적용
ㄹ. 상장 중소기업	한국채택국제회계기준(K-IFRS)만 적용
ㅁ. 외부회계감사대상이 아닌 비상장 중소기업	한국채택국제회계기준(K-IFRS), 일반기업회계기준 및 중소기업회계기준 중 선택 적용

① ㄱ ② ㄴ ③ ㄷ ④ ㄹ ⑤ ㅁ

08 기업회계기준의 적용에 대한 옳은 설명을 모두 고른 것은?

> ㄱ. 외부회계감사대상이 아닌 비상장 중소기업인 ㈜안국이 일반기업회계기준을 적용하였다.
> ㄴ. 비상장 금융회사인 ㈜강북은행이 일반기업회계기준을 적용하였다.
> ㄷ. 외부회계감사대상인 비상장 중소기업인 ㈜돈암이 한국채택국제회계기준(K-IFRS)을 적용하였다.
> ㄹ. 상장기업의 연결자회사인 비상장 중소기업인 ㈜강남이 일반기업회계기준을 적용하였다.

① ㄱ, ㄴ ② ㄱ, ㄷ ③ ㄷ, ㄹ ④ ㄱ, ㄴ, ㄹ ⑤ ㄴ, ㄷ, ㄹ

정답 및 해설

01 ⑤ 재무제표에는 주석이 포함된다.

02 ④ 비상장기업이 상장기업의 연결자회사인 경우에는 반드시 한국채택국제회계기준을 적용하여야 한다.

03 ② 주권상장법인의 연결자회사인 비상장법인은 반드시 K-IFRS를 적용하여야 한다.

04 ① 일반기업회계기준은 한국회계기준위원회에서 제정한다.

05 ⑤ 사업보고서는 「자본시장과 금융투자업에 관한 법률」에 의해 주권상장법인 등이 제출하는 재무보고서이다.

06 ④ 한국채택국제회계기준을 적용하면 국가간 재무제표의 비교가능성은 개선되며, 기업의 자본비용이 낮아지는 이점이 있다.

07 ③ 비상장기업은 대기업 또는 중소기업 여부에 관계없이 한국채택국제회계기준(K-IFRS)과 일반기업회계기준을 선택 적용할 수 있다.

08 ② 금융회사와 상장기업의 연결자회사는 상장 여부에 관계없이 한국채택국제회계기준(K-IFRS)을 적용하여야 한다.

Conceptual Framework

제2장

재무회계 개념체계

학습목표

본장을 학습한 후 다음 사항을 이해할 수 있다.

1. 개념체계의 목적과 역할
2. 재무보고의 목적
3. 재무제표의 종류와 기본요소의 정의
4. 회계정보의 질적 특성
5. 제약요인, 기본가정, 인식과 측정

1. 의의

회계기준은 자연과학의 원칙 또는 법칙처럼 불변의 진리 또는 발견의 대상이 아니라 하나의 약속에 불과하며, 언제라도 변할 수 있기 때문에 그 타당성은 유용성이나 중요성과 같은 기준에 의하여 평가할 수밖에 없고 그 입지 또한 공표와 실무계의 수용을 통하여 확보된다. 회계기준의 이러한 특성 때문에 회계기준을 제 · 개정함에 있어서 기본적 방향과 일관성 있는 지침을 제정할 필요성이 존재하는데 이를 개념체계라고 말한다.

개념체계(conceptual framework)란 상호관련된 목적과 기초개념들을 체계화시켜서 일관성 있는 회계기준을 제정하게 하고 재무회계와 재무제표의 본질, 기능 및 한계점 등에 대하여 규범을 제공하는 역할을 하는 것이다. 개념체계는 그 자체로서 '일반적으로 인정된 회계원칙' 은 아니며, 단지 논리적으로 일관성 있고 유용한 회계기준의 제정을 위한 이론적 지침을 제공하는 것으로서 모든 법률의 근간역할을 하는 일종의 헌법과 같은 것으로 이해하면 된다.

개념체계는 미국의 재무회계기준위원회(FASB)의 개념체계를 효시로 회계선진국들과 국제회계기준위원회(IASB)가 도입하였고 우리나라도 2001년 1월 재무회계개념체계를 제정하였다가 2003년 12월에 이를 개정하였으며, 일반기업회계기준의 제 · 개정함에 있어서 지침이 된다.

2. 우리나라의 개념체계

우리나라의 개념체계는 제1장부터 제7장까지 구성되어 있다. 제1장은 서론으로서 개념체계의 목적, 적용범위 및 재무제표이용자 등을 다루고, 제2장은 재무보고의 목적, 제3장은 재무정보의 질적특성, 제4장은 재무제표, 제5장은 재무제표의 기본요소, 제6장은 재무제표 기본요소의 인식, 제7장은 재무제표 기본요소의 측정을 다루고 있다. 재무회계 개념체계는 [그림 2-1]과 같다.

그림 2-1 재무회계 개념체계

<table>
<tr><td rowspan="2">상 층
(목적)</td><td colspan="3">목 적</td></tr>
<tr><td colspan="3">1. 투자 · 신용의사결정의 유용성 2. 미래현금흐름의 예측 3. 재무상태, 경영성과, 현금흐름, 자본변동</td></tr>
<tr><td rowspan="2">중 층
(수단)</td><td colspan="2">질적특성</td><td>재무제표의 기본요소</td></tr>
<tr><td colspan="2">1.주요특성 : 목적적합성, 신뢰성
2. 2차 특성 : 비교가능성</td><td>1. 재무상태표 : 자산, 부채, 자본
2. 자본변동표 : 소유주의 투자, 소유주에 대한 분배
3. 손익계산서 : 포괄이익, 수익, 비용
4. 현금흐름표 : 영업활동현금흐름, 투자활동현금흐름, 재무활동현금흐름</td></tr>
<tr><td rowspan="2">하 층
(방법)</td><td>제약요인</td><td>기본가정</td><td>인식 및 측정</td></tr>
<tr><td>1. 비용 · 효익의 균형
2. 중요성</td><td>1. 기업실체
2. 계속기업
3. 기간별 보고</td><td>1. 인식기준
· 재무제표기본요소의 정의
· 경제적 효익의 발생가능성
· 측정속성의 존재, 측정의 신뢰성
2. 측정속성
취득원가, 공정가치, 기업특유가치, 상각후가액, 순실현가능가치</td></tr>
</table>

2-1 서론

(1) 개념체계의 목적

개념체계는 기업실체의 재무보고의 목적을 명확히 하고 이를 달성하는 데 유용한 재무회계의 기초개념을 제공하는 것을 목적으로 한다. 개념체계는 재무보고의 핵심적 수단인 재무제표에 관한 기초개념에 중점을 두고 있으며, 그 기대되는 역할은 다음과 같다.

① 회계기준제정기구가 회계기준을 제 · 개정에 있어 준거하는 재무회계의 개념과 개념의 적용에 관한 일관성 있는 지침을 제공한다.

② 재무제표의 이용자가 회계기준에 의해 작성된 재무제표를 해석하는 데 도움이 되도록 재무제표의 작성에 기초가 되는 기본가정과 제 개념을 제시한다.

③ 재무제표 작성자가 회계기준을 해석 · 적용하여 재무제표를 작성 · 공시하거나, 특정한 거래나 사건에 대한 회계기준이 미비된 경우에 적용할 수 있는 일관된 지침을 제공한다.

④ 외부감사인이 감사의견을 표명하기 위하여 회계기준 적용의 적정성을 판단하거나, 특정한 거래나 사건에 대한 회계기준이 미비된 경우 회계처리의 적정성을 판단함에 있어서 의견형성의 기초가 되는 일관된 지침을 제공한다.

개념체계는 회계기준이 아니므로 구체적 회계처리방법이나 공시에 관한 기준을 정하는 것을 목적으로 하지 않는다. 따라서 개념체계의 내용이 특정회계기준과 상충되는 경우에는 그 회계기준이 개념체계에 우선한다. 그러나 개념체계는 회계기준제정기구가 회계기준을 제 · 개정함에 있어서 지침을 제공하므로 양자 간에 상충되는 사항들은 점차 감소할 것이다.

(2) 개념체계의 적용범위

우리나라의 개념체계는 일반목적의 재무보고에 포괄적으로 적용되며, 영리기업의 재무제표 작성과 공시에 한정하지 않지만 개념체계의 제정에 있어서 비영리조직의 특수성은 고려되지 않았다. 또한 사업설명서나 경영자가 내부목적으로 작성하는 보고서 또는 세무보고목적을 위해 작성하는 보고서 등과 같은 특수목적의 보고서는 개념체계의 적용대상은 아니지만, 관련 규정이 허용하는 범위 내에서 개념체계는 특수목적 보고서의 작성에도 적용될 수 있다.

(3) 재무제표의 작성책임

기업실체의 경영자는 기업실체 외부의 이해관계자에게 재무제표를 작성하고 보고할 일차적인 책임을 진다. 경영자는 회계기준에 근거하여 진실되고 적정한 재무제표를 작성하여야 한다. 또한 회계기준의 허용 범위 내에서 적정한 회계처리방법을 선택하여 이를 일관성 있게 적용하고, 합리적인 판단과 추정을 하여야 한다.

(4) 재무정보의 이용자

기업실체가 제공하는 재무정보의 이용자는 크게 투자자, 채권자 그리고 기타 정보이용자로 구분할 수 있다.

1) 투자자와 채권자

투자자는 기업실체가 발행한 주식 또는 회사채에 투자한 자를 말한다. 채권자는 기업실체에 대한 법적 채권을 가지고 있는 자금대여자 등을 말하며, 경우에 따라 공급자, 고객, 종업원을 포함한다.

투자자와 채권자는 기업실체에 대해 직접적인 이해관계가 있으며, 현재 및 잠재의 투자자와 채권자는 기업실체의 미래 현금창출능력 평가를 위한 공통적인 정보를 필요로 한다. 주식투자자(주주)와 채권투자자의 경우 투자수익과 투자액의 회수는 기업실체의 현금창출능력에 직접 영향을 받는다. 기업실체의 소유주(주주)의 경우도 투자한 자원이 경영자에 의해 잘 보전되고 효율적으로 운용되고 있는가를 평가하여 그 경영자를 계속 고용하거나 또는 교체할 것인지의 의사결정을 하기 위한 정보수요를 가지고 있으며, 그 정보수요는 현금창출능력 평가를 위한 정보수요와도 깊은 관련이 있다. 자금대여자와 원재료 등 재화공급자의 경우도 원금과 이자 또는 재화공급대가의 회수가 기업실체의 현금창출능력에 의해 직접 영향을 받을 수 있다. 또한 고객은 제품의 품질보증능력 등을 판단하기 위해, 그리고 종업원은 제공한 노동력에 대한 급여의 수취가능성 등을 판단하기 위해 기업실체의 현금흐름에 관심을 갖는다.

2) 기타 정보이용자

기타 정보이용자는 경영자, 재무분석가와 신용평가기관 같은 정보중개인, 조세당국, 감독 · 규제기관 및 일반대중 등을 말한다. 기타 정보이용자도 기업실체의 미래 현금창출능력에 관심을 갖는다. 투자자와 채권자에게 투자 · 신용정보를 제공하는 재무분석가나 신용분석기관은 투자자 및 채권자와 동일한 정보수요를 가지고 있다. 그리고 조세당국, 감독 · 규제기관과 일반대중도 기업실체의 재무적 측면에 대해 투자자 및 채권자의 경우와 유사한 관심을 가지고 있다.

(5) 환경적 고려

재무보고의 목적과 재무제표의 작성방법은 경제, 사회, 제도적 환경에 의해 영향을 받으며, 또한 중대한 환경의 변화가 있을 경우 이를 적절히 반영하여야 한다. 따라서 현재 작성 · 공시되고 있는 재무제표라 하더라도 추후 환경적 요인의 변화에 따라 작성이 필요하지 않게 되거나 다른 종류의 재무제표로 대체될 수 있다.

2-2 재무보고의 목적

(1) 투자 및 신용의사결정에 유용한 정보의 제공

재무보고는 기업실체에 대한 현재 및 잠재의 투자자와 채권자가 합리적인 투자의사결정과 신용의사결정을 하는 데 유용한 정보를 제공하여야 한다. 투자자와 채권자에게 유용한 정보는 사회 전체적인 자원배분의 효율성을 높이는 데 기여한다. 재무보고에 의해 제공되는 정보는 기업실체의 경제적 활동에 대해 어느 정도의 지식을 갖고 있는 투자자와 채권자라면 이해할 수 있는 정보여야 한다. 그러나 일부 투자자 및 채권자가 이해하기 어렵다거나 이용하지 않는다는 이유로 의사결정에 적합한 정보가 누락되어서는 안된다.

(2) 미래 현금흐름 예측에 유용한 정보의 제공

현재 및 잠재의 투자자와 채권자가 합리적 의사결정을 하기 위해서는 투자 또는 자금대여 등에서 기대되는 미래 현금유입을 예측하여야 한다. 이러한 미래 현금유입은 미래의 배당 또는 이자와 미래의 주식매각가액 또는 채권의 만기가액 등이다. 그러므로 재무보고는 투자 또는 자금대여 등으로부터 받게 될 미래 현금의 크기(amounts), 시기(timing) 및 불확실성(uncertainty)을 평가하는 데 유용한 정보를 제공하여야 한다. 또한, 그러한 미래 현금유입은 기업실체의 미래 현금창출능력에 의존하게 되므로, 재무보고는 당해 기업실체에 유입될 미래 순현금흐름의 크기, 시기 및 불확실성을 평가하는 데 유용한 정보를 제공하여야 한다.

(3) 재무상태, 경영성과, 현금흐름 및 자본변동에 관한 정보의 제공

투자자와 채권자는 투자 또는 자금대여 등으로부터의 미래 현금유입이나 기업실체의 미래 순현금흐름을 예측하기 위해서 다양한 재무정보를 필요로 한다. 그러므로 재무보고는 기업실체가 보유하고 있는 경제적 자원과 그 자원에 대한 청구권, 그리고 경영성과 측정치를 포함하여 그러한 청구권의 변동에 관한 정보와 현금흐름 정보를 제공하여야 한다. 즉, 재무보고는 기업실체의 재무상태, 경영성과, 현금흐름 및 자본변동에 관한 정보를 제공하여야 한다.

(4) 경영자의 수탁책임 평가에 유용한 정보의 제공

재무제표는 경영자의 수탁책임(stewardship)의 이행 등을 평가할 수 있는 정보를 제공한다. 경영자는 소유주로부터 위탁받은 기업실체의 자원을 적절히 유지하고 효율적으로 운용하여 수익을 창출하여야 하며, 물가변동이나 기술진보 및 사회적 변화에 따라 발생할 수 있는 불리한 경제 상황으로부터 최대한 이 자원을 보전할 책임이 있다. 이러한 책임의 이행 여부에 대해 경영자는 주기적으로 평가받게 된다.

2-3 질적특성

재무보고의 목적이 달성되기 위해서는 재무정보가 정보이용자들의 의사결정에 유용하여야 한다. 재무정보의 질적특성(qualitative characteristics)이란 재무정보가 유용하기 위해 갖추어야 할 주요 속성을 말하며, 재무정보의 유용성의 판단기준이 된다. 재무정보의 질적특성은 회계기준제정기구가 회계기준을 제정 또는 개정할 때 대체적 재무처리방법들을 비교 평가할 수 있는 판단기준이 된다. 또한, 재무정보의 질적특성은 경영자와 감사인이 회계정책을 선택 또는 평가하거나, 재무정보이용자가 기업실체가 사용한 회계처리방법의 적절성 여부를 평가할 때 판단기준을 제공한다.

재무정보가 갖추어야 할 가장 중요한 질적특성은 목적적합성(relevance)과 신뢰성(reliability)이다. 특정 거래를 회계처리할 때 대체적인 회계처리방법이 허용되는 경우, 목적적합성과 신뢰성이 더 높은 회계처리방법을 선택할 때에 재무정보의 유용성이 증대된다. 목적적합성의 정도가 유사하다면 신뢰성이 더 높은 회계처리방법이 선택되어야 하며 신뢰성의 정도가 유사하다면 목적적합성이 더 높은 회계처리방법이 선택되어야 한다. 따라서 목적적합성과 신뢰성 중 어느 하나가 완전히 상실된 경우 그 정보는 유용한 정보가 될 수 없는 것이다.

재무정보의 유용성은 궁극적으로 정보이용자에 의해서 판단되기 때문에 질적 특성을 갖춘 정보가 이해가능성(understandability)이 있어야 한다는 전제가 필요하다. 이러한 판단은 당면한 의사결정의 성격, 의사결정의 방법, 제공되는 재무정보가 새로운 정보인지의 여부, 의사결정자의 정보처리능력 등 여러 요인에 의해 영향을 받는다. 따라서, 모든 정보이용자에게 최대의 유용성을 갖는 재무정보는 존재할 수 없으며, 회계기준제정기구는 정보이용자의 정보이해능력과 재무제표 작성자의 부담을 동시에 고려하여 다양한 정보이용자에게 유용한 정보가 제공될 수 있도록 회계기준을 제정하여야 한다. 이때 정보이용자는 기업실체의 경제활동 및 회계에 대한 지식을 가지고 있고 재무정보를 이해하기 위한 노력을 할 것이라는 가정이 전제된다.

(1) 목적적합성

재무정보가 정보이용자의 의사결정에 유용하기 위해서는 그 정보가 의사결정목적과 관련되어야 한다. 즉, 목적적합성(relevance) 있는 정보는 정보이용자가 기업실체의 과거, 현재 또는 미래 사건의 결과에 대한 예측을 하는 데 도움이 되거나 또는 그 사건의 결과에 대한 정보이용자의 당초 기대치를 확인 또는 수정할 수 있게 함으로써 의사결정에 차이를 가져올 수 있는 정보를 말한다.

예를 들어, 금융자산을 100원에 취득한 후 기말 공시시점에 공정가치가 120원이 된 경우 원가 100원 보다 공정가치 120원이 미래사건의 결과(미래현금흐름)를 예측하는데 보다 목적적합한 정보가 된다.

1) 예측가치와 피드백가치

목적적합성 있는 재무정보는 예측가치 또는 피드백가치를 가져야 한다. 예측가치(predictive value)란 정보이용자가 기업실체의 미래 재무상태, 경영성과, 순현금흐름 등을 예측하는 데 그 정보가 활용될 수 있는 능력을 의미한다. 예를 들어, 반기 재무제표에 의해 발표되는 반기 이익은 올해의 연간 이익을 예측하는 데 활용될 수 있다.

피드백가치(feedback value)는 제공되는 재무정보가 기업실체의 재무상태, 경영성과, 순현금흐름, 자본변동 등에 대한 정보이용자의 당초 기대치를 확인 또는 수정되게 함으로써 의사결정에 영향을 미칠 수 있는 능력을 말한다. 예를 들어, 어떤 기업실체의 투자자가 특정 회계연도의 재무제표가 발표되기 전에 그 해와 그 다음해의 이익을 예측하였으나 재무제표가 발표된 결과 당해연도의 이익이 자신의 이익 예측치에 미달하는 경우, 투자자는 그 다음해의 이익 예측치를 하향 수정하게 된다. 이 예에서 당해연도의 보고이익은 피드백가치를 갖고 있는 정보이다.

2) 적시성

재무정보가 정보이용자에게 유용하기 위해서는 그 정보가 의사결정에 반영될 수 있도록 적시에 제공되어야 한다. 적시성(timeliness) 있는 정보라 하여 반드시 목적적합성을 갖는 것은 아니나, 적시에 제공되지 않은 정보는 주어진 의사결정에 이용할 수 없으므로 목적적합성을 상실하게 된다. 그러나 적시성 있는 정보를 제공하기 위해 신뢰성을 희생해야 하는 경우가 있으므로 경영자는 정보의 적시성과 신뢰성 간의 균형을 고려해야 한다.

(2) 신뢰성

재무정보가 정보이용자의 의사결정에 유용하기 위해서는 신뢰할 수 있는 정보이어야 한다. 신뢰성(reliability) 있는 정보란 그 정보에 중대한 오류나 편의(bias)가 없고 객관적으로 검증가능하며 그 나타내고자 하는 바를 충실하게 표현하고 있다고 이용자가 믿을 수 있는 정보를 의미한다.

1) 표현의 충실성

재무정보가 신뢰성을 갖기 위해서는 그 정보가 나타내고자 하는 대상, 즉 기업실체의 경제적 자원과 의무, 그리고 이들의 변동을 초래하는 거래나 사건을 충실하게 표현하여야 한다. 표현의 충실성(representational faithfulness)은 재무제표상의 회계수치가 회계기간말 현재 기업실체가 보유하는 자산과 부채의 크기를 충실히 나타내야 하고, 또한 자본의 변동을 충실히 나타내고 있어야 함을 의미한다. 만일 회계수치가 그 측정 대상의 크기를 잘못 나타내고 있으면 그러한 측정치는 신뢰할 수 없는 정보가 된다. 예를 들어, 사실상 회수불가능한 매출채권이 회수가능한 것처럼 재무상태표에 표시된다면 이 매출채권 측정치는 표현의 충실성을 상실한 정보가 된다.

표현의 충실성을 확보하기 위해서는 회계처리대상이 되는 거래나 사건의 형식보다는 그 경제적 실질(substance over form)에 따라 회계처리하고 보고하여야 한다. 거래나 사건의 경제적 실질은 법적 형식 또는 외관상의 형식과 항상 일치하지는 않는다. 예를 들어, 리스의 법적 형식은 임차계약이지만 리스이용자가 리스자산에서 창출되는 경제적 효익의 대부분을 향유하고 당해 리스자산과 관련된 위험을 부담하는 경우가 있다. 이 경우 리스이용자는 리스자산의 경제적 효익을 향유하는 대가로 당해 자산의 공정가치 상당액 및 관련 금융비용을 지급하는 의무를 부담한다. 이와 같은 리스는 경제적 실질의 관점에서 자산과 부채의 정의를 충족하므로 리스이용자는 리스거래 관련 자산과 부채를 인식하여야 한다.

또한 특정 거래나 사건을 충실히 표현하기 위해 필요한 중요한 정보는 누락되어서는 안된다. 수집가능한 중요한 정보가 누락될 경우 표현의 충실성을 저해할 수 있다. 예를 들어, 어떤 기업실체가 지배·종속관계에 있는 다른 기업실체에 거액의 매출을 한 경우 이와 같은 거래내용이 충실히 공시되지 않는다면 개별 재무제표에 나타난 정보는 표현의 충실성이 상실된 정보일 수 있다. 당해 재고가 외부에 매출되지 않은 경우 매출이나 손익이 과대계상될 수 있으며, 특히 두 기업실체 간에 책정된 가격이 공정하지 않은 경우에는 가공의 손익이 기록되기 때문이다.

2) 중립성

재무정보가 신뢰성을 갖기 위해서는 편의 없이(free from bias) 중립적이어야 한다. 의도된 결과를 유도할 목적으로 회계기준을 제정하거나 재무제표에 특정 정보를 표시함으로써 정보이용자의 의사결정이나 판단에 영향을 미친다면 그러한 재무정보는 중립적이라 할 수 없다. 회계기준을 제정하거나 회계처리방법을 적용함에 있어 정보의 목적적합성과 신뢰성을 우선적으로 고려하여야 하며 특정 이용자 또는 이용자 집단의 영향을 받아서는 안된다.

재무제표의 작성에 있어서 거래 또는 사건의 측정에 내재된 불확실성으로 인하여 회계추정을 하여야 하는 경우가 자주 발생한다. 불확실한 상황에서 재무정보가 중립성(neutrality)을 갖기 위해서는 추정에 대한 신중성이 확보되어야 한다. 신중성(prudence)이란 불확실한 상황에서 자산 · 수익이 과다 계상되지 않고 부채 · 비용이 과소 계상되지 않도록 추정에 신중을 기하는 것을 의미하는데, 이를 보수주의로 잘못 해석하기도 한다. 보수주의(conservatism)는 불확실한 상황에서 가능한 한 자산 · 수익이 과소 계상되고 부채 · 비용이 과다 계상되는 개념으로 신중성과는 구별된다.

3) 검증가능성

재무정보가 신뢰성을 갖기 위해서는 객관적으로 검증가능하여야 한다. 검증가능성(verifiability)이란 동일한 경제적 사건이나 거래에 대하여 동일한 측정방법을 적용할 경우 다수의 독립적인 측정자가 유사한 결론에 도달할 수 있어야 함을 의미한다. 예를 들어, 독립된 당사자 간의 시장거래에서 현금으로 구입한 자산의 취득원가는 검증가능성이 높은 측정치이다. 그러나 검증가능성이 높다는 것이 표현의 충실성을 보장하는 것은 아니며, 또한 반드시 목적적합성이 높다는 것을 의미하지도 않는다.

(3) 비교가능성

재무정보의 비교가능성(comparability)은 목적적합성과 신뢰성만큼 중요한 질적 특성은 아니나, 목적적합성과 신뢰성을 갖춘 정보가 기업실체 간에 비교가능하거나 또는 기간별 비교가 가능할 경우 재무정보의 유용성이 제고될 수 있다.

기업실체의 재무상태, 경영성과, 현금흐름 및 자본변동의 추세 분석과 기업실체 간의 상대적 평가를 위하여 재무정보는 기간별 비교가 가능해야 하고 기업실체 간의 비교가능성도 있어야 한다. 즉, 유사한 거래나 사건의 재무적 영향을 측정 · 보고함에 있어서 영업 및 재무활동의 특성이 훼손되지 않는 범위 내에서 기간별로 일관된 회계처리방법을 사용하여야 하며, 기업실체 간에도 동일한 회계처리방법을 사용하는 것이 바람직하다.

일반적으로 인정되는 회계원칙에 따라 재무제표를 작성하면 재무정보의 기업실체간 비교가능성이 높아진다. 또한 당해 연도와 과거 연도를 비교하는 방식으로 재무제표를 작성하면 해당 기간의 재무정보에 대한 비교가 가능해진다. 그리고 재무제표의 작성에 적용된 회계기준 또는 회계처리방법이 변경된 경우에는, 정보이용자가 유사한 거래나 사건에 대해 기간별 또는 기업실체 간 회계처리방법의 차이를 파악할 수 있도록, 그 변경의 영향 등을 충분히 공시하여야 한다.

비교가능성은 단순한 통일성을 의미하는 것은 아니며, 발전된 회계기준의 도입에 장애가 되지 않아야 한다. 또한, 목적적합성과 신뢰성을 제고할 수 있는 회계정책의 선택에 장애가 되어서도 안된다. 예를 들어, 재무정보의 목적적합성과 신뢰성을 높일 수 있는 대체적 방법이 있음에도 불구하고 비교가능성의 저하를 이유로 회계기준의 개정이나 회계정책의 변경이 이루어지지 않는 것은 적절하지 않다.

(4) 질적특성 간의 상충관계

재무정보의 질적특성은 서로 상충(trade-off)될 수 있다. 예를 들어, 유형자산을 역사적원가로 평가하면 일반적으로 검증가능성이 높으므로 측정의 신뢰성은 제고되나 목적적합성은 저하될 수 있으며, 시장성 없는 유가증권에 대해 역사적원가를 적용하면 자산가액 측정치의 검증가능성은 높으나 유가증권의 실제 가치를 나타내지 못하여 표현의 충실성과 목적적합성이 저하될 수 있다. 또한, 정보를 적시에 제공하기 위해 거래나 사건의 모든 내용이 확정되기 전에 보고하는 경우, 목적적합성은 향상되나 신뢰성은 저하될 수 있다. 이와 같이 질적특성 간의 상충관계는 목적적합성과 신뢰성간에 발생할 수 있으며 주요 질적특성의 구성요소간에도 발생할 수 있다.

상충되는 질적특성 간의 선택은 재무보고의 목적을 최대한 달성할 수 있는 방향으로 이루어져야 하며, 질적특성 간의 상대적 중요성은 상황에 따라 판단되어야 한다. 예를 들어, 기업실체의 재무상태에 중요한 영향을 미칠 것으로 예상되는 진행 중인 손해배상소송에 대한 정보는 목적적합성 있는 정보일 수 있다. 그러나, 소송결과를 확실히 예측할 수 없는 상황에서 손해배상청구액을 재무제표에 인식하는 것은 신뢰성을 저해할 수 있다.

(5) 제약요인

1) 효익과 비용 간의 균형

질적특성을 갖춘 정보라 하더라도 정보 제공 및 이용에 소요될 사회적 비용이 정보 제공 및 이용에 따른 사회적 효익을 초과한다면 그러한 정보 제공은 정당화될 수 없다. 따라서, 회계기준제정기구는 회계기준의 제 · 개정에 대한 포괄적인 제약으로서 비용 대 효익의 문제를 고려하여야 한다. 효익과 비용의 균형(balance between benefits and costs)이란 특정정보로부터 기대되는 효익은 그 정보를 제공하기 위하여 소요되는 비용을 초과하여야 함을 의미한다. 그러나 비용 대 효익의 객관적 비교는 용이하지 않은 문제이다. 재무정보가 제공되고 이용되는 과정에는 여러 유형의 비용과 효익이 발생한다. 이러한 비용에는 재무제표 작성자의 정보제공에 소요되는 비용뿐 아니라, 정보이용자의 정보처리 비용도 포함된다. 재무제표 작성자는 정보의 수집, 처리, 감사 및 공시와 관련된 비용을 부담하며, 소송위험 또는 경쟁기업으로 정보유출 등과 관련된 비용을 부담하게 된다. 반면, 정보이용자는 주로 재무제표의 이해 및 분석과 관련된 비용을 부담하게 된다. 재무정보 제공의 효익에는 투자자 및 채권자를 포함한 정보이용자의 합리적 의사결정을 가능하게 하고 경제 내에서의 효율적 자원배분에 기여하는 효과가 포함된다. 개별 기업실체의 입장에서는 자본시장에서 자본조달이 용이해지는 효익이 있고 기업이미지의 개선도 잠재적 효익에 포함될 수 있다. 이와 같이 재무정보의 제공 및 이용에는 여러 경제주체들에게 비용과 효익이 수반되는 양 측면이 있다.

2) 중요성

재무정보 제공에 대한 추가적 제약요인으로서 회계항목의 성격 및 크기의 중요성(materiality)이 고려되어야 한다. 목적적합성과 신뢰성이 있는 정보는 재무제표를 통해 정보이용자에게 제공되어야 한다. 그러나 재무제표에 표시되는 항목에는 또한 중요성이 고려되어야 하므로, 목적적합성과 신뢰성을 갖춘 모든 항목이 반드시 재무제표에 표시되는 것은 아니다. 즉, 중요성은 회계항목이 정보로 제공되기 위한 최소한의 요건이다. 특정 정보가 생략되거나 잘못 표시된 재무제표가 정보이용자의 판단이나 의사결정에 영향을 미칠 수 있다면 개념적으로 볼 때 그러한 정보는 중요한 정보이다. 중요성은 일반적으로 당해 항목의 성격과 금액의 크기에 의해 결정된다. 그러나 어떤 경우에는 금액의 크기와는 관계없이 정보의 성격 자체만으로도 중요한 정보가 될 수 있다. 예를 들어, 신규 사업부문의 이익수치가 영(0)에 가까울 정도로 극히 작은 경우에도 그러한 이익수치는 정보이용자가 당해 기업실체가 직면하고 있는 위험과 기회를 평가하는 데 중요한 정보가 될 수 있다.

2-4 재무제표

(1) 재무제표의 기본가정

재무제표는 일정한 가정하에서 작성된다. 그러한 기본가정으로는 기업실체, 계속기업 및 기간별 보고가 있다.

1) 기업실체

기업실체(business entity)의 가정이란 기업을 소유주와는 독립적으로 존재하는 회계단위로 간주하고 이 회계단위의 관점에서 그 경제활동에 대한 재무정보를 측정, 보고하는 것을 말한다. 일반적으로 개별 기업은 하나의 독립된 회계단위로서 재무제표를 작성하는 기업실체에 해당한다. 그러나 기업실체 개념은 법적 실체와는 구별되는 개념이다. 예를 들어, 지배 · 종속관계에 있는 회사들의 경우 지배회사와 종속회사는 단일의 법적 실체가 아니지만 단일의 경제적 실체를 형성하여 하나의 회계단위로서 연결재무제표의 작성대상이 된다. 이때 지배회사와 모든 종속회사는 연결재무보고의 기업실체가 된다.

기업실체의 가정이 도입되는 근본적 이유는 소유주가 투자의 결과로서 당해 기업실체에 대해 갖고 있는 청구권의 크기와 그 변동을 적절히 측정하기 위함이며 소유주와 별도의 회계단위로서 기업실체를 인정하는 것이다. 즉, 재무상태표에 표시된 자본은 소유주와는 분리되어 있으나 소유주가 회계기간말 현재 당해 기업실체의 자원에 대해 갖고 있는 청구권의 크기를 회계상으로 측정한 것이다. 이 금액은 자본의 경제적 가치를 평가하는 데 유용한 정보가 되며, 동시에 시장의 잠재 투자자에게도 유용한 정보가 된다.

2) 계속기업

계속기업(going concern)의 가정이란 기업실체는 그 목적과 의무를 이행하기에 충분할 정도로 장기간 존속한다고 가정하는 것을 말한다. 즉, 기업실체는 그 경영활동을 청산하거나 중대하게 축소시킬 의도가 없을 뿐 아니라 청산이 요구되는 상황도 없다고 가정된다. 그러나 기업실체의 중요한 경영활동이 축소되거나 기업실체를 청산시킬 의도나 상황이 존재하여 계속기업을 가정하기 어려운 경우에는 계속기업을 가정한 회계처리방법과는 다른 방법이 적용되어야 하며, 이때 적용된 회계처리방법은 적절히 공시되어야 한다.

3) 기간별 보고

기간별 보고(periodicity)의 가정이란 기업실체의 존속기간을 일정한 기간 단위로 분할하여 각 기간별로 재무제표를 작성하는 것을 말한다. 기업실체의 이해관계자는 지속적으로 의사결정을 해야 하므로 적시성이 있는 정보가 필요하게 된다. 이러한 정보수요를 충족시키기 위하여 기간별 보고가 도입될 필요가 있다. 따라서 기업실체의 존속기간을 일정한 회계기간 단위로 구분하고 각 회계기간에 대한 재무제표를 작성하여 기간별로 재무상태, 경영성과, 현금흐름, 자본변동 등에 대한 정보를 제공하게 된다. 다만, 기업실체의 회계기간을 정함에 있어 회계기간의 장 · 단기에 따라 발생할 수 있는 정보의 목적적합성과 신뢰성 간의 절충이 필요한지를 고려하여야 한다.

(2) 발생주의 회계

재무제표는 발생기준(accrual basis)에 따라 작성된다. 발생주의 회계는 재무회계의 기본적 특징으로서 재무제표의 기본요소의 정의 및 인식, 측정과 관련이 있다. 다만, 현금흐름표는 현금주의(cash basis)에 의하여 작성되며, 발생기준에 따라 작성되지 않는다.

발생주의 회계의 기본적인 논리는 발생기준에 따라 수익과 비용을 인식하는 것이다. 발생기준은 기업실체의 경제적 거래나 사건에 대해 관련된 수익과 비용을 그 현금유출입이 있는 기간이 아니라 당해 거래나 사건이 발생한 기간에 인식하는 것을 말한다. 발생주의 회계는 현금거래뿐 아니라, 신용거래, 재화 및 용역의 교환 또는 무상이전, 자산 및 부채의 가격변동 등과 같이 현금유출입을 동시에 수반하지 않는 거래나 사건을 인식함으로써 기업실체의 자산과 부채, 그리고 이들의 변동에 관한 정보를 제공하게 된다.

발생주의 회계는 발생과 이연의 개념을 포함한다. 발생(accrual)이란 미수수익과 같이 미래에 수취할 금액에 대한 자산을 관련된 부채나 수익과 함께 인식하거나, 또는 미지급비용과 같이 미래에 지급할 금액에 대한 부채를 관련된 자산이나 비용과 함께 인식하는 회계과정을 의미한다. 이연(deferral)이란 선수수익과 같이 미래의 수익을 인식하기 위해 현재의 현금유입액을 부채로 인식하거나, 선급비용과 같이 미래의 비용을 인식하기 위해 현재의 현금유출액을 자산으로 인식하는 회계과정을 의미한다. 이연에는 수익과 비용의 기간별 배분이 수반된다. 기간별 배분은 상각이라고도 하며, 이는 매 기간에 일정한 방식에 따라 금액을 감소시켜 가는 회계과정을 말한다.

(3) 재무제표의 체계

재무보고의 목적을 달성하기 위해서는 다양한 재무정보가 제공되어야 한다. 이러한 정보의 다양성으로 인해 여러 종류의 재무보고서 또는 재무제표가 필요하다. 예를 들면, 각 회계기간별로 회계기간말 현재의 재무상태에 관한 정보를 나타내는 재무상태표와 회계기간 동안의 경영성과에 관한 정보를 나타내는 손익계산서가 필요하다. 또한 회계기간 동안의 현금흐름에 관한 정보를 나타내는 현금흐름표와 자본의 변동에 관한 자본변동표가 필요하다. 이러한 재무제표들은 서로 연관되어 있으며 전체적으로 하나의 체계를 이루고 있다.

지배 · 종속관계에 있는 회사들의 경우 그 전체를 하나의 기업실체로 보아 작성하는 연결재무제표가 정보이용자들에게 유용할 수 있다.

재무제표는 주석 및 부속명세서 등의 기타 설명자료를 통하여 재무제표 본문에 표시된 정보를 이해하는 데 도움이 되는 추가적 정보 또는 재무제표 본문에 표시되지 않은 자원, 의무 등에 대한 정보를 함께 제공해야 한다. 예를 들어, 재무제표 작성에 적용된 중요한 회계방침과 회계변경의 효과에 대한 정보, 사업 부문별 정보, 기업실체에 영향을 미치는 불확실성이나 위험에 대한 정보 등이 제공되어야 한다.

2-5 재무제표의 기본요소

재무제표를 구성하는 기본요소는 자산, 부채, 자본, 소유주의 투자, 소유주에 대한 분배, 포괄이익, 수익, 비용, 차익, 차손, 영업활동 현금흐름, 투자활동 현금흐름, 재무활동 현금흐름이다. 재무제표를 구성하는 기본요소를 구분하여 표시하는 것은 정보이용자의 경제적 의사결정에 더욱 유용한 정보를 제공하기 위한 것이다.

(1) 재무상태표의 기본요소

1) 자산

자산(assets)은 과거의 거래나 사건의 결과로서 현재 기업실체에 의해 지배되고 미래에 경제적 효익을 창출할 것으로 기대되는 자원이다. 자산에 내재된 미래의 경제적 효익이란 직접 또는 간접적으로 기업실체의 미래 현금흐름 창출에 기여하는 잠재력을 말한다. 일반적으로 자산은 고객의 요구를 충족시킬 수 있는 재화 및 용역의 생산에 이용된다. 생산된 재화 및 용역에 대하여 고객은 그 대가를 지급할 것이며 이로부터 기업실체의 현금흐름이 창출된다. 또한 자산은 다른 자산과의 교환 또는 부채의 상환에 사용되거나 소유주에 대한 분배에 사용될 수 있다. 현금은 그 자체로서 다른 자산에 대한 구매력을 통하여 기업실체에 경제적 효익을 제공한다.

유형자산을 포함한 많은 자산이 물리적 형태를 가지고 있지만 물리적 형태가 자산의 본질적인 특성은 아니다. 예를 들어, 물리적 형태가 없는 자원이라도 특정 실체에 의하여 지배되고 그 실체에게 미래의 경제적 효익을 창출할 것으로 기대되는 경우 당해 항목은 자산의 정의를 충족시킬 수 있다. 채권과 부동산을 포함한 많은 자산이 소유권과 같은 법적 권리와 결부되어 있다. 그러나 소유권 등의 법적 권리가 자산성 유무를 결정함에 있어 최종적 기준은 아니다. 경제적 효익에 대한 지배력은 법적 권리에 따라 발생하나, 경우에 따라서는 법적 권리가 없어도 자산의 정의를 충족시킬 수 있다. 예를 들어, 기업실체가 개발활동으로 획득한 신기술을 보유하면서 그 신기술로부터 예상되는 경제적 효익을 지배할 때에는 이러한 신기술 사업권은 자산의 정의에 부합할 수 있다.

기업실체의 자산은 과거의 거래나 사건으로부터 발생한다. 기업실체는 구매 또는 생산에 의하여 자산을 취득하는 것이 일반적이지만 주주나 정부의 증여 등 다른 방법에 의해서도 자산을 취득할 수 있다. 자산이 과거의 거래나 사건의 결과라 함은 구매나 생산활동 등 자산을 취득하는 거래나 사건이 이미 발생하였음을 의미하는 것이므로 미래에 발생할 것으로 예상되는 거래나 사건만으로는 자산이 취득되지 않는다.

일반적으로 현금유출과 자산의 취득은 밀접하게 관련되어 있으나 양자가 반드시 일치하는 것은 아니다. 예를 들어, 기업실체의 연구비 지출은 미래 경제적 효익을 추구했다는 증거는 될 수 있지만 자산의 정의를 충족시키는 자원을 취득했다는 확정적 증거는 될 수 없다. 반면에, 증여받은 재화는 이에 관해 지출이 발생하지 않았지만 자산의 정의를 충족시킬 수 있다.

2) 부채

부채(liabilities)는 과거의 거래나 사건의 결과로 현재 기업실체가 부담하고 있고 미래에 자원의 유출 또는 사용이 예상되는 의무이다. 부채는 기업실체가 현재 시점에서 부담하는 경제적 의무이다. 의무란 일정한 방법으로 실행하거나 수행할 책무 또는 책임을 말하는 것으로서 이에는 계약이나 법령에 의해 법적 강제력이 있는 의무와 상관습이나 관행 또는 거래상대방과의 원활한 관계를 유지하기 위한 정책 등으로 인해 발생하는 의무가 있다. 전자의 예로는, 이미 제공받은 재화 및 용역에 대한 대가의 지급의무를 들 수 있다. 후자의 예로는, 제품보증기간 후에 발생하는 하자에 대해서도 보수해주기로 방침을 정한 경우 품질보증기간이 경과한 후에 지출될 것으로 예상되는 금액을 들 수 있다.

일반적으로 기업실체가 자산을 이미 인수하였거나 자산을 취득하겠다는 취소불능계약을 체결한 경우 현재의 의무가 발생한다. 그러나 미래의 일정 시점에서 자산을 취득한다는 결정이나 단순한 약정은 현재의 의무가 아니다. 취소불능계약이라 함은 의무불이행의 경우 상당한 위약금을 지급해야 하는 등 자원의 유출을 피할 수 없는 계약을 말한다.

기업실체가 현재의 의무를 이행하기 위해서는 일반적으로 미래에 경제적 효익의 희생이 수반된다. 현재의 의무는 주로 현금 또는 기타 자산의 이전, 용역의 제공, 다른 의무로의 대체 또는 자본으로의 전환 등의 방법으로 이행된다. 또한, 기업실체의 의무는 채권자의 권리의 포기 또는 상실 등에 의해 소멸되기도 한다.

부채는 과거의 거래나 사건으로부터 발생한다. 신용으로 재화를 구입하였거나 용역을 제공받은 경우 매입채무가 발생하며 은행대출을 받은 경우에는 상환의무가 발생한다. 그러나, 미래에 발생이 예상되는 대규모 수선비의 경우와 같이 장래에 자원의 유출 또는 사용이 기대된다 하더라도 과거의 거래나 사건으로부터 기인하지 않은 의무는 부채의 정의를 충족하지 못한다.

일반적으로 부채의 액면금액은 확정되어 있지만 제품보증을 위한 충당부채와 같이 그 측정에 추정을 요하는 경우도 있다. 따라서, 부채의 정의를 충족하기 위해서는 금액이 반드시 확정되어야 함을 의미하는 것은 아니다.

3) 자본

자본(equity)은 기업실체의 자산 총액에서 부채 총액을 차감한 잔여액 또는 순자산으로서 기업실체의 자산에 대한 소유주의 잔여청구권이다. 주식회사의 경우 소유주는 주주이므로, 주주지분은 자본과 동의어로 사용된다. 자본을 분배 또는 사용에 대한 법적 제한이나 기타 사용목적에 따라 구분 표시함으로써 재무제표이용자에게 유용한 정보가 제공될 수 있다. 또한 배당금 수령이나 청산시에 주주 간의 권리가 상이한 경우 그에 관한 정보를 제공하기 위해 주주지분을 구분표시할 수 있다.

재무상태표에 표시되는 자본의 총액은 회계기준에 의해 자산 및 부채를 인식, 측정함에 따라 결정된다. 따라서 재무상태표상의 자본의 총액은 주식의 시가총액과는 일치하지 않는 것이 일반적이다.

(2) 자본변동표의 기본요소

자본변동표(statement of changes in equity)는 일정 기간 동안 발생한 자본의 변동에 대한 정보를 제공하며, 그러한 변동의 원천에는 소유주의 투자와 소유주에 대한 분배, 그리고 포괄이익이 포함된다. 포괄이익은 손익계산서의 기본요소이기도 하므로 소유주의 투자와 소유주에 대한 분배에 대해서만 설명한다.

1) 소유주의 투자

소유주의 투자(investments by owners)는 기업실체에 대한 소유주로서의 권리를 취득 또는 증가시키기 위해 기업실체에 경제적 가치가 있는 유 · 무형의 자원을 이전하는 것을 의미하며, 이에 따라 자본이 증가하게 된다. 소유주의 투자는 일반적으로 기업실체에 자산을 납입함으로써 이행되나 용역의 제공 또는 부채의 전환과 같은 형태로도 이루어질 수 있다. 기업실체는 소유주의 투자를 통해 영업활동에 필요한 자원을 제공받고, 동시에 소유주는 기업실체의 자산에 대한 청구권을 취득하게 된다. 따라서 기업실체의 순자산 증가를 가져오지 않는 소유주 상호 간의 지분거래는 소유주의 투자에 포함되지 않는다.

2) 소유주에 대한 분배

소유주에 대한 분배(distributions to owners)는 기업실체가 소유주에게 자산을 이전하거나 용역을 제공하거나 또는 부채를 부담하는 형태로 이루어지며, 현금배당, 자기주식의 취득, 감자 등이 이에 속한다. 소유주에 대한 분배가 있게 되면 기업실체의 순자산은 감소한다.

(3) 손익계산서의 기본요소

기업실체의 경영성과에 대한 재무정보를 제공하는 손익계산서의 기본요소는 포괄이익, 수익, 비용이다.

1) 포괄이익

포괄이익(comprehensive income)은 기업실체가 일정 기간 동안 소유주와의 자본거래를 제외한 모든 거래나 사건에서 인식한 자본의 변동을 말한다. 즉, 포괄이익에는 소유주의 투자 및 소유주에 대한 분배 등 자본거래를 제외한 모든 원천에서 인식된 자본의 변동이 포함된다.

포괄이익은 수익의 합계에서 비용의 합계를 차감하여 측정한다. 포괄이익을 이와 같이 측정하는 것은 거래접근법에 의한 것이다. 그러나 적용되는 회계기준에 따라 포괄이익의 정의를 만족하는 특정 항목이 손익계산서상 당기순이익의 계산에 반영되지 않을 경우 회계기준에 의한 당기순이익과 포괄이익은 동일하지 않을 수 있다. 예를 들어, 매도가능증권평가손익, 해외사업환산손익 등이 당기순이익에 반영되지 않고 기타포괄손익누계액의 항목으로 자본에 표시되는 경우 포괄이익과 당기순이익은 일치하지 않는다.

2) 수익

수익(revenues)이란 기업실체의 경영활동과 관련된 재화의 판매 또는 용역의 제공 등에 대한 대가로 발생하는 자산의 유입 또는 부채의 감소이다. 예를 들면, 재화 및 용역을 공급한 대가로서 현금이나 매출채권이 증가하게 된다. 또한 기업실체는 차입금을 상환하기 위하여 재화 및 용역을 채권자에게 공급할 수 있으며 그 결과로 부채가 감소된다.

수익은 기업실체의 경영활동의 결과로서 발생하였거나 발생할 현금유입액을 나타내며, 경영활동의 종류와 당해 수익이 인식되는 방법에 따라 매출액, 이자수익, 배당금수익 및 임대수익 등과 같이 다양하게 구분될 수 있다.

3) 비용

비용(expenses)이란 기업실체의 경영활동과 관련된 재화의 판매 또는 용역의 제공 등에 따라 발생하는 자산의 유출이나 사용 또는 부채의 증가이다. 예를 들면, 재화의 생산 및 판매 과정에서의 비용 발생은 재고자산의 유출, 유형자산의 사용 또는 미지급비용과 같은 부채의 증가로 나타난다.

비용은 기업실체의 경영활동의 결과로서 발생하였거나 발생할 현금유출액을 나타내며, 경영활동의 종류와 당해 비용이 인식되는 방법에 따라 매출원가, 급여, 감가상각비, 이자비용, 임차비용 등과 같이 다양하게 구분될 수 있다.

4) 차익과 차손의 구분표시

손익계산서의 정보유용성을 높이기 위해 수익에서 차익을 분리하고 비용에서 차손을 분리하여 표시할 수 있다. 차익(gains)이란 기업실체의 주요 경영활동을 제외한 부수적인 거래나 사건으로서 소유주의 투자가 아닌 거래나 사건의 결과로 발생하는 순자산의 증가로 정의된다. 차손(losses)이란 기업실체의 주요 경영활동을 제외한 부수적인 거래나 사건으로서 소유주에 대한 분배가 아닌 거래나 사건의 결과로 발생하는 순자산의 감소로 정의된다.

차익과 차손을 수익과 비용으로부터 분리하는가의 여부는 기업실체의 순자산에 아무런 영향을 주지 않지만, 차익과 차손을 구분하여 표시하게 되면 이익의 발생 원천에 대해 보다 유용한 정보를 제공할 수 있다는 판단에 따라 현재까지 회계실무에서는 차익과 차손을 손익계산서에서 구분하여 표시하고 있다. 일반적으로 차익과 차손은 그 발생한 금액이 미래에 유사한 크기로 다시 발생할 가능성, 즉 손익효과의 미래 지속성이 낮다. 따라서 차익과 차손을 수익과 비용으로부터 구분 표시하면 손익계산서는 정보이용자들이 당해 기업실체의 미래 이익 또는 미래 현금흐름을 예측하는 데 더 유용한 정보를 제공할 수 있다고 간주되어 왔다.

그러나 개념적으로나 실무적으로 차익과 차손을 수익과 비용으로부터 구분하는 것은 명확하지 않은 문제이기 때문에 한국채택국제회계기준에서는 이러한 구분을 폐지하고 있다.

(4) 현금흐름표의 기본요소

기업실체의 현금흐름에 대한 정보를 제공하는 현금흐름표의 기본요소는 영업활동 현금흐름, 투자활동 현금흐름 및 재무활동 현금흐름이다.

1) 영업활동 현금흐름

영업활동(operating activities) 현금흐름은 사업활동의 지속, 차입금상환, 배당금 지급 및 신규투자 등에 필요한 현금을 외부로부터 조달하지 않고 제품의 생산과 판매활동, 상품과 용역의 구매와 판매활동 및 관리활동 등 자체적인 영업활동으로부터 얼마나 창출하였는지에 대한 정보를 제공한다.

2) 투자활동 현금흐름

투자활동(investing activities) 현금흐름은 미래 영업현금흐름을 창출할 자원의 확보와 처분에 관련된 현금흐름에 대한 정보를 제공한다. 투자활동은 투자부동산, 비유동자산에 속하는 지분증권, 유형자산 및 무형자산의 취득과 처분활동 등을 포함한다.

3) 재무활동 현금흐름

재무활동(financing activities) 현금흐름은 주주, 채권자 등이 미래현금흐름에 대한 청구권을 예측하는 데 유용한 정보를 제공하며, 영업활동 및 투자활동의 결과 창출된 잉여현금흐름이 어떻게 배분되었는지를 나타내 준다. 재무활동은 현금의 차입과 상환 및 금융비용 지급, 신주발행과 배당금의 지급, 재무자산의 취득과 처분, 재무자산의 보유수익에 따른 현금유입 등을 포함한다. 금융비용 지급은 일상적인 영업활동에 수반되어 빈번히 발생하는 경우도 있으므로 영업활동으로 분류하기도 하나 자금의 차입 등 기업의 재무활동과 더 직접적인 관련이 있다고 볼 수 있다.

2-6 재무제표 기본요소의 인식

인식(recognition)이란 거래나 사건의 경제적 효과를 자산, 부채, 수익, 비용 등으로 재무제표에 표시하는 것을 말한다. 특정 항목은 인식기준이 충족되면 화폐단위 측정치가 적절한 계정과목으로 재무제표를 통해 보고된다. 인식은 거래와 사건의 경제적 효과를 최초로 기록하는 것뿐만 아니라 동일한 항목에 대한 후속적인 변화와 기록되었던 항목의 제거를 모두 포함한다.

(1) 인식의 제약요인

인식기준은 비용 대 효익의 고려와 중요성의 두 제약조건하에서 적용된다. 즉, 어떤 항목이 인식될 때 기대되는 효익이 그 정보를 제공하고 이용하는 데 소요될 비용보다 클 경우에만 당해 항목에 대한 인식이 정당화될 수 있다. 또한 특정 항목의 성격 및 크기가 정보이용자의 의사결정에 영향을 미칠 정도로 중요한 것이 아니라면 당해 항목이 재무제표에 별도로 인식될 필요는 없다.

(2) 인식기준

어떠한 항목을 인식하기 위해서는 아래의 기준들이 모두 충족되어야 한다.

① 당해 항목이 재무제표 기본요소의 정의를 충족시켜야 하며,
② 당해 항목과 관련된 미래 경제적 효익이 기업실체에 유입되거나 또는 유출될 가능성이 매우 높고(probable),
③ 당해 항목에 대한 측정속성이 있으며, 이 측정속성이 신뢰성 있게 측정될 수 있어야 한다.

어떠한 항목이 재무제표 기본요소의 정의를 충족하더라도 ②와 ③의 인식기준이 충족되지 않으면 당해 항목은 재무제표에 표시하지 않는다. 다만, 정보이용자들이 기업실체의 미래 수익성 또는 미래 현금흐름을 전망하는데 그러한 항목이 목적적합성을 갖고 있는 경우에는 당해 항목에 대한 정보를 주석 또는 기타 설명자료를 통하여 공시할 수 있을 것이다. 또한 특정 시점에서 인식기준을 충족하지 못하는 항목이 그 이후에 인식기준을 충족하게 되는 경우에는 그 충족하는 시점에서 재무제표에 인식하여야 한다.

②의 인식기준은 당해 항목과 관련된 미래 경제적 효익이 기업실체에 유입되거나 유출될 가능성의 정도를 고려하는 인식기준이다. 이는 불확실성하에서 경영활동을 수행하는 기업환경을 반영하는 것으로서, 재무제표 작성시점에서 이용가능한 증거를 토대로 하여 미래 경제적 효익의 발생가능성이 매우 높은가의 여부를 평가하여야 한다. 예를 들어, 재무제표 작성시점에서 판단할 때 특정 매출채권의 회수가 확실시되면 이 매출채권은 자산으로 인식되어야 한다. 그러나 매출채권의 일부가 대손될 가능성이 매우 높은 경우에는 그 부분은 미래 경제적 효익의 감소를 나타내는 비용으로 인식되어야 한다.

③의 인식기준은 당해 항목이 화폐단위로 계량화될 수 있는 측정속성을 갖고 있고 또한 그 측정속성이 신뢰성 있게 측정될 수 있어야 함을 나타내는 인식기준이다. 여기서 측정속성이란 취득원가(역사적 원가), 공정가치, 기업특유가치 등을 의미한다. 어떤 항목이 신뢰성 있게 측정되기 위해서 그 측정속성의 금액이 반드시 확정되어 있다는 것을 의미하지는 않으며, 추정에 의한 측정치도 합리적인 근거가 있을 경우 당해 항목의 인식에 이용될 수 있다. 예를 들어, 제품의 보증수리에 소요될 비용을 과거의 보증수리 실적을 토대로 추정하는 것은 합리적 추정치가 될 수 있다.

추정의 근거가 불충분하여 추정치의 신뢰성이 의문시되는 경우에는 당해 항목은 인식기준을 충족하지 못한 것이다. 예를 들어, 소송으로부터 예상되는 자원의 유출이 부채와 비용의 정의에 부합하고 경제적 효익의 유출가능성 기준을 충족시킨다 하더라도 그 금액을 합리적으로 추정할 수 없는 경우에는 이를 재무제표에 부채와 비용으로 인식하지 않는다. 다만, 이 경우 그 내용이 중요하다면 주석 등으로 공시하여야 한다.

1) 자산의 인식

자산은 당해 항목에 내재된 미래의 경제적 효익이 기업실체에 유입될 가능성이 매우 높고 또한 그 측정속성에 대한 가액이 신뢰성 있게 측정될 수 있다면 재무상태표에 인식한다. 어떤 거래로 인한 지출이 발생하였을 때 그에 관련된 미래 경제적 효익의 유입가능성이 낮은 경우에는 당해 지출은 자산으로 인식하지 않고 비용으로 인식하여야 한다. 이러한 회계처리는 경영자가 그 지출거래로부터 미래 경제적 효익을 창출하려는 의도가 없었음을 의미하는 것은 아니며, 단지 미래 경제적 효익의 유입가능성이 당해 지출을 자산으로 인식하기에는 충분치 않음을 반영하는 것이다. 예를 들면, 지출된 개발비가 자산의 인식기준을 충족하지 못한다면 경영자의 의도와 상관없이 비용처리되어야 한다.

2) 부채의 인식

기업실체가 현재의 의무를 미래에 이행할 때 경제적 효익이 유출될 가능성이 매우 높고 그 금액을 신뢰성 있게 측정할 수 있다면 이러한 의무는 재무상태표에 부채로 인식한다. 그러나 일반적으로 미이행계약에 따른 의무는 부채로 인식하지 않는다. 다만, 계약이행이 법적으로 강제되어 있고 위약금과 같은 불이익의 조건이 있을 때에는, 그러한 의무가 부채의 인식기준을 충족하면 부채로 인식되어야 한다.

3) 수익의 인식

수익은 경제적 효익이 유입됨으로써 자산이 증가하거나 부채가 감소하고 그 금액을 신뢰성 있게 측정할 수 있을 때 인식한다. 이는 수익의 인식이 자산의 증가나 부채의 감소와 동시에 이루어짐을 의미한다. 수익의 발생과정을 고려하여 인식기준을 구체화하면, 수익은 다음의 요건을 모두 충족하는 시점에서 인식된다.

① 실현기준 : 수익은 실현되었거나(realized) 또는 실현가능한(realizable) 시점에서 인식한다. 수익은 제품, 상품 또는 기타 자산이 현금 또는 현금청구권과 교환되는 시점에서 실현된다. 수익이 실현가능하다는 것은 수익의 발생과정에서 수취 또는 보유한 자산이 일정액의 현금 또는 현금 청구권으로 즉시 전환될 수 있음을 의미한다. 현금 또는 현금청구권으로 즉시 전환될 수 있는 자산은 교환단

위와 시장가격이 존재하여 시장에서 중요한 가격변동 없이 기업실체가 보유한 수량을 즉시 현금화할 수 있는 자산을 말한다.

② 가득기준 : 수익은 그 가득과정(earning process)이 완료되어야 인식한다. 기업실체의 수익 창출활동은 재화의 생산 또는 인도, 용역의 제공 등으로 나타나며, 수익 창출에 따른 경제적 효익을 이용할 수 있다고 주장하기에 충분한 정도의 활동을 수행하였을 때 가득과정이 완료되었다고 본다.

4) 비용의 인식

비용은 경제적 효익이 사용 또는 유출됨으로써 자산이 감소하거나 부채가 증가하고 그 금액을 신뢰성 있게 측정할 수 있을 때 인식한다. 이는 비용의 인식이 자산의 감소나 부채의 증가와 동시에 이루어짐을 의미한다. 경제적 효익의 사용은 다음과 같이 비용으로 인식된다.

① 직접대응(direct matching) : 수익과 직접 관련하여 발생한 비용은 동일한 거래나 사건에서 발생하는 수익을 인식할 때 대응하여 인식한다. 이와 같은 예로는 매출수익에 대응하여 인식하는 매출원가를 들 수 있다.

② 간접대응(indirect matching) : 수익과 직접 대응할 수 없는 비용은 재화 및 용역의 사용으로 현금이 지출되거나 부채가 발생하는 회계기간에 인식한다. 이와 같은 예로는 판매비와 관리비를 들 수 있다.

③ 체계적 · 합리적 배분(allocation) : 자산으로부터의 효익이 여러 회계기간에 걸쳐 기대되는 경우, 이와 관련하여 발생한 특정 성격의 비용은 체계적이고 합리적인 배분절차에 따라 각 회계기간에 배분하는 과정을 거쳐 인식한다. 이와 같은 예로는 유형자산의 감가상각비와 무형자산의 상각비를 들 수 있다.

한편, 과거에 인식한 자산의 미래 경제적 효익이 감소 또는 소멸되거나 경제적 효익의 수반 없이 부채가 발생 또는 증가한 것이 명백한 경우에는 비용을 인식한다.

2-7 재무제표 기본요소의 측정

측정(measurement)이란 재무제표의 기본요소에 대해 그 화폐금액을 결정하는 것을 말한다. 이러한 측정을 위해서는 그 측정대상이 되는 일정한 속성을 선택하여야 한다. 재무제표 기본요소의 측정에는 당해 항목의 성격과 측정치의 목적적합성 및 신뢰성 정도에 따라 대체적 측정속성이 사용될 수 있다. 자산과 부채의 측정에 사용될 수 있는 측정속성에는 다음과 같은 종류가 있다.

(1) 측정속성

1) 취득원가(또는 역사적 원가)와 역사적 현금수취액

자산의 취득원가는 자산을 취득하였을 때 그 대가로 지급한 현금, 현금등가액 또는 기타 지급수단의 공정가치를 말하며 역사적 원가(historical cost)와 동일한 의미이다. 부채의 역사적 현금수취액(historical proceeds)은 그 부채를 부담하는 대가로 수취한 현금 또는 현금등가액이다.

2) 공정가치

공정가치(fair value)는 독립된 당사자 간의 현행 거래에서 자산이 매각 또는 구입되거나 부채가 결제 또는 이전될 수 있는 교환가치(exchange value)이다. 기업실체가 보유하고 있는 자산에 대해 시장가격이 존재하면 이 시장가격은 당해 자산에 대한 공정가치의 측정치가 된다. 이 시장가격에는 당해 자산으로부터 기대되는 미래 현금흐름의 크기와 그 불확실성에 대한 시장참여자들의 평가가 반영되어 있다. 당해 자산의 시장가격이 관측되지 않는 경우에도 유사한 자산의 시장가격이 있으면 이 가격을 당해 자산의 공정가치 추정치로 사용할 수 있다. 이러한 공정가치 측정방법은 부채에 대해서도 적용될 수 있다. 그러나 시장가격이 존재하지 않는 경우에는 시장참여자의 관점에서 당해 자산 또는 부채로부터의 미래 현금흐름을 추정하고 그 현재가치를 측정함으로써 공정가치를 추정할 수 있다. 이와 같이 본 개념체계에서 공정가치는 시장가격과 그 추정치로 특정한 가치에 한정하여 정의한다. 자산의 매각과 부채의 결제 또는 이전에 관한 공정가치는 현행유출가치(current exit value)라고도 하며, 자산의 경우 수취될 수 있는 현금 또는 현금등가액, 그리고 부채의 경우는 결제 또는 이전에 소요될 현금 또는 현금등가액으로 측정된다. 자산의 구입에 관한 공정가치는 현행원가(current cost)라고도 하며, 이는 당해 자산을 지금 취득한다고 할 때 지급해야 할 현금 또는 현금등가액으로 측정된다.

3) 기업특유가치

자산의 기업특유가치(firm specific value)는 기업실체가 자산을 사용함에 따라 당해 기업실체의 입장에서 인식되는 현재가치를 말하며, 사용가치(utilization value)라고도 한다. 부채의 기업특유가치는 기업실체가 그 의무를 이행하는 데 예상되는 자원 유출의 현재가치(present value)를 의미한다. 계약상 현금으로 지급해야 하는 부채의 경우 기업특유가치는 앞에서 기술된 현행유출가치와 동일하다. 자산과 부채에 대한 기업특유가치는 당해 기업실체가 그 자산 또는 부채를 계속 사용 또는 보유할 경우 이로부터 기대되는 미래 현금유입 또는 현금유출의 현재가치로 측정된다. 이러한 기업특유가치는 현재 시점의 가치라는 점에서 공정가치와 공통점이 있다. 그러나 공정가치가 시장거래에서의 교환가치인데 비해, 기업특유가치는 당해 기업실체의 입장에서 인식되는 가치이다.

4) 상각후가액

금융자산 취득 또는 금융부채 발생 시점의 그 유입가격과 당해 자산 또는 부채로부터 발생하는 미래 명목현금흐름의 현재가치가 일치되게 하는 할인율인 유효이자율을 측정하고, 이 유효이자율을 이용하여 당해 자산 또는 부채에 대한 현재의 가액으로 측정한 것을 상각후가액(amortized value)이라 한다. 상각후가액의 측정에 사용되는 이자율은 현재의 시장이자율이 아닌 역사적 이자율이다.

5) 순실현가능가치와 이행가치

자산의 순실현가능가치(net realizable value)는 정상적 기업활동과정에서 미래에 당해 자산이 현금 또는 현금등가액으로 전환될 때 수취할 것으로 예상되는 금액에서 그러한 전환에 직접 소요될 비용을 차감한 가액으로 정의되며 유출가치의 개념이다. 부채의 이행가치(settlement value)는 미래에 그 의무의 이행으로 지급될 현금 또는 현금등가액에서 그러한 지급에 직접 소요될 비용을 가산한 가액을 말한다. 순실현가능가치와 이행가치는 현재 시점의 가치로 환산되지 않은 금액이다.

(2) 측정속성의 선택

일반적으로 취득 시점에서는 자산의 취득원가와 공정가치가 동일하다. 그러나 취득 시점 후에는 양자가 달라질 수 있으며, 또한 취득원가는 사용가치와도 동일하지 않다. 부채의 경우에도 유사한 문제가 있게 된다. 자산과 부채를 측정함에 있어 어떠한 측정속성을 선택하는가는 재무보고의 목적 달성을 위한 재무정보의 유용성, 즉 목적적합성과 신뢰성의 관점에서 판단되어야 한다. 만일 측정오차의 문제가 없다면, 공정가치 또는 기업특유가치에 의한 측정이 여타의 측정속성보다 더 유용한 정보를 제공할 수 있다.

영업활동에서 발생하는 유동자산과 유동부채의 경우는 그 성격에 따라 취득원가, 순실현가능가치, 역사적 현금수취액 또는 이행가치가 회계실무에서 사용되고 있다. 예를 들어, 선급비용은 취득원가에 의해 측정되고, 매출채권은 순실현가능가치에 의해 측정되며, 선수수익은 역사적 현금수취액에 의해, 그리고 매입채무와 미지급비용은 이행가치에 의해 측정된다. 재고자산은 저가법이 적용되는 경우를 제외하고는 취득원가로 측정된다.

영업활동에 사용되는 유형자산 등 비유동자산의 경우는 취득원가에 기초하여 측정된다. 취득원가에 의한 측정은 검증가능성이 높다는 이점이 있으나, 공정가치 또는 사용가치로 측정하는 경우와 비교하여 상당한 차이가 있을 수 있으며 이로 인해 목적적합성과 표현의 충실성이 낮아질 가능성이 있다. 따라서, 검증가능성을 크게 훼손하지 않는 범위 내에서 공정가치 또는 사용가치를 추정하는 방법을 고려할 수 있다. 특히 사용가치는 당해 기업실체의 내부 정보가 반영되는 측정치이므로 그 추정오차가 심각하지 않다면 공정가치보다 더 유용한 정보가 될 수 있다. 공정가치 또는 사용가치는 당해 자산에서 기대되는 미래 현금흐름의 현재가치로 추정될 수 있다. 영업활동에서 발생하는 판매보증충당부채와 같은 장기부채의 경우도 추정오차의 문제가 심각하지 않다면 공정가치 또는 기업특유가치에 의한 측정이 바람직하다.

2-8 자본유지의 개념

자본유지 개념(capital maintenance concept)은 기업실체가 유지해야 하는 자본의 개념을 정의함으로써 기업실체의 이익측정 기준을 제공한다. 일반적으로 기초의 자본이 기말의 자본과 같다면 그 기업은 자본을 유지하고 있다고 할 수 있다. 그러므로 기초의 자본을 유지하기 위하여 기말에 필요한 자본을 초과하는 부분이 이익이 된다. 이러한 자본유지 개념에는 화폐자본유지 개념과 실물자본유지 개념이 있다.

(1) 화폐자본의 유지

화폐자본유지 개념(financial capital maintenance concept)하에서 이익은 기말순자산의 화폐가액이 기초순자산의 화폐가액을 초과하는 금액에 당기 중 소유주에게 배분된 금액을 가산하고 소유주로부터 납입된 금액을 차감하여 측정된다.

(2) 실물자본의 유지

실물자본유지 개념(physical capital maintenance concept)하에서 이익은 기초실물생산능력을 초과하는 기말 실물생산능력에서 당기 중 소유주와의 거래결과를 가감한 금액으로 측정된다.

두 자본유지 개념간의 차이는 보유하고 있는 자산 및 부채에 대한 가격변동의 효과를 처리하는 데 있다. 화폐자본 개념 하에서는 자산 및 부채에 대해 인식한 가격변동효과를 보유손익으로 보아 투자이익에 포함시키게 된다. 반면, 실물자본개념 하에서는 이러한 가격변동효과를 유지해야 할 자본의 일부로 간주하여 자본의 조정항목으로 처리한다.

화폐자본유지 개념은 회계실무에서 오랫동안 사용되고 있는 자본유지 개념으로 현행의 회계기준도 이에 근거하고 있으며, 앞에서 정의한 포괄이익에 관련된 측정은 모두 화폐자본유지 개념에 근거한 것이다.

사례 2-1 자본유지개념

㈜금융은 Y1년초 현금 100원을 투자하여 사업을 시작하여 A상품 1개를 구입하였다. Y1년 중 A상품 1개를 150원에 판매하여 Y1년말 현재 현금은 150원이다. Y1년말 현재 A상품의 매입가격이 120원으로 상승한 경우 화폐자본유지개념과 실물자본유지개념으로 이익을 계산하시오.

정 답

(1) 화폐자본유지개념

기초순자산 100원이 기말순자산 150원으로 증가하였으므로 화폐자본유지개념에 따른 이익은 50원이다. 즉 이익은 50원[= 기말순자산(자본) 150원 – 기초순자산(자본) 100원]이다.

(2) 실물자본유지개념

Y1년초에 현금 100원은 실물자본인 A상품 1개에 해당하므로 기말(Y1년말)에도 A상품 1개에 해당하는 실물자본(현행원가) 120원이 있어야 한다. 따라서 이익은 30원[= 기말순자산(자본) 150원 – 기초순자산(자본) 120원]이 되며, 이 경우 현행원가 증가분(120원 – 100원)은 자본유지조정으로 인식한다.

3. K-IFRS(재무보고를 위한 개념체계)와 비교

국제회계기준위원회(IASB)는 2010년에 "재무보고를 위한 개념체계"를 발표한 후 2018년에 완성된 형태의 포괄적인 개념체계를 공표하였다. 개념체계는 총 8장으로 구성되어 있으며, 이는 [그림 2-2]와 같다.

그림 2-2 개념체계의 구성

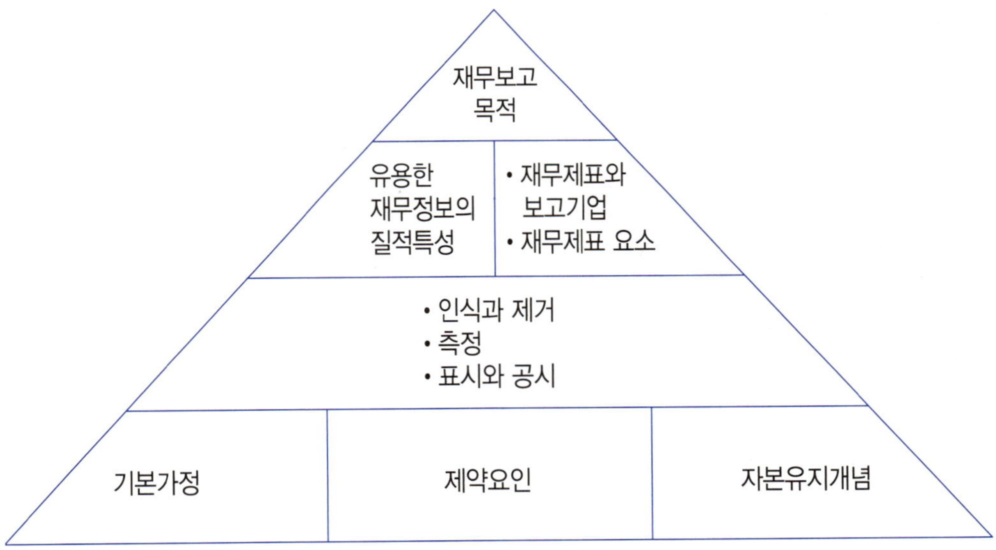

재무정보의 질적특성은 [그림 2-3]과 같이 요약할 수 있다.

그림 2-3 재무정보의 질적특성

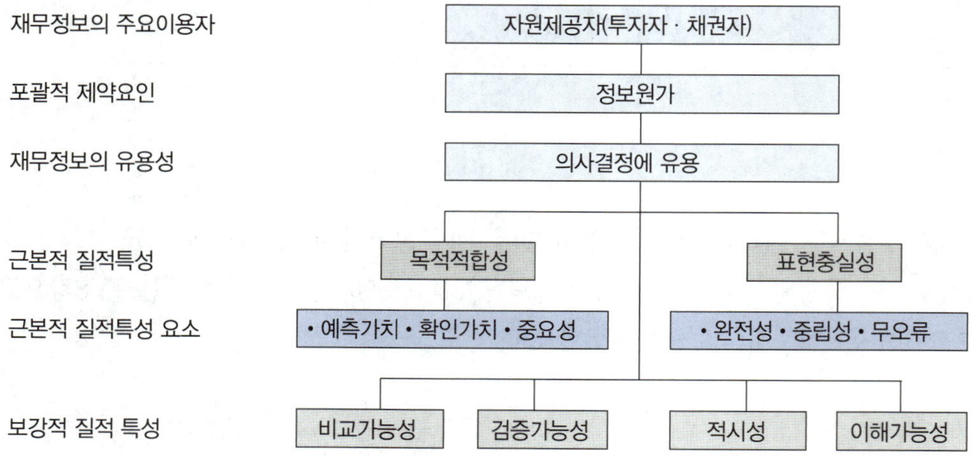

한편, 재무제표의 요소에 대한 정의는 다음과 같이 요약된다.

구 분	정의 또는 설명
자 산	과거사건의 결과로 기업이 통제하는 현재의 경제적 자원* * 경제적 자원은 경제적 효익을 창출할 잠재력을 지닌 권리
부 채	과거사건의 결과로 기업의 경제적 자원을 이전해야 하는 현재의무
자 본	기업의 자산에서 모든 부채를 차감한 후의 잔여지분
수 익	자본의 증가를 가져오는 자산의 증가나 부채의 감소로서, 자본청구권 보유자에 의한 출자와 관련된 것은 제외
비 용	자본의 감소를 가져오는 자산의 감소나 부채의 증가로서, 자본청구권 보유자에 대한 분배와 관련된 것은 제외

생 | 각 | 해 | 봅 | 시 | 다

1. 재무회계 개념체계가 필요한 이유는 무엇인가?

2. 재무보고의 목적에서 말하는 미래현금흐름의 의미는 무엇인가?

3. 회계기준이 경제적 측정 이외의 다른 목적으로 제 · 개정될 경우 손상되는 재무정보의 질적 특성은 무엇인가?

4. 현물출자된 토지의 취득원가를 결정할 때 공시지가, 감정평가액, 실거래가액 등이 서로 달라서 그 평균값으로 보고하는 경우 결여되는 질적 특성은 무엇인가?

5. 다음의 회계처리를 정당화하는 회계의 기본가정, 회계원칙은 무엇인가?
   - 일반물가수준의 변동을 인식하지 않는다.
   - 재고자산을 원가와 시가 중 낮은 금액으로 평가한다.
   - 개발비는 자산화하여 기간별 수익에 대응하여 상각한다.
   - 영업권은 사업결합에서 발생한 경우만 인정한다.

6. 신규 취득한 집기비품의 모든 원가를 비용으로 처리하는 경우 발생하는 문제는 무엇인가?

7. 다른 금융회사들은 금융전산시스템에 대해 정률법으로 감가상각하는데 반해 우량은행은 정액법으로 감가상각하는 유일한 은행이다. 이 경우 결여되는 질적 특성은 무엇인가?

확인문제

다음 설명이 맞으면 ○, 틀리면 × 하시오.

01 회수불가능한 매출채권을 회수가능한 것처럼 재무상태표에 표시한다면 표현의 충실성을 상실한 정보가 된다. (   )

02 불확실한 상황에서 가능한 한 자산 · 수익이 과소 계상되고, 부채 · 비용이 과다 계상되도록 회계처리하면 추정의 신중성이 확보된다. (   )

03 자본은 기업회계기준에 따른 자산과 부채의 인식 및 측정에 따른 결과물로서 재무상태표의 자본총액은 주식의 시가총액과 일치하지 않는 것이 일반적이다. (   )

04 어떤 항목의 성격 및 크기가 정보이용자의 의사결정에 영향을 미칠 정도로 중요한 것이 아니더라도 인식기준을 충족하면 재무제표에 별도로 인식하여야 한다. (   )

05 현행의 회계기준은 화폐자본유지개념에 근거하고 있으며, 포괄이익에 관련된 측정도 명목화폐자본유지개념에 근거한 것이다. (   )

정답 및 해설

01 ○

02 × 불확실한 상황에서 가능한 한 자산 · 수익이 과소 계상되고, 부채 · 비용이 과다 계상되도록 하는 보수주의는 신중성과 구별된다.

03 ○

04 × 어떤 항목의 성격 및 크기가 정보이용자의 의사결정에 영향을 미칠 정도로 중요한 것이 아니면 해당 항목은 재무제표에 별도로 인식할 필요가 없다.

05 ○

연습문제

01 우리나라 재무회계의 개념체계에 대한 설명으로 옳지 않은 것은?
① 회계기준의 제정 및 개정에 있어 기본방향과 일관성 있는 지침을 제공한다.
② 개념체계가 회계기준과 상충되는 경우에는 회계기준이 우선한다.
③ 사업설명서 및 기타 특수목적의 보고서도 개념체계가 적용된다.
④ 재무상태표, 손익계산서, 재무상태변동에 관한 보고서, 주석을 유용한 정보의 제공수단으로 보고 있다.
⑤ 재무보고의 목적을 명확히 하고 이의 달성에 유용한 기초개념을 제공하는 것을 목적으로 한다.

02 목적적합성과 신뢰성 모두에 관련되는 것은?
① 중요성 ② 적시성 ③ 표현의 충실성
④ 중립성 ⑤ 검증가능성

03 어떤 회계사상을 역사적 원가와 공정가치로 측정하고자 할 때 재무제표 정보의 질적 특성 간에 발생하는 상충관계를 적절히 표현하고 있는 것은?
① 중요성과 목적적합성 ② 중립성과 신뢰성
③ 비교가능성과 실질의 우선 ④ 신뢰성과 목적적합성
⑤ 목적적합성과 비교가능성

04 재무회계 개념체계에서 다루지 않는 내용은?
① 재무보고의 목적 ② 재무제표
③ 재무정보의 질적 특성 ④ 현금주의
⑤ 인식과 측정

05 재무회계 개념체계상 재무제표에 해당하지 않는 것은?

① 재무상태표 ② 현금흐름표
③ 자본변동표 ④ 제조원가명세서
⑤ 손익계산서

06 거래나 사건의 형식보다는 그 경제적 실질에 따라 회계처리하고 보고하여야 한다는 재무정보의 질적특성은 무엇인가?

① 표현의 충실성 ② 중립성
③ 적시성 ④ 검증가능성
⑤ 중요성

07 재무정보의 질적특성에 관한 설명으로 옳지 않은 것은?

① 매출채권에 대해 대손충당금을 과소 계상하는 경우 표현의 충실성이 훼손된다.
② 비교가능성으로 인해 목적적합성과 신뢰성을 제고할 수 있는 회계정책의 선택에 장애가 되어서는 안된다.
③ 보수주의란 불확실한 상황에서 자산 · 수익이 과다 계상되지 않고 부채 · 비용은 과소 계상되지 않도록 추정에 신중을 기하는 것을 말한다.
④ 재무제표에 표시되는 항목은 중요성을 고려하여야 하므로 목적적합성과 신뢰성을 갖춘 모든 항목이 재무제표에 반드시 표시되는 것은 아니다.
⑤ 적시성 있는 정보를 제공하기 위해서는 정보의 적시성과 신뢰성간의 균형을 고려하여야 한다.

08 재고자산의 평가방법을 선입선출법에서 후입선출법으로 변경한 경우 저해되는 질적 특성은?

① 기업간 비교가능성 ② 일관성 또는 계속성
③ 계속기업 ④ 신뢰성
⑤ 목적적합성

09 기업특유가치에 관한 설명으로 옳은 것은 모두 몇 개인가?

A. 자산의 기업특유가치는 사용가치라고 한다.
B. 계약상 현금으로 지급하는 부채의 기업특유가치는 현행유출가치와 같다.
C. 자산의 기업특유가치는 순실현가능가치와 동일한 의미로 사용되기도 한다.
D. 매출채권은 재무상태표에 자산의 기업특유가치로 표시된다.
E. 매입채무와 미지급비용은 재무상태표에 부채의 기업특유가치로 표시된다.

① 1개 ② 2개 ③ 3개 ④ 4개 ⑤ 5개

10 「불확실한 상황에서 재무정보가 ( )을 갖기 위해서는 추정에 대한 신중성이 확보되어야 한다.」( )안에 적절한 재무정보의 질적 특성은?

① 중립성 ② 목적적합성
③ 중요성 ④ 비교가능성
⑤ 표현의 충실성

11 비용의 인식기준에 해당하는 것을 모두 묶은 것은?

A. 직접대응 B. 가득기준 C. 체계적 · 합리적 배분 D. 실현기준 E. 간접대응

① A, B, C ② A, C, E ③ B, C, D ④ A, C, D ⑤ C, D, E

12 리스이용자가 경제적 실질의 관점에서 리스거래 관련 자산과 부채를 재무상태표에 인식하는 경우 이와 관련된 재무정보의 질적 특성은?

① 중립성 ② 표현충실성 ③ 중요성 ④ 적시성 ⑤ 신중성

13 재무회계 개념체계상 재무제표에 관한 설명으로 옳지 않은 것은?

① 재무제표의 기본가정으로는 기업실체, 계속기업 및 기간별 보고가 있다.

② 현금흐름표상 투자활동 현금흐름은 미래 영업현금흐름을 창출할 자원의 확보와 처분에 관련된 현금흐름에 대한 정보를 제공한다.

③ 손익계산서의 기본요소에는 포괄이익, 수익, 비용, 차익 및 차손이 있다.

④ 자본변동표의 기본요소에는 소유주의 투자와 소유주에 대한 분배가 있으며, 포괄이익은 제외된다.

⑤ 재무상태표, 손익계산서 및 자본변동표는 발생기준에 따라 작성된다.

14 재무정보의 질적 특성과 자산과 부채의 측정속성에 대한 옳은 설명을 모두 고르면?

ㄱ. 불확실한 상황에서 가능한 한 자산 · 수익이 과소 계상되고 부채 · 비용이 과다 계상되도록 회계처리하면 신중성이 확보된 회계처리이다.

ㄴ. 목적적합성을 높일 수 있는 대체적 방법이 있음에도 불구하고 비교가능성의 저하를 이유로 회계정책의 변경을 하지 않는 것은 적절한 회계처리로 볼 수 있다.

ㄷ. 기업특유가치와 공정가치는 현재 시점의 가치라는 공통점이 있다.

ㄹ. 금융자산의 상각후가액은 역사적 이자율을 적용하여 측정한 현재가치이다.

① ㄱ, ㄴ　② ㄱ, ㄷ　③ ㄷ, ㄹ　③ ㄱ, ㄴ, ㄹ　⑤ ㄴ, ㄷ, ㄹ

정답 및 해설

01 ③ 우리나라의 개념체계는 일반목적의 재무보고에 포괄적으로 적용된다. 그러나 사업설명서 기타 특수목적의 보고서는 적용대상에서 제외된다.

02 ① 중요성은 재무제표 정보의 제약요인으로서 목적적합성과 신뢰성 모두에 관련된다.

03 ④ 역사적 원가는 신뢰성이 높으나 목적적합성이 낮고 공정가치는 목적적합성은 높으나 신뢰성이 낮다.

04 ④ 현금주의는 재무회계 개념체계에서 다루지 않는다.

05 ④ 제조원가명세서는 재무회계 개념체계상 재무제표에 해당하지 않는다.

06 ① 회계처리의 대상이 되는 거래나 사건의 형식보다는 그 경제적 실질에 따라 회계처리하고 보고하여야 한다는 재무정보의 질적 특성은 표현의 충실성이다.

07 ③ 신중성에 대한 설명이다.

08 ② 한 기업의 회계정책의 변경은 일관성 또는 계속성을 위반한 것이다.

09 ② A, B가 옳은 설명이다. 교재 참조

10 ① 중립성에 관한 설명이다.

11 ② 비용의 인식기준은 직접대응, 간접대응, 체계적 · 합리적 배분이다.

12 ② 리스이용자가 리스거래를 형식보다는 경제적 실질의 관점에서 리스거래 관련 자산과 부채를 재무상태표에 인식하는 것은 표현의 충실성을 확보하기 위한 것이다.

13 ④ 자본변동표의 기본요소에는 소유주의 투자와 소유주에 대한 분배가 있으며, 포괄이익이 포함된다.

14 ③

1. 불확실한 상황에서 가능한 한 자산 · 수익이 과소 계상되고 부채 · 비용이 과다 계상되도록 회계처리하는 것은 보수주의에 따른 회계처리로 신중성과 다른 개념이다.
2. 목적적합성을 높일 수 있는 대체적 방법이 있음에도 불구하고 비교가능성의 저하를 이유로 회계정책의 변경을 하지 않는 것은 적절하지 않은 회계처리이다.

Financial Statements

제3장

재무제표

학습목표

본장을 학습한 후 다음 사항을 이해할 수 있다.

1. 재무제표의 구성과 기본구조
2. 재무제표의 상호관련성
3. 재무제표의 작성과 표시의 일반원칙
4. 재무제표의 유용성과 한계
5. 재무제표의 정보내용

1. 재무제표의 의의

1-1 재무제표의 구성

재무제표(financial ststements)는 기업에 대한 재무정보를 이해관계자에게 전달하는 재무보고의 주요 수단이다. 재무제표는 투자자나 채권자가 기업의 가치나 채무이행능력을 평가할 수 있도록 자산, 부채, 자본, 수익, 비용 및 현금흐름에 관한 정보를 제공한다. 또 재무제표는 주주가 경영자의 수탁책임을 평가하는 데 도움을 준다. 재무제표는 재무상태표, 손익계산서, 현금흐름표, 자본변동표로 구성되며, 주석도 재무제표의 일부로 본다.

재무제표는 각각 기업에 관한 서로 다른 재무적 정보를 제공해주면서 상호간 일정한 논리적 관련성을 가지고 있다. 손익계산서는 기초와 기말 재무상태표를 연결시키며, 자본의 변동을 나타내는 자본변동표는 손익계산서와 재무상태표를 연결시키는 역할을 한다.

한편, 손익계산서, 자본변동표는 발생주의에 의하여 작성되기 때문에 손익의 변동을 발생시키지 않으면서 재무상태에 영향을 미치는 거래에 대한 정보를 제공하지 못한다. 따라서 이러한 한계를 보완하기 위하여 영업활동뿐만 아니라 투자와 재무활동이 현금흐름에 미치는 영향을 나타내기 위하여 현금주의에 의한 현금흐름표를 작성하고 있다.

그림 3-1 재무제표의 상호관계

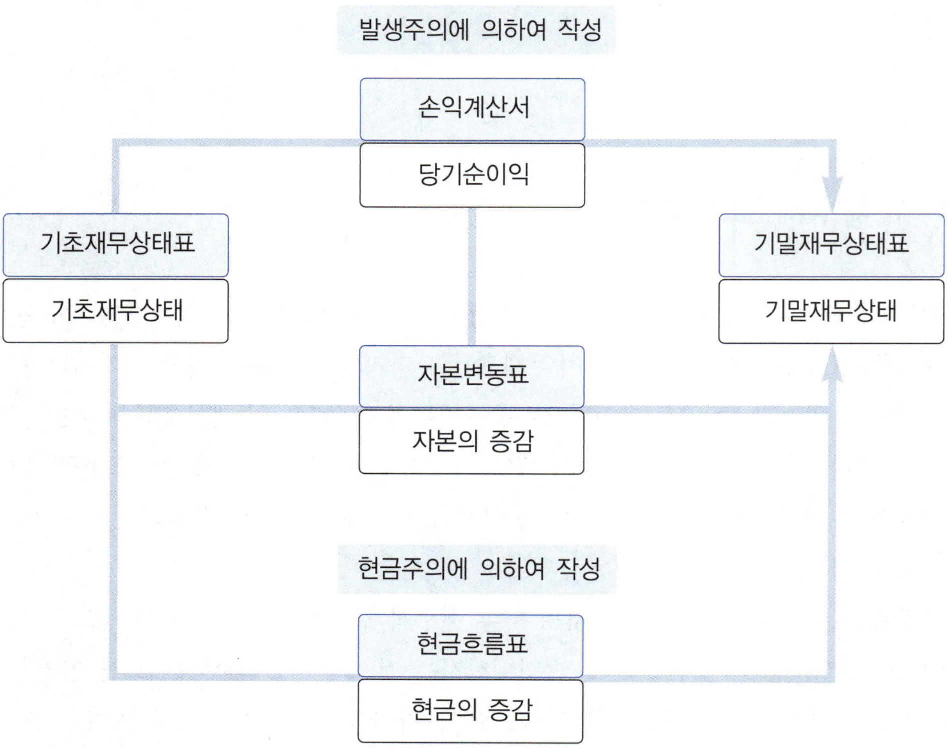

1-2 재무제표 작성과 표시의 일반원칙

(1) 계속기업

경영진은 재무제표를 작성할 때 계속기업으로서의 존속가능성을 평가해야 한다. 경영진이 기업을 청산하거나 경영활동을 중단할 의도를 가지고 있지 않거나, 청산 또는 경영활동의 중단 외에 다른 현실적 대안이 없는 경우가 아니면 계속기업을 전제로 재무제표를 작성한다. 계속기업으로서의 존속능력에 유의적인 의문이 제기될 수 있는 사건이나 상황과 관련된 중요한 불확실성을 알게 된 경우, 경영진은 그러한 불확실성을 공시하여야 한다. 재무제표가 계속기업의 기준하에 작성되지 않는 경우에는 그 사실과 함께 재무제표가 작성된 기준 및 그 기업을 계속기업으로 보지 않는 이유를 공시하여야 한다.

(2) 재무제표의 작성책임과 공정한 표시

재무제표의 작성과 표시에 대한 책임은 경영진에게 있다. 재무제표는 경제적 사실과 거래의 실질을 반영하여 기업의 재무상태, 경영성과, 현금흐름 및 자본변동을 공정하게 표시하여야 하며, 일반기업회계기준에 따라 적정하게 작성된 재무제표는 공정하게 표시된 재무제표로 본다. 재무제표가 일반기업회계기준에 따라 작성된 경우에는 그러한 사실을 주석으로 기재하여야 한다. 그러나 재무제표가 일반기업회계기준에서 요구하는 사항을 모두 충족하지 않은 경우에는 일반기업회계기준에 따라 작성되었다고 기재하여서는 아니된다.

(3) 재무제표 항목의 구분과 통합표시

중요한 항목은 재무제표의 본문이나 주석에 그 내용을 가장 잘 나타낼 수 있도록 구분하여 표시하며, 중요하지 않은 항목은 성격이나 기능이 유사한 항목과 통합하여 표시할 수 있다.

재무제표의 표시와 관련하여 재무제표 본문과 주석에 적용하는 중요성에 대한 판단기준은 서로 다를 수 있다. 예를 들어, 재무제표 본문에는 통합하여 표시한 항목이라 할지라도 주석에는 이를 구분하여 표시할 만큼 중요한 항목이 될 수 있다. 이러한 경우에는 재무제표 본문에 통합하여 표시한 항목의 세부 내용을 주석으로 기재한다. 일반기업회계기준에서 재무제표의 본문이나 주석에 구분 표시하도록 정한 항목이라 할지라도 그 성격이나 금액이 중요하지 아니한 것은 유사한 항목으로 통합하여 표시할 수 있다.

(4) 비교재무제표의 작성

재무제표의 기간별 비교가능성을 제고하기 위하여 전기 재무제표의 모든 계량정보를 당기와 비교하는 형식으로 표시한다. 또한 전기 재무제표의 비계량정보가 당기 재무제표를 이해하는 데 필요한 경우에는 이를 당기의 정보와 비교하여 주석에 기재한다. 예를 들어, 전기 보고기간종료일 현재 미해결 상태인 소송사건이 당기 재무제표가 사실상 확정된 날까지 해결되지 않은 경우에는 전기 보고기간종료일에 불확실성이 존재하였다는 사실과 내용, 당기에 취해진 조치 및 결과 등에 대한 정보를 주석으로 기재한다.

(5) 재무제표 항목의 표시와 분류의 계속성

재무제표의 기간별 비교가능성을 제고하기 위하여 재무제표 항목의 표시와 분류는 다음의 경우를 제외하고는 매기 동일하여야 한다.

① 일반기업회계기준에 의하여 재무제표 항목의 표시와 분류의 변경이 요구되는 경우
② 사업결합 또는 사업중단 등에 의해 영업의 내용이 유의적으로 변경된 경우
③ 재무제표 항목의 표시와 분류를 변경함으로써 기업의 재무정보를 더욱 적절하게 전달할 수 있는 경우

재무제표 항목의 표시나 분류방법이 변경되는 경우에는 당기와 비교하기 위하여 전기의 항목을 재분류하고, 재분류 항목의 내용, 금액 및 재분류가 필요한 이유를 주석으로 기재한다. 다만, 재분류가 실무적으로 불가능한 경우에는 그 이유와 재분류되어야 할 항목의 내용을 주석으로 기재한다.

(6) 재무제표의 보고양식

재무제표는 이해하기 쉽도록 간단하고 명료하게 표시하여야 하며, 일반기업회계기준 제2장의 부록 적용사례에 예시된 재무제표의 양식을 참조하여 작성한다. 예시된 명칭보다 내용을 잘 나타내는 계정과목명이 있을 경우에는 그 계정과목명을 사용할 수 있다. 재무제표는 재무상태표, 손익계산서, 현금흐름표, 자본변동표 및 주석으로 구분하여 작성하며, ① 기업명 ② 보고기간종료일 또는 회계기간 ③ 보고통화 및 금액단위를 각 재무제표의 명칭과 함께 기재한다.

2. 재무상태표

2-1 재무상태표의 의의

재무상태표[statement of financial position(F/P) 또는 balance sheet(B/S)]는 일정 시점 현재 기업이 보유하고 있는 경제적 자원인 자산과 경제적 의무인 부채, 그리고 자본에 대한 정보를 제공하는 재무보고서로서, 정보이용자들이 기업의 유동성, 재무적 탄력성, 수익성과 위험 등을 평가하는 데 유용한 정보를 제공한다.

(1) 재무상태표의 유용성

재무상태표는 다음과 같은 유용성이 있다.

① 재무상태표는 유동성에 관한 정보를 제공한다. 유동성이란 자산이 현금으로 실현 또는 전환되는 데 걸리는 시간으로 시간이 짧을수록 유동성이 높다.

② 재무상태표는 재무탄력성에 관한 정보를 제공한다. 재무탄력성(financial flexibility)이란 현금흐름의 크기나 시기를 효과적으로 조정하여 예상치 못한 자금수요나 투자기회에 대처할 수 있는 능력을 의미한다.

③ 자산의 구성비율은 기업의 투자의사결정을 보여주고 부채와 자본의 구성비율, 즉 자본구조는 기업의 자본조달 의사결정을 보여준다. 따라서 재무상태표는 기업의 투자 및 재무활동에 관한 정보를 제공한다.

(2) 재무상태표의 한계

재무상태표는 여러 가지 유용성이 있으나 다음과 같은 한계점도 가지고 있다.

① 재무상태표는 역사적 원가에 의하여 자산과 부채를 평가하기 때문에 현행시장가치를 반영하지 못한다. 따라서 재무상태표상 자산과 부채의 가치가 경제적 실

질가치와 차이가 있을 수 있다.

② 재무상태표의 측정치 중 주관적인 추정이 상당부분 개입된다. 예를 들면 매출채권의 회수가능성, 재고자산의 감모율 및 판매가능성, 유형자산의 내용연수 등을 추정이나 관습에 의하고 있다.

③ 상당한 가치가 있는 비계량적 정보가 포함되지 않는다. 예를 들면 인적자원은 미래현금흐름을 증가시킬 수 있음에도 불구하고 측정하기가 어려워 재무상태표에 포함시키지 못하고 있다.

④ 사실상 부채의 성격을 갖는 항목이 재무상태표에 포함되지 않는 부외금융(off-balance sheet financing)현상이 나타날 수 있다. 예를 들면 운용리스가 이에 해당한다.

2-2 재무상태표의 기본구조

재무상태표는 자산, 부채, 자본으로 구성되며, 자산과 부채는 유동성이 큰 항목부터 배열하는 것을 원칙으로 한다. 재무상태표의 기본구조는 [그림 3-2]와 같다.

그림 3-2 재무상태표의 기본구조

자 산	부채 및 자본
Ⅰ. 유동자산 당좌자산 재고자산	부 채 Ⅰ. 유동부채 Ⅱ. 비유동부채
Ⅱ. 비유동자산 투자자산 유형자산 무형자산 기타비유동자산	자 본 Ⅰ. 자본금 Ⅱ. 자본잉여금 Ⅲ. 자본조정 Ⅳ. 기타포괄손익누계액 Ⅴ. 이익잉여금(또는 결손금)

(1) 자산

자산은 1년을 기준으로 유동자산과 비유동자산으로 분류한다. 유동자산이란 ① 사용의 제한이 없는 현금 및 현금성자산 ② 정상적인 영업주기 내에 실현될 것으로 예상되거나 판매 또는 소비목적으로 보유하는 자산 ③ 단기매매 목적으로 보유하는 자산 ④ 그 외 보고기간종료일로부터 1년 이내에 현금화 또는 실현될 것으로 예상되는 자산을 말한다. 다만, 정상적인 영업주기[1] 내에 판매되거나 사용되는 재고자산과 회수되는 매출채권 등은 보고기간종료일로부터 1년 이내에 실현되지 않더라도 유동자산으로 분류하고 주석으로 기재한다. 장기미수금이나 투자자산에 속하는 매도가능증권 또는 만기보유증권 등의 비유동자산 중 1년 이내에 실현되는 부분도 유동자산으로 분류한다.

① 유동자산

- 당좌자산 : 사용의 제한이 없는 현금 및 현금성자산, 단기투자자산, 매출채권, 선급비용, 이연법인세자산, 기타(미수수익, 미수금, 선급금 등)
- 재고자산 : 상품, 제품, 반제품, 재공품, 원재료, 저장품, 기타

② 비유동자산

- 투자자산 : 투자부동산, 장기투자증권, 지분법적용투자주식, 장기대여금, 기타
- 유형자산 : 토지, 설비자산(건물, 구축물, 기계장치, 운반구 등), 건설중인자산, 기타
- 무형자산 : 영업권, 산업재산권, 개발비, 기타(라이선스와 프랜차이즈, 저작권, 컴퓨터소프트웨어, 임차권리금, 광업권, 어업권 등)
- 기타비유동자산 : 이연법인세자산, 임차보증금, 장기매출채권, 장기미수금 등

1) 영업주기는 제조업의 경우에 제조과정에 투입될 재화와 용역을 취득한 시점부터 제품의 판매로 인한 현금의 회수완료시점까지 소요되는 기간을 나타낸다. 숙성과정이 필요한 업종이나 자본집약적인 업종의 경우에는 영업주기가 1년을 초과할 수도 있다. 반면에 대부분의 업종의 경우에는 영업주기가 1년 이내인 경우가 보통이다. 정상적인 영업주기가 명확하게 확인되지 않는 경우에는 1년으로 추정한다.

(2) 부채

부채는 1년을 기준으로 유동부채와 비유동부채로 분류한다. 다만, 정상적인 영업주기 내에 소멸할 것으로 예상되는 매입채무와 미지급비용 등은 보고기간종료일로부터 1년 이내에 결제되지 않더라도 유동부채로 분류하며, 유동부채로 분류한 금액 중 1년 이내에 결제되지 않을 금액을 주석으로 기재한다. 당좌차월, 단기차입금 및 유동성장기차입금 등은 보고기간종료일로부터 1년 이내에 결제되어야 하므로 영업주기와 관계없이 유동부채로 분류한다. 또한 비유동부채 중 보고기간종료일로부터 1년 이내에 자원의 유출이 예상되는 부분은 유동부채로 분류한다.[2)]

장기차입약정을 위반하여 채권자가 즉시 상환을 요구할 수 있는 채무라도, 다음의 조건을 모두 충족하는 경우에는 비유동부채로 분류한다.

(가) 보고기간종료일 이전에 차입약정의 위반을 해소할 수 있도록 보고기간종료일로부터 1년을 초과하는 유예기간을 제공하기로 합의하였다.

(나) (가)에서의 유예기간 내에 기업이 차입약정의 위반을 해소할 수 있다.

(다) (가)에서의 유예기간동안 채권자가 즉시 상환을 요구할 수 없다.

① 유동부채 : 단기차입금, 매입채무, 당기법인세부채, 미지급비용, 이연법인세부채, 기타 (예수금, 선수수익, 선수금)

② 비유동부채 : 사채, 신주인수권부사채, 전환사채, 장기차입금, 퇴직급여충당부채, 장기제품보증 충당부채, 이연법인세부채, 기타

(3) 자본

① 자본금(법정자본금) : 보통주자본금, 우선주자본금

② 자본잉여금 : 주식발행초과금, 기타 자본잉여금(감자차익, 자기주식처분이익 등)

---

2) 보고기간종료일로부터 1년 이내에 상환되어야 하는 채무는, 보고기간종료일과 재무제표가 사실상 확정된 날 사이에 보고기간종료일로부터 1년을 초과하여 상환하기로 합의하더라도 유동부채로 분류한다. 보고기간종료일로부터 1년 이내에 상환기일이 도래하더라도, 기존의 차입약정에 따라 보고기간종료일로부터 1년을 초과하여 상환할 수 있고 기업이 그러한 의도가 있는 경우에는 비유동부채로 분류한다. 장기차입약정을 위반하여 채권자가 즉시 상환을 요구할 수 있는 채무는, 보고기간종료일과 재무제표가 사실상 확정된 날 사이에 상환을 요구하지 않기로 합의하더라도 유동부채로 분류한다.

③ 자본조정 : 자기주식, 기타 자본조정(주식할인발행차금, 주식선택권, 출자전환채무, 감자차손, 자기주식처분손실 등)

④ 기타포괄손익누계액 : 매도가능증권평가손익, 해외사업환산손익, 현금흐름위험회피 파생상품평가손익

⑤ 이익잉여금(또는 결손금) : 법정적립금, 임의적립금, 미처분이익잉여금(또는 미처리결손금)

3. 손익계산서

3-1 손익계산서의 의의

손익계산서(income statement)는 일정 기간 동안 기업의 경영성과에 대한 정보를 제공하는 재무보고서이다. 손익계산서는 당해 회계기간의 경영성과를 나타낼 뿐만 아니라 기업의 미래현금흐름과 수익창출능력 등의 예측에 유용한 정보를 제공한다.

(1) 손익계산서의 유용성

손익계산서는 기업의 일정기간 동안 발생주의에 의한 이익정보를 제공하는 데 현금주의에 의한 이익수치보다 유용하다는 견해가 일반적이다. 손익계산서가 제공하는 정보의 내용은 다음과 같다.

① 손익계산서는 미래 현금흐름에 관한 정보를 제공한다. 투자자와 채권자는 미래 현금흐름을 잘 예측함으로써 기업의 경제적 가치와 채권의 회수가능성을 판단할 수 있다.
② 기업의 경영성과를 평가하기 위한 정보를 제공한다. 경영성과는 투자자와 채권자뿐만 아니라 경영자에게도 유용한 정보이다. 경영자의 보수가 경영성과에 따라 결정되는 성과급인 경우가 많기 때문이다.
③ 과세소득 산정의 기초자료를 제공한다. 이익수치와 과세소득이 동일하지는 않지만 이익수치에 세무조정을 행하여 과세소득과 세액을 산정하기 때문이다.

(2) 손익계산서의 한계

손익계산서는 이익정보를 제공하지만 한계점도 있는데 그 내용은 다음과 같다.

① 손익계산서상의 회계이익이 진실한 이익(true income)인지의 문제이다. 회계

이익은 화폐액으로 측정할 수 있는 이익만을 포함하기 때문에 심리적 이익(psychic income) 등은 무시한다.

② 원가배분이나 대손율 추정에 있어서 손익계산서 작성자의 주관이 개입될 가능성이 크다.

③ 회계이익이 대체적 회계처리방법에 의하여 큰 영향을 크게 받는다. 따라서 이익의 질(quality of earnings)의 문제가 나타난다.

④ 수익은 현행가격, 비용은 역사적 원가로 계산됨으로써 이익이 과대 계상되는 경향이 있다.

3-2 손익측정방법

손익을 측정하는 방법에는 자본유지접근법과 거래접근법이 있다.

(1) 자본유지접근법

기말의 순자산(자본)에서 기초의 순자산을 차감하여 순자산의 변동액을 계산하되 기중에 소유주에 의한 투자와 배당을 조정하여 이익을 계산하는 방법으로 재산법이라고도 부른다. 이 방법은 순자산의 변동을 가져오는 원천인 수익과 비용을 구체적으로 파악할 수 없는 단점이 있다.

(2) 거래접근법

일정기간에 영업활동에서 발생한 수익과 비용을 대응시켜서 이익을 계산하는 방법으로 손익법이라고도 한다. 이 방법에서는 일정기간 동안의 손익거래를 수익, 비용, 이득 및 손실로 구분하여 이익을 계산하는데, 수익, 비용, 이득, 손실의 기간귀속의 문제가 발생한다.

3-3 손익계산서의 기본구조

거래접근법은 손익의 발생 원천인 손익의 구성요소에 대한 정보를 제공하기 때문에 자본유지접근법에 비해 널리 사용되는데, 이 경우 수익과 비용은 각각 총액으로 보고하는 것을 원칙으로 한다. 다만, 다른 일반기업회계기준의 다른 장에서 요구하거나 허용하는 경우에는 수익과 비용을 상계하여 표시할 수 있다. 또한 동일 또는 유사한 거래나 회계사건에서 발생한 차익, 차손 등은 총액으로 표시하지만 중요하지 않은 경우에는 관련 차익과 차손 등을 상계하여 표시할 수 있다. 손익계산서의 기본구조는 [그림3-3]과 같다. 다만, 제조업, 판매업 및 건설업 외의 업종에 속하는 기업은 매출총손익의 구분표시를 생략할 수 있다.

그림 3-3 손익계산서의 기본구조

중단사업손익이 없을 경우	중단사업손익이 있을 경우
(1) 매출액	(1) 매출액
(2) 매출원가	(2) 매출원가
(3) 매출총손익	(3) 매출총손익
(4) 판매비와관리비	(4) 판매비와관리비
(5) 영업손익	(5) 영업손익
(6) 영업외수익	(6) 영업외수익
(7) 영업외비용	(7) 영업외비용
(8) 법인세비용차감전순손익 (9) 법인세비용	(8) 법인세비용차감전계속사업손익 (9) 계속사업손익법인세비용 (10) 계속사업손익 (11) 중단사업손익(법인세효과 차감후)
(10) 당기순손익	(12) 당기순손익

(1) 매출액

매출액은 기업의 주된 영업활동에서 발생한 제품, 상품, 용역 등의 총매출액에서 매출할인, 매출환입, 매출에누리 등을 차감한 금액이다. 차감 대상 금액이 중요한 경우 총매출액에서 차감하는 형식으로 표시하거나 주석으로 기재한다. 또한 매출액은 업종별이나 부문별로 구분하여 표시할 수 있으며, 반제품매출액, 부산물매출액, 작업폐물매출액, 수출액, 장기할부매출액 등이 중요한 경우 이를 구분하여 표시하거나 주석으로 기재한다.

(2) 매출원가

매출원가는 제품, 상품 등의 매출액에 대응되는 원가로서 판매된 제품이나 상품 등에 대한 제조원가 또는 매입원가이다. 매출원가는 기초제품(또는 상품)재고액에 당기제품제조원가(또는 당기상품매입액)를 가산하고 기말제품(또는 상품)재고액을 차감한 금액이며, 산출과정은 손익계산서 본문에 표시하거나 주석으로 기재한다. 당기상품매입액은 상품의 총매입액에서 매입할인, 매입환출, 매입에누리 등을 차감한 금액이다.

(3) 판매비와관리비

판매비와관리비는 제품, 상품, 용역 등의 판매활동과 기업의 관리활동에서 발생하는 비용으로서 매출원가에 속하지 아니하는 모든 영업비용을 포함한다. 판매비와관리비는 당해 비용을 표시하는 적절한 항목으로 구분하여 표시하거나 일괄표시할 수 있으며, 일괄표시하는 경우에는 적절한 항목으로 구분하여 이를 주석으로 기재한다. 판매비와관리비에는 급여, 퇴직급여, 복리후생비, 임차료, 기업업무추진비, 감가상각비, 무형자산상각비, 세금과공과, 광고선전비, 연구비, 경상개발비, 대손상각비 등이 있다.

(4) 영업외수익

영업외수익은 기업의 주된 영업활동이 아닌 활동으로부터 발생한 수익과 차익으로서 중단사업손익에 해당하지 않는 것으로 한다. 영업외수익에는 이자수익, 배당금수익, 임대료, 단기투자자산처분이익, 단기투자자산평가이익, 외환차익, 외화환산이익, 지분법이익, 장기투자증권손상차손환입, 유형자산처분이익, 사채상환이익, 전기오류수정이익 등이 있다.

(5) 영업외비용

영업외비용은 기업의 주된 영업활동이 아닌 활동으로부터 발생한 비용과 차손으로서 중단사업손익에 해당하지 않는 것으로 한다. 이자비용, 기타의 대손상각비, 단기투자자산처분손실, 단기투자자산평가손실, 재고자산감모손실(비정상적으로 발생한 것), 외환차손, 외화환산손실, 기부금, 지분법손실, 장기투자증권손상차손, 유형자산처분손실, 사채상환손실, 전기오류수정손실 등이 있다.

(6) 계속사업손익법인세비용

계속사업손익법인세비용은 계속사업손익에 대응하여 발생한 법인세비용이다. 계속사업손익은 기업의 계속적인 사업활동과 그와 관련된 부수적인 활동에서 발생하는 손익으로서 중단사업손익에 해당하지 않는 모든 손익을 말한다. 중단사업손익은 ① 중단사업에서 발생한 영업손익과 ② 영업외손익으로서 사업중단직접비용과 중단사업자산손상차손으로 구성되며, 법인세효과를 차감한 후의 순액으로 보고하고 중단사업손익의 산출내역을 주석으로 기재한다. 이때 중단사업손익에 대한 법인세효과는 손익계산서의 중단사업손익 다음에 괄호를 이용하여 표시한다.

(7) 당기순손익 · 주당계속사업손익 · 주당순손익

당기순손익은 계속사업손익에 중단사업손익을 가감하여 산출하며, 당기순손익에 기타포괄손익을 가감하여 산출한 포괄손익의 내용을 주석으로 기재한다. 이 경우 기타포괄손익의 각 항목은 관련된 법인세효과가 있다면 그 금액을 차감한 후의 금액으로 표시하고 법인세효과에 대한 내용을 별도로 기재한다. 포괄손익계산서의 주석양식은 [그림 3-4]와 같다.

그림 3-4 포괄손익계산서의 주석양식

포괄손익계산서
Ⅰ. 당기순손익
Ⅱ. 회계정책변경누적효과주)
Ⅲ. 기타포괄손익
1. 매도가능증권평가손익(법인세효과 : XXX)
2. 해외사업환산손익(법인세효과 : XXX))
3. 현금흐름위험회피 파생상품평가손익(법인세효과 : XXX))
Ⅳ. 포괄손익

주) 회계정책변경의 누적효과를 기초이익잉여금에 일시 반영하는 경우임.

4. 현금흐름표

4-1 현금흐름표의 의의

현금흐름표(statement of cash flows)는 기업의 현금흐름을 나타내는 표로서 현금의 변동내용을 명확하게 보고하기 위하여 당해 회계기간에 속하는 현금의 유입과 유출내용을 적정하게 표시하여야 한다.

4-2 현금흐름표의 유용성

현금흐름정보는 비록 역사적 자료이지만 미래현금흐름의 금액, 시기 및 확실성에 대한 지표로 널리 사용되며, 과거에 추정한 미래현금흐름의 정확성을 검증하고 수익성과 현금흐름간의 관계를 분석하는데 유용하다. 구체적으로 현금흐름표는 ① 미래현금흐름의 예측 및 평가 ② 배당지급능력, 부채상환능력 및 외부금융의 필요성 평가 ③ 당기순이익에 대한 보완정보 ④ 투자 및 재무활동이 기업재무상태에 미친 영향 등을 평가하는데 유용하다.

4-3 현금흐름표의 기본구조

현금흐름표는 영업활동으로 인한 현금흐름, 투자활동으로 인한 현금흐름, 재무활동으로 인한 현금흐름으로 구분하여 표시하고, 이에 기초의 현금을 가산하여 기말의 현금을 산출하는 형식으로 표시한다. 현금흐름표의 기본구조는 [그림 3-5]와 같다.

(1) 영업활동으로 인한 현금흐름

영업활동이란 일반적으로 제품의 생산과 상품 및 용역의 구매 · 판매활동을 말하며, 투자활동과 재무활동에 속하지 아니하는 거래를 모두 포함한다. 영업활동으로 인한 현금의 유입에는 제품 등의 판매에 따른 현금유입(매출채권의 회수 포함), 이자수익과 배당금수익, 기타 투자활동과 재무활동에 속하지 아니하는 거래에서 발생된 현금유입이 포함된다.

영업활동으로 인한 현금의 유출에는 원재료, 상품 등의 구입에 따른 현금유출(매입채무의 결제 포함), 기타 상품과 용역의 공급자와 종업원에 대한 현금지출, 법인세(토지등 양도소득에 대한 법인세 제외)의 지급, 이자비용, 기타 투자활동과 재무활동에 속하지 아니하는 거래에서 발생된 현금유출이 포함된다.

(2) 투자활동으로 인한 현금흐름

투자활동이란 현금의 대여와 회수활동, 유가증권 · 투자자산 · 유형자산 및 무형자산의 취득과 처분활동 등을 말한다. 투자활동으로 인한 현금의 유입에는 대여금의 회수, 단기투자자산 · 유가증권 · 투자자산 · 유형자산 · 무형자산의 처분 등이 포함된다. 투자활동으로 인한 현금의 유출에는 현금의 대여, 단기투자자산 · 유가증권 · 투자자산 · 유형자산 · 무형자산의 취득에 따른 현금유출로서 취득 직전 또는 직후의 지급액 등이 포함된다.

(3) 재무활동으로 인한 현금흐름

재무활동이란 현금의 차입 및 상환활동, 신주발행이나 배당금의 지급활동 등과 같이 부채 및 자본계정에 영향을 미치는 거래를 말한다. 재무활동으로 인한 현금의 유입에는 단기차입금 · 장기차입금의 차입, 어음 · 사채의 발행, 주식의 발행 등이 포함된다. 재무활동으로 인한 현금의 유출에는 배당금의 지급, 유상감자, 자기주식의 취득, 차입금의 상환, 자산의 취득에 따른 부채의 지급 등이 포함된다.

그림 3-5 현금흐름표의 기본구조

과 목	금 액	
Ⅰ. 영업활동 현금흐름		XXX
1. 법인세차감전순이익	XXX	
2. 가감		
가. 감가상각비	XXX	
나. 토지처분이익	(XXX)	
⋮		
Ⅱ. 투자활동 현금흐름		
토지 처분	XXX	
건물 구입	(XXX)	
⋮		
Ⅲ. 재무활동 현금흐름		XXX
사채 발행	XXX	
차입금 상환	(XXX)	
Ⅳ. 현금의 증가(Ⅰ+Ⅱ+Ⅲ)		XXX
Ⅴ. 기초의 현금		XXX
Ⅵ. 기말의 현금		XXX

5. 자본변동표

5-1 자본변동표의 의의

자본변동표(statement of changes in equity)는 자본의 크기와 그 변동에 관한 정보를 제공하는 재무보고서로서, 자본을 구성하고 있는 자본금, 자본잉여금, 자본조정, 기타포괄손익누계액, 이익잉여금(또는 결손금)의 변동에 대한 포괄적인 정보를 제공한다.

5-2 자본변동표의 유용성

자본변동표는 재무제표 간의 연계성을 제고시켜서 재무제표 간의 관계에 대한 이해를 도와준다. 자본변동표에는 재무상태표상의 기초자본과 기말자본이 제시되어 재무상태표와 연계되고 자본의 변동내용은 손익계산서와 현금흐름표에 나타난 정보와 연계된다. 또한 자본변동표는 손익계산서를 거치지 않고 재무상태표의 자본에 직접 가감되는 매도가능증권평가손익과 같은 미실현손익에 대한 정보를 제공함으로써 포괄적인 경영성과에 대한 정보를 제공한다.

5-3. 자본변동표의 기본구조

자본변동표에는 자본금, 자본잉여금, 자본조정, 기타포괄손익누계액, 이익잉여금(또는 결손금)의 각 항목별로 기초잔액, 변동사항, 기말잔액을 표시하며, 기본구조는 [그림 3-6]과 같다.

그림 3-6 자본변동표의 기본구조

구 분	자본금	자본잉여금	자본조정	기타포괄 손익누계액	이익잉여금	총계
Ⅰ. 기초재무상태표의 보고금액	XXX	XXX	XXX	XXX	XXX 주1)	XXX
1. 회계정책변경누적효과						
2. 전기오류수정손익						
Ⅱ. 수정후 이익잉여금					XXX	
연차배당					XXX 주2)	
Ⅲ. 처분후 이익잉여금					XXX	
1. 중간배당					XXX 주3)	
2. 유상증자(감자)						
3. 당기순이익(손실)						
4. 자기주식 취득						
5. 해외사업 환산손익						
Ⅳ. 기말재무상태표의 보고금액	XXX	XXX	XXX	XXX	XXX	XXX

주1) 전기말 재무상태표상 법정적립금, 임의적립금 및 미처분이익이익잉여금의 합계액임
2) 당기 중에 주주총회에서 승인된 배당금액과 기타 전기말 미처분이익잉여금의 처분액임
3) 당기 중 이사회에서 승인된 중간 배당액임

(1) 자본금의 변동

자본금의 변동은 유상증자(감자), 무상증자(감자)와 주식배당 등에 의하여 발생하며, 자본금은 보통주자본금과 우선주자본금으로 구분하여 표시한다.

(2) 자본잉여금의 변동

자본잉여금의 변동은 유상증자(감자), 무상증자(감자), 결손금처리 등에 의하여 발생하며, 주식발행초과금과 기타자본잉여금으로 구분하여 표시한다.

(3) 자본조정의 변동

자본조정의 변동은 자기주식은 구분하여 표시하고 기타자본조정은 통합하여 표시할 수 있다.

(4) 기타포괄손익누계액의 변동

기타포괄손익누계액의 변동은 ① 매도가능증권평가손익 ② 해외사업환산손익 ③ 현금흐름위험회피 파생상품평가손익은 구분하여 표시하고 그 밖의 항목은 그 금액이 중요한 경우에는 적절히 구분하여 표시 할 수 있다.

(5) 이익잉여금의 변동

이익잉여금의 변동은 ① 회계정책의 변경으로 인한 누적효과 ② 중대한 전기오류 수정손익 ③ 연차배당(당기 중 주총에서 승인된 배당금액으로 현금과 주식배당으로 구분기재)과 기타 전기말 미처분이익잉여금의 처분 ④ 중간배당(당기 중에 이사회에서 승인된 배당금액) ⑤ 당기순손익 ⑥ 기타의 원인으로 당기에 발생한 이익잉여금의 변동으로 하되, 그 금액이 중요한 경우에는 적절히 구분하여 표시한다.

6. 주석

6-1 주석의 의의

주석(footnotes)이란 재무제표상 금액에 대한 상세한 설명이나 내역으로 재무제표의 일부이기 때문에 외부감사인의 감사를 받는다. 주석은 재무제표 본문에 표시되는 항목에 대한 설명이나 금액의 세부내역뿐만 아니라 우발상황이나 약정사항과 같이 재무제표에 인식되지 않는 항목에 대한 추가적인 정보를 포함하여야 한다. 재무상태표, 손익계산서, 현금흐름표 및 자본변동표의 본문에 표시된 개별항목에는 관련된 주석내용과 상호 연결하는 기호 등을 체계적인 방법으로 표시한다.

6-2 주석의 구조

(1) 주석의 대상

① 재무제표 작성기준 및 유의적인 거래와 회계사건의 회계처리에 적용한 회계정책

② 일반기업회계기준에서 주석공시를 요구하는 사항

③ 재무상태표, 손익계산서, 현금흐름표 및 자본변동표의 본문에 표시되지 않는 사항으로서 재무제표를 이해하는 데 필요한 추가 정보

(2) 주석의 순서

주석은 일반적으로 재무제표 이용자가 재무제표를 이해하고 다른 기업의 재무제표와 비교하는 데 도움이 될 수 있도록 다음의 순서로 작성한다.

① 일반기업회계기준에 준거하여 재무제표를 작성하였다는 사실의 명기

② 재무제표 작성에 적용된 유의적인 회계정책의 요약

③ 재무제표 본문에 표시된 항목에 대한 보충정보(재무제표의 배열 및 각 재무제표 본문에 표시된 순서에 따라 공시한다)

④ 기타 우발상황, 약정사항 등의 계량정보와 비계량정보

(3) 회계정책의 공시

주석으로 기재하는 유의적인 회계정책의 요약에는 다음 사항이 포함되어야 한다.

① 재무제표를 작성하는 데 사용한 측정속성[3)]
② 재무제표를 이해하는 데 필요한 기타의 회계정책

경영자는 회계정책을 적용할 때 다양한 판단을 하며 그러한 판단은 재무제표에 중요한 영향을 줄 수 있다. 예를 들어, 경영자는 금융자산을 만기보유증권으로 분류할지 여부를 판단해야 한다. 이 경우 재무제표 항목의 금액에 영향을 미치는 회계정책을 적용할 때 판단의 근거를 주석으로 기재한다.

(4) 측정상의 유의적인 가정

미래에 관한 유의적인 가정과 측정상의 불확실성에 대한 기타 정보를 주석으로 기재하여야 한다. 이러한 사항은 차기에 자산과 부채의 장부금액에 대한 유의적인 조정을 유발할 수 있는 위험과 관련이 있다. 따라서 이에 영향을 받을 자산과 부채에 대하여 다음 사항 등을 주석으로 기재한다.

① 자산과 부채의 성격
② 보고기간종료일 현재의 자산과 부채의 장부금액
③ 위 ②의 장부금액이 차기에 중요하게 조정될 가능성이 있다는 사실

---

3) 재무제표 이용자에게 재무제표 작성의 기초가 된 측정속성(역사적 원가, 현행원가, 순실현가능가치, 공정가치 또는 회수가능액)에 관한 정보를 제공할 필요가 있다. 따라서 재무제표 작성에 여러 가지의 측정속성을 사용한 경우, 예를 들어 동일한 재무제표에 역사적 원가로 측정한 항목들과 공정가치로 측정한 항목들이 있는 경우에는 각 측정속성이 적용된 자산 및 부채의 유형에 관한 정보를 주석에 포함한다.

(5) 이익잉여금처분계산서

「상법」 등 관련 법규에서 이익잉여금처분계산서(또는 결손금처리계산서)의 작성을 요구하는 경우에는 재무상태표의 이익잉여금(또는 결손금)에 대한 보충정보로서 이익잉여금처분계산서(또는 결손금처리계산서)를 주석으로 공시한다. 또한 이익잉여금 처분예정액으로서 주식의 종류별 주당배당금액, 액면배당률, 배당성향, 배당액의 산정내역을 주석으로 기재한다.

7. 중소기업 회계처리특례

중소기업 회계처리특례는 이해관계자가 적은 중소기업의 회계처리 부담을 완화하기 위하여 다른 기준에서 정한 인식 · 측정기준 및 공시사항과 달리 적용할 수 있도록 필요한 사항을 정하는 데 있다.

7-1 적용범위

중소기업 회계처리특례는 「주식회사 등의 외부감사에 관한 법률」의 적용대상 기업 중 「중소기업기본법」에 따른 중소기업의 회계처리에 적용할 수 있으며, 「주식회사 등의 외부감사에 관한 법률」의 적용대상이 아닌 중소기업의 회계처리에 준용할 수 있다. 다만 다음의 기업은 중소기업 회계처리특례를 적용할 수 없다.

① 「자본시장과 금융투자업에 관한 법률」에 따른 다음의 기업
  ㉮ 상장법인
  ㉯ 증권신고서 제출법인
  ㉰ 사업보고서 제출대상법인
② 일반기업회계기준 제3장 '재무제표의 작성과 표시Ⅱ(금융업)'에서 정의하는 금융회사
③ 일반기업회계기준 제4장 '연결재무제표'에서 정의하는 연결실체에 중소기업이 아닌 기업이 포함된 경우의 지배기업

7-2 회계처리와 재무제표 표시

(1) 파생상품

정형화된 시장에서 거래되지 않아 시가가 없는 파생상품에 대하여는 계약시점 후 평가에 관한 회계처리를 아니할 수 있다.

(2) 시장성 없는 지분증권

시장성이 없는 지분증권은 취득원가로 평가할 수 있다. 다만, 손상차손에 대하여는 일반기업회계기준 제6장 '금융자산 · 금융부채' 의 제2절 '유가증권' 의 문단 6.A13을 준용한다.

(3) 유의적인 영향력을 행사할 수 있는 지분증권

관계기업이나 공동지배기업에 대하여는 지분법을 적용하지 아니할 수 있다. 지분법을 적용하지 아니하는 경우에는 해당 투자자산의 장부금액은 다음 중 어느 하나로 한다.

① 취득원가(단, 손상차손누계액이 있는 경우 이를 차감한 금액)
② 제6장 '금융자산 · 금융부채' 를 준용하여 측정한 금액

(4) 장기채권 · 채무

장기연불조건의 매매거래 및 장기금전대차거래 등에서 발생하는 채권 · 채무는 현재가치평가를 하지 않을 수 있다.

(5) 주식기준보상거래

주식결제형 주식기준보상거래가 있는 경우에는 부여한 지분상품이 실제로 행사(예: 주식선택권이 부여된 경우)되거나 발행(예: 주식이 부여된 경우)되기까지는 별도의 회계처리를 아니할 수 있다. 예를 들어, 부여한 주식선택권이 행사되기 전까지는 별도의 회계처리를 아니할 수 있으며, 이러한 경우 주식선택권의 행사시점에 신주를 발행하는 경우에는 행사가격과 신주의 액면금액의 차액을 주식발행초과금으로, 자기주식을 교부하는 경우에는 행사가격과 자기주식의 장부금액의 차액을 자기주식처분손익으로 회계처리한다. 거래상대방이 결제방식을 선택할 수 있는 주식기준보상거래가 있는 경우에도 제19장 '주식기준보상' 에 따라 회계처리하되, 복합금융상품 중 부

채요소만을 인식할 수 있으며 부채요소는 매 보고기간종료일과 최종결제일에 내재가치로 측정할 수 있다.

(6) 용역매출 등의 수익인식

1년 내의 기간에 완료되는 용역매출 및 건설형 공사계약에 대하여는 용역제공을 완료하였거나 공사 등을 완성한 날에 수익으로 인식할 수 있으며, 1년 이상의 기간에 걸쳐 이루어지는 할부매출은 할부금회수기일이 도래한 날에 실현되는 것으로 할 수 있다. 또한 토지 또는 건물 등을 장기할부조건으로 처분하는 경우에는 당해 자산의 처분이익을 할부금회수기일이 도래한 날에 실현되는 것으로 할 수 있다.

(7) 법인세법의 수용

유형자산과 무형자산의 내용연수 및 잔존가치의 결정은 「법인세법」의 규정에 따를 수 있다. 또한 법인세비용은 「법인세법」 등의 법령에 의하여 납부하여야 할 금액으로 할 수 있다.

(8) 주석공시

중단된 사업부문의 정보는 주석으로 기재하지 아니할 수 있다. 다만, 회계처리, 재무제표 표시 및 주석공시 내용 중 선택한 사항을 주석으로 기재하며, 유의적인 회계정책의 요약에 중소기업회계처리특례의 적용범위에 해당되어 특례를 적용하였다는 사실을 주석으로 기재한다. 또한 파생상품의 회계처리와 관련한 문단 31.15에서 정하는 사항과 주식기준보상거래의 회계처리와 관련한 문단 31.16에서 정하는 사항도 주석으로 기재한다.

8. K-IFRS(제1001호 : 재무제표의 표시)와 비교

(1) 재무제표의 구성(포괄손익계산서)

재무제표는 재무상태표, 별개의 손익계산서(표시하는 경우), 포괄손익계산서, 현금흐름표, 자본변동표 및 주석으로 구성되며 회계정책을 소급하여 적용하거나 재무제표의 항목을 소급하여 재작성하는 경우에 가장 이른 비교기간의 기초 재무상태표를 작성해야 한다. 이 기준서에서는 재무제표에 포괄손익계산서를 포함하며 이익잉여금처분계산서(또는 결손금처리계산서)를 포함하지 않고 있다.

(2) 재무상태표의 자산과 부채의 표시

자산과 부채를 유동과 비유동으로 구분하거나 유동성의 순서에 따라 순서대로 배열할 수 있다. 또한 재무상태표에 표시할 최소한의 항목을 제시하고 있다.

(3) 재무상태표 자본 항목의 표시

크게 납입자본, 이익잉여금 및 기타자본구성요소의 3가지로 분류하고 있고 자본의 개별항목에 대해서는 구체적으로 예시하지 않고 있다.

(4) 포괄손익계산서의 구조

수익, 금융비용, 지분법관련손익, 법인세비용, 중단영업관련손익, 당기순손익의 최소한의 항목들을 포괄손익계산서에 포함하도록 하고 있다. 또한 포괄손익계산서에서 비용에 대한 분석을 표시할 때 성격별 또는 기능별 분류기준 중 하나를 선택가능하도록 하고 있으며 이러한 표시방법은 포괄손익계산서에 표시하도록 권장하고 있다.

(5) 법정적립금의 적립 등

이익잉여금처분계산서를 기본재무제표에 포함하지 않고 있으며, 배당 이외에는 이익잉여금의 처분의 유형에 대해 별도로 언급하지 않고 있다.

보론 3A 중간재무제표

이 기준은 중간재무제표를 작성하는 경우에 적용할 인식과 측정의 기준 및 공시에 필요한 사항을 정하는 데 있으며, 중간재무제표의 작성의무기업, 보고주기 및 보고기한은 규정하지 않는다.

1. 용어의 정의

중간재무제표에서 사용하는 용어의 정의는 다음과 같다.

① '중간기간' 이란 1 회계연도보다 짧은 회계기간. 예를 들면, 중간기간은 3개월, 6개월 등이 될 수 있다. 3개월 단위의 중간기간을 '분기', 6개월 단위의 중간기간을 '반기' 라 한다.
② '누적중간기간' 이란 회계연도 개시일부터 당해 중간보고기간말까지의 기간을 말한다.
③ '중간재무제표' 란 중간기간 또는 누적중간기간을 대상으로 작성하는 재무제표를 말한다.
④ '연차재무제표' 란 회계연도를 대상으로 작성하는 재무제표를 말한다.

2. 중간재무제표

중간재무제표는 재무상태표, 손익계산서, 현금흐름표, 자본변동표 및 주석을 포함한다. 중간재무제표는 연차재무제표와 동일한 양식으로 작성함을 원칙으로 한다. 다만, 정보이용자를 오도하지 않는 범위 내에서 재고자산 , 투자자산, 유형자산과 감가상각누계액, 무형자산, 자본잉여금, 자본조정, 기타포괄손익누계액, 판매비와관리비, 영업외수익 및 영업외비용 등은 요약 또는 일괄 표시할 수 있다.

(1) 중간재무제표의 대상기간과 비교형식

중간재무제표의 대상기간과 비교형식은 다음과 같다.

① 재무상태표는 중간보고기간말과 직전 연차보고기간말을 비교하는 형식으로 작성한다.

② 손익계산서는 중간기간과 누적중간기간을 직전 회계연도의 동일기간과 비교하는 형식으로 작성한다.

③ 현금흐름표 및 자본변동표는 누적중간기간을 직전 회계연도의 동일기간과 비교하는 형식으로 작성한다.

(2) 주석

중간재무제표의 이용자는 연차재무제표의 정보를 이용할 수 있으므로 연차재무제표의 주석사항을 중간재무제표에 반복하여 기재하는 것은 비효율적일 수 있다. 따라서 중간재무제표의 주석에는 직전 연차보고기간말 이후에 발생한 재무상태와 경영성과의 유의적인 변동과 관련된 거래나 회계사건을 주로 기재한다. 또한 중간재무제표에는 다음의 사항을 주석으로 기재한다. 다만, 그 금액이나 내용이 중요하지 아니한 경우에는 생략할 수 있다.

① 직전 연차재무제표와 동일한 회계정책을 사용하였다는 사실 또는 회계정책의 변경이 있는 경우 그 내용과 영향

② 중간기간 사업활동의 계절적 또는 주기적 특성에 대한 설명

③ 재고자산의 평가손실이나 자산의 손상차손 발생 및 회복의 내용과 금액

④ 내용, 금액, 발생빈도 등이 비경상적인 재무제표 항목의 내용과 금액

⑤ 회계추정의 변경이 있는 경우 그 내용과 영향

⑥ 유의적인 오류의 수정이 있는 경우 그 내용과 영향

⑦ 주식과 채권의 발행, 재취득 및 상환

⑧ 중간배당금 지급내역(주식 종류별 배당금 총액 및 주당배당금)

⑨ 중간보고기간말 이후에 발생하였으나 중간재무제표에 반영되지 않은 중요한 사건

⑩ 사업결합, 종속기업 등의 인수 및 처분, 구조조정, 사업의 중단, 대규모 장기투자 등 사업 구성에 유의적인 변화를 초래한 사건의 내용과 영향
⑪ 직전 연차보고기간말 이후에 발생한 우발항목의 변동 내용
⑫ 특수관계자 거래
⑬ 기타 중간재무제표의 이해를 위하여 특히 필요한 사항

3. 최종 중간기간에 관한 공시

최종 중간기간의 재무제표는 별도로 작성하지 아니할 수 있다. 다만, 법령이나 계약 등에 의하여 중간재무제표를 정기적으로 작성하는 기업이 최종 중간기간의 재무제표를 별도로 작성하지 않는 경우에는 연차재무제표에 다음 사항을 주석으로 기재한다.

① 당 회계연도 최종 중간기간의 매출액, 당기순손익 및 등 주요 경영성과
② 최종 중간기간에 회계추정의 변경이 있는 경우 그 내용과 영향

4. 인식과 측정

(1) 일반적 원칙

중간재무제표는 연차재무제표에 적용하는 것과 동일한 회계정책을 적용하여 작성한다. 회계정책의 변경이 있는 경우에는 변경된 회계정책을 적용한다.

중간재무제표의 작성을 위한 측정은 누적중간기간을 기준으로 한다. 따라서 연차재무제표의 결과는 중간재무제표의 작성빈도에 따라 달라지지 않는다. 예를 들면, 손익 항목의 각 중간기간별 금액의 합계는 연간금액과 일치해야 한다.

중간재무제표에서는 연차재무제표와 같이 미래 경제적 효익의 유입가능성에 따라 자산인식 여부를 결정한다. 따라서 연차재무제표에서 자산으로 인식할 수 없는 원가는 중간재무제표에서도 자산으로 인식할 수 없다. 중간재무제표에서는 연차재무제표와 같이 보고기간말 현재 존재하는 의무만을 부채로 인식하며 수익과 비용도 연차재무제표와 동일한 기준을 적용하여 인식한다. 중간재무제표의 작성을 위한 인식과 측정의 예는 다음과 같다.

① 중간재무제표에서 재고자산평가, 구조조정 또는 자산손상 관련 손실 등을 인식하고 측정 할 때는 연차재무제표와 동일한 회계처리방법을 적용한다.

② 중간기간 중에 발생한 원가로서 중간보고기간말 현재 자산의 인식요건을 충족하지 못한 경우에는 이후 중간기간 중에 이러한 요건을 충족할 가능성이 있다는 이유로 또는 중간기간의 이익을 조정하기 위하여 자산으로 계상할 수 없다.

③ 중간기간의 법인세비용은 중간보고기간말 현재 예상되는 연간법인세율을 적용하여 인식한다. 동일 회계연도 내의 이후 중간기간 중에 연간법인세율의 변경이 있는 경우에는 변경의 효과를 그 기간에 모두 반영한다.

(2) 특수한 사항

1) 회계추정의 변경

중간기간 중에 회계추정의 변경이 있을 때는 누적중간기간을 기준으로 계산한 회계변경의 효과를 회계추정의 변경이 있었던 중간기간에 모두 반영한다. 이 경우 이전 중간재무제표를 소급하여 재작성하지 않는다. 유의적인 추정의 변경은 그 내용과 영향을 주석사항으로 기재한다.

2) 계절적 주기적 수익

계절적, 주기적 또는 일시적으로 발생하는 수익이라 할지라도 다른 중간기간 중에 미리 인식하거나 이연하지 않는다. 예를 들면, 배당금수익, 로열티수익 또는 소매업의 계절적 수익 등은 전액 발생한 중간기간의 수익으로 인식한다.

3) 불규칙한 지출

연중 고르게 발생하지 않는 지출은 연차재무제표를 작성할 때 미리 비용으로 인식하거나 이연하는 것이 타당한 방법으로 인정되는 경우에 한하여 중간재무제표에서도 동일하게 처리한다.

4) 평가방법의 조정

중간재무정보의 적시성 확보를 위하여 정교하지만 시간과 비용이 많이 소요되는 평가방법은 생략할 수 있으며, 최근 연차재무제표의 평가결과를 준용하거나 간편한 방법으로 대체하여 평가할 수 있다. 연간과 다른 평가방법을 사용한 경우에는 이를 주석으로 공시한다.

5) 중요성 판단기준

중간재무제표를 작성할 때 인식, 측정, 구분표시, 공시와 관련된 중요성의 판단은 원칙적으로 해당 작성대상기간별로 한다. 중요성을 판단할 때는 중간재무제표가 연차재무제표에 비하여 추정에 의존하는 정도가 크다는 점을 감안하여야 한다.

5. 회계정책의 변경과 재무제표의 재작성

회계정책이 변경된 경우에는 적용 시기와 방법을 다른 일반기업회계기준에서 따로 정한 경우를 제외하고는 변경된 회계정책을 적용하여 동일 회계연도의 이전 중간기간 및 직전 회계연도의 비교 대상 중간재무제표를 재작성한다.

회계정책의 변경으로 인한 모든 수정항목은 비교재무제표상 최초연도 누적중간기간의 자산, 부채 및 자본의 기초금액에 반영한다. 회계정책의 변경에 따른 누적효과를 합리적으로 결정하기 어려운 경우에는 전진적으로 처리하여 그 효과가 당기와 당기이후의 기간에 반영되도록 할 수 있다. 이러한 경우라도 동일 회계연도의 이전 중간기간의 재무제표는 변경된 회계정책을 적용하여 재작성한다.

보론 3B 현금주의와 발생주의

재무제표는 발생주의에 의하여 작성하고 있다. 발생주의는 현금의 수입이나 지출에 관계없이 경제적 상태에 변화를 주는 사건이나 여건의 변화가 있을 때 인식하여 기록한다는 견해이다. 반면 현금주의는 현금의 수입이나 지출이 있을 때 관련 사건을 인식하여 기록한다. 발생주의는 현금의 증감을 야기할 수 있는 거래가 발생하였을 때 이를 인식하여 가까운 장래에 그에 수반된 현금수입과 지출을 합리적으로 예측할 수 있게 하기 때문에 현금주의보다 우수한 견해이다.

현금주의와 발생주의에 의하여 발생하는 항목별 차이 및 조정방법을 다음과 같이 요약할 수 있다.

현금주의	조 정		발생주의
	차 감	가 산	
매 출 (현금수입액)	기초매출채권 기말선수수익(선수금) 기초미수수익	기말매출채권 기초선수수익(선수금) 기말미수수익	매 출
매출원가 (현금매입액)	기말재고자산 기초매입채무	기초재고자산 기말매입채무	매출원가
영업비	기말선급비용 기초미지급비용	기초선급비용 기말미지급비용	영업비
임금과 급료 (현금지급액)	기초미지급임금과 급료	기말미지급임금과 급료	임금과 급료
유형자산 취득에 따른 현금지출액	유형자산 취득에 따른 현금지출액	당기분 감가상각비	감가상각비

보론 3C 현재가치

1. 현재가치의 의의

현재가치(present value)란 현재 시점의 화폐가치를 말하며, 미래가치로 표시된 화폐금액을 할인율로 할인하여 현재 시점의 화폐가치로 계산한 것을 말한다. 현재가치는 어음, 리스, 사채, 연불조건으로 취득한 자산의 평가 등 재무회계의 여러 분야에서 널리 이용되고 있다.

2. 일반기업회계기준의 현재가치평가

일반기업회계기준에서는 장기연불조건의 매매거래, 금전대차거래 또는 이와 유사한 거래에서 발생한 채권 · 채무로서 명목상의 가액과 현재가치의 차이가 유의적인 경우에는 이를 현재가치로 평가하도록 규정하고 있다. 그러나 중소기업은 현재가치 평가규정을 적용하지 않고 명목가치로 평가할 수 있는데, 이 경우 그 내용을 주석으로 기재해야 한다.

3. 유효이자율

현재가치 계산에서 사용하는 할인율은 당해 거래의 유효이자율로 한다.

4. 현재가치의 계산

4-1 단일금액의 현재가치

이자율이 10%일 때 현재 얼마를 예금하여야 1년 후 11,000원이 될 수 있는가? 그 금액을 A원이라 하면 1년간 이자는 0.1×A원이 되며, 이는 다음과 같이 표현할 수 있다.

$$A + 0.1 \times A = 11{,}000 \Rightarrow A \times (1+0.1) = 11{,}000$$

$$A = \frac{11{,}000}{(1+0.1)} = 10{,}000$$

따라서 이자율이 10%일 때 1년 후 11,000원이 되려면 현재 10,000원을 예금하여야 한다. 이 경우 1년 후 11,000원의 현재가치는 10,000원이며, 1년 후 11,000원과 현재 10,000원은 상호교환이 가능한 금액 즉, 등가액이 된다. 여기에서 현재가치 10,000원은 1년 후 미래가치 11,000원에 현가계수 0.90909를 곱한 금액이 되며, 1년 후 미래가치 11,000원은 현재가치 10,000원과 이자 1,000원의 합계액이 됨을 알 수 있다. 결국, 이자 1,000원은 미래가치 11,000원과 현재가치 10,000원의 차액이 된다. 따라서 미래가치와 현재가치의 관계는 다음과 같이 요약할 수 있다.

미래가치 11,000원 = 현재가치 10,000원 + 이 자 1,000원
현재가치 10,000원 = 미래가치 11,000원 − 이 자 1,000원
이 자 1,000원 = 미래가치 11,000원 − 현재가치 10,000원

마찬가지 방법으로 이자율 10%일 때 2년 후 12,100원은 현재 얼마를 예금하면 가능할까? 그 금액을 A라 하면 1차연도 이자는 0.1×A, 2차연도 이자는 0.1×(A +0.1×A)이 되며, 다음의 수식으로 표현할 수 있다.

$$A + 0.1\times A + 0.1\times(A + 0.1\times A) = 12,100 \Rightarrow A\times(1+0.1)^2 = 12,100$$

$$A = \frac{12,100}{(1+0.1)^2} = 12,100\times0.82645 = 10,000$$

이 경우 1차연도의 이자는 1,000원, 2차연도의 이자는 1,100원이며, 2년간 발생한 이자는 2,100원이 된다.

따라서 이를 일반화하여 미래가치를 FVn, 할인율을 I, 기간을 n이라 하면, 현재가치(PVO)는 다음과 같이 계산된다.

$$PV_0 = \frac{FV_n}{(1+i)^n} = FVn \times \text{현가계수}$$

사례 3-1 현재가치 계산

3년 만기 무이자부어음(액면 1,000,000원)을 12%의 할인율로 할인매각한다고 할 때 매각금액은 얼마인가?

해 답

매각금액 : 1,000,000원×0.71178(기간 3, 할인율 12%의 현가계수) = 711,780원

4-2 연금의 현재가치

연금이란 동일한 금액이 일정기간 동안 계속하여 발생하는 현금흐름을 말한다. 매개 일정한 이자를 계속 지급하는 회사채 또는 리스기간 동안 일정액을 계속 지급하는 정기리스료 등이 그 예이다. 연금의 현재가치는 다음과 같이 계산된다.

현재가치		1차연도말	2차연도말	3차연도말 ···	n차연도말
$\frac{A}{(1+i)^1}$	←	A			
$\frac{A}{(1+i)^2}$	←———		A		
$\frac{A}{(1+i)^3}$	←———————			A	
⋮					
$\frac{A}{(1+i)^n}$	←———————————				A

따라서 현재가치의 합계인 연금현가 계산식이 다음과 같이 도출된다.

$$PV_0 = A \times \left\{ \frac{1}{(1+i)^1} + \frac{1}{(1+i)^2} + \frac{1}{(1+i)^3} \cdots\cdots \frac{1}{(1+i)^n} \right\}$$

$$PV_0 = A \times \frac{(1+i)^n - 1}{i \cdot (1+i)^n} = A \times \text{연금현가계수}$$

사례 3-2 연금의 현재가치 계산

㈜금융은 상품을 판매하고 1년 후부터 매년 1,000,000원씩 5년간 분할 회수하기로 하였다. 할인율이 5%인 경우 ㈜금융은 인식해야할 매출액은 얼마인가?

해 답

장기할부조건부 판매의 경우에는 매출액은 할부금의 현재가치로 계산한다. 따라서 매출액은 5년간 회수할 할부금 1,000,000원의 현재가치가 된다.

매출액 : 1,000,000원 × 4.32948(기간 5년, 할인율 5%의 연금현가계수) = 4,329,480원

보론 3D 중단사업

1. 중단사업의 의의

기업이 어떤 사업부문을 포기 또는 처분하는 경우가 발생하는데 이러한 사업부문을 중단사업이라고 한다. 중단사업을 계속사업과 분리하지 않고 통합 · 보고하게 되면 계속사업이익이 왜곡될 수 있고 미래이익과 미래현금흐름의 예측가능성이 저해된다. 따라서 일반기업회계기준은 중단된 사업부문을 별도로 보고하도록 규정하고 있다. 중단사업이란 다음의 조건을 모두 충족시키는 기업의 일부를 말한다.

① 사업의 중단을 목표로 수립된 단일계획에 따라 기업의 일부를 일괄매각방식 또는 기업분할방식으로 처분하거나, 해당 사업에 속한 자산과 부채를 분할하여 처분 또는 상환하거나, 또는 사업자체를 포기하고
② 주요 사업별 또는 지역별 단위로 구분할 수 있으며,
③ 경영관리와 재무보고 목적상 별도로 식별할 수 있다.

2. 중단사업손익의 보고

중단사업손익의 보고는 최초공시사건이 발생하였을 때 이루어진다. 사업중단에 대한 최초공시사건이란 다음 중 먼저 발생한 사건을 말한다.

① 특정 사업에 속하는 대부분의 자산에 대한 구속력 있는 매각계약의 체결
② 기업의 이사회나 또는 이와 유사한 권한을 가진 의사결정기구의 특정 사업에 대한 공식적이며 구체적인 중단계획의 승인 및 발표

(1) 중단사업손익

중단사업손익은 해당 회계기간에 중단사업으로부터 발생한 영업손익과 영업외손익으로서 사업중단직접비용과 중단사업자산손상차손을 포함한다.

1) 사업중단직접비용

사업중단에 대한 최초공시사건이 일어나면 사업중단과 직접적으로 관련하여 발생할 것으로 예상되는 사업중단직접비용을 중단사업손익에 포함하고 충당부채로 인식한다. 사업중단직접비용은 다음의 두 가지 요건을 모두 충족하여야 한다.

① 추가적인 퇴직급여, 장기임대자산의 해약으로 인한 해약가산금 등 사업의 중단으로 인해 불가피하게 발생한다.

② 다른 계속적인 사업과 관련되지 않는다.

2) 중단사업자산손상차손

사업중단계획을 승인하고 발표하는 경우에는 일반적으로 중단사업에 속하는 자산에 손상차손이 새로이 발생 또는 추가되거나, 드문 경우이지만 과거에 인식하였던 손상차손의 회복이 수반된다. 따라서, 사업중단계획의 발표시점에서 중단사업에 속하는 자산의 회수가능액을 추정하여 손상차손을 인식하거나 손상전의 장부금액을 한도로 하여 과거에 인식한 손상차손을 환입한다.

(2) 재무제표상 표시와 공시

중단사업손익은 손익계산서에 법인세효과를 차감한 금액으로 보고하고 법인세효과는 중단사업손익 다음에 괄호를 이용하여 표시한다. 중단사업에 대한 최초공시사건일이 속하는 회계기간에 다음의 사항을 주석으로 기재한다.[4)]

---

4) 보고기간말과 재무제표가 사실상 확정된 날 사이에 중단사업에 대한 최초공시사건이 발생한 경우에도 동일한 사항을 주석으로 기재한다. 이러한 주석사항은 최초공시사건일이 속하는 회계기간은 물론 사업중단이 완료되는 날이 속하는 회계기간까지 계속적으로 적용한다. '사업중단이 완료되는 날' 은 매각대금의 회수시점과 관계없이 실질적으로 사업중단계획의 수행이 완료되었거나 사업중단계획이 철회된 날을 말한다.

① 중단사업의 내용

② 중단사업이 속하는 사업별 또는 지역별 단위

③ 최초공시사건의 일자와 성격

④ 중단사업의 처분예정시기

⑤ 보고기간종료일 후에 처분예정인 자산과 부채의 보고기간종료일 현재 장부금액 합계액

⑥ 중단사업손익의 산출내역

⑦ 영업활동, 투자활동 및 재무활동으로부터 발생한 순현금흐름 중 중단사업에 귀속되는 금액

또한, 최초공시사건일이 속하는 회계기간의 재무제표에 비교목적으로 제시되는 「과거기간의 재무제표는 중단사업에서 발생한 손익을 중단사업손익으로 구분하여」 보고하며, 중단사업손익의 산출내역을 주석으로 기재한다.

한편, 중단사업으로 보고된 사업중단계획을 철회한 경우에는 「전년도의 사업중단직접비용 및 중단사업자산손상차손을 제외한」 중단사업손익을 계속사업의 손익으로 재분류한다. 그러나 전년도의 사업중단직접비용과 중단사업자산손상차손은 계속해서 중단사업손익으로 보고하고, 사업중단계획을 철회하기로 한 기간에 환입하여 중단사업손익으로 보고한다. 사업중단을 철회하기로 한 기간의 경영성과는 계속사업에 포함하여 보고한다. 또한 중단사업으로 보고된 사업중단계획을 철회한 경우에는 그 내용과 영향을 주석으로 기재하며, 주석에는 전년도에 사업중단계획에 의해 인식한 사업중단직접비용 및 중단사업자산손상차손의 환입에 대한 내용이 포함된다.

생각해봅시다

1. 재무상태표의 유용성과 한계점은 무엇인가?

2. 손익계산서의 유용성과 한계점은 무엇인가?

3. 일반기업회계기준에서 채택하는 이익측정방법은 무엇인가?

4. 자본조정이란 무엇이며, 그 구성항목은 무엇인가?

5. 기타포괄손익이란 무엇이며, 그 구성항목은 무엇인가?

6. 중단사업을 별도로 구분하여 보고하는 이유는 무엇인가?

확인문제

다음 설명이 맞으면 ○, 틀리면 × 하시오.

01 재무상태표, 손익계산서 및 자본변동표는 발생기준에 의해 작성된 재무제표이다. ( )

02 매입채무, 미지급비용이 보고기간 종료일부터 1년 이내 결제되지 않는 경우에는 정상영업주기 내에 소멸될 것으로 예상되더라도 비유동부채로 분류한다. ( )

03 중단사업이 있는 경우에는 법인세효과 차감후 중단사업손익은 당기순손익에 반영한다. ( )

04 비상장, 비외감 중소기업은 중소기업 회계처리특례를 적용할 수 없다. ( )

05 중간재무제표를 작성할 때 재무상태표는 중간보고기간말과 직전 연차보고기간말을 비교하는 형식으로 작성한다. ( )

정답 및 해설

01 ○

02 × 정상영업주기 내에 소멸될 것으로 예상되는 매입채무, 미지급비용 등은 보고기간 종료일부터 1년 이내 결제되지 않더라도 유동부채로 분류한다.

03 ○

04 × 비상장, 비외감 중소기업도 일반기업회계기준을 선택 적용할 수 있기 때문에 중소기업회계처리특례를 적용할 수 있다.

05 ○

연습문제

01 금융(주)의 영업개시 첫해의 자료는 다음과 같다. 회사는 원가에 30% 이익을 가산하여 판매한다. 매출채권 전액이 회수가능한 경우 기말매출채권잔액은 얼마인가?

• 상품매입대금 지급액	200,000원	• 기말상품재고액	60,000원
• 매입채무(기말잔액)	40,000원	• 매출채권 회수액	170,000원

① 64,000원 ② 90,000원 ③ 142,000원
④ 234,000원 ⑤ 240,000원

02 영업이익의 계산과정에 포함되는 것의 조합으로 옳은 것은?

A. 복리후생비	B. 연구비	C. 기부금
D. 이자비용	E. 대손상각비	F. 지분법손실

① A, B, C ② A, C, E ③ A, B, E
④ C, D, F ⑤ A, E, F

03 (주)삼청은 손익계산서를 현금주의에 의하여 작성하였는데 이를 발생주의로 전환하고자 한다. 현금기준에 의한 매출액은 500,000원, 매출채권 기초잔액은 100,000원, 매출채권 기말잔액 50,000원이었다. 발생기준에 의한 매출액은 얼마인가?

① 350,000원 ② 400,000원 ③ 450,000원
④ 550,000원 ⑤ 650,000원

04 재무제표의 작성과 표시의 일반원칙 중 기간별 비교가능성을 제고시키기 위한 원칙은?

A. 회계정책의 결정	B. 비교재무제표의 작성
C. 재무제표항목의 구분과 통합표시	D. 재무제표의 공정한 표시
E. 재무제표항목의 표시 · 분류의 계속성	F. 계속기업

① A, B, C, E　② B, C, D, F　③ B ,　E
④ B, E, F　⑤ B, D, E

05 재무상태표에 관한 설명으로 틀린 것은?

① 자산과 부채는 유동성이 큰 항목부터 배열하는 것을 원칙으로 한다.
② 자산은 보고기간종료일부터 1년을 기준으로 유동자산과 비유동자산으로 분류한다.
③ 보고기간종료일부터 1년 이내에 실현되지 않더라도 정상적인 영업주기 내에 회수되는 매출채권은 유동자산으로 분류한다.
④ 보고기간종료일부터 1년 이내 상환하여야 할 채무이지만 보고기간종료일과 재무제표가 사실상 확정된 날 사이에 보고기간종료일부터 1년을 초과하여 상환하기로 합의하면 비유동부채로 분류한다.
⑤ 장기차입약정을 위반하여 채권자가 즉시 상환을 요구할 수 있는 채무는 보고기간종료일과 재무제표가 사실상 확정된 날 사이에 상환을 요구하지 않기로 합의하더라도 유동부채로 분류한다.

06 자본조정 중 반드시 별도 항목으로 구분 · 표시하여야 하는 것은?

① 출자전환채무　② 감자차손　③ 주식할인발행차금
④ 주식매수선택권　⑤ 자기주식

07 재무상태표에 관한 설명으로 틀린 것은?

① 보통주 자본금과 우선주 자본금은 구분 · 표시한다.
② 이익잉여금은 법정적립금, 임의적립금 및 미처분이익잉여금으로 구분 · 표시한다.
③ 자산과 부채는 상계하여 표시하지 않는 것이 원칙이다.
④ 매출채권에 대한 대손충당금은 직접 가감하여 표시할 수 없다.
⑤ 자본잉여금은 주주와의 거래에서 발생하여 자본을 증가시키는 잉여금이다.

08 손익계산서에 관한 설명으로 틀린 것은?

① 매출액은 업종별이나 부문별로 구분 · 표시할 수 있다.
② 매출원가의 산출과정은 손익계산서 본문에 표시하거나 주석으로 기재한다.
③ 영업외비용은 기업의 주된 영업활동이 아닌 활동으로부터 발생한 비용과 차손으로서 중단사업손익에 해당하는 것을 포함한다.
④ 중단사업손익에는 중단사업 영업손익, 사업중단 직접비용, 중단사업 자산손상차손이 포함된다.
⑤ 중단사업손익이 없을 경우에는 손익계산서에 중단사업손익을 표시할 필요가 없다.

09 자본변동표상 자본조정의 변동을 구성하는 항목이 아닌 것은?

① 자기주식 ② 주식발행초과금
③ 자기주식처분손실 ④ 감자차손
⑤ 청약기일이 경과된 신주청약증거금 중 신주납입금으로 충당될 금액

10 주석 기재에 관한 설명으로 틀린 것은?

① 회계정책을 공시할 때 재무제표를 작성하는 데 사용한 측정속성을 포함하여야 한다.
② 일반기업회계기준에 준거하여 재무제표를 작성하였다는 사실을 명기한다.
③ 중요한 회계정책이지만 회계처리 금액이 중요하지 않은 경우 주석으로 기재하지 않는다.
④ 미래에 관한 중요한 가정과 측정상 불확실성에 대한 기타 정보는 주석으로 기재한다.
⑤ 재무제표 금액에 영향을 미치는 회계정책에 대한 경영자의 판단 근거는 주석으로 기재한다.

11 중소기업의 회계처리특례에 해당하지 않는 것은?

① 장기금전대차거래에서 발생하는 채권 · 채무의 현재가치 평가
② 유의적인 영향력을 행사할 수 있는 지분증권의 지분법 적용 배제
③ 1년 이내 완료되는 단기건설형 공사계약의 완성기준 수익인식
④ 유 · 무형자산의 내용연수와 잔존가치의 결정시 법인세법 수용
⑤ 시장성 없는 지분증권에 대한 손상차손의 인식배제

12 중단사업의 회계처리에 대한 설명으로 틀린 것은?

① 중단사업손익에는 중단사업손익, 사업중단직접비용 및 중단사업자산손상차손이 포함된다.
② 중단사업손익은 손익계산서에 법인세효과를 차감한 금액으로 보고하고 법인세효과는 주기한다.
③ 사업중단계획을 철회한 경우 전년도의 사업중단직접비용 및 중단사업자산손상차손을 제외한 중단사업손익을 계속사업의 손익으로 재분류한다.
④ 사업중단계획을 철회한 경우 전년도의 사업중단직접비용과 중단사업자산손상차손은 계속해서 중단사업손익으로 보고하고, 철회하기로 한 기간에 환입하여 중단사업손익으로 보고한다.
⑤ 최초공시사건일이 속하는 회계기간의 재무제표에 비교 표시되는 과거기간의 재무제표는 수정하지 않는다.

13 일반기업회계기준상 현재가치평가대상에서 제외되는 과목은?

① 장기매출채권　② 장기미지급금　③ 장기차입금
④ 사채　⑤ 이연법인세자산

14 중소기업의 회계처리 특례가 적용될 수 없는 항목은?

① 파생상품의 회계처리　② 시장성 없는 지분증권의 회계처리
③ 장기연불조건의 매매거래의 회계처리　④ 법인세비용의 회계처리
⑤ 감가상각비의 회계처리

15 재무제표에 관한 설명으로 옳은 것은 모두 몇 개인가?

- 재무상태표는 유동성, 재무탄력성, 투자 및 재무활동에 관한 정보를 제공한다.
- 손익계산서는 기업의 경영성과와 미래 현금흐름에 관한 정보를 제공한다.
- 당기순이익에는 매도가능증권평가이익과 같은 미실현이익이 반영되어 있지 않다.
- 당기순손익에 기타포괄손익을 가감하여 산출한 포괄손익의 내용은 주석 기재한다.
- 매도가능증권평가이익은 손익계산서를 거치지 않고 자본변동표에 반영된다.

① 1개　② 2개　③ 3개　④ 4개　⑤ 5개

16 (주)금융의 자료에 의하여 판매비와 관리비를 계산하면 얼마인가?

- 법인세비용 50,000원
- 영업외수익 60,000원
- 영업외비용 150,000원
- 당기순이익 350,000원
- 매출총이익 1,000,000원
- 판매비와 관리비 ?

① 490,000원　② 500,000원　③ 510,000원
④ 520,000원　⑤ 530,000원

17 서울(주)의 제10기 재무자료이다. 판매비와 관리비에 포함될 금액은 얼마인가? 다만, 제조원가를 구성하는 항목은 없다.

- 급 여 400,000원
- 이자비용 300,000원
- 기업업무추진비 100,000원
- 기부금 250,000원
- 감가상각비 150,000원
- 세금과공과 200,000원

① 650,000원　② 750,000원　③ 850,000원
④ 1,100,000원　⑤ 1,150,000원

18 당기순이익이 영업활동 현금흐름보다 커지는 경우에 해당하는 것은?

① 건물 감가상각비를 계상한 경우
② 비업무용 토지를 취득한 경우
③ 미수수익이 감소한 경우
④ 미지급비용이 증가한 경우
⑤ 매출채권이 증가한 경우

19 손익계산서를 거치지 않고 직접 자본변동표에 반영되는 항목은 모두 몇 개인가?

• 매도가능증권평가손실	• 토지재평가손실	• 해외사업환산이익
• 회계정책변경 누적효과	• 전기오류수정이익(중대한 오류에 해당함)	

① 1개 ② 2개 ③ 3개 ④ 4개 ⑤ 5개

20 다음 설명 중 옳은 것을 모두 고르면?

ㄱ. 재무상태표에는 주주와의 거래로 인한 자본의 증감 변동이 반영된다.
ㄴ. 손익계산서에는 주주와의 거래를 제외한 자본의 증감 변동이 일부 또는 전부 반영된다.
ㄷ. 자본변동표에는 손익계산서에 반영되지 않는 기타 자본거래로 인한 자본변동이 반영된다.

① ㄱ ② ㄴ ③ ㄱ, ㄷ ④ ㄴ, ㄷ ⑤ ㄱ, ㄴ, ㄷ

21 외부회계감사대상 비상장 중소기업인 ㈜서울의 회계처리 중 옳은 것을 모두 고르면?

ㄱ. 장기할부조건으로 판매한 제품의 당기 매출액을 할부금 회수기일 도래금액인 200,000원(명목금액 1,800,000원, 현재가 1,750,000원)으로 인식하였다.
ㄴ. 손익계산서의 법인세 비용을 5,000,000원(「법인세법」에 따른 납부하여야 할 금액 5,000,000원, 발생주의에 따른 금액 7,000,000원)으로 보고하였다.
ㄷ. 기계 감가상각비에 대한 회계처리를 내용연수 10년(「법인세법」 10년, 합리적 추정치 20년)을 적용하였다.

① ㄱ ② ㄴ ③ ㄱ, ㄷ ④ ㄴ, ㄷ ⑤ ㄱ, ㄴ, ㄷ

정답 및 해설

01 ①

(1) 상품 당기매입액 = 상품매입대금 지급액 + 매입채무 기말잔액 − 매입채무 기초잔액
= 200,000원 + 40,000원 − 0원 = 240,000원

(2) 매출원가 = 기초상품재고액 + 상품 당기매입액 − 기말상품재고액
= 0원 + 240,000원 − 60,000원 = 180,000원

(3) 매출액 = 매출원가×(1+이익율) = 180,000원 × 130% = 234,000원

(4) 기말매출채권 = 매출채권 기초잔액 + 매출액 − 매출채권 회수액
= 0원 + 234,000원 − 170,000원 = 64,000원

02 ③

(1) 판매비와관리비 : 복리후생비, 연구비, 대손상각비

(2) 영업외비용 : 기부금, 이자비용, 지분법평가손실

03 ③

(1) 발생주의 매출액 = 현금주의매출액 − 기초매출채권 + 기말매출채권
= 500,000원 − 100,000원 + 50,000원
= 450,000원

04 ③ 비교재무제표의 작성과 재무제표항목의 표시 · 분류의 계속성이다.

05 ④ 보고기간종료일부터 1년 이내 상환하여야 할 채무는 보고기간종료일과 재무제표가 사실상 확정된 날 사이에 보고기간종료일부터 1년을 초과하여 상환하기로 합의하더라도 유동부채로 분류한다.

06 ⑤ 자기주식은 별도 항목으로 구분 · 표시하여야 한다.

07 ④ 매출채권에 대한 대손충당금은 직접 가감하여 표시할 수 있으며, 이 경우 가감한 금액을 주석으로 기재한다.

08 ③ 영업외비용에는 중단사업손익에 해당하는 것이 포함되지 않는다.

09 ② 주식발행초과금은 자본잉여금의 변동에 속하는 항목이다.

10 ③ 회계처리 금액이 중요하지 않더라도 중요한 회계정책은 주석으로 기재해야 한다.

11 ⑤ 중소기업의 경우에도 시장성 없는 지분증권에 대한 손상차손의 인식은 배제되지 않는다.

12 ⑤ 최초공시사건일이 속하는 회계기간의 재무제표에 비교 표시되는 과거기간의 재무제표는 중단사업에서 발생한 손익을 중단사업손익으로 구분하여 보고한다.

13 ⑤ 전세권, 전신전화가입권, 회원권, 임차보증금, 장기선급금, 장기선수금, 이연법인세자산(부채) 등은 현재가치평가대상에서 제외한다.

14 ⑤

감가상각비의 회계처리는 중소기업의 회계처리 특례가 적용될 수 없다.

15 ⑤

모두 옳은 설명이다.

16 ③

1. 판매비와 관리비 = 매출총이익 − 영업이익(X) = 1,000,000원 − X
2. 법인세차감전이익 = 당기순이익 + 법인세비용 = 영업이익 + 영업외수익 − 영업외비용
   = 350,000원 + 50,000원 = X + 60,000원 − 150,000원 ∴ X = 490,000원
   따라서 판매비와 관리비 = 1,000,000원 − 490,000원 = 510,000원

17 ③

급여 400,000원 + 기업업무추진비 100,000원 + 감가상각비 150,000원
+ 세금과공과 200,000원 = 850,000원

18 ⑤

1. 당기순이익 〉 영업활동현금흐름 : 매출채권이 증가한 경우
2. 당기순이익 〈 영업활동현금흐름 :
   건물 감가상각비의 계상, 미수수익의 감소, 미지급비용의 증가
3. 당기순이익과 영업활동현금흐름에 영향이 없는 경우 : 비업무용 토지 취득

19 ④

재평가손실은 당기손익에 반영되므로 손익계산서를 거쳐서 자본변동표에 반영된다. 그러나 매도가능증권평가손실, 해외사업환산이익, 중대한 전기오류수정이익 및 회계정책변경 누적효과는 손익계산서에 반영되지 않으므로 손익계산서를 거치지 않고 자본변동표에 반영되는 항목이다.

20 ⑤ 모두 옳은 설명이다.

21 ⑤ 모두 옳은 설명으로 중소기업회계처리특례 적용에 따른 회계처리이다.

Cash & Trade Receivables

제 4 장

현금과 매출채권

학습목표

본장을 학습한 후 다음 사항을 이해할 수 있다.

1. 현금 및 현금성자산
2. 매출채권의 정의와 측정
3. 대손회계처리
4. 매출채권의 양도와 제거

1. 현금 및 현금성자산

1-1 의의

현금(cash)은 기업이 보유하는 자산 중 가장 유동성이 높은 자산으로서 교환거래의 매개수단이 되며, 회계상 모든 거래를 측정하는 단위이다. 현금은 안전 문제와 투자기회의 상실에 따른 위험 때문에 예금, 금융상품, 유가증권 등의 투자에 활용한다.

1-2 현금 및 현금성자산의 분류

현금은 수중에 있는 현금(cash on hand)과 은행에 있는 예금(cash in bank)으로 구분된다. 수중에 있는 현금에는 통화와 통화대용증권이 포함된다. 통화에는 지폐와 주화 등이 있으며, 통화대용증권은 통화처럼 사용하거나 통화와 교환하여 사용할 수 있는 것으로 은행발행 자기앞수표, 타인발행 당좌수표, 송금수표 등이 포함된다. 은행에 있는 현금은 당좌예금 및 보통예금 등의 요구불예금으로서 현금으로 전환하는데 전혀 제약이 없는 예금을 말한다. 한편, 당좌차월과 당좌예금은 서로 상계한 순액으로 보고하되, 당좌예금을 초과하는 당좌차월은 단기차입금으로 보고하여야 한다. 그러나 서로 다른 은행의 당좌예금과 당좌차월은 상계해서는 안된다.

현금성자산(cash equivalents)이란 ① 큰 거래비용 없이 현금으로 전환이 용이하고 ② 이자율변동에 따른 가치변동의 위험이 경미한 금융상품으로서 ③ 취득 당시 만기(또는 상환일)가 3개월 이내에 도래하는 것을 말한다. 현금성자산의 예를 들면 다음과 같다.

① 취득 당시 만기가 3개월 이내에 도래하는 채권
② 취득 당시 상환일까지의 기간이 3개월 이내인 상환우선주
③ 3개월 이내 환매조건부 채권(환매채), 양도성예금증서(CD) 등

그러나 취득 당시 다른 금융자산 또는 유가증권으로 분류한 자산은 취득 이후 기간이 경과하여 3개월 이내에 만기가 도래하더라도 현금성자산으로 재분류하지 못한다. 현금과 현금성자산은 통합하여 현금 및 현금성자산계정으로 표시하고 사용에 제한이 없어야 한다. 또한 현금흐름표 작성시에는 현금 및 현금성자산을 현금으로 취급한다.

사례 4-1 현금및현금성자산의 분류

Y1. 12. 31. 현재 회사장부상 다음 자료를 이용하여 현금및현금성자산으로 보고될 금액을 계산하시오.

① 지점전도금	40,000원	② 기발행미인출수표	16,000원
③ 당좌개설보증금	20,000원	④ 당좌예금	30,000원
⑤ 배당금지급통지표	10,000원	⑥ 부도수표	12,000원
⑦ 타인발행수표	20,000원	⑧ 선일자수표	17,000원
⑨ 정기예금(기한 : Y3.3.31.)	15,000원	⑩ 종업원가불증	35,000원
⑪ 양도성예금증서(만기일 Y2.5.31.)	50,000원	⑫ 정기적금(만기 Y3.1.31., 사용제한 있음)	60,000원
⑬ 보통예금	12,000원	⑭ 수입인지	10,000원

해 답

(1) 현금및현금성자산 : ① + ④ + ⑤ + ⑦ + ⑬ = 112,000원
(2) 단기투자자산 : ⑪ = 50,000원
(3) 장기투자자산 : ③ + ⑨ + ⑫ = 95,000원
(4) 기타 : ② = 당좌예금에서 이미 차감됨 ⑥ = 기타비유동자산 ⑧ = 수취채권
⑩ = 단기대여금 ⑭ = 소모품(비)

2. 매출채권

2-1 매출채권의 의의

기업이 재화나 용역을 고객에게 제공하고 그 대가를 미래에 수취하기로 한 채권과 다른 방법으로 발생한 채권을 통칭하여 수취채권이라고 한다. 수취채권은 유동성이 매우 큰 유동자산이지만 1년 또는 영업주기 이내에 현금으로 회수될 것으로 예상되지 않으면 비유동자산 중 투자자산으로 분류한다. 수취채권은 외상매출금이나 받을어음과 같은 매출채권과 단기대여금이나 미수금과 같은 비매출채권으로 구분된다.

매출채권(trade receivables)이란 기업의 주된 영업활동인 재화 또는 용역의 공급, 즉 일반적 상거래에서 발생한 외상매출금과 받을어음을 말한다. 외상매출금은 대개의 경우 이자가 지급되지 않으나 할부판매의 경우에는 이자가 포함되는 것이 보통이다. 받을어음은 만기에 어음상 채무자가 권면상의 금액을 지급하기로 한 증권으로 양도 또는 담보의 수단으로 사용할 수 있기 때문에 그 기간의 장 · 단에 관계없이 높은 유동성을 갖는다.

2-2 매출채권의 측정

(1) 매출채권의 최초측정

매출채권은 최초인식시 공정가치로 측정한다. 최초인식시 매출채권의 공정가치는 일반적으로 거래가격(제공하거나 수취한 대가의 공정가치)이다. 다만, 최초인식 이후 공정가치로 측정하고 공정가치의 변동을 당기손익으로 인식하는 당기손익인식지정항목이 아닌 경우 당해 매출채권의 취득과 직접 관련되는 거래원가는 최초인식하는 공정가치에 가산한다.

매출할인은 외상매출금의 회수를 촉진하기 위하여 제공되는 할인으로 구매자가 정해진 기간 내에 외상대금을 지불하면 일정금액을 외상판매대금(송장가격)에서 할인해주고 그 기간이 경과한 후에는 할인의 혜택 없이 전액을 회수하는 방법이다.

매출할인에 대한 회계처리는 총액법과 순액법이 있다. 총액법은 매출채권을 송장가격으로 기록하고 구매자가 현금할인을 이용한 경우에 한하여 이를 인식하고 매출액에서 차감하는 방법이다. 순액법은 구매자가 현금할인을 이용할 것이라는 가정 하에 매출채권을 현금판매가격으로 기록하고 할인기간의 경과 후 외상대금을 지급하는 경우에 수령하는 현금할인은 이자수익인 할인기간경과이익으로 인식하는 방법이다.

한편, 매출에누리(sales allowances)는 재고자산을 구매자에게 판매한 후에 규격의 상이, 파손, 결함 등이 발견되어 판매금액을 할인하는 것이며, 매출환입(sales return)은 파손, 결함 등의 정도가 심하여 반품되는 것을 말한다.

일반적으로 매출할인은 총액법으로, 매출에누리와 매출환입은 실제 발생했을 때에 인식한다.

(2) 이자요소

매출채권은 공정가치로 평가하는 것이 가장 타당하다. 그러나 회계실무상 단기성 매출채권은 이자요소를 별도로 구분하여 인식하지 않는데 미래의 현금유입금액과 공정가치의 차이가 유의하지 않기 때문이다. 따라서 단기성 매출채권은 명목금액으로 측정하고 장기성 매출채권만 이자요소가 유의한 것으로 보고 공정가치로 측정한다.

(3) 매출채권의 후속측정

매출채권은 당기손익인식지정항목으로 지정된 경우를 제외하고는 상각후원가로 측정한다. 상각후원가란 매출채권 발생시점의 유입가격과 당해 매출채권으로부터 발생하는 미래 명목현금흐름의 현재가치가 일치되게 하는 할인율인 유효이자율을 이용하여 당해 매출채권에 대한 현재의 가액으로 측정한 금액을 말한다.

2-3 매출채권의 대손

거래처의 지급능력 악화, 신용등급의 저하, 거래처 소재지역의 경제사정 악화, 고객의 사망 등으로 인해 매출채권에 손상이 발생할 수 있다. 따라서 매 보고기간 말에 회수가 불확실한 매출채권은 합리적이고 객관적인 기준에 따라 산출한 대손추산액을 대손충당금으로 설정한다. 구체적인 회계처리는 다음과 같은데, 이를 「보충법」이라고 한다.

① 대손추산액에서 대손충당금잔액을 차감한 금액을 대손상각비로 계상한다. 이 경우 상거래에서 발생한 매출채권에 대한 대손상각비는 판매비와 관리비로 처리하고, 기타 채권에 대한 대손상각비는 영업외비용으로 처리한다.
② 회수가 불가능한 채권은 대손충당금과 상계하고 대손충당금이 부족한 경우에는 그 부족액을 대손상각비로 처리한다.
③ 회수가 불가능한 채권과 상계 후에 대손충당금 잔액이 남은 경우에는 그 잔액은 「대손충당금환입」 과목으로 환입하고 판매비와 관리비의 음(−)의 금액으로 표시한다.

한편, 한국채택국제회계기준(K-IFRS)은 매출채권을 포함한 금융자산을 신용손상 상태에 따라 3단계로 구분하는 일반적인 접근법(general approach)을 적용하여 기대신용손실(대손)을 추정하는데, 이를 기대신용손실모형(expected credit losses)이라고 한다. 다만, 매출채권은 3단계를 간소화한 간편법(simplified approach)을 적용할 수 있다.

사례 4-2 대손추정

(주)금융산업의 Y1년말 현재 매출채권잔액이 1,000,000원이고 경과일수별로 회수가능성을 분석하면 다음과 같다. Y1년말 현재 대손충당금 잔액은 2,000원이라고 가정한다.

경과일수	매출채권	대손율
60일 이내	400,000원	1%
90일 이내	300,000	3%
120일 이내	200,000	10%
120일 초과	100,000	30%
계	1,000,000원	

(요구사항)

1. 매출채권잔액의 2%가 회수불가능한 것으로 판단된다고 할 때 보충법에 의해 기말에 필요한 분개를 하시오.
2. 연령분석법에 의하여 기말에 필요한 분개를 하시오.

해 답

(1) 보충법

(차) 대손상각비 18,000 (대) 대손충당금 18,000

※ 계산과정 : 매출채권잔액 1,000,000원×2% - 2,000원 = 18,000원

(2) 연령분석법

(차) 대손상각비 61,000 (대) 대손충당금 61,000

※ 계산과정 : (400,000원×1% + 300,000원×3% + 200,000원×10% + 100,000원×30%) - 2,000원 = 61,000원

사례 4-3 대손회계종합

(주)금융상사의 Y1. 1. 1. 대손충당금 대변잔액이 50,000원이었으며, Y1년도의 대손에 관한 자료는 다음과 같다. 회계처리를 하시오.

(1) Y1. 5 .7. (주)냉동에 대한 매출채권 20,000원이 회수불능한 것으로 판명되어 대손처리하였다.

(2) Y1. 9. 10. (주)한파에 대한 매출채권 35,000원이 회수불능한 것으로 판명되어 대손처리하였다.

(3) Y1. 11. 3. 대손처리하였던 (주)냉동에 대한 매출채권 20,000원을 회수하는데 성공하였다.

(4) Y1. 12. 31. 현재 기말 매출채권에 대한 대손추산액은 15,000원으로 추정된다.

(5) 만약 Y1. 12. 31. 현재 매출채권에 대한 대손추산액이 30,000원으로 추정될 경우

해 답

(1)	(차) 대손충당금	20,000	(대) 매출채권	20,000
(2)	(차) 대손충당금	30,000	(대) 매출채권	35,000
	대손상각비	5,000		
(3)	(차) 현　금	20,000	(대) 대손충당금	20,000
(4)	(차) 대손충당금	5,000	(대) 대손충당금환입	5,000
(5)	(차) 대손상각비	10,000	(대) 대손충당금	10,000

참고로 매출채권과 대손충당금의 관계를 계정으로 표시하면 다음과 같이 요약된다.

매출채권			
전기이월	xxx	현금회수	xxx
매 출 액	xxx	**대손확정**	**SSS**
		차기이월	xxx
	xxx		xxx

대손충당금			
대손확정	**SSS**	전기이월	xxx
차기이월	xxx	당기설정	xxx
	xxx		xxx

2-4 매출채권의 양도와 제거

(1) 매출채권의 양도와 제거의 의의

매출채권의 양도(transfer)란 매출채권의 보유자가 거래상대방에게 매출채권을 이전하는 것을 의미한다. 다시 말해 매출채권의 현금흐름에 대한 권리와 현금을 교환하는 거래이다. 매출채권의 제거(derecognition)란 인식(recognition)의 반대개념으로 매출채권을 재무상태표에서 삭제하는 것을 말하는데, 한 예로 매출채권이 결제되는 경우 매출채권의 현금흐름에 대한 권리가 소멸되므로 재무상태표에서 삭제된다. 따라서 양도했다는 사실 자체로 제거할 수 있는 것이 아니고 제거요건을 충족하는 양도의 경우에만 제거된다.

(2) 매출채권 양도의 필요성

기업이 필요한 자금은 은행에서 차입하거나 자본시장에서 주식 또는 사채발행을 통하여 조달하는 것이 일반적인 방법이지만 최근에는 매출채권을 이용한 자금조달기법이 많이 사용된다. 즉, 매출채권은 정상적으로 만기에 회수할 수 있지만 이를 조기에 회수하기 위하여 만기 이전에 양도하거나 할인할 수 있다.

(3) 매출채권 양도의 유형

매출채권의 회수를 촉진하기 위한 금융기법으로 다음과 같은 것이 있다.

1) 외상매출금의 담보차입

외상매출금의 담보차입이란 외상매출금을 담보로 하는 약속어음을 발행하고 현금을 차입하는 것을 말한다. 만일 약속어음이 만기에 지급되지 않을 경우에는 자금제공자는 담보로 제공된 외상매출금을 회수하여 담보물을 현금으로 전환할 수 있다. 외상매출금의 담보차입에는 일반담보차입과 지정담보차입이 있다.

2) 외상매출금의 양도

외상매출금의 양도(factoring)는 기업이 자금수요를 충족시키고 매출채권의 회수비용 또는 대손위험 등의 이유 때문에 매출채권을 제3자인 팩토링회사에 양도하는 것이다. 금융회사인 팩토링회사는 기업에게 일정한 수수료를 부과하는 조건으로 외상매출금을 매입하고 이를 직접 회수한다.

외상매출금의 양도에는 팩토링회사에게 귀속되는 상환청구권의 유무에 따라 상환청구가능 양도와 상환청구불능 양도가 있다. 상환청구가능 조건으로 양도한 경우에는 외상매출금이 회수되지 않을 때 외상매출금의 양도자가 대금지급에 대한 책임을 지게 되며, 상환청구불능 조건으로 양도하면 팩토링회사에게 형식적인 소유권과 실질적인 측면에서의 외상매출금과 관련된 모든 권리와 의무가 이전된다.

그림 4-1 외상매출금의 팩토링

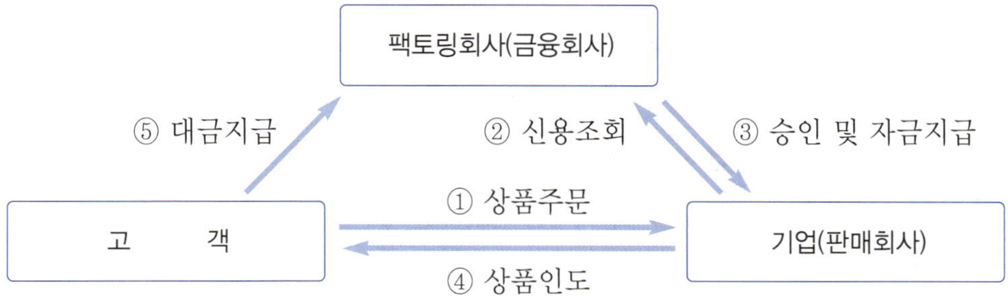

3) 받을어음의 할인

받을어음은 만기 이전에 금융회사에 할인하여 현금화하거나 제3자에게 배서양도함으로써 대금지급수단으로 이용할 수 있다. 받을어음을 할인하는 경우 은행 등의 금융회사는 어음을 받고 만기가액에서 할인액을 차감한 잔액을 지급한다. 금융회사는 이자수입의 목적에서 받을어음을 할인해주고 있으며, 만기가 되면 어음발행인으로부터 만기가액을 수취한다. 받을어음을 할인하는 경우 현금 실수령액 및 매출채권양도손실은 다음과 같이 계산한다.

① 만기가액 = 어음의 액면가액 + 만기까지의 이자
② 할인료 = 만기가액 × 할인율 × 할인일수 / 365일
③ 현금 실수령액 = 만기가액 − 할인료
④ 매출채권양도손실 = 현금 실수령액 − (어음의 액면가액 + 할인일까지의 발생이자)

사례 4-4 받을어음의 할인

(주)금융은 거래처에 상품을 판매하고 수령한 받을어음(액면 200,000원, 3개월 만기)을 2개월 보유한 후 우량은행에 연 15%의 할인율로 할인하였다. 동 어음은 연 12%의 이자부어음이며, 할인은 매각거래요건을 충족한다. 할인시점에서 (주)금융의 분개를 하시오.

해 답

(1) 만기가액 = 액면 200,000원 + 발생이자 200,000원 × 12% × 3/12
= 206,000원
(2) 할인액 = 206,000원 × 15% × 1/12 = 2,575원
(3) 현금 실수령액 = 206,000원 − 2,575원 = 203,425원
(4) 이자수익 = 200,000원 × 12% × 2/12 = 4,000원

(차) 현 금	203,425	(대) 매출채권(받을어음)	200,000
매출채권처분손실	575	이자수익	4,000

(4) 매출채권의 제거

매출채권의 양도(매출채권의 일부 양도 포함)의 경우, 다음 요건을 모두 충족하는 경우에는 양도자가 매출채권에 대한 통제권을 이전한 것으로 보아 매각거래로 제거하고, 이외의 경우에는 매출채권을 담보로 한 차입거래로 본다.

① 양도인은 매출채권 양도 후 당해 매출채권에 대한 권리를 행사할 수 없어야 한다. 즉, 양도인이 파산 또는 법정관리 등에 들어갈 지라도 양도인 및 양도인의 채권자는 양도한 매출채권에 대한 권리를 행사할 수 없어야 한다.
② 양수인은 양수한 매출채권을 처분(양도 및 담보제공 등)할 자유로운 권리를 갖고 있어야 한다.
③ 양도인은 매출채권 양도 후에 효율적인 통제권을 행사할 수 없어야 한다.

효율적인 통제권을 행사한다는 것은 다음과 같이 매출채권 양도후 양도인이 계속하여 매출채권에서 발생하는 경제적 효익을 보유하는 경우를 말한다.

그림 4-2 금융자산(매출채권)의 제거

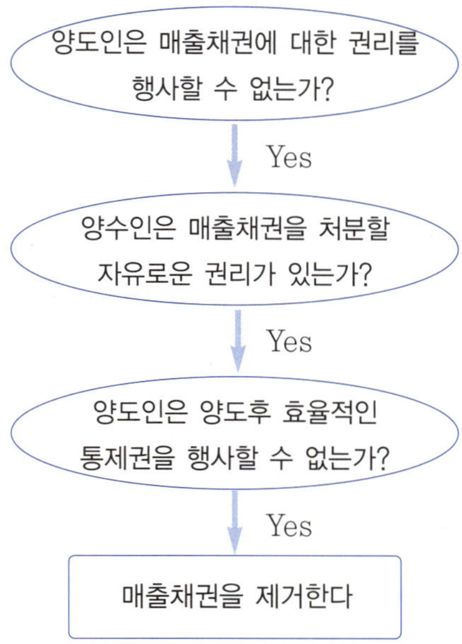

① 확정가격으로 양도한 매출채권을 만기 전에 재매입하는 약정을 체결한 경우
② 유통시장이 없어 동일한 매출채권을 시장에서 매입하기 어려운 경우에 양도한 매출 채권에 대해 재매입하는 약정을 체결한 경우
③ 양도한 매출채권에 대한 유통시장이 있음에도 불구하고 공정가치가 아닌 확정가격으로 재매입하는 약정을 체결한 경우

매출채권의 이전거래가 매각거래에 해당하면 처분손익을 인식하여야 하며, 매각거래와 관련하여 신규로 취득(부담)하는 자산(양도인이 수령하는 위탁수수료 등)이나 부채(매출채권의 부실에 따라 양도인이 부담하는 환매채무)가 있는 경우에는 공정가치로 평가하여 장부에 계상하고 처분손익계산에 반영하여야 한다. 만약 신규로 취득(부담)하는 자산(부채)의 공정가치를 알 수 없는 경우에는 다음과 같이 평가한다.

① 자산을 취득하는 경우에는 '0'으로 보아 처분손익을 계상한다.
② 부채를 부담하는 경우에는 처분에 따른 이익을 인식하지 않는 범위 내에서 평가하여 계상한다.

한편, 양수인에게 상환청구권을 부여하는 조건의 매출채권 배서양도 · 할인거래에 대한 회계처리에 있어, 배서양도(할인)한 어음의 경우 어음양수인은 상환청구권을 지니고 있으므로 어음양수인의 지급청구가 있을 때 어음양도인은 지급을 담보하여야 하며, 이러한 상환청구권에 따른 위험은 금융상품에 내재된 위험(예, 신용위험 등)에 따라 양도인이 부담할 수 있는 위험(예, 환매위험), 즉 담보책임에 해당된다.

양도인이 부담하는 위험(환매위험)은 양도여부의 판단에 영향을 미치지 아니하므로, 상환청구권 유무로 양도에 대한 판단을 하는 것은 아니며, 따라서 일반적으로 매출채권(받을어음)을 금융회사등에서 배서양도(할인)하는 거래에 대하여는 해당 금융자산의 미래 경제적 효익에 대한 양수인의 통제권에 특정한 제약이 없는 한 매각거래로 회계처리 한다.

사례 4-5 매출채권의 양도

(주)삼청은 Y1년초에 회수예정일이 Y1년 3월초인 10,000원의 외상매출금을 팩터링하였다.

1. 팩터링이 제거요건을 충족한 상환청구불능조건으로 이루어졌다고 가정하고 분개를 하시오. 금융회사는 수수료로 매출채권 가액의 5%를 공제하고 잔액 9,500원을 지급하였다.
2. 팩터링이 제거요건을 충족하지 못한 상환청구가능조건으로 이루어졌다고 가정하고 분개를 하시오.

① 조건은 만기일인 3월초에 매출채권이 회수되지 않으면 ㈜삼청이 금융회사에 변제한다.
② 금융회사는 수수료로 매출채권 가액의 3%를 공제한 잔액 9,700원을 지급하였다.

해 답

1. 상환청구불능 조건의 팩터링

위험과 보상의 대부분을 이전한 거래이다. 양도에 따라 팩터링한 자산을 제거한다.

(차) 현 금	9,500	(대) 매출채권	10,000
매출채권처분손실	500		

* 전액을 제거하였으므로 대손회계를 적용하지 않는다.

2. 상환청구가능 조건의 양도

위험과 보상의 대부분을 보유하는 거래이다. 팩터링한 자산을 제거하지 않고 그대로 둔다. 수취한 현금은 금융부채인 단기차입금으로 인식한다. 분개는 다음과 같다.

(차) 현 금	9,700	(대) 단기차입금	10,000
팩터링수수료	300		

* 지속관여금액이 팩터링한 자산의 장부금액 10,000원이므로 전액을 계속하여 보유하고 동 매출 채권은 대손회계 적용대상이다.

3. 기타의 유동자산

현금 및 현금성자산, 단기투자자산(단기금융자산, 단기매매증권, 단기대여금 등), 매출채권 재고자산 및 선급비용 외의 유동자산으로는 미수금, 미수수익, 선급금이 있으며, 그 정의는 다음과 같다.

(1) 미수금

일반적 상거래 이외에서 발생한 미수채권으로 한다.

(2) 미수수익

당기에 속하는 수익 중 미수액으로 한다.

(3) 선급금

상품 · 원재료 등의 매입을 위하여 선급한 금액으로 한다.

4. K-IFRS(제1007호: 현금흐름표)와 비교

K-IFRS 제1007호의 현금 및 현금성자산에 대한 정의는 일반기업회계기준과 사실상 동일하다. K-IFRS 제1007호에서는 현금은 보유 현금과 요구불예금, 현금성자산은 유동성이 매우 높은 단기 투자자산으로서 확정된 금액의 현금으로 전환이 용이하고 가치변동의 위험이 경미한 자산으로 정의한다. 또한 현금성 자산은 투자나 다른 목적이 아닌 단기의 현금수요를 충족하기 위한 목적으로 보유한다. 투자자산이 현금성자산으로 분류되기 위해서는 확정된 금액의 현금으로 전환이 용이하고, 가치변동의 위험이 경미해야 한다. 따라서 투자자산은 일반적으로 만기일이 단기에 도래하는 경우(예를 들어, 취득일로부터 만기일이 3개월 이내인 경우)에만 현금성자산으로 분류된다. 지분상품은 현금성자산에서 제외한다. 다만 상환일이 정해져 있고 취득일로부터 상환일까지의 기간이 단기인 우선주와 같이 실질적인 현금성자산인 경우에는 예외로 한다.

5. 회계정보의 이해

㈜금융의 재무상태표이다. 다음 물음에 답하시오.

	제21기(당기)	
현금 및 현금성자산	60,000원	
(정부보조금)	(10,000)	50,000원
매출채권	500,000원	
대손충당금	(150,000)	350,000원

(물음1) 정부보조금 (−)10,000원은 어떤 의미일까요?

(물음2) 만약 제21기의 매출채권에 대한 합리적이고 객관적인 기준에 따른 대손추산액이 50,000원이라면 제22기에는 어떤 상황이 발생할까요?

정답 및 해설

(물음1) 현금 및 현금성자산 60,000원 중 정부보조금 10,000원은 특정조건을 충족하기 전까지는 10,000원에 대해 ㈜금융은 권리가 없기 때문에 자산(현금)으로 인식하지 못하고 차감하는 형식으로 표시한 것이다.

(물음2) 제21기에 대손상각비 100,000원으로 과다 계상으로 이익이 100,000원 과소 계상된다. 그 결과 제22기에는 대손충당금환입이 발생할 가능성이 크다. 또한 대손가능성이 전혀 없는 정상매출채권에 대해 대손충당금 100,000원을 설정한 경우 현금(부외현금)의 유용(流用) 가능성이 존재한다.

6. CASE STUDY

(토의1) 현금을 과다 보유한 경우에 발생할 수 있는 위험과 이와 관련성이 큰 계정 과목에 대해 토의해봅시다.

(토의2) 매출채권의 진위 여부와 회수가능성을 확인하는 방법을 토의해봅시다.

해 설

(1) 토의1

최근 들어 국내외 많은 기업들이 불황에 대비해 현금을 과다 보유하는 경향이 있다. 그러나 이는 한편으로 투자기회의 상실로 인해 기회비용이 발생하고 행동주의 펀드 등 기업사냥꾼의 M&A의 대상이 될 수 있는 위험이 있다. 이에 현금을 과다 보유한 기업은 경영권 방어를 위해 자기주식을 취득함으로써 주가를 올리고 유통주식수와 보유현금을 줄인다. 그러나 한편으로 이와 같이 경영권방어를 위해 자기주식을 취득하는 행위가 장기적으로 기업의 성장동력을 감소시키는 결과를 초래한다는 견해도 있다.

따라서 자기주식은 자본의 감소항목으로 재무상태표에 표시되어 있지만 이를 소각하지 않고 재매각하는 경우 현금으로 변할 수 있기 때문에 시가 상당액을 현금으로 해석하여야 한다.

(2) 토의2

매출채권의 과다 계상은 분식회계의 주요 수단 중 하나이다. 따라서 재무제표이용자에게 매출채권의 진위여부와 회수가능성을 확인하는 것은 매우 중요한 과제이다. 이를 확인하는 효과적인 방법으로 매출채권회수기간이 있다. 매출채권회수기간을 계산하기 위해서는 먼저 매출채권회전율을 계산한 후, 365일(또는 1년)을 매출채권회전율로 나누면 된다. 매출채권회수기간이 점점 장기화되면 가공매출채권 또는 회수불능매출채권의 가능성이 높다는 의미이다.

* 매출채권회전율 = 매출액 ÷ {(기초매출채권+기말매출채권)/2}
* 매출채권회수기간 = 365일(또는 1년) ÷ 매출채권회전율

생 | 각 | 해 | 봅 | 시 | 다

1. 현금성자산과 단기투자자산의 차이는 무엇인가?

2. 양건예금이란 무엇이며, 재무상태표상 어떻게 보고하는가?.

3. 매출채권 평가에서 발생하는 기본 문제는 무엇인가?

4. 대손추정에서 보충법과 발생손실모형의 차이는 무엇인가?

5. 매출채권의 양도을 통한 부외금융(off-balance sheet financing)현상은 무엇인가?

6. 매출액에 비해 매출채권이 과다하게 증가하는 경우 유의할 점은 무엇인가?

7. 매출채권의 과다 또는 대손충당금의 과소계상 문제를 검토하는 방법은 무엇인가?

확인문제

다음 설명이 맞으면 ○, 틀리면 × 하시오.

01 취득 당시 만기가 6개월 후인 양도성예금증서가 보고기간 말 현재 만기가 3개월 내에 도래하더라도 현금성자산으로 분류할 수 없다. ( )

02 손익계산서의 대손상각비는 회계기간 중 거래처의 파산 등의 사유로 대손 확정된 금액을 의미한다. ( )

03 제거된 매출채권을 회수하는 경우 대손충당금의 증가로 기입한다. ( )

04 제거요건을 충족하지 못한 매출채권의 양도거래를 제거요건이 충족된 것으로 보아 매출채권을 재무상태표에서 제거하는 경우 자산과 부채가 모두 과소 계상된다. ( )

05 매출채권의 양도 후 양수인에게 상환청구권이 없는 경우 양도인은 매출채권을 제거할 수 있다.( )

정답 및 해설

01 ○

02 × 손익계산서의 대손상각비는 보고기간 말 현재 합리적이고 객관적인 기준에 따라 산출한 대손추산액이 대손충당금 잔액보다 큰 경우 그 차액이며, 대손확정된 금액과 관련이 없다.

03 ○

04 ○ 차입금 기입을 누락하고 매출채권을 제거하였기 때문에 자산(매출채권)과 부채(차입금) 모두 과소 계상된다.

• 매출채권을 제거한 경우의 회계처리

(차)	현 금	xxx	(대)	매출채권	xxx
	매출채권처분손실	xxx			

• 제거요건을 충족하지 못한 경우의 회계처리

(차)	현 금	xxx	(대)	차 입 금	xxx
	금융비용	xxx			

05 × 양도인이 부담하는 환매위험은 양도 여부의 판단에 영향을 미치지 아니하므로, 상환청구권 유무 여부가 제거요건의 판단기준이 아니다.

연 습 문 제

01 (주)금융(회계기간 1.1.~12.31.)의 20X0.12.31. 현재 단기금융자산 500,000원의 내역이다. 이 중에서 현금성자산으로 분류될 금액은 얼마인가?

- A은행에 예치한 당좌예금 100,000원(사용제한 기한 20X1.6.30까지)
- 양도성예금증서(취득일 20X0.10.1 만기일 20X1.3.31.) 100,000원
- 정기예금(만기일 20X1.12.31.) 100,000원(사용제한 없음)
- B은행에 예치한 보통예금 100,000원(사용제한 없음)
- 상환우선주(취득일 20X0.12.1. 만기일 20X1.1.31.) 100,000원

① 100,000원 ② 200,000원 ③ 300,000원
④ 400,000원 ⑤ 500,000원

02 당기말 현재 T사의 매출채권잔액이 200,000원, 기말매출채권의 순실현가능가치가 170,000원, 매출채권 중 당기 회수액이 190,000원, 대손충당금 기초잔액이 23,000원, 당기 중 6,000원이 대손처리된 경우 당기말 대손상각의 회계처리로 옳은 것은?

① (차) 대손상각비	17,000	(대) 대손충당금	17,000
② (차) 대손상각비	13,000	(대) 대손충당금	13,000
③ (차) 대손상각비	6,000	(대) 대손충당금	6,000
④ (차) 대손충당금	6,000	(대) 매출채권	6,000
⑤ (차) 대손상각비	13,000	(대) 매출채권	13,000

03 K사는 거래처에 상품을 판매하고 액면 100,000원(3개월 만기, 연 10%)의 어음을 수령하였다. K사는 동 어음을 2개월 보유하다가 자금수요에 충당하기 위하여 대한은행에 연 12%로 할인하였다. 제거요건을 충족한 경우 매출채권처분손익은 얼마인가?

① 손실 1,667원 ② 이익 1,475원 ③ 손실 1,475원
④ 이익 192원 ⑤ 손실 192원

04 현금 및 현금성자산에 대한 설명으로 틀린 것은?

① 큰 거래비용이 없이 현금으로 전환이 용이하여야 한다.
② 이자율변동에 따라 가치변동의 위험이 크지 않아야 한다.
③ 금융상품에 해당하여야 한다.
④ 재무상태표에 현금 및 현금성자산은 통합계정으로 보고한다.
⑤ 보고기간종료일부터 3개월 이내 만기가 도래하여야 한다.

05 일반기업회계기준상 매출채권의 회계처리에 대한 설명으로 틀린 것은?

① 매출할인은 실제 발생시에 인식하는 총액법으로 회계처리한다.
② 장기매매거래로 발생한 매출채권은 현재가치로 재무상태표에 표시된다.
③ 매출채권에 대한 대손상각비는 판매비와 관리비로 회계처리한다.
④ 매출채권의 양도시 상환청구권이 없는 경우 제거요건을 충족한 것으로 회계처리한다.
⑤ 직접차감법에 의해 대손을 인식하는 경우 매출채권이 과다 표시된다.

06 현금 및 현금성자산에 관한 설명으로 옳은 것은?

① 토지취득자금으로 수령한 정부보조금은 토지 취득전까지 현금 및 현금성자산에 포함하지 않는다.
② 우량은행에 예치한 당좌개설보증금은 현금 및 현금성자산에 포함한다.
③ 대표이사에게 일시적으로 대여한 가불금은 현금 및 현금성자산에 포함한다.
④ 甲은행의 당좌예금이 1억원, 乙은행의 당좌차월이 5천만원인 경우 상계후 순액 5천만원을 현금 및 현금성자산으로 표시한다.
⑤ 상환우선주는 취득 당시 상환일까지의 기간에 관계없이 현금 및 현금성자산에 포함하지 않는다.

07 (주)서울의 매출채권과 대손 관련 자료에 의해 제10기 중 매출채권 회수액과 실제 발생한 대손금은 얼마인가? 다만, 매출은 전액 외상매출이다.

A. 부분 재무상태표

	제10기		제9기	
매출채권	3,000,000원		4,000,000원	
대손충당금	(100,000)	2,900,000원	(300,000)	3,700,000원

B. 부분 손익계산서

	제10기
매 출 액	10,000,000원
⋮	⋮
대손상각비	(−)150,000원

	매출채권 회수액	실제 발생한 대손금
①	10,900,000원	0원
②	10,900,000원	50,000원
③	10,950,000원	0원
④	10,950,000원	50,000원
⑤	11,000,000원	100,000원

08 (주)동방의 Y1년말 재무상태표상 현금 및 현금성자산은 600,000원으로 표시되어 있는데, 이 금액은 다음의 항목을 고려하지 아니한 것이다. Y1년말 재무상태표에 표시될 현금과 현금성자산은 얼마인가?

> • 甲은행 서울지점에 대한 당좌예금 100,000원
> (사용제한 없으며, 현금에 포함되어 있지 아니함)
> • 甲은행 인천지점에 대한 당좌차월 60,000원
> (단기차입금으로 표시되어 있음)
> • 정부로부터 수령한 정부보조금 70,000원
> (토지 취득 자금으로 전액 현금에 포함되어 있음)
> • 양도성 예금증서 150,000원
> (취득일 Y1.9.1., 만기일 Y2.1.31. 전액 현금성자산에 포함되어 있지 아니함)

① 570,000원 ② 630,000원 ③ 640,000원
④ 700,000원 ⑤ 720,000원

09 (주)성북의 매출채권, 대손충당금 관련 재무제표상 표시이다. Y2년 매출채권 회수액은 얼마인가?(매출액은 전액 외상(신용) 판매함)

A. 부분 재무상태표

	Y2년말		Y1년말	
매출채권	44,000		22,000	
대손충당금	(2,000)	42,000	(4,000)	18,000

B. 부분 손익계산서

	Y2년
매 출 액	100,000
대손상각비	1,000

① 70,000원 ② 72,000원 ③ 73,000원
④ 75,000원 ⑤ 78,000원

10 매출채권의 제거요건을 모두 모은 것은?

> A. 양도인은 매출채권 양도 후 당해 매출채권에 대한 권리를 행사할 수 없을 것
> B. 양수인은 양수한 매출채권을 처분할 자유로운 권리를 갖고 있을 것
> C. 양도인은 매출채권 양도 후에 효율적인 통제권을 행사할 수 없을 것
> D. 양수인에게 상환청구권이 없을 것

① A　② B, C, D　③ A, B, C　④ C, D　⑤ A, B, C, D

11 ㈜금융은 제21기 중 매출채권 10,000원을 A은행에 9,500원에 양도하고 다음과 같이 회계처리하였다. 그러나 이 거래는 매출채권의 제거요건을 충족하지 못한 거래이다. 이러한 회계처리가 제21기의 재무상태와 손익에 미친 영향은? 단, 금액은 고려하지 않음

(차)	현　　　　금	9,500	(대) 매 출 채 권	10,000
	매출채권처분손실	500		

	자 산	부 채	당기순이익
①	과소 계상	영향 없음	과소 계상
②	과소 계상	과소 계상	영향 없음
③	과소 계상	과소 계상	과소 계상
④	과다 계상	과소 계상	영향 없음
⑤	과다 계상	과다 계상	과다 계상

12 매출채권의 회계처리에 대한 설명으로 옳은 것을 모두 고르면?

ㄱ. 장기할부조건의 매매거래에서 발생하는 매출채권은 그 현재가치를 공정가치로 본다.
ㄴ. 판매 이후 매출할인이 발생한 경우 손익계산서의 매출액은 매출할인을 차감하지 아니한 총매출액으로 표시한다.
ㄷ. 매출채권은 기업의 주된 상거래인 재화 또는 용역의 공급으로 발생한 외상매출금과 받을어음을 말한다.

① ㄱ ② ㄴ ③ ㄱ, ㄷ ④ ㄴ, ㄷ ⑤ ㄱ, ㄴ, ㄷ

13 ㈜금융의 재무상태표상 매출채권과 제25기 중에 발생한 거래이다. 제25기의 손익계산서에 표시될 대손상각비(또는 대손충당금환입)를 계산하면? 단, 모든 회계처리는 적절함

㈎ 재무상태표

	제25(당)기		제24(전)기	
매출채권	1,000,000원		800,000원	
대손충당금	(12,000)	988,000원	(9,000)	791,000원

㈏ 제25기 중 거래처의 파산으로 대손처리한 매출채권은 8,000원이며, 이 중 3,000원은 추심을 통해 현금 회수하였다.

① 대손충당금환입 3,000원
② 대손충당금환입 4,000원
③ 대손상각비 6,000원
④ 대손상각비 8,000원
⑤ 대손상각비 10,000원

정답 및 해설

01 ①

(1) 현금 : B은행에 예치한 보통예금 100,000원

(2) 현금성자산 : 상환우선주 100,000원(취득 당시 만기 2개월)

(3) 단기금융자산 : 300,000원(A은행 당좌예금 100,000원 양도성예금증서 100,000원, 정기예금 100,000원)

02 ②

(1) 재무상태표상 대손충당금 기말잔액 = 200,000원 − 170,000원 = 30,000원

(2) 결산전 대손충당금 잔액 = 23,000원 − 6,000원 = 17,000원

(3) 대손충당금 설정액 = 30,000원 − 17,000원 = 13,000원

03 ⑤

(1) 만기가액 = 100,000원 + 100,000원 × 10% × 3/12 = 102,500원

(2) 현금수령액 = 만기가액 − 할인액

= 102,500원 − 1,025원(=102,500원 × 12% × 1/12) =101,475원

(3) 장부금액 = 100,000원 + 1,667원(발생이자 : 100,000원 × 10% × 2/12)

= 101,667원

(4) 처분손실 = 101,667원 − 101,475원 = 192원

04 ⑤ 취득일부터 3개월 이내 만기가 도래하여야 한다.

05 ④ 상환청구권 유무는 매출채권의 제거요건에 해당하지 아니한다.

06 ① 토지취득자금으로 수령한 정부보조금은 토지 취득전까지 현금 및 현금성자산에 포함하지 않는다.

07 ④

(1) 대손충당금 차변합계 = 실제 발생한 대손금(X) + 대손충당금 환입 + 기말잔액 = X + 150,000 + 100,000

(2) 대손충당금 대변합계 = 기초잔액 + I/S상 대손상각비 0원 = 300,000원

∴ 실제 발생한 대손금 X = 300,000원 − 250,000원 = 50,000원

(3) 매출채권 차변합계 = 기초잔액 + 매출액 = 14,000,000원

(4) 매출채권 대변합계 = 회수액(Y) + 실제대손금 50,000 + 기말잔액 3,000,000

∴ 매출채권 회수액 Y = 14,000,000원 − 3,050,000원 = 10,950,000원

08 ①

(1) 수정전 현금 및 현금성자산 600,000원
가산 : 甲은행의 당좌예금 40,000원(100,000원 − 60,000원)
차감 : 미사용 정부보조금 (70,000원)
(2) 수정후 현금 및 현금성자산 570,000원

09 ④

(1) 실제 대손발생액
= 대손충당금 대변합계(기초잔액 + 대손상각비) − 대손충당금 기말잔액
= 5,000원 − 2,000원 = 3,000원
(2) 매출채권 회수액 = 매출채권 차변합계 − (실제 대손발생액 + 매출채권 기말잔액)
= (22,000원 + 100,000원) − (3,000원 + 44,000원) = 75,000원

10 ③

A, B, C가 제거요건에 해당한다.

11 ②

(차)	현 금	9,500	(대)	금융부채(차입금)	10,000
	이자비용(비용)	500			

따라서 자산(매출채권) 과소 계상, 부채(차입금) 과소 계상, 매출채권처분손실과 이자비용은 손익에 동일한 영향을 미치므로 당기순이익은 변동(영향)이 없다.

12 ③

판매 이후 매출할인이 발생한 경우 손익계산서의 매출액은 총매출액에서 매출할인을 차감한 금액이다.

13 ④

1. 대손충당금 대변 잔액: 기초 9,000원 − 대손처리액 8,000원 + 추심 3,000원 = 4,000원
2. 제25기말 현재 대손추산액: 12,000원
따라서 제25기의 손익계산서에 표시될 대손상각비는 8,000원(=12,000원 − 4,000원)이다.

Inventories

제5장

재고자산

학습목표

본장을 학습한 후 다음 사항을 이해할 수 있다.

1. 재고자산의 중요성
2. 재고자산의 수량결정
3. 재고자산의 취득원가결정
4. 원가흐름의 가정과 효과
5. 재고자산의 기타평가방법(저가법 등)

1. 재고자산의 의의

1-1 재고자산의 중요성

재고자산(inventories)이란 정상적인 영업과정에서 판매를 위하여 보유하거나(상품, 제품) 생산과정에 있는 자산(재공품, 반제품) 및 생산 또는 서비스 제공과정에 투입될 원재료나 소모품의 형태로 존재하는 자산을 말한다. 재고자산은 판매를 목적으로 보유하는 자산이기 때문에 제조업, 부동산매매업, 금융업 등의 업종별로 재고자산의 유형이 달라지며, 사용목적으로 보유하는 유·무형자산이나 자금의 운용 등을 목적으로 보유하는 유가증권과 구분된다.

재고자산은 경영관리의 관점이나 회계처리상 매우 중요한 자산으로 취급되는데 다음과 같은 이유 때문이다.

① 재고자산은 기업의 총자산에서 차지하는 비중과 금액이 매우 크다. 따라서 기말재고의 평가 여하에 따라 매출원가와 당기손익 그리고 재무상태가 직접적인 영향을 받게 된다.

② 재고자산은 다른 자산에 비해 경기변동에 민감한 영향을 받는다. 따라서 호경기에는 재고자산회전율이 높아져서 판매기회의 상실로 인한 기회비용이 발생할 가능성이 크지만 불경기에는 재고자산회전율이 낮아져서 자금회전상 문제와 금융비용이 증가하게 된다.

③ 비효율적인 구매과정, 부적절한 생산기술 및 판매노력의 소홀로 인한 과잉재고 또는 판매할 수 없는 재고자산이 누적될 수 있기 때문에 이로 인한 차입원가 등의 부담이 커지게 된다.

1-2 재고자산의 분류

재고자산은 기업의 업종에 따라 다양한 형태를 갖는다. 도소매업을 영위하는 기업은 재판매를 목적으로 상품을 구입하므로 한 개의 재고자산 계정인 상품계정으로 되어 있다. 반면에 제조업을 영위하는 기업은 원재료, 재공품, 완제품으로 재고자산 계정이 주로 구성된다. 도소매업과 제조업의 영업활동과 재고자산계정간의 흐름을 도시하면 [그림 5-1]과 같다.

그림 5-1 도소매업과 제조업의 영업활동과 재고자산계정 흐름

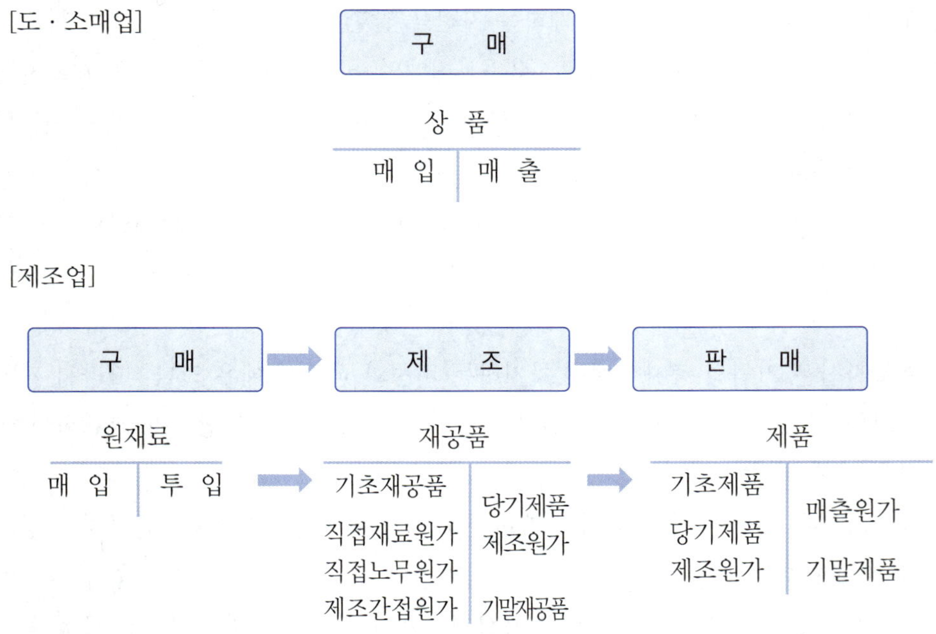

1-3 재고자산회계의 기본문제

재고자산 회계의 초점은 기초재고자산과 당기에 매입(제조)한 재고자산의 합계(판매가능 재고자산)를 어떻게 매출원가와 기말재고자산으로 배분할 것인가에 있다. 구체적으로 이를 도시하면 [그림 5-2]와 같다.

그림 5-2 재고자산회계의 기본문제

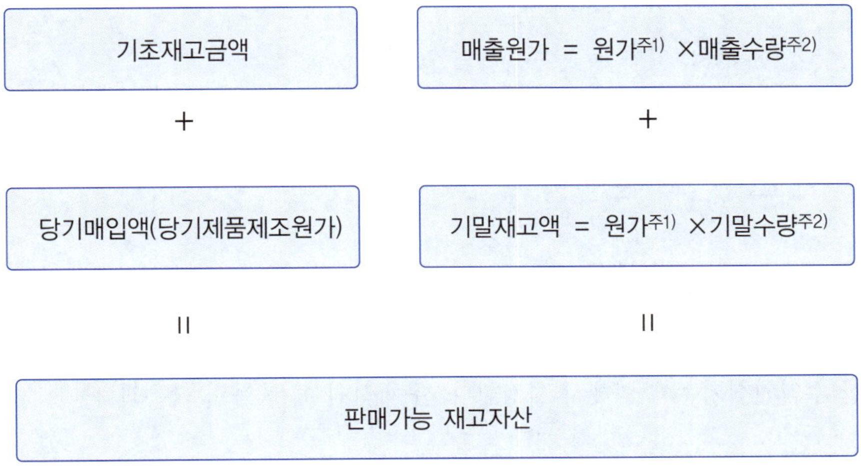

주1) 가격결정문제로서 ① 재고자산의 취득원가와 ② 원가흐름의 가정 두 가지 주제이다.
2) 수량결정문제로서 ① 재고자산의 포함항목과 ② 수량결정의 방법 두 가지 주제이다.

1-4 재고자산과 분식회계

재고자산은 분식회계의 주요수단이 되어 왔다. 그 이유는 재고자산을 과다 계상하는 경우 유동비율, 운전자본, 당기순이익이 모두 증가하게 되기 때문이다. 과다 계상된 재고자산은 현금이나 유가증권과는 달리 그 종류와 수량이 매우 다양하며, 업종에 따라 보관 또는 관리방식이 상이하고 광범위하여 회계감사의 수행과정 확인하는 작업이 쉽지 않기 때문에 어떤 경우에는 존재하지도 않는 재고자산을 보유하는 것처럼 주장하기도 한다.

또한 과다 계상된 기말재고가 발견되지 않고 차기로 이월된 경우 차기의 기초재고가 과다 계상되고 다른 오류가 없다면 차기의 매출원가가 과다 계상되어 결과적으로 차기의 당기순이익이 과소 계상된다. 이와 같은 오류를 자동상쇄오류(counter-balancing errors)라고 하는데, 과다 계상된 재고자산은 차기에 자동상쇄되기 때문에 그 오류의 효과가 1년이 지나면 과다 계상하지 않는 경우 즉, 재고자산 분식을 하지 않는 경우와 동일한 결과를 가져온다. 이와 같이 재고자산 특유의 성격으로 인하여 재고자산이 분식회계의 주요수단이 되고 있다.

2. 재고자산의 수량결정

2-1 재고자산의 포함항목

특정수량의 재고자산을 기말 재무상태표가액에 포함할 것인지의 여부는 일반기업회계기준 제16장 제1절 「수익인식」에서 규정하고 있는 재화의 판매나 용역의 제공으로 인한 수익인식기준에 의해서 결정한다. 구체적인 예를 들면 다음과 같다.

(1) 미착품

운송 중에 있어 아직 도착하지 않은 미착상품은 법률적인 소유권의 유무에 따라서 재고자산 포함 여부를 결정한다. 법률적인 소유권 유무는 매매계약상의 거래조건에 따라서 다르다. 선적지 인도조건(F.O.B shipping point)인 경우에는 상품이 선적된 시점에 소유권이 매입자에게 이전되기 때문에 미착상품은 매입자의 재고자산에 포함된다. 그러나 도착지 인도조건(F.O.B destination)인 경우에는 상품이 목적지에 도착하여 매입자가 인수한 시점에 소유권이 매입자에게 이전되기 때문에 매입자의 재고자산에 포함되지 않는다.

(2) 적송품

적송품은 위탁자가 수탁자에게 판매를 위탁하기 위하여 보낸 상품을 말한다. 적송품은 수탁자가 제3자에게 판매를 할 때까지 비록 수탁자가 점유하고 있으나 단순히 보관하고 있는 것에 불과하므로 소유권이 이전된 것이 아니다. 따라서 적송품은 수탁자가 제3자에게 판매하기 전까지는 위탁자의 재고자산에 포함한다.

(3) 재구매조건부 상품

상품을 판매하여 자금을 조달하면서 추후 당해 상품을 재구매하는 조건부로 판매계약을 체결하는 경우가 있는데 이를 상품차입계약이라고 한다. 이와 같은 거래는 실질적으로는 자금의 차입이므로 재고자산에서 제외해서는 안되고 현금을 차입한 거래로 회계처리하여야 한다.

(4) 저당상품

금융기관 등으로부터 자금을 차입하고 그 담보로 제공된 저당상품은 저당권이 실행되기 전까지는 담보제공자가 소유권을 가지고 있다. 따라서 저당권이 실행되어 소유권이 이전되기 전에는 단순히 저당만 잡힌 상태이므로 담보제공자의 재고자산에 속한다.

(5) 반품조건부 상품

반품률이 높은 상품의 판매에 있어서는 반품률의 합리적 추정가능성 여부에 의하여 재고자산 포함여부를 결정한다. 반품률을 과거의 경험 등에 의하여 합리적으로 추정가능한 경우에는 상품 인도시에 반품률을 적절히 반영하여 판매된 것으로 보아 판매자의 재고자산에서 제외한다. 그러나 반품률을 합리적으로 추정할 수 없을 경우에는 구매자가 상품의 인수를 수락하거나 반품기간이 종료된 시점까지는 판매자의 재고자산에 포함한다.

(6) 할부판매상품

재고자산을 고객에게 인도하고 대금의 회수는 미래에 분할하여 회수하기로 한 할부판매상품은 대금이 모두 회수되지 않았다고 하더라도 상품의 판매시점에서 판매자의 재고자산에서 제외한다.

(7) 시용판매상품

시용판매상품은 매입자로 하여금 일정기간 사용한 후에 매입 여부를 결정하라는 조건으로 판매한 상품을 말한다. 시용판매상품은 비록 상품에 대한 점유는 이전되었으나 매입자가 매입의사표시를 하기 전까지는 판매되지 않은 것으로 보아야 하기 때문에 판매자의 재고자산에 포함한다.

(8) 특별주문상품

특별주문상품이란 구매자의 특별주문을 받아 미리 예약금을 수령하고 생산이 완료된 시점에서 이전하기로 약정한 상품을 말한다. 특별주문상품은 생산완료시점에 구매자에게 이전되는 것으로 처리하는 것이 일반적인 관행이다. 우리나라의 경우 건설형공사계약이 특별주문상품의 대표적인 예인데 일반기업회계기준 제16장 제2절 「건설형공사계약」에 따르면 진행기준에 의하여 매출수익과 매출원가를 인식하도록 규정하고 있기 때문에 실제인도와 관계없이 재고자산 계정이 진행기준에 따라 매출원가로 대체된다.

사례 5-1 재고자산 포함항목

행성(주)의 재무제표상 기말재고는 210,000원인데, 이 금액에는 다음의 내용이 포함되어 있지 않았다. 정확한 기말재고는 얼마인가?

(1) 선적지인도조건으로 매입한 미착상품 50,000원에 대한 기입이 누락되었고 기말재고에도 포함되지 아니하였다.

(2) 도착지인도조건으로 매입한 미착상품 40,000원에 대해 기입이 되었으며 기말재고에도 포함되었다.

(3) 판매를 위탁하기 위해 발송한 적송품 20,000원이 기말재고에 포함되지 아니하였다.

해 답

1. 수정전 기말재고	210,000원
(1) 선적지인도조건부로 매입한 미착상품	(+) 50,000
(2) 도착지인도조건부로 매입한 미착상품	(−) 40,000
(3) 적송품	(+) 20,000
2. 수정후 기말재고	240,000원

2-2 수량결정의 방법

(1) 실지재고조사법

실지재고조사법(physical inventory method)은 기말에 재고조사를 통하여 기말재고수량을 파악하는 방법으로 간단히 실사법이라고 부른다. 실사법은 상품 등을 매입할 때에는 매입계정에 입고기록을 하지만 판매할 때에는 매입계정에 대기(貸記)하지 않으며 기말에 재고자산을 실제로 조사하여 기말재고수량을 파악한 후 간접적으로 매출수량을 역산하여 계산한다. 또한 재고자산계정은 재고자산의 입고 및 출고기록을 하지 않기 때문에 기초재고가 변동되지 않고 있다가 기말에 실사를 통하여 파악된 수량으로 재고자산계정이 수정된다. 실사법은 매출수량과 매출원가를 다음과 같이 파악한다.

매출수량 = 기초재고수량 + 당기매입수량 - 기말재고수량(실사수량)
매출원가 = 기초재고금액 + 당기매입금액 - 기말재고금액(실사금액)

실사법은 재고자산의 종류와 규격 등이 다양한 경우에 입 · 출고시마다 기록하는 번거로움을 피할 수 있다는 사무상의 장점이 있다. 그러나 출고기록을 하지 않기 때문에 도난이나 감모손실 등에 의한 재고부족을 파악하지 못한다. 따라서 이들 재고감모손실을 모두 매출수량에 포함시키게 되기 때문에 효과적인 재고관리를 할 수 없으며, 재고실사에는 비용과 시간이 많이 소요되고 영업활동에 지장을 초래할 수 있다.

(2) 계속기록법

계속기록법(perpetual inventory method)은 재고자산의 입고와 출고를 재고자산계정에 직접 기입하고 기말재고수량을 실지재고조사에 의하여 파악하는 것이 아니라 판매가능 재고자산(기초 + 당기매입)에서 판매수량을 차감하여 간접적으로 파악한다. 계속기록법에서는 매입계정을 사용하지 않고 매입 · 매출을 재고자산계정에 직접 기록하므로 기말현재의 계정잔액이 기말재고액이 된다. 또한 매출원가는 재고자산을 판매할 때마다 매출원가계정을 사용하여 기록한다. 계속기록법에서는 기말재고수량과 감모수량을 다음과 같이 계산한다.

기말재고수량(장부) = 기초재고수량 + 당기매입수량 - 당기판매수량
기말재고금액(장부) = 기초재고금액 + 당기매입금액 - 매출원가
재고감모수량 = 기말재고수량(장부) - 기말재고수량(실사수량)

계속기록법은 재고자산을 매출할 때마다 기록하기 때문에 일정기간 동안의 판매한 상품수량을 직접 파악할 수 있고 계속기록에 의하여 언제나 장부상 재고수량을 알 수 있어서 재고부족이나 구매의사결정 등의 재고관리를 용이하게 할 수 있기 때문에 고가품 등을 취급하는 경우에 적절한 방법이다. 그러나 입출고거래가 빈번한 경우 사무업무가 과중해질 수 있는 단점이 있다.

사례 5-2 실지재고조사법과 계속기록법의 비교

실지재고조사법과 계속기록법에 관한 설명을 구분하라.

(1) 판매(출고)시마다 매출원가를 인식하고 장부상 재고를 알 수 있다.
(2) 총평균법에 적용되는 방법이다.
(3) 이동평균법에 적용되는 방법이다.
(4) 재고자산감모손실을 파악할 수 있다.
(5) 기말에 실사를 하기 전까지는 기초재고금액에 변동이 없다.

해 답

실지재고조사법 : (2), (5) 계속기록법 : (1), (3), (4)

2-3 회계처리 비교

실지재고조사법과 계속기록법의 회계처리방법을 비교 · 요약하면 다음과 같다.

<table>
<tr><th colspan="2">구 분</th><th>실지재고조사법</th><th>계속기록법</th></tr>
<tr><td colspan="2">매입시</td><td>(차) 매 입 XXX
(대) 매입채무 XXX</td><td>(차) 재고자산 XXX
(대) 매입채무 XXX</td></tr>
<tr><td colspan="2">매출시</td><td>(차) 매출채권 XXX
(대) 매 출 XXX</td><td>(차) 매출채권 XXX
(대) 매 출 XXX
(차) 매출원가 XXX
(대) 재고자산 XXX</td></tr>
<tr><td colspan="2">매입에누리와
환출 및
매입할인</td><td>(차) 매입채무 XXX
(대) 매입에누리와 환출 XXX
매입할인 XXX</td><td>(차) 매입채무 XXX
(대) 재고자산 XXX</td></tr>
<tr><td colspan="2">기말수정분개</td><td>- 분개 없음 -</td><td>(차) 재고자산감모손실 XXX
(대) 재고자산 XXX</td></tr>
<tr><td>기말
마감
분개</td><td>매출
원가
계정
마감
방법</td><td>(차) 매출원가 XXX
(대) 재고자산(기초) XXX
(차) 매출원가 XXX
(대) 매 입 XXX
(차) 재고자산(기말) XXX
(대) 매출원가 XXX
(차) 손 익 XXX
(대) 매출원가 XXX</td><td>- 분개 없음 -</td></tr>
</table>

3. 재고자산의 가격결정

3-1 재고자산의 취득원가

재고자산의 취득원가는 매입원가 또는 제조원가를 말한다. 재고자산의 취득원가에는 취득에 직접적으로 관련되어 있으며, 정상적으로 발생되는 기타원가를 포함한다.

(1) 매입원가

재고자산의 매입원가는 매입금액에 매입운임, 하역료 및 보험료 등 취득과정에서 정상적으로 발생한 부대원가를 가산한 금액이다. 매입과 관련된 할인, 에누리 및 기타 유사한 항목은 매입원가에서 차감한다. 성격이 상이한 재고자산을 일괄하여 구입한 경우에는 총매입원가를 각 재고자산의 공정가치 비율에 따라 배분하여 개별 재고자산의 매입원가를 결정한다.

(2) 제조원가

제품, 반제품 및 재공품 등 재고자산의 제조원가는 보고기간말까지 제조과정에서 발생한 직접재료원가, 직접노무원가, 제조와 관련된 변동 및 고정 제조간접원가의 체계적인 배부액을 포함한다.

고정제조간접원가는 생산설비의 정상조업도에 기초하여 제품에 배부하며, 실제 생산수준이 정상조업도와 유사한 경우에는 실제조업도를 사용할 수 있다. 단위당 고정제조간접원가 배부액은 비정상적으로 낮은 조업도나 유휴설비로 인하여 증가하여서는 아니된다. 그러나, 실제조업도가 정상조업도보다 높은 경우에는 실제조업도에 기초하여 고정제조간접원가를 배부함으로써 재고자산이 실제원가를 반영하도록 한다. 변동제조간접원가는 생산설비의 실제 사용에 기초하여 각 생산단위에 배부한다.

단일 생산공정을 통하여 여러 가지 제품을 생산하거나 주산물과 부산물을 동시에 생산하는 경우에 발생한 공통원가는 각 제품을 분리하여 식별할 수 있는 시점이나 완성한 시점에서의 개별 제품의 상대적 판매가치를 기준으로 하여 배부한다. 다만, 경우에 따라 생산량기준 등을 적용하는 것이 더 합리적이라고 판단될 때에는 그 방법을 적용할 수 있다. 그러나 다음과 같은 원가는 재고자산 원가에 포함할 수 없으며 발생기간의 비용으로 인식하여야 한다.

① 재료원가, 노무원가 및 기타의 제조원가 중 비정상적으로 낭비된 부분
② 추가 생산단계에 투입하기 전에 보관이 필요한 경우 외의 보관비용
③ 재고자산을 현재의 장소에 현재의 상태로 이르게 하는 데 기여하지 않은 관리간접원가
④ 판매원가

(3) 서비스기업의 재고자산 원가

서비스기업의 재고자산 원가는 서비스의 제공에 직접 종사하는 인력의 노무원가와 기타 직접 관련된 재료원가와 기타원가로 구성된다. 서비스 제공과 직접 관련이 없는, 판매 및 일반관리 업무에 종사하는 인력의 노무원가와 기타원가는 재고자산 원가에 포함되지 않으며 발생한 기간의 비용으로 인식한다.

사례 5-3 재고자산의 취득원가

재고자산의 취득원가에 관한 설명에 대해 ○, X를 표시하라.

(1) 고정제조간접원가를 배부할 때 실제조업도가 정상조업도보다 높은 경우 정상조업도를 사용한다.
(2) 재고자산의 매입원가는 매입금액에 매입운임, 하역료 및 보험료를 가산하고, 매입할인 및 에누리를 차감한다.
(3) 변동제조간접원가는 생산설비의 실제 사용에 기초하여 각 생산단위에 배부한다.
(4) 판매 및 일반관리업무에 종사하는 인력의 노무원가는 제조원가에 포함한다.
(5) 재고자산을 현재의 장소에 현재의 상태로 이르게 하는데 기여하지 않은 관리원가도 취득원가에 포함한다.

해 답

(1) X (2) ○ (3) ○ (4) X (5) X

3-2 원가흐름의 가정

재고자산을 매입하면 취득원가로 기록된다. 개념상으로는 판매시마다 재고자산의 취득원가를 개별적으로 확인하여 이를 매출원가로 하는 것이 가장 이상적이지만 여러 시점에서 다양한 가격으로 구입 또는 제조하는 경우에는 일일이 출고된 재고자산과 매입(제조)가격을 확인한다는 것이 현실적으로 거의 불가능하다. 따라서 동일한 재고자산이 다양한 가격으로 장부에 기록되어 있을 때 매출원가와 기말재고금액을 산정하기 위하여 실제의 물량흐름과는 관계없이 원가흐름에 대한 가정(cost flow assumption)이 필요해진다. 원가흐름의 가정에는 개별법, 가중평균법, 선입선출법, 후입선출법 등이 있다.

성격과 용도 면에서 유사한 재고자산에는 동일한 단위원가 결정방법을 적용하여야 하며, 성격이나 용도 면에서 차이가 있는 재고자산에는 서로 다른 단위원가 결정방법을 적용할 수 있다.

(1) 개별법

개별법(specific identification method)은 개별 재고자산별로 매입원가 또는 제조원가를 식별한 후 판매할 때마다 그 취득원가를 매출원가로 하는 방법이다. 따라서 원가흐름과 물량흐름이 동일하게 되는데 개별재고자산을 일일이 식별해야 하는 난점이 있다. 개별법은 원가흐름과 물량흐름이 일치하고 실제원가가 실제수익에 대응되어 손익이 계산되기 때문에 가장 이상적인 평가방법이다. 그러나 개별법도 자의적으로 이익조작을 할 수 있다는 점과 공통적으로 발생한 매입부대원가를 재고자산별로 정확하게 배분하기 어려운 단점이 있다. 일반기업회계기준에서는 통상적으로 상호 교환될 수 없는 재고항목이나 특정 프로젝트별로 생산되는 제품이나 서비스원가는 개별법을 사용하고 개별법의 적용이 부적합한 경우에는 선입선출법, 가중평균법 또는 후입선출법을 사용하도록 규정하고 있다.

(2) 가중평균법

가중평균법(average cost method)은 기초재고항목과 회계기간 중에 매입하거나 생산한 재고항목이 구별없이 판매 또는 사용된다고 원가흐름을 가정하여 가중평균원가를 사용하는 방법이다. 가중평균원가는 기초재고자산의 원가와 회계기간 중에 매입 또는 생산한 재고자산의 원가를 가중평균하여 산정한다. 가중평균법에 실지재고조사법을 적용하면 총평균법, 계속기록법을 적용하면 이동평균법이 된다.

총평균법은 한 기간에서의 판매가능원가(기초재고액 + 당기매입액)를 판매가능수량으로 나누어 단위당 총평균원가를 산정하고 이 금액에 기말재고수량을 곱하여 기말재고액을 구하고 판매가능원가에서 기말재고액을 차감하여 매출원가를 계산한다. 총평균법은 일정기간 동안 단위당 총평균원가가 동일하지만 그 일정기간이 경과하여야 확정될 수 있다는 단점이 있다.

이동평균법은 재고자산을 매입 또는 생산할 때마다 새로운 가중평균단가를 산정하고 판매할 때마다 판매수량과 남은 수량에 각각 곱하여 매출원가와 그 판매시점에서의 재고액을 계산한다. 이동평균법은 입고시마다 가중평균단가를 계산하기 때문에 이익조작의 여지는 적지만 계산이 복잡하다는 단점이 있다.

가중평균법은 재고자산이 상대적으로 동질적인 경우에 적절한 방법인데, 적용이 쉽고 이익조작의 가능성이 없기 때문에 실무적으로 많이 사용하고 있다.

(3) 선입선출법

선입선출법(FIFO method, first-in first-out method)은 먼저 매입 또는 생산한 재고항목이 먼저 판매 또는 사용된다고 원가흐름을 가정하는 방법이다. 따라서 기말에 재고로 남아 있는 항목은 가장 최근에 매입 또는 생산한 항목이라고 본다. 선입선출법은 항상 먼저 입고된 것이 먼저 출고된 것으로 가정하기 때문에 실지재고조사법에 의하든 계속기록법에 의하든 그 결과는 같게 된다. 선입선출법은 기말재고자산이 가장 최근에 거래된 가격으로 평가되어 현행원가의 근사치를 반영한다는 장점이 있다. 그러나 매출원가가 과거의 매입원가 또는 제조원가로 측정되기 때문에 현행판매가격으로 측정되는 매출액과의 대응이 적절하지 못하며, 특히 물가의 상승폭이 클수록 이익의 과다 계상 정도가 심화되는 단점이 있다.

(4) 후입선출법

후입선출법(LIFO method, last-in first-out method)은 가장 최근에 매입 또는 생산한 재고항목이 가장 먼저 판매된다고 원가흐름을 가정하는 방법이다. 따라서 기말에 재고로 남아 있는 항목은 가장 먼저 매입 또는 생산한 항목이라고 보기 때문에 기말재고자산은 가장 오래된 매입가격 또는 제조원가로 평가되는 반면, 매출원가는 최근에 거래된 현행원가로 기록되어 매출액과 적절히 대응된다.

후입선출법에서 실지재고조사법을 이용하는 경우 회계기간 동안 총 판매한 수량에 재고실사를 실시하는 회계기말부터 역으로 매입가격 또는 제조원가를 적용하여 매출원가를 계산하고, 기말재고액은 기말재고수량에 먼저 매입된 순서로 매입가격 또는 제조원가를 적용하여 계산한다. 한편, 후입선출법에서 계속기록법을 이용하는 경우 매 판매시마다 매출수량에 최근에 매입한 역순으로 매입가격 또는 제조원가를 적용하여 매출원가를 계산하고, 기말재고금액은 판매가능한 재고자산의 원가에서 판매시마다 계산한 매출원가의 합계액을 차감하여 계산한다. K-IFRS에서는 후입선출법이 일반적인 물적 흐름을 반영하지 못하기 때문에 허용하지 않고 있다.

후입선출법은 수익 · 비용의 대응이 적절하며, 물가상승시에 다른 방법에 비해 세금절약을 할 수 있어서 유리한 현금흐름을 가져온다. 또한 재고자산이 낮게 평가되기 때문에 장차 재고자산의 가치하락으로 인한 평가손실을 인식할 가능성이 낮아지므로 미래이익의 헷지(hedge)효과가 있다. 그러나 후입선출법은 물가상승시에 이익을 적게 보고하고 재고자산을 과소평가하는 단점이 있다.

또한 후입선출청산(lifo liquidation)을 이용하여 자발적 또는 비자발적으로 이익을 조정할 수 있다. 따라서 일반기업회계기준에서는 후입선출법을 사용하여 재고자산의 원가를 결정한 경우에는 재무상태표금액과, 선입선출법 또는 평균법에 저가법을 적용하여 계산한 재고자산평가액과의 차이를 주석으로 기재하고, 기초재고의 전부 또는 일부가 판매된 경우(기초재고청산)에는 판매된 기초재고자산의 수량에 당 회계기간 중 평균취득단가를 곱한 금액과 판매된 기초재고자산의 장부상 원가와의 차액을 주석으로 기재하도록 규정하고 있다.

3-3 각 평가방법의 비교

어떤 원가흐름을 가정하는냐에 따라 매출원가와 기말재고자산이 달라진다. 원가가 지속적으로 상승하는 것으로 가정하는 경우 매출원가는 ① 후입선출법 - 실지재고조사법 〉 ② 후입선출법 - 계속기록법 〉 ③ 총평균법 〉 ④ 이동평균법 〉 ⑤ 선입선출법의 순으로 결정된다.

사례 5-4 가격결정방법의 비교

A회사의 Y1년의 재고자산 관련 자료이다. 실지재고조사법과 계속기록법에 의할 경우 선입선출법, 평균법, 후입선출법에 의한 기말재고액과 매출원가를 계산하라.

구 분	수 량	단 가	금 액
기초재고(1. 1.)	1,000개	100원	100,000원
매 입(5. 15.)	2,000개	120	240,000
매 입(10. 25.)	2,000개	140	280,000
합 계	5,000개		620,000원
매 출(4. 20.)	500		
매 출(8. 12.)	1,500		
매 출(11. 9.)	1,500		
매출수량	3,500		
기말재고(12. 31.)	1,500		

해 답

1. 실지재고조사법

(1) 선입선출법

① 기말재고 : 1,500개(10.25. 매입분) × 140원 = 210,000원

② 매출원가 : 620,000원 - 210,000원 = 410,000원

(2) 총평균법

① 기말재고 : 단위당원가×기말수량 = 124원 × 1,500개 = 186,000원

② 매출원가 : 620,000원 − 186,000원 = 434,000원

* @124원 계산내역

■ (1.1. 기초재고) 1,000개 × @100원 = 100,000원

■ (5.15. 매입분) 2,000개 × @120원 = 240,000원

■ (10.25. 매입분) 2,000개 × @140원 = 280,000원

$$\therefore \text{평균단가} = \frac{100{,}000\text{원} + 240{,}000\text{원} + 280{,}000\text{원}}{1{,}000\text{개} + 2{,}000\text{개} + 2{,}000\text{개}} = @124\text{원}$$

(3) 후입선출법

① 기말재고 : 1,000개(1.1. 기초재고) × 100원 + 500(5.15. 매입분) × 120원
= 160,000원

② 매출원가 : 620,000원 − 160,000원 = 460,000원

2. 계속기록법

(1) 선입선출법

① 매출원가 : 50,000원(1.1. 기초재고) + 170,000원(= 500개 × 100원 + 1,000개 × 120원) + 190,000원(= 1,000개 × 120원 + 500개 × 140원) = 410,000원

② 기말재고 : 620,000원 − 410,000원 = 210,000원

(2) 이동평균법

① 매출원가 : 50,000원(1.1. 기초재고) + 174,000원(= 1,500개 × 116원*)
+ 198,000원(= 1,500개 × 132원**) = 422,000원

* @116원 계산내역

■ (1.1. 기초재고) 500개(1,000개 − 500개) × @100원 = 50,000원

■ (5.15. 매입분) 2,000개 × @120원 = 240,000원

$$∴ 평균단가 = \frac{50,000원 + 240,000원}{500개 + 2,000개} = @116원$$

**@132 계산내역

■ (10.25. 이전 매입분) 1,000개(3,000개 − 2,000개) × @116원 = 116,000원

■ (10.25. 매입분) 2,000개 × @140원 = 280,000원

$$∴ 평균단가 = \frac{116,000원 + 280,000원}{1,000개 + 2,000개} = @132원$$

② 기말재고 : 620,000원 − 422,000원 = 198,000원

(3) 후입선출법

① 매출원가 : 50,000원 + 180,000원(= 1,500개 × 120원) + 210,000원
(= 1,500개 × 140원) = 440,000원

② 기말재고 : 620,000원 − 440,000원 = 180,000원

4. 재고자산의 기타 평가방법

4-1 저가법

(1) 의 의

다른 자산과 같이 재고자산도 취득원가에 의하여 평가하는 것이 원칙이다. 그러나 재고자산은 진부화, 가격변동, 손상 등의 사유에 의한 가치하락이 예상되기 때문에 이러한 불확실한 상황을 반영하기 위하여 예외적으로 저가주의에 의한 평가를 인정하고 있다. 저가주의는 재고자산의 미래 경제적 효익이 취득원가 또는 장부금액에 미치지 못할 때에는 발생한 기간에 비용 또는 손실로 적절히 반영하여야 한다는 보수주의 관점에서 주장된다. 다음과 같은 사유가 발생하면 재고자산의 시가가 원가 이하로 하락할 수 있다고 본다.

① 손상을 입은 경우
② 보고기간종료일로부터 1년 또는 정상영업주기 내에 판매되지 않았거나 생산에 투입할 수 없어 장기 체화된 경우
③ 진부화하여 정상적인 판매시장이 사라지거나 기술 및 시장 여건 등의 변화에 의해서 판매가치가 하락한 경우
④ 완성하거나 판매하는 데 필요한 원가가 상승하는 경우

재고자산을 저가법으로 평가하는 경우 재고자산의 시가는 순실현가능가치를 말한다. 생산에 투입하기 위해 보유하는 원재료의 현행대체원가는 순실현가능가치에 대한 최선의 이용가능한 측정치가 될 수 있다. 다만, 원재료를 투입하여 완성할 제품의 시가가 원가보다 높을 때는 원재료에 대하여 저가법을 적용하지 아니한다.

저가 = Min [취득원가, 순실현가능가치(NRV)/현행대체원가(CC)]

① 재고자산평가손실 = 장부금액 - 저가 〉 0

② 재고자산평가손실환입 = 장부금액 - 저가 〈 0

(2) 저가법의 적용

저가법에 의하여 재고자산을 시가로 평가할 경우 장부금액과 시가와의 차액은 재고자산평가손실로 처리한다. 저가기준을 적용하여 재고자산을 평가할 때 ① 종목별기준 ② 조별기준 ③ 총액기준 3가지 방법을 적용할 수 있다. 종목별기준은 개별 항목에, 조별기준은 유사한 재고자산의 집단에, 총액기준은 전체 재고자산에 대하여 저가기준을 적용하는 것인데, 각 방법별 재고자산의 크기는 총액기준 평가액 ≥ 조별기준 평가액 ≥ 종목별기준 평가액의 순서가 된다.

일반기업회계기준에서 저가법은 종목별기준을 원칙으로 하되 재고항목이 서로 유사하거나 관련되어 있는 경우에는 조별기준을 허용한다. 다만, 조별기준은 재고항목이 유사한 목적 또는 용도를 갖는 동일한 제품군으로 분류되고, 동일한 지역에서 생산 · 판매되며, 그 제품군에 속하는 다른 항목과 구분하여 평가하는 것이 사실상 불가능한 경우에 한하여 적용한다. 한편, 총액기준은 인정하지 않는다.

(3) 평가손실과 감모손실의 회계처리

저가법의 적용에 따라 발생하는 재고자산평가손실은 재고자산의 차감계정으로 표시하고 매출원가에 가산한다. 그리고 재고자산의 장부 수량과 실제 수량과의 차이에서 발생하는 감모손실로서 정상적으로 발생한 것은 매출원가에 가산하고 비정상적으로 발생한 것은 영업외비용으로 처리한다.

사례 5-5 재고자산감모손실과 재고자산평가손실

다음은 서울상사의 재고자산 관련 자료이다. 회사는 총평균법에 의하여 재고자산을 평가하며, 판매시에는 매출수량만을 기록하고 기말 실사를 통하여 장부수량과 실제수량을 조정하고 있다. 단, 재고자산계정은 매출원가계정을 사용하여 마감한다.

구 분	장부수량	단 가	금 액
기초재고	400개	120원	48,000원
당기매입	2,000	150	300,000
매 출	1,850		
기말재고	550		

기말 재고실사결과 실사수량은 500개였으며, 장부수량과의 차이 중 20개는 정상적이며 나머지 차이는 비정상적인 것으로 가정한다. 한편, 재고자산 단위당 순실현가능가치는 135원이다. 일반기업회계기준에 따라 재고자산감모손실과 재고자산평가손실을 계산하고 분개하시오.

해 답

(1) 총평균단가 = 348,000원 ÷ 2,400개 = 145원
(2) 장부상 기말재고금액 = 145원 × 550개 = 79,750원
(3) 실제 기말재고금액 = 145원 × 500개 = 72,500원
(4) 재고자산감모손실 = 79,750원 − 72,500원 = 7,250원
　① 정상적인 감모손실 = 145원 × 20개 = 2,900원
　② 비정상적인 감모손실 = 145원 × 30개 = 4,350원
(5) 재고자산평가손실 = (145원 − 135원) × 500개 = 5,000원
(6) 재무상태표상 기말재고액 = 135원 × 500개 = 67,500원

분 개

(차)	재고자산감모손실(매출원가)	2,900	(대)	재고자산	7,250
	재고자산감모손실(영업외비용)	4,350		재고자산평가충당금	5,000
	재고자산평가손실(매출원가)	5,000			

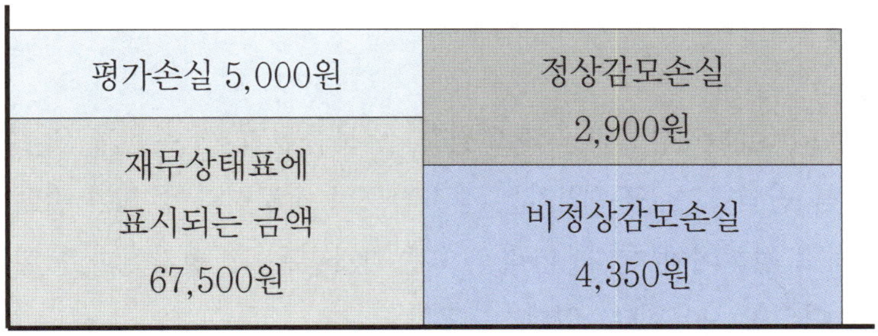

(4) 시가회복

재고자산평가손실을 초래했던 상황이 해소되어 시가가 회복될 수 있다. 일반기업회계기준에는 저가법의 적용에 따른 평가손실을 초래했던 상황이 해소되어 새로운 시가가 장부금액보다 상승한 경우에는 최초의 장부금액을 초과하지 않는 범위 내에서 평가손실을 환입하며, 재고자산평가손실의 환입은 매출원가에서 차감한다. 시가회복시 다음과 같이 회계처리한다.

(차) 재고자산평가충당금 ××× (대) 재고자산평가손실환입(매출원가에서 차감) ×××

4-2 순실현가능가치

저가법을 적용할 때 시가를 순실현가능가치(net realizable value)로 한다고 하였다. 저가법은 원가주의를 원칙으로 하되 보수주의개념에 따라 순실현가능가치가 취득원가보다 하락한 경우에 한하여 순실현가능가치로 재고자산을 평가한다는 견해이다. 그러나 금, 은 등 귀금속과 정부수매가가 보장된 농산물과 같이 적정가격이 형성된 시장이 존재하고 판매비용이 크지 않은 경우 또는 가공육제품과 같이 제조원가의 계산이 어려운 경우에는 원가로 평가하지 않고 순실현가능가치로 평가하는 것이 오히려 타당할 수 있다.

중요하지 않은 부산물은 순실현가능가치를 측정하여 동 금액을 주요 제품의 제조원가에서 차감하여 처리할 수 있다.

4-3 표준원가

표준원가(standard cost)는 정상적인 재료원가, 소모품원가, 노무원가 및 효율성과 생산능력 활용도를 반영한다. 표준원가는 정기적으로 검토하여야 하며 필요한 경우 현재 상황에 맞게 조정하여야 한다. 따라서 표준원가법은 그 평가결과가 실제 원가와 유사한 경우에 편의상 사용할 수 있다.

4-4 소매재고법

(1) 의의

대형소매점, 백화점, 체인스토어 등과 같은 다양한 품목을 취급하는 유통업은 제품원가의 측정, 수송비 등 공통비의 배분, 시가변동의 점검 등의 업무가 매우 어렵고 실익이 크지 않을 수 있다. 이러한 경우에는 재고자산을 원가에 의하여 평가하기 보다 소매재고법을 적용하는 것이 바람직하다. 소매재고법(retail inventory method)은 판매가기준으로 평가한 기말재고금액에 구입원가, 판매가 및 판매가변동액에 근거하여 산정한 원가율을 적용하여 기말재고자산의 원가를 결정하는 방법이다.

소매재고법은 실제원가가 아닌 추정에 의한 원가결정방법이므로 원칙적으로 많은 종류의 상품을 취급하여 실제원가에 기초한 원가결정방법의 사용이 곤란한 유통업종에서만 사용할 수 있다. 다만, 유통업 이외의 업종에 속한 기업이 소매재고법을 사용하는 예외적인 경우에는 소매재고법의 사용이 실제원가에 기초한 다른 원가결정방법을 적용하는 것보다 합리적이라는 정당한 이유와 소매재고법의 원가율 추정이 합리적이라는 근거를 주석으로 기재하여야 한다. 소매재고법은 이익률이 유사한 동질적인 상품군별로 적용한다. 따라서 이익률이 서로 다른 상품군을 통합하여 평균원가율을 계산해서는 안된다.

(2) 회계처리

소매재고법은 먼저 기초재고와 당기 매입에 대한 원가와 판매가격에 대한 정보를 기초로 원가율을 계산하고 판매가격으로 측정된 판매가능 재고자산에서 매출액을 차감하여 판매가격으로 측정된 기말재고를 계산한 후 판매가격으로 측정된 기말재고에 원가율을 곱하여 기말재고의 원가를 추정한다. 구체적으로 그 절차는 다음과 같다.

① 판매가능 재고자산(기초재고와 당기매입의 합계)에 대한 원가와 판매가격을 기준으로 원가율(원가/판매가격)을 계산한다.
② 판매가격으로 측정된 판매가능 재고자산에서 매출액을 차감하여 판매가격으로 측정된 기말재고를 계산한다.
③ 판매가격으로 측정된 기말재고에 원가율을 곱하여 기말재고의 원가를 추정한다.

사례 5-6 소매재고법

다음은 대화백화점의 Y1년 5월의 매매자료이다. 선입선출 소매재고법, 가중평균원가 소매재고법, 저가기준 소매재고법, 후입선출 소매재고법에 의한 기말재고와 매출원가를 계산하시오.

구 분	원 가	소 매 가
기초상품	42,000원	60,000원
매 입	244,050	400,000
매입운임	10,000	-
순인상액	-	17,500
순인하액	-	32,000
매출액	-	363,000

해 답

소매가기준 기말재고 = 460,000원 + 17,500원 − 32,000원 − 363,000원
= 82,500원

(1) 선입선출 소매재고법

① 원가율 : (244,050원 + 10,000원) / (400,000원 + 17,500원 − 32,000원) = 65.9%

② 기말재고 : 82,500원 × 65.9% = 54,367원

③ 매출원가 : 241,683원

(2) 평균원가 소매재고법

① 원가율 : (42,000원 + 244,050원 + 10,000원) / (60,000원 + 400,000원 + 17,500원 − 32,000원) = 66.45%

② 기말재고 : 82,500원 × 66.45% = 54,821원

③ 매출원가 : 241,229원

(3) 저가기준 소매재고법

① 원가율 : (42,000원 + 244,050원 + 10,000원) / (60,000원 + 400,000원 + 17,500원) = 62%

② 기말재고 : 82,500원 × 62% = 51,150원

③ 매출원가 : 244,900원

(4) 후입선출 소매재고법

① 기말재고 매가 82,500원 〉 기초재고 매가 60,000원이므로
기말재고 = 기초재고원가 + 당기재고증가분 매가 × 선입선출법의 원가율

② 기말재고 : 42,000원 + 22,500원 × 65.9% = 56,827원

③ 매출원가 : 239,223원

4-5 매출총이익법

재고자산을 실사하는 데는 시간과 비용이 많이 소요된다. 이에 편의상 실사를 하지 않고 추정에 의해 재고자산을 평가하는 경우도 있다. 재고자산의 추정은 ① 분기 또는 반기재무제표를 작성하는 경우 ② 천재지변 · 화재 등의 재해나 도난으로 인한 손실을 추정하는 경우 ③ 금융회사 등 여신심사자가 재무제표에 표시된 재고자산의 수치를 검증하려는 경우 등에 사용된다. 이러한 용도에 적합한 추정방법으로 매출총이익법이 있다.

매출총이익법(gross profit method)은 회사의 매출총이익률이 일정하다는 가정하에 판매가능재고자산(기초재고 + 당기매입)을 매출원가와 재고자산에 배분하는 방법이다. 그 추정방법은 다음과 같다.

① 실제 과거자료에 의해 매출총이익률의 추정
- 매출총이익률(추정치) = 매출총이익(= 실제매출액 − 실제매출원가) ÷ 실제매출액

② 매출원가율의 추정
- 매출원가율(추정치) = 1 − 매출총이익률

③ 매출원가의 추정
- 매출원가(추정치) = 매출액 × 매출원가율

④ 기말재고자산의 추정
- 기말재고(추정치) = 실제기초재고 + 실제당기매입액 − 매출원가(추정치)

⑤ 재무제표 또는 장부상 재고와 추정 기말재고의 비교
- 재무제표상 기말재고 ≥(or ≤) 추정 기말재고

사례 5-7 매출총이익법

(주)금융의 부분 손익계산서(Y1.1.1.~5.31.)이다. 여신담당자 심사중은 과거 매출총이익률 20%에 비추어 볼 때 기말재고자산이 과다 계상된 것으로 의심하고 있다. 회사가 기말재고자산을 과다 계상한 것으로 추정되는 금액은 얼마인가? 단, 매출액과 당기 매입액 및 기초재고액은 회계장부 및 세금신고서에 의해 정확한 수치로 확인됨.

Ⅰ. 매 출 액		1,000,000원
Ⅱ. 매 출 원 가		
기 초 재 고	200,000	
당 기 매 입	900,000	
기 말 재 고	(-)400,000	700,000
Ⅲ. 매출총이익		300,000원

해 답

1. 매출원가(추정치) = 매출액×(1-매출총이익률) = 1,000,000원×80%
 = 800,000원
2. 기말재고(추정치) = 실제기초재고 + 실제당기매입액 - 매출원가(추정치)
 = 200,000원 + 900,000원 - 800,000원 = 300,000원
3. 과다 계상(추정치) = 재무제표상 기말재고 - 기말재고(추정치)
 = 400,000원 - 300,000원 = 100,000원

5. K-IFRS(제1002호: 재고자산)와 비교

(1) 적용범위

K-IFRS 제1002호는 기준서 전체의 적용제외와 측정부분의 적용제외를 구분하여 규정하고 있다. 즉, ㈎ 생물자산과 ㈏ 수확시점의 수확물에 대해서는 K-IFRS 제1002호를 적용하지 않으며, 농림어업 및 광업의 관련 분야에서 순실현가능가치나 순공정가치로 측정하는 경우에는 K-IFRS 제1002호의 측정부분만을 적용배제하고 있다. 따라서 K-IFRS 제1002호가 적용되는 경우, 기업들은 K-IFRS 제1041호 '농림어업'의 측정규정에 따라 순실현가능가치나 순공정가치로 측정하면서, 변동분을 당기손익에 반영한다. 따라서 손익의 변동성이 커질 수 있다.

(2) 표준원가법 허용

K-IFRS 제1002호는 표준원가법의 적용결과인 표준원가가 실제원가와 '유사한 경우' 표준원가법을 사용하여 재고자산을 측정할 수 있어 원가관리회계 차원에서 표준원가법을 사용하는 기업이 공표용 재무제표를 작성하면서 조정하여야 하는 부담이 줄어들 수 있다. 그러나 '유사한 경우'에 대한 판단기준이 없으며 원가차이의 회계처리방법이 제시되지 않고 있고, 표준원가법을 사용하는 경우에도 표준원가가 실제원가를 반영하고 있는지에 대하여 정기적으로 검토하고 조정하여야 하므로, 실제원가를 사용하여 재고자산을 측정해 온 현재의 회계실무와 큰 차이는 나타나지 않아 재무제표의 기간별 비교가능성에 미치는 영향은 적을 것으로 예상된다.

(3) 후입선출법 불인정

K-IFRS 제1002호는 재고자산 평가방법으로 후입선출법을 허용하고 있지 않다.

(4) 비용으로 인식하는 재고자산 원가의 분류표시

K-IFRS 제1002호는 재고자산 원가를 비용으로 인식하는 시점은 제시하지만 분류표시에 대해서는 일반적으로 매출원가로 부른다고 기술하면서 분류표시를 상세히 제시하지는 않고 있다.

6. 회계정보의 이해

㈜금융의 재무상태표와 주석이다. 다음 물음에 답하시오.

	제21기(당기)	
상 품	100,000원	
상품평가충당금	(30,000)	70,000원

【중요한 회계정책】

재고자산은 원가와 순실현가능가치 중 작은 금액으로 표시되고, 재고자산의 원가는 이동평균법(미착품은 개별법)에 따라 결정됩니다.

(물음1) 상품평가충당금 30,000원의 의미와 이를 의도적으로 과다 계상하였다면 어떤 의미가 있을까요?

(물음2) 주석의 표시 내용은 어떤 의미인가요?

정답 및 해설

(물음1) 상품이 유행 경과 등의 사유로 진부화된 금액이 30,000원이 있다는 의미이다. 정상적으로 판매할 수 있는 상품에 대해 의도적으로 상품평가충당금을 계상하였다면 상품(부외재고)의 유용(流用) 가능성이 존재한다.

(물음2) 저가법을 적용한다는 의미이다. 또한 이동평균법을 적용하므로 계속기록법이 전제되며, 미착품은 별도로 식별되기 때문에 개별법의 적용이 가능하지만 이 또한 창고에 입고되는 순간부터 이동평균법을 적용하여야 한다.

7. CASE STUDY

(토의) 재고자산의 과다 계상과 진부화 여부를 확인하는 방법을 토의해봅시다.

해 설

재무제표이용자에게 재고자산의 과다 계상과 진부화 여부의 확인은 매우 중요한 과제이다. 이를 확인하는 효과적인 방법으로 매출총이익율법과 재고자산회전일수가 있다. 회사가 재무제표에 표시한 기말재고와 매출총이익법에 의해 추정한 기말재고 수치를 비교하면 재고자산의 과다 계상 여부를 간접적으로 확인할 수 있다.

한편, 재고자산의 과다 계상과 진부화 여부를 동시에 확인하는 효과적인 방법으로 재고자산회전일수가 있다. 재고자산회전일수는 365일(또는 1년)을 재고자산회전율로 나누어 계산한다. 재고자산회전일수가 점점 길어지면 가공재고자산이거나 진부화된 재고자산일 가능성이 높다는 의미이다.

* 재고자산회전율 = 매출원가 ÷ {(기초재고자산+기말재고자산)/2}
* 재고자산회전일수 = 365일(또는 1년) ÷ 재고자산회전율

생각해봅시다

1. 보고기간종료일 현재 회사 소유의 미착품을 매입계정과 기말재고자산에서 누락하는 경우 당기순이익에 미치는 영향은 무엇인가?

2. 회사가 위탁판매를 위해 발송한 적송품을 재무상태표에 반영하지 않는 경우에 발생하는 문제는 무엇인가?

3. 계속기록법과 실지재고조사법의 차이점은 무엇인가?

4. 인플레이션 상황에서 후입선출법의 장단점은 무엇인가?

5. 재고자산을 저가법에 의해 평가하는 이유는 무엇인가?

6. 저가법을 적용할 때 시가의 의미는 무엇인가?

7. 재고자산이 매출액보다 더 빨리 증가하는 경우 유의할 점은 무엇인가?

8. 매출액이익률은 증가하였는데, 재고자산회전율이 감소한 경우의 문제는 무엇인가?

확인문제

다음 설명이 맞으면 ○, 틀리면 × 하시오.

01 당기에 기말재고자산이 과다 계상되면 매출원가는 과소 계상되고, 이로 인해 차기에 매출원가는 과다 계상되는 결과를 초래한다. ( )

02 당기에 선적지 인도조건으로 매입한 재고자산의 기입을 누락하면 당기의 매출원가는 과다계상된다. ( )

03 재고자산을 매입할 때 실지재고조사법은 재고자산 계정에, 계속기록법은 매입 계정에 기입한다. ( )

04 완성품의 취득원가라는 측면에서 유통업의 매입원가와 제조업의 당기제품제조원가는 같은 의미이다. ( )

05 실제로 재무제표를 작성할 경우에는 매출총이익법은 적용할 수 없는 평가방법이다. ( )

정답 및 해설

01 ○

02 × 당기매입액이 과소 표시되고, 동시에 기말재고액도 과소 표시되기 때문에 매출원가에는 영향이 없다.

03 × 실지재고조사법은 매입 계정에, 계속기록법은 재고자산 계정에 기입한다.

04 ○

05 ○

연 습 문 제

01 (주)금융이 Y1년도에 판매한 상품의 송장가격은 50,000원이며, 이와 관련된 매출에누리와 환입은 1,500원, 매출할인은 500원, 매출상품의 운임 500원을 부담하였다. 한편, Y1년도에 매입한 상품의 송장가격은 25,000원, 이와 관련된 매입에누리와 환출은 1,000원, 매입할인은 500원, 매입운임 500원을 부담하였다. 기초상품재고액이 3,000원, 기말상품재고액이 5,000원인 경우 매출총이익은 얼마인가?

① 24,000원 ② 24,500원 ③ 25,000원 ④ 25,500원 ⑤ 26,000원

02 (주)삼청의 부분 재무제표이며, 다음과 같은 오류가 포함되어 있다. 정확한 제21기(당기)의 매출총이익은 얼마인가?

(가) 부분 재무상태표

	제21기(당기)	제20기(전기)
재고자산	200,000원	100,000원

(나) 부분 손익계산서

	제21기(당기)
매출액	5,000,000원
매출원가	3,500,000원

(다) 오류 내용

(ㄱ) 제20기(전기) 재고자산에는 위탁판매를 위해 발송한 적송품 50,000원이 누락되어 있다.

(ㄴ) 제21기(당기) 재고자산에서는 선적지 인도조건으로 매입한 미착상품 100,000원에 대해 매입기록은 하였으나, 재고자산에는 포함되지 아니하였다.

① 1,400,000원 ② 1,450,000원 ③ 1,500,000원
④ 1,550,000원 ⑤ 1,600,000원

03 각 연도말 현재 C사의 재고자산 관련 자료이다. 각 연도별 재고자산에 대한 회계처리의 내용으로 옳은 것은? 다만, Y1연도 말의 재고는 계속해서 보유하고 있다고 가정한다.

	Y1연도말	Y2연도말	Y3연도말	Y4연도말
(1) 원 가	2,200원	2,500원	2,400원	2,300원
(2) 시 가	1,900원	2,400원	2,450원	2,100원

	Y1연도말		Y2연도말		Y3연도말		Y4연도말	
①	손실	300원	손실	100원	이익	50원	손실	200원
②	손실	300원	이익	200원	이익	150원	손실	250원
③	손실	300원	손실	100원	이익	150원	손실	200원
④	손실	300원	이익	200원	이익	100원	손실	200원
⑤	손실	300원	이익	200원	이익	250원	손실	200원

04 대화상사는 Y1. 4. 1. 화재가 발생하였으며 다음의 자료를 제외한 모든 장부 및 증빙이 소실되었다. 화재로 인하여 소실되지 않은 상품은 20,000원으로 조사되었으며, 대화상사의 매출총이익율은 20%라고 가정하는 경우 화재로 인하여 발생한 재고자산의 재해손실은 얼마인가?

• 기초상품재고	100,000원	• 당기 매입액	1,500,000원
• 당기 매출액	1,800,000원	• 매출채권회수액	500,000원
• 매출환입및에누리	50,000원	• 매입할인	120,000원

① 50,000원 ② 60,000원 ③ 70,000원 ④ 80,000원 ⑤ 90,000원

05 상품매입과 매출에 대한 회계처리방법인 계속기록법과 실지재고조사법에 관련된 설명 중 옳지 않은 것은?

① 실지재고조사법은 출고분을 기입하므로 장부상 재고를 파악할 수 있다.
② 계속기록법에서는 판매가 이루어질 때마다 해당 판매에서의 매출원가를 계산해주어야 한다.
③ 계속기록법은 기중에도 (재고)상품계정의 잔액을 구하면 재고상품의 금액을 파악할 수 있다.
④ 실지재고조사법은 기말에 실제로 남아있는 재고금액을 조사하여 매출원가를 기말에 구한다.
⑤ 계속기록법을 사용하더라도 기말의 재고를 파악하기 위하여 실지재고조사법을 병행하여 적용할 수 있다.

06 재고자산의 회계처리에 관한 설명으로 옳은 것은? 단, 중소기업 회계처리특례는 적용하지 않음.

① 선적지 인도조건으로 매입한 미착상품은 판매자의 재고자산에 포함한다.
② 적송품은 제3자에게 판매하기 전까지는 수탁자의 재고자산에 포함한다.
③ 외부감사대상 비상장기업이 장기할부조건으로 판매한 상품은 판매시점에 판매자의 재고자산에서 제외한다.
④ 저당상품은 담보제공자의 재고자산에서 제외한다.
⑤ 재구매조건부 판매상품은 구매자의 재고자산에 포함한다.

07 외부감사대상 비상장회사인 (주)광주의 Y1년말 창고에 보관중인 상품은 100,000원이며, 이 금액에는 Y1년말 현재 다음의 내용이 반영되어 있지 아니한 것이다. Y1년말 재무상태표에 표시될 상품은 얼마인가? 단, 중소기업 회계처리특례는 적용하지 않음.

- 선적지 인도조건으로 매입한 미착상품 30,000원에 대한 장부기입은 되었으나 기말재고에는 포함되지 아니하였다.
- 거래처에 재구매조건부로 판매한 상품 20,000원이 기말재고에 포함되지 아니하였다.
- 거래처에 장기할부조건으로 판매한 상품 50,000원(매가 90,000원)이 기말재고에 포함되지 아니하였으며, 판매대금 중 40%는 회수기일이 경과하였다.

① 110,000원 ② 120,000원 ③ 130,000원
④ 140,000원 ⑤ 150,000원

08 재고자산의 회계처리에 관한 설명으로 옳지 않은 것은?

① 저가법은 종목별기준을 원칙으로 하고 조별기준도 허용하지만 총액기준은 인정하지 않는다.

② 재고자산평가손실과 재고자산감모손실은 재고자산평가충당금 계정을 설정하여 재고자산의 차감계정으로 표시한다.

③ 재고자산평가손실은 그 발생내용이 정상적인지 또는 비정상적인지 여부를 구분하지 아니하고 모두 매출원가에 가산한다.

④ 시가의 회복으로 발생한 재고자산평가손실환입은 영업외수익으로 처리하지 아니하고 매출원가에서 차감한다.

⑤ 표준원가법은 그 평가결과가 실제 원가와 유사한 경우에는 편의상 이를 사용할 수 있다.

09 재고자산 원가흐름의 가정에 관한 옳은 설명을 모두 모은 것은? 단, 후입선출청산은 없는 것으로 가정함.

A. 개별법은 원가흐름과 물량흐름이 일치하므로 이익조작이 사실상 불가능하다.
B. 물가의 지속적인 상승시에 이동평균법은 총평균법보다 이익이 커진다.
C. 물가의 지속적인 상승시에 후입선출법은 선입선출법에 비해 법인세를 절약할 수 있다.
D. 물가의 지속적인 상승시에 선입선출법은 후입선출법에 비해 재고자산평가손실을 인식할 가능성이 낮아진다.

① A, B ② B, C ③ C, D ④ A, C ⑤ B, C, D

10 재고자산의 저가법에 관한 설명으로 옳은 것은 모두 몇 개인가?

- 종목별기준을 원칙으로 하되, 조별기준도 허용한다.
- 저가는 장부금액과 순실현가능가치 중 큰 금액으로 한다.
- 재고자산평가손실환입은 영업외수익으로 처리한다.
- 재고자산평가손실은 재고자산에서 직접 제거하는 방식으로 인식한다.
- 재고자산평가손실이 발생하더라도 매출총이익에는 영향이 없다.

① 1개 ② 2개 ③ 3개 ④ 4개 ⑤ 5개

11 재고자산 원가흐름의 가정에 관한 설명으로 옳지 않은 것은?

① 물가 상승시에 선입선출법은 후입선출법에 비해 이익이 과다 계상된다.
② 물가 상승시에 후입선출법은 선입선출법에 비해 현금흐름이 양호해진다.
③ 개별법은 원가흐름과 물량흐름이 일치하는 방법이므로 이익조작이 불가능하다.
④ 물가 상승시에 이동평균법이 총평균법보다 재고자산이 과다하게 표시된다.
⑤ 후입선출법은 물가 상승시에 재고자산을 과소하게 표시하는 측면이 있다.

12 부산상사의 재고자산 관련 자료에 의해 매출원가를 계산하면 얼마인가?

• 기말재고 장부수량 100개 • 기말재고 실제수량 90개
• 단위당 취득원가 100원 • 단위당 순실현가능가치 90원
• 재고자산감모손실중 20%는 정상적이며, 나머지는 비정상적이다.
• 기초재고자산은 9,000원이며, 당기매입액은 45,000원이다.

① 44,900원 ② 45,100원 ③ 45,200원 ④ 45,300원 ⑤ 45,400원

13 재고자산평가손실이 가장 큰 회사는 어느 것인가?

A(주). 장부상 기말재고 상품 10,000원
재고자산 기말시가 : 1) 순실현가능가치 11,000원 2) 현행대체원가 9,000원
B(주). 장부상 기말재고 제품 20,000원
재고자산 기말시가 : 1) 순실현가능가치 17,000원 2) 현행대체원가 18,000원
C(주). 장부상 기말재고 재공품 30,000원
재고자산 기말시가 : 1) 순실현가능가치 28,000원 2) 현행대체원가 25,000원
D(주). 장부상 기말재고 상품 40,000원
재고자산 기말시가 : 1) 순실현가능가치 40,000원 2) 현행대체원가 36,000원

① A(주) ② B(주) ③ C(주) ④ D(주) ⑤ B(주)와 C(주)

14 ㈜삼청의 제25기 말 현재 총평균법, 이동평균법, 후입선출법(계속), 후입선출법(실지)에 따라 재고자산을 평가한 결과이다. 각 평가금액과 평가방법의 대응으로 옳은 것은? 단, 실지는 실지재고조사법, 계속은 계속기록법, 후입선출청산은 없으며, 인플레이션을 가정함

A: 2,000,000원 B: 2,050,000원 C: 2,100,000원 D: 2,150,000원

① A: 총평균법 B: 이동평균법 C: 후입선출법(실지) D: 후입선출법(계속)
② A: 이동평균법 B: 총평균법 C: 후입선출법(계속) D: 후입선출법(실지)
③ A: 후입선출법(실지) B: 총평균법 C: 후입선출법(계속) D: 이동평균법
④ A: 후입선출법(실지) B: 후입선출법(계속) C: 총평균법 D: 이동평균법
⑤ A: 후입선출법(계속) B: 후입선출법(실지) C: 이동평균법 D: 총평균법

15 ㈜금융이 제24기 말에 착오로 기말재고자산을 과다하게 계상한 경우 그 영향으로 옳은 설명을 모두 고르면? 다만, 실지재고조사법을 적용하고 있다.

ㄱ. 제24기의 영업이익이 증가한다. ㄴ. 제25기의 영업이익에는 영향이 없다.
ㄷ. 제24기말의 유동비율이 증가한다. ㄹ. 제25기말의 이익잉여금에는 영향이 없다.

① ㄱ, ㄴ, ㄷ ② ㄱ, ㄴ, ㄹ ③ ㄱ, ㄷ, ㄹ ④ ㄴ, ㄷ, ㄹ ⑤ ㄱ, ㄴ, ㄷ, ㄹ

정답 및 해설

01 ⑤

(1) 매출액 : 50,000원 − 1,500원 − 500원 = 48,000원

(2) 매출원가 :

기초상품재고액 3,000원		
당기매입액 : 25,000원 − 1,000원 − 500원 + 500원 = 24,000		
기말상품재고액	(−) 5,000	22,000원

(3) 매출총이익 26,000원

02 ④

	수정전 금액		수정금액		수정후 금액
기초재고자산	100,000원	+	(ㄱ)50,000원	=	150,000원
당기매입액(X)	3,600,000원*				3,600,000원
기말재고자산	200,000원	+	(ㄴ)100,000원	=	300,000원
매출원가	3,500,000원				3,450,000원

* 당기매입액(X) : 200,000원(기말) + 3,500,000원(매출원가) − 100,000원(기초)
= 3,600,000원

그러므로 매출총이익 = 매출액 5,000,000원 − 매출원가 3,450,000원 = 1,550,000원

03 ④

(1) Y1연도말

시차기 원가보다 낮으므로 Y1연도말에 재고자산평가충당금 300원을 인식하여야 한다.

(차) 재고자산평가손실 300 (대) 재고자산평가충당금 300

(2) Y2연도말

① 저가 = Min(원가, 시가) = Min(2,500원, 2,400원) = 2,400원(시가)

② 시가가 원가보다 낮으므로 재고자산평가충당금 100원(2,500원 − 2,400원)을 인식한다.

③ 이미 Y1연도말에 계상한 재고자산평가충당금이 300원이므로 200원으로 환입하여야 Y2연도말에 재고자산평가충당금 잔액이 100원이 된다.

(차) 재고자산평가충당금 200 (대) 재고자산평가손실환입(이익) 200

(3) Y3연도말

① 저가 = Min(원가, 시가) = Min(2,400원, 2,450원) = 2,400원(원가)

② 원가가 시가보다 낮으므로 Y3연도말에 설정할 재고자산평가충당금 = 0원이다.

③ Y2연도말에 계상한 재고자산평가충당금이 100원이므로 100원으로 환입하여야 Y3연도말에 재고자산평가충당금 잔액이 0원이 된다.

(차) 재고자산평가충당금 100 (대) 재고자산평가손실환입(이익) 100

(4) Y4연도말

① 저가 = Min(원가, 시가) = Min(2,300원, 2,100원) = 2,100원(시가)

② 시가가 원가보다 낮으므로 Y3연도말에 설정할 재고자산평가충당금 = 200원이다.

③ Y3연도말에 계상한 재고자산평가충당금이 0원이므로 재고자산평가충당금 200원(2,300원 − 2,100원)을 인식 하여야 한다.

(차) 재고자산평가손실 200 (대) 재고자산평가충당금 200

04 ②

(1) 판매가능상품 : 100,000원(기초상품) + (1,500,000원 − 120,000원)(당기매입)
= 1,480,000원

(2) 추정매출원가 : 매출액 − 매출총이익 = 매출액×(1 − 매출총이익률)
= (1,800,000원 − 50,000원)×(1−0.2) = 1,400,000원

(3) 추정기말상품 : 1,480,000원 − 1,400,000원 = 80,000원

(4) 실제 기말상품 : 20,000원

(5) 재해손실 : 80,000원 − 20,000원 = 60,000원

05 ① 실지재고조사법은 출고분을 기입하지 않으므로 장부상 재고를 파악할 수 없다.

06 ③ 중소기업회계처리특례를 적용하지 않는 경우에는 외부감사대상 비상장기업이 장기할부조건으로 판매한 상품은 판매시점에 판매자의 재고자산에서 제외한다.

07 ⑤ Y1년말 재무상태표상 상품 = 100,000원 + 30,000원 + 20,000원 = 150,000원

08 ② 재고자산평가손실과 재고자산평가충당금 계정을 설정하여 재고자산의 차감계정으로 표시하지만 재고자산감모손실은 재고자산에서 직접 차감하여 표시한다.

09 ② B, C가 옳은 설명이다.

10 ① 종목별기준을 원칙으로 하되, 조별기준도 허용한다.

11 ③ 개별법은 원가흐름과 물량흐름이 일치하므로 가장 이상적인 평가방법이나 자의적으로 이익조작을 할 수 있는 단점이 있다.

12 ②

(1) 재고자산감모손실 : (100개 − 90개)×100원 = 1,000원
이중 정상적인 감모손실 200원(=1,000×20%)는 매출원가에 가산, 800원은 영업외비용으로 처리함

(2) 재고자산평가손실 : (100원 − 90원)×90개 = 900원, 전액 매출원가에 가산함

(3) 매출원가 = (기초 9,000 + 매입 45,000 − 기말(장부재고) 10,000) + 200원 + 900원 = 45,100원

13 ② B(주) 상품, 제품, 재공품은 순실현가능가치를 시가로 간주하며, A(주)와 D(주)는 평가손실 대상이 아님.

구 분	A(주)	B(주)	C(주)	D(주)
장부상 기말재고	상품 10,000원	제품 20,000원	재공품 30,000원	상품 40,000원
재고자산 기말시가				
1) 순실현가능가치	11,000원	17,000원	28,000원	40,000원
2) 현행대체원가	9,000원	18,000원	25,000원	36,000원
평가손실금액	없음	3,000원	2,000원	없음

14 ④

매출원가의 크기는 후입선출법(실지) 〉후입선출법(계속) 〉총평균법 〉 이동평균법의 순이며. 재고자산은 매출원가와 반비례하므로 재고자산 평가금액과 평가방법의 대응은 A가 후입선출법(실지) 2,000,000원, B가 후입선출법(계속) 2,050,000원, C가 총평균법 2,100,000원, D가 이동평균법 2,150,000원이 된다.

15 ③

1. 제24기 기말재고자산이 과다 계상되면 매출원가가 감소되어 영업이익(또는 당기순이익)이 증가한다.
2. 제24기 기말재고자산이 과다 계상되면 이로 인해 제25기 기초재고자산이 과다 계상되어 제25기 매출원가가 증가하고, 영업이익(또는 당기순이익)이 감소하여 그 효과가 자동 상쇄된다. 따라서 이익잉여금(제24기 영업이익 증가, 제25기 영업이익 감소가 상쇄)에는 영향이 없다.
3. 재고자산이 증가하면 유동자산의 증가로 유동비율(유동자산÷유동부채×100%)이 증가한다.

Financial Assets

제6장

금융자산

학습목표

본장을 학습한 후 다음 사항을 이해할 수 있다.

1. 금융자산 및 유가증권의 의의와 분류
2. 채무증권의 이자수익 인식
3. 지분증권 보유시 회계처리(원가법과 지분법)
4. 유가증권의 평가 및 보고방법

1. 금융자산의 의의

1-1 금융상품과 금융자산의 의의

금융자산(financial assets)이란 현금, 소유지분에 대한 증서 및 현금(또는 다른 금융자산)을 수취하거나 유리한 조건으로 금융자산을 교환할 수 있는 계약상의 권리를 말한다. 즉, 금융자산은 현금, 다른 실체의 소유지분에 대한 증서 및 다음과 같은 특징을 지닌 권리이다.

- 계약상의 권리
- 현금 또는 다른 금융자산을 수취하거나 유리한 조건으로 금융자산을 교환

금융자산 중 소유지분에 대한 증서로는 투자주식, 출자금 등의 유가증권이 있으며, 선급비용, 선급금은 현금이나 다른 금융자산의 수취가 아닌 재화 또는 용역의 수취를 가져오게 되므로 금융자산에 해당하지 않는다.

금융상품(financial instruments)이란 한쪽 거래당사자에게 금융자산을 발생시키면서 다른 거래당사자에게 금융부채나 지분상품을 발생시키는 계약을 말한다. 따라서 금융상품은 양면성을 가지는데, 한 거래당사자에게는 금융자산(권리)을 발생시키고, 다른 거래당사자에게는 금융부채(의무) 또는 지분상품(자본)을 발생시킨다. 즉, 금융자산은 금융상품 보유자 입장에서의 정의가 된다.

일반기업회계기준에서는 「금융자산 · 금융부채」 중에서 별도로 유가증권을 구분하여 회계처리와 공시를 규정하고 있다.

1-2 유가증권의 의의

유가증권(securities)이란 재산권을 나타내는 증권을 말하는데, 「상법」상 유가증권과 회계상 유가증권의 개념에는 차이가 있다. 「상법」상 유가증권에는 지분증권과 채무증권 이외의 어음 · 수표, 선하증권, 화물상환증, 보험증권 등이 포함되지만 회계상의 유가증권은 「자본시장과 금융투자업에 관한 법률」상의 유가증권으로서 자본시장에서 거래되는 지분증권과 채무증권을 의미한다.

유가증권은 실물이 발행된 경우도 있고 명부에 등록만 되어 있을 수도 있는데, 적절한 액면금액단위로 분할되고 시장에서 거래되거나 투자의 대상이 되며 지분증권과 채무증권이 포함된다.

채무증권은 발행자에 대하여 금전을 청구할 수 있는 권리를 표시하는 유가증권 및 이와 유사한 유가증권을 말하며, 채무증권에는 국채, 공채, 사채(전환사채 포함), 자산유동화채권 등을 포함한다. 지분증권은 회사, 조합 또는 기금 등의 순자산에 대한 소유지분을 나타내는 유가증권(예: 보통주, 우선주, 수익증권 또는 자산유동화출자증권)과 일정금액으로 소유지분을 취득할 수 있는 권리(예: 신주인수권 또는 콜옵션) 또는 소유지분을 처분할 수 있는 권리(예: 풋옵션)를 나타내는 유가증권 및 이와 유사한 유가증권을 말한다.

2. 유가증권의 취득

2-1 유가증권의 분류

유가증권은 취득한 후에 만기보유증권, 단기매매증권, 그리고 매도가능증권 중의 하나로 분류하며, 분류의 적정성은 보고기간종료일 마다 재검토한다. 구체적으로 다음과 같이 분류한다.

① 채무증권(debt securities) : 단기매매증권, 매도가능증권, 만기보유증권
② 지분증권(equity securities) : 단기매매증권, 매도가능증권, 지분법적용(투자)주식

(1) 단기매매증권

단기매매증권은 주로 단기간 내의 매매차익을 목적으로 취득한 유가증권으로서 매수와 매도가 적극적이고 빈번하게 이루어지는 것을 말한다. 단기적인 이익을 획득할 목적으로 운용되는 것이 분명한 증권포트폴리오를 구성하는 유가증권은 단기매매증권으로 분류한다. 단기매매증권은 유동자산으로 분류하며, 단기투자자산 등의 과목으로 통합하여 재무상태표에 표시할 수 있다.

(2) 만기보유증권

만기보유증권이란 ① 만기가 확정되고 ② 상환금액이 확정되었거나 확정이 가능하며 ③ 만기까지 보유할 적극적인 의도와 능력이 있는 경우에 모두 해당하는 채무증권을 말한다.

여기에서 '만기가 확정되었고 상환금액이 확정되었거나 확정이 가능하다'는 것은 원금 및 이자의 상환금액과 상환시기가 약정에 의하여 정해져 있음을 말한다. 변동이자율 조건부로 발행된 채무증권도 만기보유증권으로 분류할 수 있다. 또한 만기까지

보유할 적극적인 의도와 능력이 있어야 하는데, 다음의 경우에는 만기까지 채무증권을 보유할 적극적인 의도가 없는 것으로 본다.

① 만기까지의 보유여부를 분명히 정하고 있지 아니한 경우
② 시장이자율 또는 위험의 변동 등 특정한 상황이 발생할 경우에는 매도할 의도가 있는 채무증권[1]
③ 채무증권의 발행자가 채무증권의 상각후취득원가보다 현저하게 낮은 금액으로 중도상환권을 행사할 수 있는 경우

다음의 하나에 해당하는 경우에는 채무증권을 만기까지 보유할 능력이 없는 것으로 본다.
① 재무자원이 부족하여 그 채무증권을 만기까지 계속 보유하기 어려운 경우
② 법적인 제약 등으로 인하여 만기보유에 제한을 받는 경우[2]

한편, 유가증권의 분류와 분류변경으로 인한 이익조작의 가능성을 방지하기 위하여 다음의 하나에 해당하는 경우에는 보유 중이거나 신규로 취득하는 모든 채무증권은 만기보유증권으로 분류할 수 없다.[3]

---

1) 특정한 상황변화란 시장이자율 또는 위험의 변동, 필요한 유동성 수준의 변화(예: 은행의 경우 예금인출 또는 대출수요의 증가에 따른 유동성 확보가 필요할 때), 다른 대체적인 자산의 투자 가능성이나 수익률의 변동, 자금조달원천과 조건의 변화 또는 외환위험의 변화 등을 말한다. 다만, 위와 같은 요인이 급격하게 변동하는 등 합리적으로 예상할 수 없는 비반복적인 상황 변동에 대응하여 매도하는 경우를 제외한다.
2) 채무증권의 발행자가 중도상환권을 가지고 있는 경우에도 채무증권의 보유자가 만기 또는 중도 상환 때까지 이를 보유할 의도와 능력을 가지고 있고 장부금액의 대부분을 회수할 수 있다면, 그 채무증권은 만기보유증권으로 분류한다. 그 이유는 이러한 경우의 중도상환권 행사는 채무증권의 만기를 단순히 단축하는 것에 불과하기 때문이다. 장부금액의 대부분을 회수할 수 있는 지의 여부를 판단할 때에는 지급한 할증금과 취득부대비용 등 채무증권 취득시 발생한 모든 원가를 고려한다. 한편, 채무증권 보유자가 중도상환권을 갖는 경우에는, 당해 중도상환권을 행사하지 아니하고 만기까지 보유할 적극적인 의도와 능력이 있는 경우에 한하여 그 채무증권을 만기보유증권으로 분류한다.
3) 다만, 다음 중 하나에 해당하는 경우, 만기보유증권으로 분류한 채무증권을 만기일 전에 매도한 적이 있거나 발행자에게 중도상환권을 행사하였더라도 예외로 한다.
   ① 만기까지 잔여기간이 얼마 남지 않아서 시장이자율의 변동이 공정가치에 중요한 영향을 미치지 않을 시점(예: 3개월 이내)에 매도하거나, 또는 중도상환권 행사일까지의 잔여기간이 얼마 남지 않은 시점(예: 3개월 이내)에 매도하는 경우

① 당 회계연도와 직전 2개 회계연도 중 만기보유증권을 만기일 전에 매도하였거나 발행자에게 중도상환권을 행사한 사실이 있는 경우

② 만기보유증권의 분류를 매도가능증권으로 변경한 사실이 있는 경우(단, 이러한 사실들에 해당하는 금액이 만기보유증권 총액과 비교하여 경미한 금액인 경우는 제외)

만기보유증권은 투자자산으로 분류한다. 다만, 보고기간종료일로부터 1년 내에 만기가 도래하는 만기보유증권은 유동자산으로 분류한다. 만기보유증권을 투자자산으로 분류하는 경우에는 장기투자증권 등의 과목으로 통합하여 표시할 수 있고, 유동자산으로 분류하는 경우에는 단기투자자산 등의 과목으로 통합하여 재무상태표에 표시할 수 있다.

(3) 매도가능증권

단기매매증권이나 만기보유증권으로 분류되지 않는 유가증권은 매도가능증권으로 분류한다. 매도가능증권과 만기보유증권은 투자자산으로 분류한다. 다만, 보고기간종료일로부터 1년 내에 만기가 도래하거나 또는 매도 등에 의하여 처분할 것이 거의 확실한 매도가능증권은 유동자산으로 분류한다. 매도가능증권을 투자자산으로 분류하는 경우에는 장기투자증권 등의 과목으로 통합하여 표시할 수 있고, 유동자산으로 분류하는 경우에는 단기투자자산 등의 과목으로 통합하여 재무상태표에 표시할 수 있다.

---

② 채무증권의 액면가액 거의 대부분(예 : 85% 이상)을 회수한 후에 그 채무증권을 매도하는 경우
③ 채무증권 발행자의 신용상태가 크게 하락하였다는 증거가 발견되는 경우
④ 법규 등의 변경에 의하여 불가피하게 매도하는 경우
⑤ 중요한 기업결합 또는 주요 사업부문의 매각이 있을 때 기존의 이자율 위험관리 또는 신용위험정책을 유지하기 위하여 채무증권을 매도하는 경우
⑥ 합리적으로 예상할 수 없는 비반복적인 상황 변동에 대응하여 그 채무증권을 매도하는 경우

(4) 지분법적용 투자주식

피투자회사의 의사결정에 유의적인 영향력을 행사할 수 있는 주식은 지분법을 적용하여야 한다. 유의적인 영향력이란 투자회사가 피투자회사의 재무 또는 영업에 관한 의사결정에 실질적인 영향을 미칠 수 있는 능력을 말하며, 투자회사가 직·간접적으로 피투자회사의 의결권 있는 주식의 20% 이상을 보유하고 있는 경우 명백한 반증이 있는 경우를 제외하고는 유의적인 영향력이 있는 것으로 본다. 지분법적용 투자주식이란 지분법을 적용하여야 하는 주식을 말하며, 별도로 일반기업회계기준 제8장에서 회계처리내용을 구체적으로 규정하고 있다.

(5) 유가증권의 분류도

유가증권의 분류체계를 요약하면 다음 그림과 같다.

그림 6-1 유가증권의 분류도

유 가 증 권				
보유목적	단기간의 매매차익을 목적으로 매수매도가 적극적이고 빈번함	만기·상환금액이 확정되고 만기까지 보유의도와 능력있음	단기매매증권, 만기보유증권 이외의 경우	유의적인 영향력을 행사할 수 있는 경우
계정과목	단기매매증권	만기보유증권	매도가능증권	지분법적용투자주식
평가방법	공정가치(당기손익)	상각후원가 (이자수익의 조정)	공정가치 (기타포괄손익누계액)	지분법평가가액 (당기손익)
F/P 분류	유동자산으로 분류	투자자산으로 분류 단, 보고기간종료일부터 1년 이내 만기가 도래하거나 처분할 것이 거의 확실한 경우 유동자산으로 분류		투자자산으로 분류

2-2 최초인식과 취득원가

유가증권은 최초인식시 공정가치로 측정하며, 이는 일반적으로 거래가격(제공하거나 수취한 대가의 공정가치)이다. 다만, 최초인식 이후 공정가치로 측정하고 공정가치의 변동을 당기손익으로 인식하는 유가증권(예 : 단기매매증권)이 아닌 경우 당해 유가증권의 취득과 직접 관련되는 거래원가는 최초인식하는 공정가치에 가산한다.

2-3 채무증권의 취득

(1) 발행시점에 취득한 경우

채무증권은 취득시점에는 매입가격에 거래원가를 가산한 취득원가로 기록한다. 채무증권의 매입가격은 권면에 표시된 액면이자율, 발행회사의 신용도를 고려하여 유사한 위험을 가진 동종 채무증권에 적용되는 시장이자율 등이 고려되어 자본시장에서 결정된다. 구체적으로 채무증권의 매입가격 또는 시장가격은 만기의 액면가액과 정기적으로 지급되는 액면이자를 시장이자율로 할인한 현재가치의 합계금액이다. 따라서 액면이자율과 시장이자율의 관계에 따라 채무증권의 취득유형이 다음과 같이 결정된다.

구 분	취득 유형
액면이자율 = 시장이자율	액면 취득
액면이자율 〉 시장이자율	할증 취득
액면이자율 〈 시장이자율	할인 취득

유가증권을 취득하는 경우에는 수수료, 세금 등 거래원가가 발생한다. 따라서 채무증권의 최초투자금액(최초장부금액 또는 취득원가)은 매입가격에 거래원가를 가산한 금액이 되고 거래원가에 해당하는 수익률만큼 투자수익률이 시장이자율보다 적어지게 된다. 채무증권의 투자에 따른 실질수익률을 유효이자율이라고 하는데, 유효이자율이란 채무증권으로부터 만기일까지 기대되는 현금유입액(만기액면가액, 액면이자)의 현재가치를 최초장부금액과 일치시키는 이자율을 말한다. 결국 채무증권의 투자에 따른 이자수익은 매기 투자금액(장부금액)에 유효이자율을 곱한 금액이 된다.

이자수익 = 기초장부금액 × 유효이자율

사례 6-1 채무증권의 취득 및 유효이자율 계산

(주)금융은 Y1. 1. 1.에 3년 만기 액면가액 1,000,000원의 사채를 951,980원(거래원가 20,000원 포함)에 취득하였다. 사채의 액면이자율은 10%이며 매년말 후급된다. 당해 사채의 취득시 회계처리와 유효이자율을 계산하고 상각표를 작성하시오.

해 답

1. 취득시 분개

(차) 만기보유증권(또는 매도가능증권) 951,980 (대) 현 금 951,980

2. 유효이자율(r) 계산

$$951{,}980원 = 100{,}000원/(1+r)^1 + 100{,}000원/(1+r)^2 + (1{,}000{,}000원 + 100{,}000원)/(1+r)^3$$

유효이자율 r = 12%

3. 상각표

(단위: 원)

구 분	유효이자	표시이자	상각액	장부금액
Y1. 1. 1.	-	-	-	951,980
Y1.12.31.	114,230	100,000	14,230	966,210
Y2.12.31.	115,940	100,000	15,940	982,150
Y3.12.31.	117,850	100,000	17,850	1,000,000

(2) 이자지급일 사이에 취득한 경우

이자지급일과 다음 이자지급일 사이에 채무증권을 취득한 경우 구매자는 판매자에

게 투자채권의 가격뿐만 아니라 직전 이자지급일부터 취득일까지 발생한 이자를 지급하여야 한다. 그 이유는 구매자는 채권의 보유기간에 관계없이 이자지급일에 이자 전액을 수령하기 때문이다. 따라서 구매자는 현금지급액에서 채무증권의 취득원가와 발생이자(미수이자)를 구분 회계처리 하여야 한다.

취득시 시장이자율이 채무증권 발행시의 시장이자율과 동일하다면 매매가격은 다음과 같다.

① 채무증권의 기중 취득시 매매가액
= 직전 이자지급일에서의 채무증권의 현재가치
+ 직전 이자지급일부터 취득일까지 채무증권의 가치 증가분주)
주) 직전 이자지급일에서의 채무증권의 현재가치×시장이자율×경과일수/365

② 채무증권의 현금지급액
= 채무증권의 기중 취득시 매매가액 + 직전 이자지급일부터 취득일까지 발생이자주)
주) 액면금액×액면이자율×경과일수/365

사례 6-2 채무증권의 기중 취득

상기 [사례 6-1]에서 (주)금융이 사채를 매입한 날짜가 3월 31일인 경우 취득시의 분개를 하시오.(취득시의 시장이자율과 사채발행시의 시장이자율이 동일하다고 가정)

① 사채매매가액 = 951,980원(Y1. 1. 1의 가격) + 3,560원(가치증분14,230원 × 3/12) = 955,540원

② 미수이자분 = 1,000,000원 × 10% × 3/12 = 25,000원

분 개

(차) 만기보유증권(또는 매도가능증권)	955,540	(대) 현 금	980,540
미수유가증권이자	25,000		

3. 유가증권의 보유

3-1 채무증권의 보유

채무증권을 보유하면 이자를 받는다. 채무증권의 보유에서 발생하는 이자수익은 할인 또는 할증차금의 상각액을 가감하여 인식하는데 이와 같은 이자수익의 인식방법을 유효이자율법이라고 한다. 유효이자율법이란 유효이자율을 적용하여 할인 또는 할증차금의 상각액을 계산하는 방법을 말한다. 유효이자율법을 적용하는 경우에는 상각액이 매기간 체증하지만 채무증권의 투자수익율은 매 기간 일정해진다.

할인 취득시 이자수익 = 기초장부금액 × 유효이자율 = 액면이자 + 상각액
할증 취득시 이자수익 = 기초장부금액 × 유효이자율 = 액면이자 − 상각액

3-2 지분증권의 보유

지분증권을 보유하면 배당금을 수취하게 된다. 배당금은 현금이나 무상증자나 주식배당과 같이 주식의 형태를 취할 수 있다. 배당금수익은 영업외수익으로 처리하여야 한다. 그러나 자본잉여금과 이익잉여금의 자본전입(주식배당 포함)에 의한 주식 또는 출자의 취득은 자산의 증가, 즉 수익으로 보지 않으며, 또한 주식분할의 경우도 주당 액면가의 변경에 따른 주식수의 조정에 불과한 것이므로 수익으로 인식하지 않는다.

한편, 보유 중인 지분증권의 회계처리방법에 따라 수령한 배당금에 대한 회계처리도 달라지게 된다. 보유 중인 지분증권의 회계처리방법에는 원가법과 지분법이 있다.

(1) 원가법

원가법(cost method)이란 지분증권을 취득원가로 기록하는 방법이다. 원가법으로 회계처리하면 수령한 현금배당을 배당금수익으로 인식하게 되며, 시장성 있는 지분증권은 보고기간말에 공정가치로 평가한 금액으로 재무상태표에 보고한다.

(2) 지분법

지분법(equity method)이란 피투자기업에 대한 투자를 취득원가로 계상하고 취득시점 이후에 발생하는 피투자기업의 순손익 등으로 인하여 순자산가액이 변동하는 경우, 동 변동액 중 투자기업의 지분율에 해당하는 금액을 지분법손익으로 지분법적용 투자주식에 가감하는 방법이다. 한편, 피투자기업이 지급한 현금배당금은 배당금수익으로 보지 않고 배당금지급을 결의한 시점에 투자주식에서 직접 차감하며, 피투자기업의 주식배당은 피투자기업의 자본총액에 영향을 미치지 않으므로 피투자기업에 대한 투자회사의 지분액 계산시 고려하지 않는다.

사례 6-3 원가법과 지분법

A회사는 Y1. 1. 1.에 S회사 주식 30주(30%)를 90,000원에 취득하였다. 취득 당시 S회사의 순자산가액은 300,000원이다.

한편, Y1년도에 S회사는 당기순이익 30,000원을 보고하였으며, 배당금으로 15,000원을 선언·지급하였다. 원가법과 지분법에 따라 취득시, 순이익 보고시, 배당금 수취시에 필요한 분개를 하시오.

해 답

	원가법	지분법
취득시점	(차) 매도가능증권 90,000 (대) 현 금 90,000	(차) 지분법적용투자주식 90,000 (대) 현 금 90,000
순이익 보고	분개 없음	(차) 지분법적용투자주식 9,000 (대) 지분법이익 9,000
배당금수취	(차) 현 금 4,500 (대) 배당금수익 4,500	(차) 현 금 4,500 (대) 지분법적용투자주식 4,500

4. 유가증권의 평가

4-1 평가의 원칙

매도가능증권과 단기매매증권은 원칙적으로 모두 공정가치로 평가한다. 공정가치(fair value)는 투자자, 채권자 및 기타의 정보이용자들이 기업의 투자 성과를 평가하는 데 가장 유용한 정보이다. 투자자들은 기업으로의 유입이 예상되는 순현금액의 크기, 시기 및 불확실성에 대하여 관심이 있는데, 공정가치에 의한 평가 정보는 기업의 현금흐름의 원천을 가장 잘 표시하고, 현재 이자율과 미래의 위험에 대한 시장측정치를 반영한 미래현금흐름의 현재가치를 나타내며, 특별한 경우를 제외하고 유가증권의 공정가치는 합리적으로 추정할 수 있다. 따라서 만기보유증권 이외의 유가증권을 재무제표에서 공정가치로 보고하는 것이 현재 또는 잠재적인 투자자, 채권자 및 기타의 이해관계자들이 합리적인 투자와 신용 판단 등의 의사결정을 하는데 유용하다.

또한 공정가치는 유가증권을 일정시점에 매수하여 미확정기간 동안 보유하려는 경영자의 의사결정에 대한 성과를 공정가치가 가장 잘 반영한다. 예를 들어 기업이 고정이자부 유가증권에 투자하였는데 이후에 시장이자율이 하락하여 이를 공정가치로 평가한다면 변동이자부 유가증권에 투자하였을 경우 보다 더 나은 의사결정을 한 성과를 미실현보유이익을 통하여 판단할 수 있게 되는데, 그 성과의 요인이 된 사건(이자율의 변동 등)이 발생한 기간에 적시에 반영하여야 한다.

4-2 공정가치의 측정

공정가치의 최선의 추정치는 활성시장에서 공시되는 가격이다. 유가증권에 대한 활성시장이 없다면, 공정가치는 평가기법을 사용하여 결정한다. 평가기법을 사용하는 목적은 측정일 현재 독립된 당사자 사이의 정상적인 거래에서 발생할 수 있는 거래가격을 결정하는 데 있다. 평가기법은 (1) 합리적인 판단력과 거래의사가 있는 독립된 당사자 사이의 최근 거래를 사용하는 방법, (2) 실질적으로 동일한 다른 유가증권의 현행 공정가치를 이용할 수 있다면 이를 참조하는 방법, (3) 현금흐름할인방법과 옵션가격결정모형을 포함한다. 금융상품의 가격을 결정하는 데 시장참여자가 일반적으로 사용하는 평가기법이 있으며, 그 평가기법이 실제 시장거래가격에 대해 신뢰할 만한 추정치를 제공한다는 사실을 제시할 수 있다면, 그 평가기법을 사용한다.

4-3 평가손익의 보고방법

유가증권을 공정가치로 평가함에 따라 발생하는 유가증권평가손익을 기록할 경우 재무상태표에 보고금액을 증감시키는 방법에는 직접법과 간접법이 있다. 직접법은 유가증권의 장부금액을 직접 조정하는 것이고 간접법은 공정가치조정계정을 설정하여 표시하는 방법이다.

단기매매증권에 대한 미실현보유손익은 단기매매증권평가손익으로 당기손익에 반영한다.

매도가능증권(유동자산으로 분류된 매도가능증권 포함)에 대한 미실현보유손익은 자본항목인 매도가능증권평가손익(기타포괄손익누계액)으로 처리하고, 당해 유가증권에 대한 자본항목의 누적금액은 그 유가증권을 처분하거나 손상차손을 인식하는 시점에 일괄하여 당기손익에 반영한다.

사례 6-4 유가증권의 회계처리

Y1. 12. 31. 현재 (주)금융이 보유한 유가증권 관련 자료는 다음과 같다.

(단위:원)

구 분	취득원가	공정가치	평가손익
P사 주식	9,600	9,500	△100
Q사 주식	20,000	21,000	1,000
합 계	29,600	30,500	900

(요구사항)

위의 주식들을 단기매매증권과 매도가능증권으로 분류한 경우를 가정하여 취득시점과 Y1. 12. 31. 현재 평가관련 분개를 하시오. 또한 Y2년 초에 P사 주식을 9,300원에 처분한 경우의 분개를 하시오.

해 답

1. 단기매매증권으로 분류

(1) 취득시점

(차) 단기매매증권(P사)	9,600	(대) 현 금	29,600
단기매매증권(Q사)	20,000		

(2) Y1.12.31.(기말평가)

(차) 단기매매증권평가손실*	100	(대) 단기매매증권(P사)	100
단기매매증권(Q사)	1,000	단기매매증권평가이익*	1,000

* 당기손익으로 인식함

(3) Y2년초(처분시점)

(차) 현 금	9,300	(대) 단기매매증권(P사)	9,500
단기매매증권처분손실	200		

2. 매도가능증권으로 분류

(1) 취득시점

(차)	매도가능증권(P사)	9,600	(대) 현 금	29,600
	매도가능증권(Q사)	20,000		

(2) Y1.12.31(기말평가)

(차)	매도가능증권평가손실**	100	(대) 매도가능증권(P사)	100
	매도가능증권(Q사)	1,000	매도가능증권평가이익**	1,000

** 기타포괄손익으로 인식함

(3) Y2년초(처분시점)

(차)	현 금	9,300	(대) 매도가능증권(P사)	9,500
	매도가능증권처분손실	300	매도가능증권평가손실	100

4-4 공정가치 평가의 예외

유가증권은 공정가치로 평가하는 것을 원칙으로 하지만 만기보유증권은 상각후취득원가, 시장성 없는 지분증권은 취득원가로 평가하는 예외를 허용하고 있는데 그 이유는 다음과 같다.

먼저 만기보유증권은 역사적원가가 공정가치 보다 목적적합성의 측면에서 볼 때 더 적절하다. 만기보유증권은 취득과 관련된 의사결정과 시간의 경과에 따라서 실현가능한 이익, 그리고 만기에 회수가능한 금액에 관한 정보가 더 중요하고, 그러한 측면에서 상각후취득원가 정보가 공정가치 정보보다 더 목적적합하기 때문이다.

한편, 시장성 없는 지분증권은 일반적으로 미래현금흐름을 추정하기가 어렵거나, 기업마다 성장성 등에 있어서 고유한 특성이 있기 때문에 유사한 기업이 발행한 지분증권의 시장가격과 직접 비교하여 공정가치를 결정하기 어렵다. 또한, 공정가치를 측정하는 것이 다음과 같은 사유로 인하여 가능하지 않을 수 있다.

① 공정가치를 측정하는 데 과다한 비용이 소요된다.
② 기업이 설립된 지 얼마되지 않아 미래현금흐름을 예측할 수 있는 기초자료가 되는 과거 정보와 경험이 매우 부족하다.
③ 투자자가 공정가치의 추정에 필요한 유가증권 발행기업의 내부 정보를 입수할 수 없다.

이러한 현실적인 문제와 실무계의 어려움 때문에 시장성 없는 지분증권의 공정가치를 신뢰성 있게 측정할 수 없는 경우에는 취득원가로 평가할 수 있는 예외를 인정한다.

5. 유가증권의 제거

5-1 제거시기

유가증권의 양도로 유가증권 보유자(회사)가 유가증권의 통제를 상실한 때에는 그 유가증권을 재무상태표에서 제거한다. 유가증권의 통제를 상실한 경우란 유가증권의 경제적 효익을 획득할 수 있는 권리를 ① 전부 실현한 때 ② 만료된 때 또는 ③ 처분한 때를 말한다.

유가증권 보유자가 유가증권에 대한 통제를 상실하지 않고 유가증권을 양도하는 경우에는 당해 거래는 담보차입거래로 본다.

5-2 처분손익의 계산

유가증권에 대한 제거요건을 충족한 때에는 수취한 대가와 유가증권의 장부금액의 차액인 유가증권처분손익을 당기손익으로 인식한다. 유가증권처분손익은 다음과 같이 계산한다.

> 유가증권처분손익 = 수취한대가(새로 취득한 모든 자산 − 새로 부담하는 모든 부채)
> − (장부금액 + 미실현보유손실 − 미실현보유이익)

사례 6-5 유가증권처분손익의 계산

T회사는 Y2년 초에 취득원가 10,000원인 매도가능증권(G사 주식)을 15,000원에 처분하였다. Y1년도말 G사 주식은 공정가치조정계정과 매도가능증권평가이익 계정에 각각 3,000원이 계상되어 있다. 처분시의 분개를 하시오.

해 답

(1) 직접법의 경우

(차) 현 금	15,000	(대) 매도가능증권	13,000
매도가능증권평가이익	3,000	매도가능증권처분이익	5,000

(2) 간접법의 경우

(차) 현 금	15,000	(대) 매도가능증권	10,000
매도가능증권평가이익	3,000	공정가치조정	3,000
		매도가능증권처분이익	5,000

6. 기타의 투자자산

투자자산은 장기투자증권(매도가능증권, 만기보유증권)과 지분법적용투자주식 외에 장기금융자산, 장기대여금, 투자부동산 등이 있다.

(1) 장기금융자산

장기금융자산(long-term financial assets)은 유동자산에 속하지 아니하는 금융자산으로 하고 사용이 제한되어 있는 예금에 대하여는 그 내용을 주석으로 공시한다. 다만, 금액이 중요한 경우에는 구분 표시하지만 그렇지 않은 경우에는 기타에 포함한다.

(2) 장기대여금

장기대여금은 일반적으로 기업의 특수관계자인 임직원, 주주, 관계회사 등에 장기간 대여된 자금으로 이들 특수관계자에게 제공된 자산의 규모를 파악할 수 있게 하기 위해 개별 표시한다. 이들의 내용은 주석 공시한다.

(3) 투자부동산

투자부동산(investment properties)은 투자의 목적 또는 비영업용으로 소유하는 토지 · 건물 및 기타의 부동산으로 하고 그 내용을 주석으로 기재한다.

7. K-IFRS(제1109호: 금융상품)와 비교

현재 금융상품에 관한 K-IFRS는 제1032호(금융상품 : 표시), 제1107호(금융상품 : 공시) 및 제1109호(금융상품 : 인식과 측정)이 있으며, 제1109호의 주요 내용은 다음과 같다.

(1) 금융자산의 분류

금융자산을 현금흐름의 특성과 사업모형에 따라 상각후원가측정금융자산, 기타포괄손익-공정가치측정금융자산 및 당기손익-공정가치측정금융자산으로 분류한다.

현금흐름특성 사업모형	원금과 이자만으로 구성	기타(지분증권 등)
계약상 현금흐름의 수취목적	상각후원가측정금융자산	당기손익-공정가치측정 금융자산
계약상 현금흐름의 수취 및 금융자산의 매도 목적	기타포괄손익- 공정가치측정금융자산	
기 타	당기손익-공정가치측정 금융자산	

상각후원가측정금융자산, 기타포괄손익-공정가치측정금융자산은 회계불일치를 제거하거나 유의적으로 줄이는 경우에는 최초인식시점에 당기손익-공정가치측정금융자산으로 지정할 수 있으나, 한번 지정하면 이를 취소할 수 없다.

한편, 지분상품은 원칙적으로 당기손익-공정가치측정금융자산으로 분류한다. 그러나 지분증권의 경우에도 단기매매항목이 아니라면 최초인식시점에 당기손익-공정가치측정금융자산의 후속적인 공정가치 변동을 기타포괄손익으로 표시하도록 지정할 수 있으며, 이를 한번 지정하면 취소할 수 없다. 또한 인식된 기타포괄손익은 이후에 당기손익으로 재순환시킬 수도 없다.

회계기준간의 회계처리를 비교하면 다음과 같다.

한국채택국제회계기준(K-IFRS)	일반기업회계기준	회계처리
당기손익-공정가치측정금융자산	단기매매증권	동일
기타포괄손익-공정가치측정금융자산	매도가능증권	동일(주식 제외)
상각후원가측정금융자산	만기보유증권	동일
관계기업투자주식	지분법적용투자주식	동일

(2) 금융자산의 제거

금융자산을 장부에서 제거하려면 일정한 조건을 충족해야 제거할 수 있는데, 그 절차는 다음과 같다.

① 금융자산의 제거범위가 금융자산 전체인지 또는 일부인지 결정한다.
② 금융자산의 제거 여부를 결정하는 데 다음 중 하나에 해당하는 경우에 한해 제거할 수 있다.
- 금융자산의 현금흐름에 대한 권리가 소멸한 경우
- 금융자산의 현금흐름에 대한 계약상의 권리를 양도하고, 해당 금융자산의 소유에 위험과 보상의 대부분을 이전하거나 자산을 통제하지 않는 경우

③ 양도자가 금융자산의 소유에 따른 위험과 보상의 대부분을 보유하거나 통제하는 경우에는 지속관여(continuing involvement)의 범위 내에서 금융자산을 계속하여 인식한다.
④ 금융자산의 현금흐름에 대한 계약상의 권리를 계속하여 보유하고 있고, 이를 수취자에게 지급할 의무가 없다면 해당 금융자산을 계속 인식한다.

(3) 금융자산의 손상

금융자산의 손상은 신용위험에 대한 발생가능성에 추정하여 기대신용손실을 측정한다. 기대신용손실은 금융자산의 신용손상상태에 따라 3단계로 구분하여 추정하는 일반적인 접근법(general approach)을 적용하는데 이를 요약하면 다음과 같다.

<table>
<tr><th>구 분</th><th>신용손상상태</th><th>기대신용손실의 추정</th><th>이자수익의 인식</th></tr>
<tr><td>제1단계</td><td>신용위험이 낮음</td><td>12개월 기대신용손실</td><td rowspan="2">총장부금액 × 유효이자율</td></tr>
<tr><td>제2단계</td><td>신용위험이 유의적으로 증가</td><td rowspan="2">전체기간 기대신용손실</td></tr>
<tr><td>제3단계</td><td>신용손상이 발생</td><td>상각후원가 × 유효이자율</td></tr>
</table>

보론 기타 보고문제

1. 유가증권의 분류변경

유가증권의 보유의도와 보유능력에 변화가 있어서 분류변경이 필요한 경우에는 일반기업회계기준은 다음과 같이 규정하고 있다.

① 단기매매증권은 다른 유가증권과목으로 분류변경할 수 없으며, 다른 유가증권과목의 경우에도 단기매매증권으로 분류변경을 할 수 없다. 다만, 단기매매증권이 시장성을 상실한 경우에는 매도가능증권으로 분류하여야 한다.
② 매도가능증권은 만기보유증권으로 분류변경할 수 있으며 만기보유증권은 매도가능증권으로 분류변경할 수 있다.

유가증권과목의 분류변경을 할 때에는 분류변경일 현재의 공정가치로 평가한 후 변경한다. 유가증권 분류변경에 따른 평가 후의 미실현보유손익 잔액은 다음과 같이 처리한다.

구 분	회 계 처 리
만기보유증권 ⇨ 매도가능증권	분류변경일 현재 분류변경에 따른 평가에서 발생하는 공정가치와 장부금액의 차이금액은 기타포괄손익누계액으로 처리
매도가능증권 ⇨ 만기보유증권	① 분류변경을 위한 평가시점까지 발생한 매도가능증권의 미실현보유손익 잔액(미실현보유손익은 계속 기타포괄손익누계액으로 분류) ⇨만기까지의 잔여기간에 걸쳐 유효이자율법을 적용하여 상각하고 각 기간의 이자수익에 가감 ② 만기보유증권으로 분류변경된 매도가능증권의 만기액면가액과 분류변경일 현재의 공정가치와의 차이

구 분	회 계 처 리
매도가능증권 ⇨ 만기보유증권	⇨ 유효이자율법에 의하여 그 채무증권의 만기일까지의 잔여기간에 걸쳐서 상각하고 각 기간의 이자수익에 가감
시장성을 상실한 단기매매증권 ⇨ 매도가능증권	분류변경일 현재의 공정가치(최종시장가격)를 새로운 취득원가로 본다. 이 경우 분류변경일까지의 미실현보유손익은 당기손익으로 인식한다. 공정가치를 측정할 수 없게 된 매도가능증권의 미실현보유손익은 자본항목으로 계속 처리하고 처분 등에 따라 실현될 때에 당기손익으로 인식한다.

2. 유가증권의 손상차손

유가증권으로부터 회수할 수 있을 것으로 추정되는 금액(회수가능액)이 채무증권의 상각후취득원가 또는 지분증권의 취득원가보다 작은 경우에는 미래경제적 효익의 상실이 있었기 때문에 손상차손을 인식할 것을 고려하여야 한다. 손상차손의 발생에 대한 객관적인 증거의 유무는 보고기간말마다 평가하고 그러한 증거가 있는 경우에는 손상이 불필요하다는 명백한 반증이 없는 한 회수가능액을 추정하여 손상차손을 인식한다. 손상차손금액은 당기손익으로 처리한다.[4)]

4) 다음의 경우는 손상차손이 발생하였다는 객관적인 증거가 될 수 있다.

① 은행법에 의해 설립된 금융기관으로부터 당좌거래 정지처분을 받은 경우, 청산 중에 있거나 1년 이상 휴업 중인 경우, 또는 완전자본잠식 상태에 있는 경우와 같이 유가증권발행자의 재무상태가 심각하게 악화된 경우

② 이자 지급과 원금 상환의 지연과 같은 계약의 실질적인 위반이나 채무불이행이 있는 경우

③ 회사정리법에 의한 정리절차개시의 신청이 있거나 정리절차가 진행 중인 경우 또는 화의법에 의한 화의개시절차의 신청이 있거나 화의절차가 진행 중인 경우와 같이, 유가증권발행자의 재무적 곤경과 관련한 경제적 또는 법률적인 이유 때문에 당초의 차입조건의 완화가 불가피한 경우

④ 유가증권발행자의 파산가능성이 높은 경우

⑤ 과거에 그 유가증권에 대하여 손상차손을 인식하였으며 그 때의 손상사유가 계속 존재하는 경우

⑥ 유가증권발행자의 재무상태가 악화되어 그 유가증권이 시장성을 잃게 된 경우

손상차손은 개별유가증권별로 측정하고 인식하는 것이 원칙이다. 그러나 다수의 유가증권을 포트폴리오로 관리함에 따라 개별유가증권별로 측정하기 어려운 경우에는 유사한 유가증권의 포트폴리오를 기준으로 손상차손을 측정하여 인식할 수 있다. 예를 들면, 개별유가증권에 손상차손이 발생하였는지에 대하여는 확인하기 어려우나 유사한 유가증권의 포트폴리오에 대한 손상차손은 확인되는 경우가 있기 때문이다.

(1) 상각후취득원가로 평가하는 만기보유증권

상각후취득원가로 평가한 만기보유증권의 원리금을 계약상의 조건대로 회수하지 못할 가능성이 매우 높다는 객관적인 증거가 있다면 손상차손이 발생한 것이다. 손상차손으로 인식하는 금액은 유가증권 취득 당시의 유효이자율로 할인한 기대현금흐름의 현재가치(회수가능액)와 장부금액의 차이금액이다. 손상차손 금액은 당기손익에 반영한다. 재무상태표에 보고하는 유가증권의 가액은 손상차손 금액을 차감한 후의 회수가능액으로 표시한다.

상각후취득원가로 보고되는 유가증권의 손상차손은 유가증권 취득 당시의 유효이자율을 사용하여 측정한다. 만일 손상차손을 측정하는 시점의 시장이자율을 사용한다면 그 유가증권을 손상차손 측정시점의 공정가치로 평가하는 결과가 되어 만기보유증권을 상각후취득원가로 측정하는 원칙에 맞지 않는다. 다만, 계약상 변동금리 조건으로 발행된 유가증권의 손상차손은 손상차손을 측정하는 시점의 시장이자율을 사용하여 할인한 회수가능액에 의하여 측정한다. 이 경우에는 손상차손을 측정하기 위하여 확인 가능한 시장가격을 대신 사용할 수도 있으며, 그 유가증권의 상환과 관련한 담보물이 채권자에게 제공되어 있는 경우에는 그 담보물의 공정가치를 손상차손의 측정에 대신 사용할 수 있다.

---

⑦ 표시이자율 또는 유효이자율이 일반적인 시장이자율보다 비정상적으로 높거나 낮은 채무증권(예: 후순위채권, 정크본드)을 법규나 채무재조정협약 등에 의해 취득한 경우
⑧ 기업구조조정촉진법에 의한 관리절차를 신청하였거나 진행 중인 경우
⑨ 기타 ① 내지⑧의 경우에 준하는 사유
유가증권이 상장 폐지되어 시장성을 잃더라도 그것이 반드시 손상차손의 증거가 되지는 않는다. 또한, 발행자의 신용등급이 하락한 사실 자체가 손상차손의 증거가 되지는 않지만 다른 정보를 함께 고려하는 경우에는 손상차손의 증거가 될 수 있다.

손상차손을 인식한 이후 손상차손이 회복된 경우 손상차손의 회복이 손상차손을 인식한 기간 후에 발생한 사건과 객관적으로 관련된 경우(예: 채무자의 신용등급의 향상)에는 회복된 금액을 당기이익으로 인식하되, 회복 후 장부금액이 당초에 손상차손을 인식하지 않았다면 회복일 현재의 상각후취득원가가 되었을 금액을 초과하지 않도록 한다. 손상차손을 인식한 이후의 이자수익은 회수가능액을 측정할 때 미래현금흐름의 할인율로 사용한 이자율을 적용하여 산출한다.

(2) 취득원가로 평가하는 지분증권

공정가치를 신뢰성 있게 측정할 수 없어서 취득원가로 평가하는 시장성 없는 지분증권은 보고기간말마다 회수가능액을 분석하여 손상대상인지의 여부를 판단하여야 한다. 손상차손이 발생한 객관적인 증거가 있는 경우에는 회수가능액과 장부금액의 차액을 손상차손으로 인식한다. 여기에서 회수가능액은 유가증권발행자의 순자산을, 자산별로 시장가격, 공시지가, 또는 감정가액 등을 적용하여 평가한 공정가치를 말한다.

손상차손을 인식한 이후 손상차손이 회복된 경우에는 손상차손의 회복이 손상차손을 인식한 기간 후에 발생한 사건과 객관적으로 관련된 경우(예: 채무자의 신용등급의 향상)에는, 회복된 금액을 당기이익으로 인식하되, 회복 후 장부금액이 당초에 손상차손을 인식하지 않았다면 회복일 현재의 취득원가가 되었을 금액을 초과하지 않도록 한다.

(3) 공정가치로 평가하는 매도가능증권

1) 채무증권의 경우

매도가능증권 중 채무증권에 대하여 손상차손이 발생한 객관적인 증거가 있는 경우에 당기에 손상차손으로 인식하여야 할 금액은 다음과 같이 계산한다.

채무증권의 손상차손 = 상각후취득원가 − 회수가능액
− 이전 기간에 이미 인식하였던 당해 채무증권의 손상차손

여기에서 채무증권의 회수가능액은 미래의 기대현금흐름을 유사한 유가증권의 현행시장이자율로 할인한 현재가치다.

2) 지분증권의 경우

매도가능증권 중 공정가치로 평가하는 지분증권에 대하여 손상차손이 발생한 객관적인 증거가 있는 경우에 당기에 손상차손으로 인식하여야 할 금액은 다음과 같이 계산한다.

> 지분증권의 손상차손 = 취득원가 – 공정가치
> – 이전 기간에 이미 인식하였던 당해 지분증권의 손상차손

한편, 매도가능증권의 손상차손을 인식할 때 당해 유가증권의 공정가치 평가에 따른 매도가능증권평가손익이 자본항목에 남아있는 경우에는 다음과 같이 처리한다.

- 매도가능증권평가손실이 있는 경우 : 1,000원으로 가정

① 매도가능증권평가손실 〉 손상차손(600원)인 경우

당기에 손상차손으로 인식하여야 할 금액만큼 매도가능증권평가손실을 자본항목에서 제거하여 먼저 손상차손에 반영한다.

(차) 매도가능증권손상차손	600	(대) 매도가능증권평가손실	600

② 매도가능증권평가손실 〈 손상차손(1,400원)인 경우

매도가능증권평가손실을 자본항목에서 제거하여 손상차손으로 반영한 후 그 미달하는 금액을 유가증권의 장부금액에서 감액시킨다.

(차) 매도가능증권손상차손	1,400	(대) 매도가능증권평가손실	1,000
		매도가능증권	400

- 매도가능증권평가이익(500원)이 있는 경우 : 손상차손 1,400원으로 가정

매도가능증권평가이익 전액을 자본항목에서 제거하여 유가증권의 장부금액을 감액시킨다.

(차) 매도가능증권평가이익	500	(대) 매도가능증권(또는 공정가치조정)	500
매도가능증권손상차손	900	매도가능증권	900

손상차손의 회복이 손상차손을 인식한 기간 후에 발생한 사건과 객관적으로 관련된 경우(예 : 채무자의 신용등급의 향상)에는 이전에 인식하였던 손상차손금액을 한도로 하여 회복된 금액을 당기이익으로 인식한다. 손상차손을 인식한 기간 후에 공정가치가 상승하더라도 위와 같은 손상차손의 회복에 해당되지 아니하는 경우에는 당해 공정가치 상승금액을 자본항목으로 처리한다.

사례 6-6 유가증권손상차손의 회계처리

(주)금융은 Y1년 초에 P사 회사채(액면 10,000원, 5년 만기, 액면이자율 10%)를 9,280원에 매입하였는데 매입 당시의 시장이자율은 12%, Y1년말 현재 시가는 8,900원이었다. Y2년말에 P사가 채무불이행의 위험이 증가되어 만기에 5,000원의 원금회수와 Y3, Y4, Y5년말에 각각 500원의 이자가 수령될 것으로 예상된다. Y3년에는 전기의 예상대로 이자 500원을 회수하였으며, Y3년말 P사의 신용위험이 감소되어 만기에 8,000원의 원금과 Y4, Y5년말에 각각 700원의 이자가 회수될 것으로 예상된다. Y2, Y3년말의 시장이자율은 14%이다. 회사채가 만기보유증권으로 분류된 경우와 매도가능증권으로 분류된 경우로 구분하여 Y3년말까지의 분개를 하시오.

해 답

1. 상각표

구 분	유효이자(12%)	현금수령액	상각액	장부금액
Y1. 1. 1.				9,280
Y1. 12. 31.	1,113	1,000	113	9,393
Y2. 12. 31.	1,127	1,000	127	9,520
Y3. 12. 31.	1,142	1,000	142	9,662
Y4. 12. 31.	1,159	1,000	159	9,821
Y5. 12. 31.	1,179	1,000	179	10,000

2. 만기보유증권인 경우

(1) 취득시점

(차) 만기보유증권	9,280	(대) 현　금	9,280

(2) Y1년말

(차) 현　금	1,000	(대) 이자수익	1,113
만기보유증권	113		

(3) Y2년말

(차) 현　금	1,000	(대) 이자수익	1,127
만기보유증권	127		
(차) 만기보유증권손상차손	4,760	(대) 만기보유증권	4,760

회수가능액 = 5,000원 × 0.7118(12%, 3년 현가계수) + 500원 × 2.4018(12%, 3년 연금현가계수)
= 4,760원(새 장부금액) : 취득시 시장이자율 12% 적용

손상차손 = 9,520(상각후취득원가) - 4,760원(회수가능액) = 4,760원

(4) Y3년말

(차) 현　금	500	(대) 이자수익	571주1)
만기보유증권	71		
(차) 만기보유증권	2,730	(대) 만기보유증권손상차손환입	2,730주2)

주1) 4,760원(새 장부금액)×12% = 571원 : 취득시 시장이자율 12%를 적용

주2) 손상차손환입 = 7,561원(새 회수가능액)
- 4,831원(새 장부금액 4,760원 + 상각액 71원)
= 2,730원

새 회수가능액 = 8,000원×0.7972(12%, 2년 현가계수) + 700원×1.6901(12%, 2년 연금현가계수) = 7,561원 : 취득시 시장이자율 12%를 적용

손상차손환입 2,730원을 만기보유증권 4,831원에 가산하여도 손상되기 전의 장부금액(상각후 취득원가 9,662원)에 미달하므로 전액 영업외수익으로 인식한다.

3. 매도가능증권인 경우

(1) 취득시점

(차)	매도가능증권	9,280	(대) 현　금	9,280

(2) Y1년말 : 직접법

(차)	현　금	1,000	(대) 이자수익	1,113
	매도가능증권	113		
(차)	매도가능증권평가손실	493	(대) 매도가능증권	493

(3) Y2년말 : 직접법

(차)	현　금	1,000	(대) 이자수익	1,127
	매도가능증권	127		
(차)	매도가능증권손상차손	4,984	(대) 매도가능증권	4,491
			매도가능증권평가손실	493

회수가능액 = 5,000원 × 0.6750(14%, 3년 현가계수) + 500원 × 2.3216(14%, 3년 연금현가계수)
= 4,536원(새 장부금액) : 현행시장이자율 14% 적용

손상차손 = 9,520원(상각후취득원가) − 4,536원(회수가능액) = 4,984원

(4) Y3년말

(차)	현　금	500	(대) 이자수익	635주1)
	매도가능증권	135		
(차)	매도가능증권	2,638	(대) 매도가능증권손상차손환입	2,638주2)

주1) 4,536원(새 장부금액) × 14% = 635원 : 현행시장이자율 14% 적용

주2) 손상차손환입 = 7,309원(새 회수가능액) − 4,671(새 장부금액 4,536원 + 상각액 135원)
= 2,638원

새 회수가능액 = 8,000원×0.7695(14%, 2년 현가계수) + 700원 × 1.6467(14%, 2년 연금현가계수) = 7,309원 : 현행시장이자율 14% 적용

손상차손환입 2,638원이 이전에 손상차손으로 인식하였던 금액 3,984원 이내이므로 전액 영업외수익으로 인식한다.

(4) 단기매매증권의 손상차손

단기매매증권은 공정가치의 변동을 당기손익으로 처리하므로 별도로 손상차손을 인식할 필요가 없다.

8. 회계정보의 이해

㈜금융의 A채권(액면 1,000,000원 액면이자율 10%) 관련 재무상태표의 표시이다. 다음 물음에 답하시오.

	제21기(당기)	제20기(전기)
【자 산】		
매도가능증권(A채권)	990,000원	960,000원
【자 본】		
매도가능증권평가이익(손실)	7,850원	(-)6,210원

(물음1) A채권을 만기보유증권으로 분류하였다면 그 금액(상각후원가)은 각각 얼마일까요?

(물음2) 제21기 중 인식한 A채권의 이자수익은 얼마일까요?

정답 및 해설

(물음1) 매도가능증권은 공정가치로 평가하므로 960,000원, 990,000원은 공정가치이다. 이 금액은 누적 매도가능증권평가이익(미실현이익)이 반영된 금액이므로 이를 가감하면 상각후원가가 산출된다. 따라서 제20기(전기)와 제21기(당기)의 상각후원가는 각각 다음과 같다.

- 제21기 상각후원가 982,150원(= 990,000원 − 7,850원)
- 제20기 상각후원가 966,210원(= 960,000원 + 6,210원)

(물음2) 채권의 이자수익은 매도가능증권 또는 만기보유증권의 분류와 상관없이 동일하다. A채권은 할인 취득하였으므로 이자수익은 액면이자와 상각액의 합계액이 된다. 따라서 A채권의 이자수익은 115,940원이다.

- 이자수익 115,940원 = 액면이자 100,000원 + 상각액 15,940원
  (= 982,150원 − 966,210원)

생 | 각 | 해 | 봅 | 시 | 다

1. 유가증권의 취득시 현금지급액이 공정가치를 초과하는 경우의 처리방법은 무엇인가?

2. 채무증권을 만기보유증권으로 분류할 수 있는 조건은 무엇인가?

3. 시장성 없는 지분증권도 매도가능증권으로 분류될 수 있는가?

4. 유가증권을 유동자산과 비유동자산으로 분류하는 기준은 무엇인가?

5. 지분증권의 보유시 회계처리에서 원가법과 지분법의 차이점은 무엇인가?

6. 공정가치 평가에서 발생하는 미실현손익의 처리방법은 무엇인가?

7. 취득시의 유효이자율보다 회계기말의 시장이자율이 높아진 경우 만기보유증권과 매도가능증권 중에서 어떤 분류가 채무증권의 재무제표상 표시를 좋게 하는가?

9. CASE STUDY

(토의) 장기보유 목적으로 취득한 채무증권을 만기보유증권과 매도가능증권 중 어떤 분류가 경영성과에 유리하게 될지 토의해봅시다.

해 설

채무증권의 보유로 인한 경영성과는 이자수익과 가격변동손익으로 구성된다. 먼저, 채무증권의 이자수익은 만기보유증권 또는 매도가능증권의 분류에 상관없이 동일하므로 이자수익으로 인한 손익효과의 차이는 없다.

다음으로 가격변동으로 인한 효과를 살펴보자. 채무증권으로 인해 평가이익이 발생하는 경우에는 공정가치로 측정하는 매도가능증권이 유리한 경영성과를 보여주게 되고, 평가손실이 발생하는 경우에는 이 평가손실을 반영하지 않는 만기보유증권(상각후원가로 측정함)이 더 나은 경영성과를 보여주게 된다.

따라서 채무증권의 공정가치변동으로 인한 이익 또는 손실의 발생가능성에 따라 어떤 분류가 경영성과에 더 유리하게 될지 여부가 결정된다. 일반적으로 채무증권은 취득시점에 향후 시장이자율의 하락을 예상하고 이로 인해 초래되는 가격상승을 기대하고 취득한다고 본다면 만기보유증권 보다는 매도가능증권으로 분류하는 것이 경영성과의 측면에서 유리한 선택이 되는 것이다.

확인문제

다음 설명이 맞으면 ○, 틀리면 × 하시오.

01 금융상품이란 한 당사자에게는 금융자산을 발생시키고 다른 당사자에게는 금융부채나 지분상품을 발생시키는 계약을 말한다. ( )

02 액면이자율이 시장이자율보다 낮은 경우 채무증권은 할인취득의 형태가 된다. ( )

03 할인 취득한 만기보유증권의 이자수익은 액면이자에서 상각액을 차감하여 계산한다. ( )

04 20% 지분을 보유한 피투자회사로부터 현금배당을 수령하면 배당금수익으로 인식한다. ( )

05 당기 중 매도가능증권의 공정가치가 증가하더라도 당기순이익에는 영향이 없다. ( )

정답 및 해설

01 ○

02 ○

03 × 할인 취득한 만기보유증권의 이자수익은 액면이자와 상각액의 합계액이다.

04 × 20% 지분을 보유하면 지분법 회계를 적용한다. 따라서 현금배당을 수령하면 배당금수익으로 인식하지 않고 지분법적용투자주식의 장부금액에서 차감한다.

05 ○

연습문제

01 유가증권의 평가방법과 재무상태표상 분류과목으로 옳지 않은 것은?

계정과목	평가기준	평가손익의 처리	재무상태표상 분류
① 단기매매증권	공정가치	영업외손익	유동자산
② 만기보유증권	상각후원가	-	투자자산
③ 매도가능증권(채권)	상각후원가	기타포괄손익누계액	투자자산
④ 매도가능증권(주식)	공정가치	기타포괄손익누계액	투자자산
⑤ 지분법적용주식	지분법	영업외손익	투자자산

02 유가증권에 대한 일반기업회계기준상 회계처리에 대하여 다음의 설명 중 옳지 않은 것은?

① 채권의 액면이자율이 시장이자율보다 낮은 경우에는 액면가 이하로 할인 취득하게 된다.
② 지분법을 적용하게 되면 현금배당금의 수령을 배당금수익으로 인식하지 않는다.
③ 시장성없는 주식은 취득원가로 평가하는 예외가 있다.
④ 자본잉여금과 이익잉여금의 자본전입에 의한 무상주를 수령하거나 주식배당을 받은 경우 수익으로 인식한다.
⑤ 매도가능증권을 처분하면 매도가능증권평가손익이 매도가능증권처분손익에 반영된다.

03 (주)금융은 장부금액 150,000원인 S사 주식을 200,000원에 처분하였다. Y1년 말 S사 주식은 매도가능증권평가손실계정에 50,000원 계상되어 있는 경우 유가증권처분손익을 계산하면 얼마인가?

① 손실 50,000원 ② 손실 100,000원 ③ 이익 0원
④ 이익 50,000원 ⑤ 이익 100,000원

04 (주)토성의 재무상태표상 유가증권의 표시이다. 제20기 중 유가증권의 보유내용에 변동이 없으며, 일반기업회계기준에 따라 회계처리한 경우 유가증권이 제20기 손익에 미친 영향으로 옳은 것은?

	제20기	제19기
단기매매증권	50,000원	100,000원
매도가능증권	100,000원	40,000원

	당기순이익	기타포괄이익
①	50,000원 감소	60,000원 증가
②	변동없음	50,000원 감소
③	변동없음	10,000원 증가
④	10,000원 증가	변동없음
⑤	60,000원 증가	50,000원 감소

05 지분증권의 회계처리에 관한 설명으로 옳은 것은? 다만, 지분법적용요건은 충족하며, 세금효과는 고려하지 않는다.

① 지분율 10%인 A회사로부터 주식배당을 수령하면 당기순이익이 증가한다.
② 지분율 20%인 B회사로부터 현금배당을 수령하면 당기순이익이 증가한다.
③ 지분율 30%인 C회사로부터 주식배당을 수령하면 지분법적용투자주식의 장부금액이 증가한다.
④ 지분율 25%인 D회사로부터 이익준비금의 자본전입에 따른 무상주를 수령하더라도 당기순이익은 불변이다.
⑤ 지분율 5%인 E회사로부터 감자차익의 자본전입에 따른 무상주를 수령하면 투자주식의 장부금액이 증가한다.

06 (주)대양의 유가증권 보유내역이다. 유가증권의 공정가치 변동이 Y1년도 손익계산서상 당기순이익에 미치는 영향은 얼마인가? (단, Y1년중 유가증권의 취득과 처분은 없는 것으로 가정함)

구 분	Y1년초(기초)		Y1년말(기말)	
	취득(상각후)원가	공정가치	취득(상각후)원가	공정가치
단기매매증권(A사 주식)	20,000원	18,000원	20,000원	25,000원
매도가능증권(B사 주식)	10,000원	15,000원	10,000원	7,000원
만기보유증권(C사 채권)	11,000원	16,000원	13,000원	19,000원

① 3,000원 감소 ② 1,000원 감소 ③ 2,000원 증가
④ 5,000원 증가 ⑤ 7,000원 증가

07 미래(주)는 Y1.7.1. (주)A의 회사채(액면 100,000원, 발행일 Y1.7.1., 만기일 Y4.6.30., 액면이자율 10%, 이자 매년 6.30. 후급)를 95,200원에 취득하고 만기보유증권으로 분류하였다. 유효이자율이 12%인 경우 Y1.12.31. 현재 재무상태표상 만기보유증권의 표시금액은 얼마인가?

① 95,200원 ② 95,912원 ③ 95,700원
④ 96,620원 ⑤ 96,624원

08 영우(주)는 Y1.1.1. 상장법인 P사의 보통주 지분 30%를 300,000원에 취득하여 유의적인 영향력을 행사하게 되었다. 취득 당시 P사의 순자산가액은 1,000,000원이다. Y1년도에 P사는 당기순이익 200,000원을 보고하였고 현금배당 50,000원, 주식배당 50,000원을 선언 · 지급하였다. 영우(주)의 Y1.12.31. 현재 재무상태표상 지분법적용투자주식은 얼마인가?

① 300,000원 ② 315,000원 ③ 330,000원
④ 345,000원 ⑤ 360,000원

09 (주)상주의 만기보유증권(채권A 액면 100,000원, 표시이율 10%, 이자는 매년 말 후급)의 표시(상각후원가)이다. 다음의 설명 중 옳지 않은 것은? 다만, 제12기의 공정가치는 97,000원이다.

	제12기	제11기
만기보유증권(채권A)	96,400원	93,200원

① 채권A의 취득 당시의 시장이자율은 10% 보다 높다.
② 채권A의 제12기 이자수익은 제11기 이자수익 보다 더 크다.
③ 채권A를 매도가능증권으로 분류하였더라도 제12기의 당기순이익은 증가하지 않는다.
④ 채권A의 제12기 상각액은 제11기 상각액 보다 더 작다.
⑤ 채권A를 매도가능증권으로 분류하였다면 제12기의 자본은 증가하게 된다.

10 미래(주)는 상장법인 T사 보통주 20%를 취득하여 유의적인 영향력을 행사하게 되었다. T사 주식의 회계처리에 대한 설명으로 옳지 않은 것은? 단, 투자시에 발생한 투자차액과 내부거래는 없는 것으로 가정함

① T사로부터 수령한 현금배당금은 지분법적용투자주식의 감소로 인식한다.
② T사의 당기순이익 중 20%를 지분법이익으로 인식한다.
③ T사 주식은 재무상태표에 공정가치로 표시한다.
④ T사로부터 수령한 주식배당은 인식하지 아니한다.
⑤ T사로부터 수령한 무상주는 인식하지 아니한다.

11 한국(주)가 피투자회사의 주식에 대해서 지분법을 적용할 경우 주어진 자료에 의하여 Y3. 12. 31. 현재 지분법적용투자주식금액은 얼마인가? 한국(주)는 피투자회사인 일신(주)에 대하여 지분율 30%를 투자시점(Y1.10.1.)부터 계속해서 유지하고 있다.

- 한국(주)의 Y3. 1. 1. 현재 지분법적용투자주식은 2,000,000원이다.
- 일신(주)는 Y3. 3. 2. 주주총회에서 현금배당금 500,000원을 결의하여 Y3. 3. 17. 배당금 전액을 지급하였다.(세금은 고려하지 않음)
- 일신(주)의 Y3년도 당기순이익은 1,000,000원이다.
- 영업권 및 미실현손익 등은 없다고 가정한다.

① 2,000,000원 ② 2,150,000원 ③ 2,300,000원
④ 2,500,000원 ⑤ 3,000,000원

12 ㈜금융의 만기보유증권(A사 회사채 액면 100,000원, 표시이율 10%, 이자는 매년말 후급)의 재무상태표상 표시이다. A사 회사채의 취득시 유효이자율은 15%이고, 제21기말 현재 공정가치는 96,000원이다. 제21기말 현재 만기보유증권의 재무상태표상 금액은 얼마인가? 단, 제21기 중 A사 회사채의 추가 취득과 처분은 없었으며, 제20기 금액은 적절하게 회계처리된 금액이다.

	제21기(당기)	제20기(전기)
만기보유증권(A사 회사채)	?	90,000원

① 92,500원 ② 93,500원 ③ 94,500원
④ 95,500원 ⑤ 96,000원

13 ㈜북악이 제29기말 현재 보유한 매도가능증권이다. 해당 매도가능증권을 제30기 중에 570,000원에 모두 처분하는 경우 해당 처분이 제30기의 기타포괄이익에 미친 효과는?

구 분	제29기초 취득원가	제29기말 현재 공정가치
매도가능증권	500,000원	540,000원

① 30,000원 감소 ② 30,000원 증가 ③ 40,000원 감소
④ 40,000원 증가 ⑤ 70,000원 증가

14 ㈜금융(회계기간: 1.1.~12.31.)의 매도가능증권(채권A 액면 10,000,000원, 표시이율 10%, 매년말 후급)에 대한 재무상태표의 내용이다. 제25기초에 채권A를 만기보유증권으로 분류변경하는 경우 제25기말 현재 재무상태표에 만기보유증권으로 표시될 금액은? 단, 채권A의 유효이자율은 12%이며, 재무상태표는 적절하게 표시됨.

	제24(전)기말
【자 산】	
매도가능증권(채권A)	9,800,000원
【자 본】	
기타포괄손익누계액(채권A)	137,900원

① 9,662,100원 ② 9,964,336원 ③ 9,821,552원
④ 9,841,648원 ⑤ 9,937,900원

정답 및 해설

01 ③ 매도가능증권(채권)은 공정가치로 평가하고 공정가치와 상각후원가의 차액은 기타포괄손익누계액으로 처리한다.

02 ④ 무상주 수령과 주식배당은 수익으로 인식하지 않는다.

03 ③ 유가증권처분이익 = 양도대가 − (장부금액 + 미실현손실)
= 200,000원 − (150,000원 + 50,000원) = 0원

04 ①

(1) 단기매매증권은 공정가치로 평가하고 그 평가손익은 당기손익으로 처리한다. 따라서 단기매매증권평가손실 50,000원(=50,000원 − 100,000원)은 당기순이익 50,000원 감소 시킨다.

(2) 매도가능증권은 공정가치로 평가하고 평가손익은 기타포괄손익으로 처리한다. 따라서 매도가능증권평가이익 60,000원(=100,000원 − 40,000원)은 당기순이익에 영향이 없이 기타포괄이익을 60,000원 증가시킨다.

05 ④

답항 ④의 경우 지분법 적용대상이나, 이익준비금의 자본전입에 따른 무상주는 인식하지 않으므로 당기순이익은 불변이다.

06 ⑤

(1) 단기매매증권은 공정가치로 평가하고 평가손익은 당기순이익에 반영한다.
따라서 25,000원(Y1년말 공정가치) − 18,000원(Y1년초 공정가치)
= 7,000원 이익 증가

(2) 매도가능증권은 공정가치로 평가하고 평가손실 8,000원은 기타포괄손실로 처리 하므로 공정가치 변동이 당기순이익에 미치는 영향은 없다.

(3) 만기보유증권은 상각후원가로 평가하고 공정가치의 변동이 당기순이익에 반영 되지 않으므로 당기순이익에 미치는 영향은 없다.

07 ②

(1) 1년간 유효이자(Y1.7.1.~Y2.6.30.)
취득원가(장부금액) × 유효이자율 = 95,200원 × 12% = 11,424원

(2) 6개월간 상각액
1년간 상각액 × 6/12 = (11,424원 − 10,000원) × 6/12 = 712원

(3) Y1.12.31. 만기보유증권 표시금액
취득원가 + 6개월간 상각액 = 95,200원 + 712원 = 95,912원

08 ④

Y1.12.31 현재 재무상태표상 지분법적용투자주식
= 취득원가 + 순이익×지분율 − 현금배당 수령액
= 300,000원 + 60,000원(200,000원×30%) − 15,000원(50,000원×30%) = 345,000원

09 ④

액면 이하로 할인 취득한 경우 만기로 갈수록 상각액은 점증한다.

10 ③

T사 주식은 지분법적용투자주식이므로 공정가치가 아닌 지분법에 의한 평가액을 재무상태표에 표시하여야 한다.

11 ②

기초금액 2,000,000원 − 배당금 150,000원 + 당기순이익 300,000원
= 2,150,000원

12 ②

만기보유증권은 재무상태표에 상각후원가로 표시된다.

제21기 이자수익 = 기초장부금액 90,000원 × 15% = 13,500원

∴ 상각액 = 13,500원 − 10,000원(액면이자) = 3,500원, 이를 분개하면 다음과 같다.

(차) 현　　　　금	10,000	(대) 이자수익	13,500
만기보유증권	3,500		

따라서 제21기말 재무상태표상 만기보유증권은 93,500원(=90,000원+3,500원)이다.

13 ③

1. 제29기말의 회계처리

(차) 매도가능증권	40,000	(대) 매도가능증권평가이익(OCI)	40,000

2. 제30기의 회계처리

(차) 현　금	570,000	(대) 매도가능증권	540,000
매도가능증권평가손실(OCI)	40,000	매도가능증권처분이익(PL)	70,000

따라서 매도가능증권의 처분으로 인해 제30기의 기타포괄이익(OCI) 40,000원 감소한다.

14 ③

1. 제24기말(제25기초) 현재 채권A의 상각후원가(가액)
   = 공정가치 9,800,000원 - 기타포괄손익누계액 137,900원 = 9,662,100원
2. 제25기 채권A의 이자수익 = 9,662,100원 × 12% = 1,159,452원
3. 제25기 상각액 = 이자수익 1,159,452원 - 액면이자 1,000,000원 = 159,452원
4. 제25기말 현재 만기보유증권의 상각후가액 = 9,662,100원 + 159,452원 = 9,821,552원

Tangible Assets

제 7 장

유형자산

학습목표

본장을 학습한 후 다음 사항을 이해할 수 있다.

1. 유형자산의 취득원가 결정
2. 자본적 지출과 수익적 지출
3. 원가모형과 재평가모형
4. 유형자산의 제거
5. 감각상각의 정의, 상각방법과 효과
6. 유형자산의 손상차손

1. 유형자산의 의의

1-1 유형자산의 정의

유형자산(property, plant and equipment 또는 tangible assets)이란 재화의 생산, 용역의 제공, 타인에 대한 임대 또는 자체적으로 사용할 목적으로 보유하는 물리적 형체가 있는 자산으로서, 1년을 초과하여 사용할 것이 예상되는 자산을 말한다. 유형자산의 주요 특징은 다음과 같다.

① 유형자산은 정상적인 영업활동과정에서 사용되는 자산이다. 따라서 장기적인 가격상승 또는 이자 · 배당수익 등을 얻기 위하여 투자목적으로 소유하는 건물이나 토지 기타 비업무용 부동산은 투자자산으로 분류한다.

② 유형자산은 영업활동과정에서 사용되는 자산이며, 판매를 목적으로 보유하는 자산이 아니다. 따라서 판매용으로 보유하는 토지, 건물 등의 부동산은 재고자산으로 분류하여야 한다.

③ 유형자산은 물리적 실체가 있는 자산이다. 따라서 산업재산권, 영업권 등의 무형자산과 구별된다.

1-2 유형자산의 분류

일반기업회계기준에서는 유형자산을 다음과 같이 분류하고 있다.

① 토지

② 건물 : 건물, 냉난방, 전기, 통신 및 기타의 건물부속설비 등

③ 구축물 : 교량, 궤도, 갱도, 정원설비 및 기타의 토목설비 또는 공작물 등

④ 기계장치 : 기계장치, 운송설비(콘베어, 호이스트, 기중기 등)와 기타의 부속설비 등

⑤ 건설중인 자산 : 유형자산의 건설을 위한 재료비, 노무비 및 경비로 하되, 건설을 위하여 지출한 도급금액 등을 포함한다.

⑥ 기타자산 : 차량운반구, 선박, 비품, 공기구 등 기타자산

1-3 유형자산의 회계처리

유형자산의 회계처리는 취득, 보유, 제거에 관한 문제로 요약된다. 취득시점에는 유형자산 취득원가의 결정문제, 보유시에는 원가모형과 재평가모형의 선택과 기말시점에서의 감가상각문제, 제거시에는 처분손익의 인식에 관한 것이다.

그림 7-1 유형자산 회계처리 개요

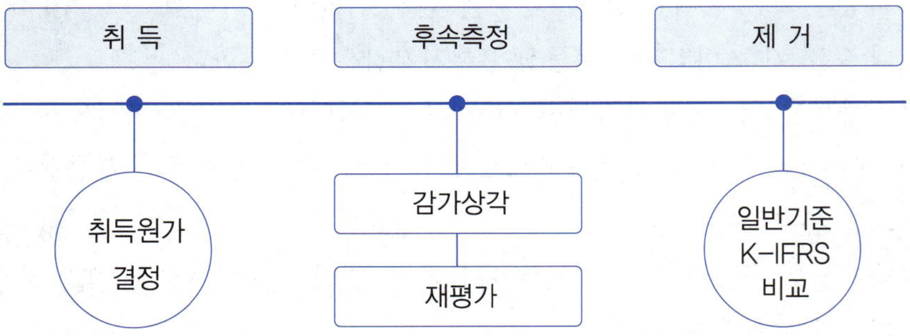

2. 유형자산의 취득

2-1 유형자산별 취득원가

유형자산은 최초에는 취득원가로 측정한다. 취득원가란 유형자산을 취득하기 위하여 취득시점이나 건설시점에서 지급한 현금 및 현금성자산 또는 제공하거나 부담할 기타 대가의 공정가치를 말한다. 취득원가는 구입원가 또는 제작원가와 당해 자산을 본래의 목적에 사용할 수 있도록 준비하는데 직접 관련되는 지출 등으로 구성된다. 직접 관련된 지출에는 다음과 같은 항목이 있다.

① 설치장소 준비를 위한 지출
② 외부 운송, 취급비
③ 설치비
④ 설계와 관련하여 전문가에게 지급하는 수수료
⑤ 유형자산의 취득과 관련하여 국 · 공채 등을 불가피하게 매입하는 경우 당해 채권의 매입가액과 일반기업회계기준에 따라 평가한 현재가치와의 차액
⑥ 자본화대상인 차입원가(보론 참조)
⑦ 취득세, 등 유형자산의 취득과 직접 관련된 제세공과금
⑧ 해당 유형자산의 경제적 사용이 종료된 후에 원상회복을 위하여 그 자산을 제거, 해체하거나 또는 부지를 복원하는데 소요될 것으로 추정되는 원가가 충당부채의 인식요건을 충족하는 경우 그 지출의 현재가치(복구원가)
⑨ 유형자산이 정상적으로 작동되는지 여부를 시험하는 과정에서 발생하는 원가. 단, 시험과정에서 생산된 재화(예: 장비의 시험과정에서 생산된 시제품)의 순매각금액은 당해 원가에서 차감함[주)]

주) K-IFRS에 따르면 자산이 정상적으로 작동되는지를 시험할 때 생산되는 시제품을 판매하여 얻은 매각금액과 그 재화의 원가는 해당 기준서에 따라 당기손익으로 인식하고, 그 재화의 원가는 기업회계기준서 제1002호(재고자산)에 따라 측정한다.

(1) 토지의 취득원가

토지의 취득원가는 구입가격에 토지를 사용할 수 있는 상태로 만드는데 소요된 모든 지출을 포함한다. 토지 취득 후 진입로 공사, 상하수도 공사, 조경공사 등을 하는 경우가 있는데 이러한 공사의 내용연수는 영구적으로 볼 수 있으므로 토지의 원가로 취급한다. 그러나 영구적이 아닌 울타리공사, 주차장, 도로포장공사 등은 토지에서 분리하여 구축물 계정으로 처리하고 감가상각한다.

한편, 새 건물을 신축하기 위하여 기존 건물이 있는 토지를 취득하고 그 건물을 철거하는 경우에는 기존 건물의 철거 관련 비용에서 철거된 건물의 부산물을 판매하여 수취한 금액을 차감한 가액은 토지의 취득원가에 포함한다.

(2) 건물의 취득원가

건물의 취득원가는 건물을 취득하고 본래의 사용목적(intended purpose)에 사용할 수 있는 상태로 만드는데 직접적으로 관련된 지출을 포함한다. 건물은 ① 기존 건물의 구입 ② 자가 건설 ③ 건설회사와의 계약 등의 방법에 의하여 취득하는 것이 일반적이다. 어느 방법이든 건물을 의도한 목적에 사용가능한 상태로 만드는 데까지 소요된 지출은 취득원가로 기록하여야 한다.

자가건설한 건물의 취득원가는 구입한 건물에 적용하는 것과 같은 기준을 적용하여 결정한다. 정상적인 영업활동과정에서 판매할 목적으로 자가건설한 경우의 취득원가는 원칙적으로 판매를 목적으로 제작한 건물의 제조원가와 동일해야 한다. 따라서 자가건설에 따른 내부이익과 원재료, 인력 및 기타 자원의 낭비로 인한 비정상적인 원가는 취득원가에 포함하지 않는다.

한편, 건물을 신축하기 위하여 사용중인 기존 건물을 철거하는 경우가 있는데, 이 경우 기존 건물의 장부금액은 제거하여 처분손실로 반영하고 철거비용은 전액 당기비용으로 처리한다.

(3) 기계장치의 취득원가

기계장치의 취득원가는 구입가격에 운임, 설치비, 시운전비 등 본래의 사용목적에 사용할 수 있는 상태로 만드는데 직접 소요된 지출을 포함한다. 따라서 기계장치를 취득 또는 사용 가능한 상태로 준비하는 과정과 직접 관련이 없는 일반관리비나 경비 등은 취득원가에 포함하지 않는다. 시운전이나 본격적인 가동준비를 위한 지출이라도 기계장치를 사용가능한 상태로 만드는 과정과 직접 관련이 없다면 취득원가에 포함하지 않는다. 또한 기대된 성능을 발휘하기 전에 발생한 기계장치의 조업손실은 당기 비용으로 인식한다.

2-2 취득유형별 유형자산의 취득원가

(1) 현금할인조건부 구입

현금할인조건으로 유형자산을 구입하는 경우 회계처리방법으로 순액법과 총액법이 있다. 순액법은 현금할인액을 취득원가에서 무조건 차감하는 방법이고 총액법은 현금할인을 실제로 이용한 경우에 한하여 취득원가에서 차감하는 방법이다. 일반기업회계기준에서는 매입할인 등이 있는 경우에는 이를 차감하여 취득원가를 산출하도록 하여 총액법에 의하고 있다.

(2) 할부구입

유형자산을 장기후불조건으로 구입하거나, 대금지급기간이 일반적인 신용기간보다 긴 경우 취득원가는 취득시점의 현금가격상당액으로 기록한다. 현금가격상당액과 실제 총지급액과의 차액은 차입원가의 자본화에 따라 자본화하지 않는 한 신용기간에 걸쳐 이자로 인식한다.

(3) 일괄구입

일괄구입이란 2이상의 유형자산을 취득하는 경우 할인혜택을 받고 구입대금을 일괄하여 지급하는 형태의 취득을 말한다. 일괄구입의 경우에는 상대적 공정가치의 비율에 따라 지불한 구입대금을 안분한다.

(4) 현물출자 · 증여 · 무상 취득

현물출자, 증여, 기타 무상으로 취득한 자산의 가액은 공정가치를 취득원가로 한다. 현물출자로 유형자산을 취득한 경우에는 대가로 주식을 발행하게 되는데 유형자산과 주식의 공정가치 중 보다 분명한 것을 취득원가로 결정한다.

(5) 교환에 의한 취득

비화폐성자산과의 교환으로 취득한 유형자산의 회계처리는 크게 2가지 방법이 있다.

① 공정가치로 기록하고 교환손익을 인식하는 방법

② 장부금액으로 기록하고 교환손익을 인식하지 않는 방법

일반기업회계기준에서는 이종자산의 교환인지 아니면 동종자산의 교환인지에 따라 회계처리를 달리하고 있다.

1) 이종자산의 교환인 경우

다른 종류의 자산과의 교환으로 유형자산을 취득하는 경우 유형자산의 취득원가는 교환을 위하여 제공한 자산의 공정가치로 측정한다. 다만, 교환을 위하여 제공한 자산의 공정가치가 불확실한 경우에는 교환으로 취득한 자산의 공정가치를 취득원가로 할 수 있다. 자산의 교환에 현금수수액이 있는 경우에는 현금수수액을 반영하여 취득원가를 결정한다. 유형자산의 공정가치는 시장가격으로 한다. 다만, 시장가격이 없는 경우에는 동일 또는 유사 자산의 현금거래로부터 추정할 수 있는 실현가능액이나 전문적 자격이 있는 평가인의 감정가액을 사용할 수 있다.

2) 동종자산의 교환인 경우

동일한 업종 내에서 유사한 용도로 사용되고 공정가치가 비슷한 동종자산과의 교환으로 유형자산을 취득하거나, 동종자산에 대한 지분과의 교환으로 유형자산을 매각하는 경우에는 제공된 유형자산으로부터의 수익창출과정이 아직 완료되지 않았기 때문에 교환에 따른 거래손익을 인식하지 않아야 하며, 교환으로 받은 자산의 취득원가는 교환으로 제공한 자산의 장부금액으로 한다. 그러나 취득한 자산의 공정가치에 비추어 볼 때 제공한 자산에 손상차손이 발생하였음을 알 수 있는 경우에는 손상차손을 먼저 인식하고 손상차손 차감 후의 장부금액을 수취한 자산의 원가로 한다. 교환되는 동종자산의 공정가치가 유사하지 않은 경우에는 거래조건의 일부로 현금과 같이 다른 종류의 자산이 포함될 수 있다. 이 경우 교환에 포함된 현금 등의 금액이 유의적이라면 동종자산의 교환으로 보지 않는다. 유의성의 판단은 교환되는 자산의 공정가치의 25%를 초과하면 유의적인 것으로 보고 교환거래를 이종자산의 교환으로 교환손익을 인식한다.

사례 7-1 비화폐성자산의 교환

우리(주)는 유형자산 X를 두리(주)의 유형자산 Y와 교환하였다. X와 Y의 장부금액과 공정가치는 다음과 같다. 각 물음에 답하시오.

	유형자산 X	유형자산 Y
취득원가	500,000원	400,000원
감가상각누계액	200,000	120,000
공정가치	270,000	210,000

(요구사항)

1. X와 Y가 이종자산인 경우 우리(주)의 분개 (공정가치의 차액은 현금수수함)
2. X와 Y가 동종자산이고 공정가치의 차액만큼 현금을 수수한 경우 우리(주)의 분개(현금이 유의적인 경우)
3. X와 Y가 동종자산이고 공정가치의 차액만큼 현금을 수수한 경우 우리(주)의 분개(현금이 유의적이지 않은 경우)

해 답

1. 이종자산의 교환

(차) 유형자산 Y	210,000	(대) 유형자산 X	500,000
현 금	60,000		
감가상각누계액(X)	200,000		
유형자산처분손실	30,000		

2. 동종자산의 교환(현금이 유의적인 경우)

(차) 유형자산 Y	210,000	(대) 유형자산 X	500,000
현 금	60,000		
감가상각누계액(X)	200,000		
유형자산처분손실	30,000		

3. 동종자산의 교환(현금이 유의적이지 않은 경우)

(차) 유형자산 Y	240,000	(대) 유형자산 X	500,000
현　금	60,000		
감가상각누계액(X)	200,000		

(6) 국 · 공채 등의 강제 취득

유형자산을 취득하면서 국 · 공채를 불가피하게 매입하는 경우가 있는데 국 · 공채의 표시이자율은 시장이자율보다 낮은 것이 보통이다. 일반기업회계기준에서는 유형자산의 취득과 관련하여 국 · 공채등을 불가피하게 매입하는 경우 당해 채권의 매입가액과 현재가치와의 차액(현재가치할인차금)은 취득원가에 포함하도록 규정하고 있다.

(7) 정부보조금 등 지원에 의한 취득

자산취득에 사용될 정부보조금을 받는 경우에는 관련 자산을 취득하기 전까지 받은 자산 또는 받은 자산을 일시적으로 운용하기 위하여 취득하는 다른 자산의 차감계정으로 회계처리하고, 관련 자산을 취득하는 시점에서 관련 자산의 차감계정으로 회계처리한다.

한편, 정부보조 등에 의해 유형자산을 무상 또는 공정가치보다 낮은 대가로 취득한 경우 그 유형자산의 취득원가는 취득일의 공정가치로 한다. 정부보조금 등은 취득원가에서 차감하는 형식으로 표시하고 그 자산의 내용연수에 걸쳐 감가상각비와 상계하며, 해당 유형자산을 처분하는 경우에는 그 잔액을 처분손익에 반영하는데, 이러한 회계처리를「자산차감법」이라 한다.

(8) 안전 · 환경규제로 인한 취득

안전 또는 환경상의 규제 때문에 취득하여야 하는 유형자산은 그 자체로는 직접적인 미래 경제적 효익을 얻을 수 없어서 비용처리하여야 하지만, 다른 자산으로부터 경제적 효익을 얻기 위하여 필요하다. 따라서 이러한 자산은 전체 자산의 미래 경제적 효익을 증가시키기 때문에 유형자산으로 인식할 수 있도록 허용하고 있다. 다만, 이러한 자산을 포함한 관련 자산의 장부금액은 회수가능액을 초과할 수 없다. 예를 들면, 화공약품 제조업체가 환경규제요건을 충족하기 위하여 새로 설치한 화공약품

취급공정설비는 이 설비를 포함한 관련 자산의 회수가능액 범위 내에서 자산으로 인식할 수 있다.

(9) 복구원가가 발생하는 취득

유형자산의 취득, 건설, 개발에 따른 복구원가에 대한 충당부채는 유형자산을 취득하는 시점에서 해당 유형자산의 취득원가에 반영한다. 그러나 법규의 신설, 계약조항의 변경 등으로 인하여 자산을 사용하는 도중에 책임을 부담하게 되는 경우에는 당해 복구원가에 대한 충당부채를 인식하는 시점에서 해당 유형자산의 장부금액에 반영한다. 다만, 복구원가가 자산의 내용연수에 걸쳐 발생하는 경우에는 해당기간의 비용 또는 제조원가로 처리한다. 복구원가의 회계처리는 다음과 같이 구성된다.

① 취득원가에 가산할 복구원가를 추정하고 이를 현재가치로 할인하여 복구충당부채로 계상한다.

② 취득원가에 포함된 복구원가의 감가상각과 복구충당부채에 대해 유효이자율법을 적용하여 복구충당부채전입액을 산출한다.

사례 7-2 복구원가가 발생하는 유형자산의 취득

A회사는 Y1. 1. 1.에 내용연수 종료시에 원상복구를 하여야 하는 해양구조물을 취득하였다. 해양구조물의 취득 및 복구원가와 관련된 정보는 다음과 같다.

1. 복구원가와 관련된 예상현금흐름에 대한 정보 및 계산

항 목	예상현금흐름
① 노무비	262,500원
② 장비사용 및 간접비 배분(노무비의 80%로 가정)	210,000
③ 계약자 정상이윤[(262,500원 + 210,000원) × 20%]	94,500
인플레이션을 고려하기 전의 예상현금흐름 :	567,000원
④ 향후 5년간 인플레이션율 4%를 고려한 승수 : $(1.04)^5$	×1.21665
⑤ 인플레이션을 고려한 예상현금흐름 :	689,840원

⑥ 시장위험프리미엄(노무비, 원재료 수급변동 등) : 5%	34,492
시장위험프리미엄 조정 후의 예상현금흐름	724,332원
⑦ 현재가치계산(이자율 8%, 기간 5년 가정) :	×0.6806
⑧ 예상현금흐름	492,980원

2. 취득한 자산에 관련된 정보

① 취득원가 : 600,000원　　② 잔존가치 : 10,000원

③ 내용연수 : 5년　　④ 감가상각방법 : 정액법

상기 자료를 이용하여 A회사의 자산취득시점, Y1년도말, 복구공사시점(Y6. 1. 1.)에 필요한 분개를 하시오. 실제복구에 소요된 현금은 800,000원이다.

해 답

(1) 자산 취득시점

(차) 구 축 물	1,092,980	(대) 현 금	600,000
		복구충당부채	492,980

(2) Y1년도말

(차) 감가상각비	216,596주1)	(대) 감가상각누계액	216,596
복구충당부채전입액	39,438주2)	복구충당부채	39,438

주1) : (1,092,980원 − 10,000원) ÷ 5년 = 216,596원

주2) : 492,980원 × 8% = 39,438원

(3) 복구시점

(차) 복구충당부채	724,332주)	(대) 현 금	800,000
복구공사손실	75,668		

주) : 492,980원 × 1.08^5 = 724,332원

2-3 유형자산 취득후의 원가

(1) 자본적 지출

유형자산의 취득 또는 완성 후의 지출이 유형자산의 인식기준을 충족하는 경우(예: 생산능력 증대, 내용연수 연장, 상당한 원가절감 또는 품질향상을 가져오는 경우)에는 자본적 지출로 처리하고, 그렇지 않은 경우(예: 수선유지를 위한 지출)에는 발생한 기간의 비용으로 인식한다. 유형자산의 인식기준이란 다음과 같다.

① 유형자산으로부터 발생하는 미래경제적효익이 기업에 유입될 가능성이 매우 높다.
② 유형자산의 원가를 신뢰성 있게 측정할 수 있다.

또한 유형자산의 사용가능기간 중 정기적으로 이루어지는 종합검사, 분해수리와 관련된 지출로서 다음의 요건을 모두 충족하는 경우에는 자본적 지출로 처리한다.

① 종합검사나 분해수리와 관련된 지출을 별개의 감가상각 대상자산으로 인식할 수 있다.
② 유형자산의 인식조건을 충족한다.

(2) 일반수선과 정기수선

일반수선(ordinary repairs)은 유형자산을 정상적으로 사용가능상태로 유지하기 위한 지출이므로 비용 또는 제조원가에 산입한다. 그러나 일부 유형자산은 주요 부품이나 구성요소를 정기적으로 교체하는 정기수선(periodic repairs)을 해야 한다. 예를 들면, 용광로는 일정시간 사용 후에 내화벽돌을 교체해야 하며 항공기의 경우에도 좌석 등의 내부설비를 항공기 동체의 내용연수 동안 여러 번 교체한다. 이와 같이 유형자산을 구성하는 주요 부품이나 구성요소의 내용연수가 관련 유형자산의 내용연수와 상이한 경우에는 별도의 자산으로 처리한다. 부품이나 구성요소의 교체를 위한 지출이 인식기준을 충족하는 경우에는 별도 자산의 취득으로 처리하고 교체된 자산은 재무상태표에서 제거한다.

3. 인식시점 이후의 측정

인식시점 이후에는 원가모형이나 재평가모형 중 하나를 회계정책으로 선택하여 유형자산 분류별로 동일하게 적용한다. 유형자산의 분류(class)란 그 성격과 용도의 유사성에 따라 분류한 것을 의미하며, ① 토지 ② 건물 ③ 구축물 ④ 기계장치 ⑤ 건설중인 자산 ⑥ 기타 유형자산(차량운반구, 선박, 비품, 공기구) 등이 그 분류의 예이다. 따라서 기업은 각자의 선택에 따라 원가모형으로 회계처리를 할 수도 있고, 재평가모형을 적용하여 회계처리할 수도 있다. 또한, 모든 유형자산에 대해 재평가모형을 적용할 수도 있고, 상황에 따라 토지, 건물, 기계장치 등 몇 가지 분류로 나누어 그 중 특정 분류에 대해서만 재평가모형을 적용할 수도 있다.[1] 다만, 유형자산별로 선택적 재평가를 하거나 서로 다른 기준일의 평가금액이 혼재된 재무보고를 하는 것을 방지하기 위하여 동일한 과목분류 내의 유형자산은 동시에 재평가하여야 하지만, 재평가가 단기간에 수행되며 계속적으로 갱신된다면, 동일한 분류에 속하는 자산을 순차적으로 재평가할 수 있다.

<table>
<tr><th>구 분</th><th>취득 시점의 측정</th><th>취득 이후의 측정</th></tr>
<tr><td>원가모형</td><td rowspan="2">원가모형</td><td>원가모형</td></tr>
<tr><td>재평가모형</td><td>재평가모형</td></tr>
</table>

1) 예를 들어, 토지와 건물에 대해서는 재평가모형을 적용하고 기계장치나 비품에 대해서는 원가모형을 적용할 수 있다. 다만, 기업이 특정 분류의 유형자산에 대해 재평가모형을 적용한 경우 그 분류 내에 있는 모든 유형자산을 재평가하여야 한다. 예를 들어, 성격과 용도가 유사한 토지 10필지를 보유한 기업이 공정가치가 증가한 1필지만을 재평가하고, 공정가치가 감소한 나머지 9필지는 재평가하지 않는 방법은 인정되지 않는다.

3-1 원가모형

원가모형(cost model)이란 전통적인 회계처리방법으로서 유형자산을 최초 취득시에 취득원가로 인식한 이후에 취득원가에서 감가상각누계액과 손상차손누계액을 차감한 금액을 장부금액으로 하는 것을 말한다. 원가모형은 재평가를 허용하지 않는 방법이다.

3-2 재평가모형

재평가모형(revaluation model)은 최초 인식 후에 공정가치를 신뢰성 있게 측정할 수 있는 유형자산의 경우에는 재평가일의 공정가치에서 이후의 감가상각누계액과 손상차손누계액을 차감한 재평가금액을 장부금액으로 표시하는 방법이다. 재평가는 보고기간말에 자산의 장부금액이 공정가치와 중요하게 차이가 나지 않도록 주기적으로 수행한다.

(1) 공정가치의 측정

공정가치는 합리적인 판단력과 거래의사가 있는 독립된 당사자 간에 거래될 수 있는 교환가격을 말하므로, 기업은 재평가시 전문적 자격이 있는 평가인의 감정뿐만 아니라 토지에 대한 개별공시지가 또는 건물이나 차량 등에 대한 지방세 시가표준액 등 정부의 각종 고시금액이나 시장의 객관적인 시세표 등이 공정가치와 대체로 유사하다고 판단되는 경우 이를 재평가액으로 사용할 수 있다. 다만, 어느 정도의 금액이 공정가치와 대체로 유사한지에 대하여는 재평가대상 자산의 금액적 중요성 등 종합적인 상황을 고려하여 기업이 판단한다. 일반적으로 토지와 건물의 공정가치는 시장에 근거한 증거를 기초로 수행된 평가에 의해 결정되며, 그 평가는 보통 전문적 자격이 있는 평가인에 의해 이루어진다. 또한 일반적으로 설비장치와 기계장치의 공정가치는 감정에 의한 시장가치이다.

(2) 재평가의 빈도

재평가의 빈도는 재평가되는 유형자산의 공정가치 변동에 따라 달라진다. 재평가된 자산의 공정가치가 장부금액과 중요하게 차이가 나는 경우에는 추가적인 재평가가 필요하다. 유의적이고 급격한 공정가치의 변동 때문에 매년 재평가가 필요한 유형자산이 있는 반면에 공정가치의 변동이 경미하여 빈번한 재평가가 필요하지 않은 유형자산도 있다. 즉, 매 3년이나 5년마다 재평가하는 것으로 충분한 유형자산도 있다.

(3) 재평가의 회계처리

유형자산의 장부금액이 재평가로 인하여 증가된 경우에 그 증가액은 기타포괄손익으로 인식한다. 그러나 동일한 유형자산에 대하여 이전에 당기손익으로 인식한 재평가감소액이 있다면 그 금액을 한도로 재평가증가액만큼 당기손익으로 인식한다.

유형자산의 장부금액이 재평가로 인하여 감소된 경우에 그 감소액은 당기손익으로 인식한다. 그러나 그 유형자산의 재평가로 인해 인식한 기타포괄손익의 잔액이 있다면 그 금액을 한도로 재평가감소액을 기타포괄손익에서 차감한다.

그림 7-2 재평가손익의 회계처리

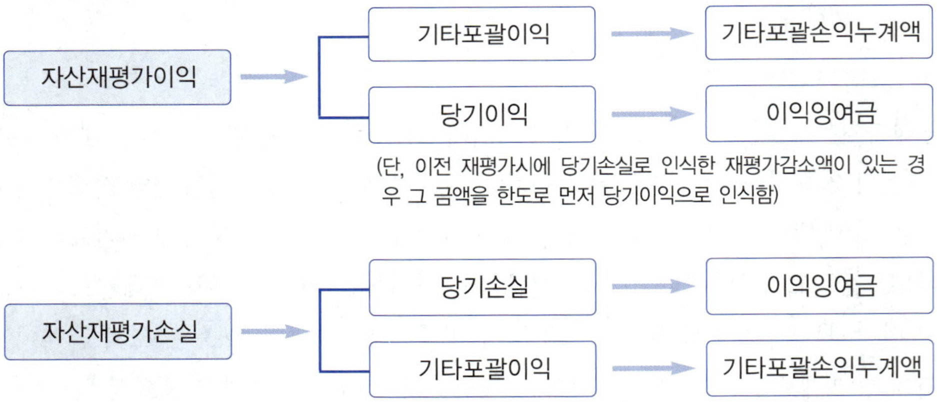

한편, 유형자산의 재평가로 인하여 증감되는 금액을 조정할 때에는 총장부금액조정법에 의한다.즉, 재평가 시점의 총장부금액에서 기존의 감가상각누계액을 전액 제거하여 자산의 순장부금액이 재평가금액이 되도록 수정하고, 감가상각누계액을 제거함에 따라 조정되는 금액은 장부금액의 증감에 포함시킨다.

예를 들어 건물이 취득원가 10,000원, 감가상각누계액 4,000원, 공정가치가 7,000원인 경우 총장부금액조정법에 의해 재평가의 회계처리를 하면 다음과 같다.

(차) 건물감가상각누계액	4,000	(대) 건　　물	3,000
		재평가이익(기타포괄이익)	1,000

(4) 주석 공시

유형자산을 재평가하는 경우 다음과 같은 사항을 공시한다.

① 재평가기준일과 독립적인 평가인이 평가에 참여했는지 여부
② 해당 자산의 공정가치 추정에 사용한 방법과 유의적인 가정
③ 해당 유형자산의 공정가치가 시장에서 관측가능하거나 독립적인 제3자와의 최근시장거래가격에 직접 기초하여 결정된 정도 또는 다른 가치평가기법을 사용하여 추정된 정도
④ 재평가된 유형자산의 분류별로 원가모형으로 평가되었을 경우 장부금액
⑤ 재평가 관련 기타포괄손익의 변동

사례 7-3 재평가회계 (비상각자산)

(주)금융은 Y1초 토지를 20,000원에 취득한 후 재평가모형을 적용한다. 토지 공정가치가 Y1말 18,000원, Y2말 24,000원인 경우와 Y1말 24,000원, Y2말 18,000원인 경우로 구분하여 다음의 물음에 답하시오.

1. Y1말과 Y2말 재평가 회계처리를 하라.
2. 재평가가 손익계산서와 주석에 미치는 영향을 분석하라.
3. 연도별 재무상태표상 토지, 이익잉여금, 재평가잉여금을 표시하라.

해 답

1. Y1말 18,000원, Y2말 24,000원인 경우

(1) 재평가 회계처리

Y1 : (차) 재평가손실(당기손실)	2,000	(대) 토　지		2,000
Y2 : (차) 토　지	6,000	(대) 재평가이익(당기이익)		2,000
		재평가이익(기타포괄이익)		4,000

Y1 재평가손실 2,000원과 Y2 재평가이익 2,000원은 이익잉여금으로 마감된다. 그러나 Y2 재평가이익(기타포괄이익) 4,000원은 재평가잉여금(기타포괄손익누계액)으로 마감된다.

(2) 손익계산서와 주석에 미치는 영향

구　분	Y2	Y1
당기순이익	2,000	△2,000
기타포괄이익	4,000	0
총포괄이익	6,000	△2,000

주) 당기순이익은 손익계산서, 기타포괄이익과 총포괄이익은 주석으로 표시된다.

(3) 재무상태표

구　분	Y2	Y1
자 산 – 토 지	24,000	18,000
자 본 – 이익잉여금	0	△2,000
기타포괄손익누계액 중 재평가잉여금	4,000	0

2. Y1말 24,000원, Y2말 18,000원인 경우

(1) 재평가 회계처리

Y1 : (차) 토　　지　　　　　　　　4,000 (대) 재평가이익(기타포괄이익) 4,000
Y2 : (차) 재평가손실(기타포괄손실) 4,000 (대) 토　　지　　　　　　　　6,000
　　　　재평가손실(당기손실)　　　2,000

⑵ 손익계산서와 주석에 미치는 영향

구　분	Y2	Y1
당기순손실	△2,000	0
기타포괄이익(손실)	△4,000	4,000
총포괄이익(손실)	△6,000	4,000

주) 손익계산서에는 당기순이익, 기타포괄이익과 총포괄이익은 주석으로 표시된다.

⑶ 재무상태표

구　분	Y2	Y1
자 산 - 토 지	18,000	24,000
자 본 - 이익잉여금	△2,000	0
기타포괄손익누계액 중 재평가잉여금	0	4,000

4. 유형자산의 감가상각과 손상

4-1 감가상각의 의의

유형자산은 사용에 의한 소모, 시간의 경과와 기술의 변화에 따른 진부화 등에 의해 경제적 효익이 감소한다. 재무제표 정보가 경제적 실질을 반영하기 위해서는 경제적 효익의 감소분을 인식하여야 할 것이다. 그러나 경제적 효익의 감소를 측정한다는 것은 현실적으로 어렵기 때문에 유형자산 장부금액의 일부를 체계적인 방법으로 비용으로 계상하는 방법을 취하게 되는데 이를 감가상각이라고 한다.

유형자산의 장부금액은 일반적으로 이러한 경제적 효익의 소멸을 반영할 수 있는 감가상각액의 계상을 통하여 감소하는데 감가상각의 주목적은 취득원가의 배분이며 자산의 재평가는 아니다. 따라서 감가상각액은 유형자산의 장부금액이 공정가치에 미달하더라도 계속하여 인식하여야 한다.

유형자산의 감가상각은 자산이 사용가능한 때부터 시작한다. 즉, 경영진이 의도하는 방식으로 자산을 가동하는 데 필요한 장소와 상태에 이른 때부터 시작한다.

그림 7-3 유형자산과 감가상각의 관계

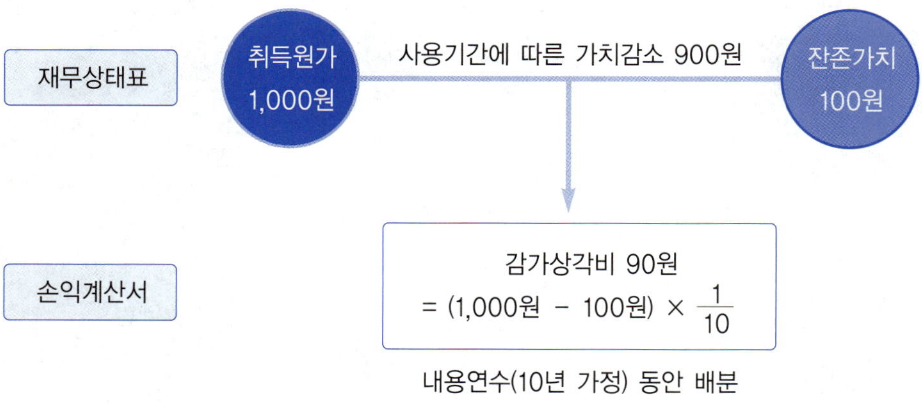

4-2 감가상각의 기본요소

감가상각액(depreciation)은 유형자산의 감가상각대상금액, 내용연수, 감가상각방법에 의하여 결정된다. 이들 요소 중 취득원가를 제외한 다른 요소는 추정의 문제가 개입된다. 따라서 추정에서 객관성을 확보하기 위하여 회계기준을 제정할 때 제약조항을 두게 된다.

(1) 감가상각대상금액

감가상각대상금액은 원가 또는 원가를 대체하는 다른 금액에서 잔존가치를 차감하여 결정하지만 실무상 잔존가치가 경미한 경우가 많다. 그러나 유형자산의 잔존가치가 유의적인 경우 매 보고기간말에 재검토하여, 재검토 결과 새로운 추정치가 종전의 추정치와 다르다면 그 차이는 회계추정의 변경으로 회계처리한다.

(2) 내용연수

내용연수(useful life)는 경제적 내용연수, 물리적 내용연수 및 기업특유의 내용연수로 구분된다. 경제적 내용연수는 유형자산이 제공하는 효익이 사용에 따른 비용보다 큰 경우의 기간을 말하며, 물리적 내용연수는 경제성은 불문하고 물리적으로 사용가능한 기간을 말한다. 기업특유의 내용연수는 기업이 사용하고자 하는 내용연수를 말한다. 회계에서의 내용연수란 기업특유의 내용연수를 의미한다.

유형자산의 경제적 효익은 유형자산을 사용함으로써 감소하는 것이 일반적이다. 그러나 자산을 사용하지 않더라도 기술적 진부화 및 마모 등의 요인으로 인하여 자산으로부터 기대하였던 경제적 효익이 감소될 수 있다. 따라서 자산의 내용연수를 결정할 때에는 다음의 요소를 고려하여야 한다.

① 자산의 예상생산능력이나 물리적 생산량을 토대로 한 자산의 예상 사용수준
② 생산라인의 교체빈도, 수선 또는 보수계획과 운휴 중 유지보수 등 관리수준을 고려한 자산의 물리적 마모나 손상
③ 생산방법의 변화, 개선, 또는 해당 자산으로부터 생산되는 제품 및 용역에 대한 시장수요의 변화로 인한 기술적 진부화

④ 리스계약의 만료일 등 자산의 사용에 대한 법적 또는 계약상의 제한

또한 유형자산의 내용연수는 자산으로부터 기대되는 효용에 따라 결정된다. 유형자산은 기업의 자산관리정책에 따라 일정기간이 경과되거나 경제적 효익의 일정부분이 소멸되면 처분될 수 있다. 이 경우 내용연수는 일반적 상황에서의 경제적 내용연수보다 짧을 수 있으므로 유사한 자산에 대한 기업의 경험에 비추어 해당 유형자산의 내용연수를 추정하여야 한다.

토지와 건물을 동시에 취득하는 경우에도 이들은 분리된 자산이므로 별개의 자산으로 취급한다. 건물은 내용연수가 유한하므로 감가상각 대상자산이지만, 토지는 일반적으로 내용연수가 무한하므로 감가상각 대상이 아니다. 건물이 위치한 토지의 가치가 증가하더라도 건물의 내용연수에는 영향을 미치지 않는다.

(3) 감가상각방법

유형자산의 감가상각대상금액은 내용연수에 걸쳐 합리적이고 체계적인 방법으로 배분하여야 하며, 유형자산의 감가상각방법은 자산의 경제적 효익이 소멸되는 행태를 반영한 합리적인 방법이어야 한다.

유형자산의 감가상각방법에는 정액법, 체감잔액법(예를 들면, 정률법 등), 연수합계법, 생산량비례법 등이 있다. 감가상각방법은 해당 자산으로부터 예상되는 미래 경제적 효익의 소멸행태에 따라 선택하고, 소멸행태가 변하지 않는 한 매기 계속 적용하여야 한다. 감가상각방법에 대한 구체적인 내용은 뒤에 설명한다.

4-3 감가상각의 회계처리

감가상각의 회계처리방법에는 직접법과 간접법이 있다. 직접법은 감가상각액을 유형자산에서 직접 차감하는 방법이며, 간접법은 감가상각액을 감가상각누계액계정이라는 평가계정을 설정하여 회계처리하는 방법이다. 유형자산은 취득원가에서 감가상각누계액과 손상차손누계액을 차감하는 형식으로 재무상태표에 표시한다.

각 기간의 감가상각액은 다른 자산의 장부금액에 포함되는 경우가 아니라면 당기손익으로 인식한다. 예를 들면, 제조공정에서 사용된 유형자산의 감가상각액은 재고

자산의 원가를 구성한다. 따라서 각 기간의 감가상각액은 다른 자산의 제조와 관련된 경우에는 관련 자산의 제조원가로, 그 밖의 경우에는 판매비와 관리비로 계상한다.

한편, 유형자산에 내재된 경제적 효익이 비용화되지 않고 다른 자산을 생산하는데 사용될 수 있다. 이 경우 유형자산의 감가상각액은 해당 자산의 원가의 일부가 된다. 예를 들면 제조설비의 감가상각액은 재고자산의 가공비로서 제조원가를 구성하고, 연구개발 활동에 사용되는 유형자산의 감가상각액은 무형자산의 인식조건을 충족하는 자산이 창출되는 경우 해당 무형자산의 원가에 포함된다.

4-4 감가상각방법

(1) 균등상각법

1) 생산량비례법

생산량비례법은 유형자산을 사용하여 얻은 효익에 비례하여 가치감소가 발생한다고 가정하는 방법으로 활동법(activity method) 또는 비례법(variable charge approach)이라고도 부른다. 따라서 생산량비례법에서는 자산의 예상조업도 혹은 예상 생산량에 근거하여 감가상각액을 인식한다.

생산량비례법에서의 감가상각액은 먼저 단위당 감가상각액을 계산하고 다음 단계에서 당해연도의 생산량(또는 사용시간)에 단위당 감가상각액을 곱하여 계산한다.

2) 정액법

정액법(straight-line method)은 감가상각액이 시간의 함수라고 보아 자산의 내용연수 동안 일정액의 감가상각액을 인식하는 방법이다. 따라서 정액법은 유형자산의 경제적 가치 감소, 유형자산이 제공하는 서비스에서 발생하는 수익, 가동률 및 수선유지비 등이 내용연수 동안 항상 일정하다고 가정한다.

(2) 체감상각법

체감상각법은 감가상각액이 내용연수 초기에 많이 계상하고 후기에 갈수록 적게 계상하는 방법으로 정률법, 연수합계법, 이중체감잔액법 등이 있다. 체감상각법은 정액법이 갖는 가정의 한계점을 완화시키는 장점이 있다.

1) 정률법

정률법(fixed percentage method)은 유형자산의 장부금액에 매기간 일정한 상각률을 곱하여 감가상각액을 계산하는 방법이다. 상각률은 일정하지만 장부금액이 체감하기 때문에 감가상각액이 내용연수의 후기에 갈수록 적어지게 된다. 절세효과가 가장 큰 방법이다.

2) 연수합계법

연수합계법(sum-of-the-years-digits method)은 기간가중의 개념을 이용한 감가상각방법이다. 연수합계법에서는 유형자산의 사용초기에는 높은 상각률을 적용하고 후기에는 낮은 상각률이 적용된다. 연수합계법은 정률법과 체감상각법이라는 점에서는 유사하다. 그러나 정률법은 상각률이 일정하고 감가상각대상금액(기초장부금액)이 감소한다는 점에서 차이가 있다.

3) 이중체감잔액법

이중체감잔액법(double-declining balance method)은 상각률을 정액법의 2배로 하여 감가상각액을 계산하는 방법으로 미국의 연방소득세법에서 허용한 방법이다. 이중체감잔액법도 정률법과 같은 방식으로 매년 감가상각액을 계산한다.

(3) 체증상각법

유형자산의 내용연수 초기에는 감가상각액을 적게 계상하고 후기에 갈수록 많이 계상하는 방법이다. 유형자산의 투자로 인한 순이익이 매기 거의 일정하다고 가정하면 균등상각법이나 체감상각법은 감가상각으로 인하여 장부금액(투자금액)이 점차 감소해가기 때문에 유형자산의 투자수익률이 점차 증대하는 문제가 발생하게 된다. 체증상각법은 이러한 모순을 개선하기 위하여 고안된 감가상각방법으로 매기 일정한 투자수익률을 확보하게 된다.

체증상각법에서는 기초장부금액을 감가상각액의 현재가치로 본다. 따라서 감가상각액은 투자한 자산이 창출하는 현금흐름으로 간주한다. 체증상각법은 개념상으로는 우수한 방법이지만 이자율의 추정문제와 일반적인 상식과는 반대로 장부금액의 감소폭이 시간이 갈수록 커진다는 문제점이 있기 때문에 실무에서 수용하기는 어렵다. 미국에서는 일부 공익사업회사에만 적용하고 있으며, 체증상각법에는 연금법과 감채기금법이 있다.

사례 7-4 감가상각방법(정액법, 정률법, 연수합계법)의 비교

(주)영신(결산일 : 12월 31일)은 Y1년 4월 1일 내용연수 3년, 잔존가치 5,000원인 차량 1대를 100,000원에 구입하였다. 정액법, 정률법, 연수합계법에 의하여 매년말의 감가상각액을 계산하시오. 단, 정률은 0.632이다.

해 답

1. 정액법

연도	계산내용	감가상각액	감가상각누계액	기말장부금액
Y1	(100,000원 - 5,000원) ÷ 3년 × 9/12	23,750원	23,750원	76,250원
Y2	(100,000원 - 5,000원) ÷ 3년	31,667	55,417	44,583
Y3	(100,000원 - 5,000원) ÷ 3년	31,667	87,084	12,916
Y4	(100,000원 - 5,000원) ÷ 3년 × 3/12	7,916	95,000	5,000

2. 정률법

연도	계산내용	감가상각액	감가상각누계액	기말장부금액
Y1	100,000원 × 0.632 × 9/12	47,400원	47,400원	52,600원
Y2	(100,000원 - 47,400원) × 0.632	33,243	80,643	19,357
Y3	(100,000원 - 80,643원) × 0.632	12,234	92,877	7,123
Y4	(95,000원 - 92,877원)주)	2,123	95,000	5,000

주) 잔존가치 5,000원이 남도록 Y4년의 감가상각액을 계산한다.

3. 연수합계법

연도	계산내용	감가상각액	감가상각누계액	기말장부금액
Y1	(100,000원 − 5,000원) × 3/6 × 9/12	35,625원	35,625원	64,375원
Y2	(100,000원 − 5,000원) × 3/6×3/12	35,625	71,250	28,750
	+ (100,000원 − 5,000원) × 2/6 × 9/12			
Y3	(100,000원 − 5,000원) × 2/6 × 3/12	19,792	91,042	8,958
	+ (100,000원 − 5,000원) × 1/6 × 9/12			
Y4	(100,000원 − 5,000원) × 1/6 × 3/12	3,958	95,000	5,000

4-5 감가상각과 관련된 특수문제

(1) 기중취득 유형자산의 감가상각

유형자산은 대개의 경우 회계기간 중에 취득하는 것이 일반적이다. 이 경우 상각대상기간을 결정하여야 하는데, ① 일단위 ② 주단위 ③ 월단위 ④ 6월단위 ⑤ 연 단위 등 회사가 합리적인 기간단위를 선택할 수 있다. 다만, 동종의 신규자산을 취득하는 경우 이를 계속 적용하여야 한다.

(2) 감가상각과 관련한 회계변경

감가상각방법은 매기 계속하여 적용하고 정당한 사유 없이 변경하지 않는 것이 원칙이다. 새로 취득한 유형자산에 대한 감가상각방법도 동종의 기존 유형자산에 대한 감가상각방법과 일치시켜야 한다. 다만, 자산에 내재된 미래경제적효익의 예상되는 소비형태에 유의적인 변동이 있는 경우, 변동된 소비형태를 반영하기 위하여 감가상각방법을 변경하여야 하며 회계추정의 변경으로 회계처리한다.

한편, 신규사업의 착수나 다른 사업부문의 인수 등의 결과로 독립된 새로운 사업부문이 창설되어 기존의 감가상각방법으로는 그 사업의 특성을 반영할 수 없기 때문에 다른 방법을 사용하는 경우에는 회계변경으로 보지 않는다.

(3) 유형자산손상차손

자산의 장부금액은 순실현가능가치 이상으로 표시되어서는 안되는 것이 원칙이다. 이 원칙은 유형자산에도 적용되는데, 유형자산은 감가상각을 통하여 장부금액이 감소되기 때문에 장부금액이 순실현가능가치 이상이 될 가능성은 매우 희박하다.

그러나 유형자산의 진부화 또는 시장가치의 급격한 하락 등으로 인하여 유형자산의 미래 경제적 효익이 장부금액에 현저하게 미달할 가능성이 있는 다음과 같은 경우가 발생할 수 있다.

① 유형자산의 시장가치의 현저한 하락
② 유형자산의 사용강도나 사용방법에 현저한 변화가 있거나, 심각한 물리적 변형이 초래된 경우
③ 법률이나 기업환경의 변화 혹은 규제 등의 영향으로 인하여 해당 유형자산의 효용이 현저하게 감소된 경우
④ 해당 유형자산으로부터 영업손실이나 순현금의 유출이 발생하고, 미래에도 지속될 것이라고 판단된 경우

이와 같은 경우가 발생하여 유형자산의 손상가능성이 있다고 판단되고 당해 유형자산의 사용 및 처분으로부터 기대되는 미래의 현금흐름총액의 추정액이 장부금액에 미달하는 경우에는 장부금액을 회수가능액으로 조정하고 그 차액을 손상차손으로 처리한다. 여기에서 회수가능액이란 순공정가치와 사용가치 중 큰 금액을 말한다.

손상차손 = 장부금액 − 회수가능액[= Max(순공정가치, 사용가치)]

순공정가치는 합리적인 판단력과 거래의사가 있는 제3자와의 독립적인 거래에서 매매되는 경우의 예상처분가액에서 예상처분비용을 차감한 금액을 말하며, 사용가치는 해당 자산 또는 자산그룹의 사용으로부터 예상되는 미래 현금흐름의 현재가치를 말한다. 유형자산의 손상차손을 인식할 때에는 당기분 감가상각액을 먼저 인식한 후에 손상차손을 인식한다.

다만 차기 이후에 손상된 자산의 회수가능액이 장부금액을 초과하는 경우에는 그 자산이 손상되기 전의 장부금액의 감가상각 후 잔액을 한도로 하여 그 초과액을 손상차손환입으로 처리한다. 손상차손의 환입이 발생한 경우에도 당기분 감가상각액을 먼저 인식한 후에 손상차손환입을 인식한다.

한편, 손상, 소실 또는 포기된 유형자산에 대해 제3자로부터 보상금을 받는 경우가 있다. 이 경우 보상금은 수취할 권리가 발생하는 시점에 당기손익으로 반영한다.

사례 7-5 유형자산손상차손

다음 자료에 의하여 각 상황별 감가상각액과 손상차손을 인식하는 분개를 하시오.

① 취득원가 : 10,000원　② 내용연수 : 10년　③ 잔존가치 : 0

단, 유형자산은 20X1년 1월 1일에 취득하였으며, 정액법에 의해 감가상각을 하고 있다. 사업연도는 1년이라고 한다.

(1) 연간 감가상각액 계산
(2) 2차년도말 시점에서 유형자산의 회수가능액이 6,400원인 경우의 회계처리
(3) 3차년도말 시점에서의 감가상각액의 인식
(4) 4차년도말 시점에서 손상된 유형자산의 회수가능액이 7,000원으로 회복된 경우의 회계처리

해 답

(1) 연간 감가상각액 : (10,000원 – 0)/10년 = 1,000원

1차년도말(20X1년 12월 31일)의 장부금액 : 9,000원 (= 10,000원 – 1,000원)

(2) 2차년도말 시점에서 유형자산의 회수가능액이 6,400원인 경우의 회계처리

유형자산의 회수가능액과 감가상각액을 반영한 후의 장부금액을 비교하여 손상차손을 인식한다. 따라서 감가상각액 1,000원을 반영한 후의 장부금액 8,000원(= 10,000원 – 2,000원)과 6,400원을 비교하여 손상차손 1,600원을 인식한다.

(차) 감가상각비	1,000	(대) 감가상각누계액	1,000
손상차손	1,600주)	손상차손누계액	1,600

주) (10,000원 - 1,000원 × 2) - 6,400원 = 1,600원

유형자산에 대해 손상차손을 인식한 이후 회계연도의 감가상각액 계산은 손상차손을 반영한 후의 장부금액에 대해 종전의 감가상각방법을 적용하여 잔존내용연수에 걸쳐 감가상각액을 계상한다.

(3) 3차년도말 시점에서의 감가상각액의 인식

(차) 감가상각비	800주)	(대) 감가상각누계액	800

주)연간 감가상각액 : (6,400원 - 0) / 8년 = 800원

손상차손 인식후의 새로운 장부금액 6,400원을 기준으로 잔존내용연수 8년에 걸쳐 매기 800원씩 감가상각액을 계상한다. 손상된 유형자산의 회수가능액이 장부금액을 초과하는 경우에는 그 자산을 손상하지 않았더라면 계상될 감가상각액을 차감한 후의 금액을 한도로 하여 그 초과액을 손상차손환입으로 처리한다.

(4) 4차년도말 시점에서 손상된 유형자산의 회수가능액이 7,000원으로 회복된 경우의 회계처리

① 감가상각액을 먼저 계상한 다음 장부금액을 산출한다.

(차) 감가상각비	800	(대) 감가상각누계액	800

따라서 20X4년 12월 31일의 장부금액은 4,800원(= 5,600원 - 800원)이 된다.

② 손상된 유형자산 가액을 회복시켜 줄 수 있는 한도 금액을 구한다. 이를 위해서 손상차손을 인식하지 아니하고 정상적으로 감가상각하여 왔더라면 산출되었을 장부금액을 구하고, 이 금액을 한도로 위 ①에서 감가상각액을 계상한 후의 장부금액을 초과하는 금액을 손상차손환입으로 처리한다.

[계산근거]

① 회수가능액 : 7,000원

② 손상차손을 인식하지 아니하고 정상적으로 감가상각하여 왔더라면 산출되었을 4차연도 말의 장부금액 : 6,000원 [= 10,000원 - (1,000원 × 4)]

③ 4차연도 말의 장부금액 : 4,800원 [= 10,000원 - (1,000원 × 2 + 1,600원 + 800원 × 2)]

(4차년도말의 회계처리)

(차) 손상차손누계액 1,200 (대) 손상차손환입 1,200[주)]

주) 회수가능액이 7,000원이지만 정상적으로 감가상각하여 왔더라면 산출될 장부금액(=6,000원)을 한도로, 20X4년도의 감가상각액(=800원)를 계상한 후의 장부금액(=4,800원)과의 차액 1,200원을 손상차손환입으로 처리한다.

(4) 상각완료자산 및 운휴자산

유형자산의 내용연수 도중 사용을 중단하고, 처분 또는 폐기할 예정인 유형자산은 사용을 중단한 시점의 장부금액으로 표시한다. 이러한 자산에 대해서는 감가상각을 하지 않는 대신 투자자산으로 재분류하고, 손상차손 발생여부를 매 보고기간 말에 검토한다. 그러나 내용연수 도중 사용을 중단하였으나, 장래 사용을 재개할 예정인 유형자산에 대해서는 감가상각을 하되, 그 감가상각액은 영업외비용으로 처리한다.

5. 유형자산의 제거

유형자산은 처분하거나, 영구적으로 폐기하여 미래경제적효익을 기대할 수 없게 될 때 재무상태표에서 제거한다. 유형자산의 처분시점을 결정할 때에는 「재화의 판매에 관한 수익인식기준」을 적용한다.

또한 유형자산의 폐기 또는 처분으로부터 발생하는 손익은 처분금액과 장부금액의 차액으로 결정하며, 손익계산서에서 당기손익으로 인식한다. 유형자산의 재평가와 관련하여 인식한 기타포괄손익의 잔액이 있다면, 그 유형자산을 폐기하거나 처분할 때 당기손익으로 인식한다.

그림 7-4 유형자산의 제거 개요

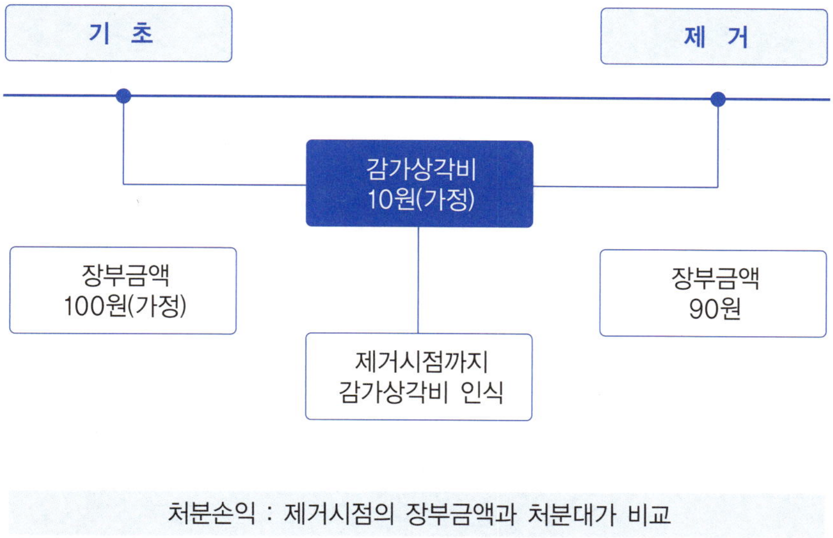

사례 7-6 유형자산의 제거

S사는 Y1년초 취득원가가 50,000원인 기계(내용연수 10년, 잔존가치 0원)를 취득하여 정액법으로 4년간 매년 5,000원씩 감가상각하였다. Y5년 6월말 현금 10,000원에 기계를 처분한 경우 회계처리를 하시오.

해 답

1. 6개월간 감가상각비 인식

(차) 기계감가상각비	2,500	(대) 기계감가상각누계액	2,500

2. Y5년 6월말 제거 분개

(차) 현　　　금	10,000	(대) 기　　　계	50,000
기계감가상각누계액	22,500		
유형자산처분손실	17,500		

사례 7-7 재평가된 유형자산의 제거 - K-IFRS와 비교

사례 7-6에서 S사가 Y2년말 이 기계를 48,000원으로 재평가하고 Y3년초에 기계를 현금 48,000원에 처분한 것으로 가정하고 일반기업회계기준과 K-IFRS에 의해 재평가시점과 처분시점의 회계처리를 하시오. 단, 총장부금액조정법에 의함.

해 답

1. Y2년말 : 재평가시점(일반기업회계기준과 K-IFRS가 동일함)

(차) 기계감가상각누계액	10,000	(대) 기　　계	2,000
		재평가이익(기타포괄이익)	8,000

2. Y3년초 : 처분시점

(1) 일반기업회계기준의 경우

(차) 현　　금	48,000	(대) 기　　계	48,000
재평가이익(기타포괄이익)	8,000	기계처분이익(당기손익)	8,000

(2) K-IFRS의 경우

(차) 현　　금	48,000	(대) 기　　계	48,000
재평가잉여금*	8,000	이익잉여금	8,000

*) 재평가잉여금의 이익잉여금 대체는 회사의 재량에 의해 선택할 수 있으므로 그대로 재평가잉여금에 남겨둘 수도 있다.

6. K-IFRS(제1016호: 유형자산)와 비교

(1) 교환거래의 회계처리

K-IFRS 제1016호에서는 교환거래에 다음과 같이 원칙과 예외의 방식으로 규정하고 있다.

① 원칙 : 취득한 자산의 원가는 공정가치로 측정한다.

② 예외 : 교환거래에 상업적 실질이 결여되어 있거나, 교환대상 자산의 공정가치를 모두 신뢰성 있게 측정할 수 없는 경우, 취득한 자산의 원가는 제공한 자산의 장부금액으로 측정한다. K-IFRS 제1016호에서는 교환거래가 상업적 실질이 갖기 위한 요건을 규정하고 있다.

(2) 유형자산의 평가방법

K-IFRS 제1016호에 따르면 원가모형이나 재평가모형 중 하나를 회계정책으로 선택하여 유형자산 분류별로 동일하게 적용한다.

(3) 유형자산의 감가상각단위

K-IFRS 제1016호에 따르면 유형자산 일부의 원가가 전체 원가에 비교하여 중요할 경우 별도로 감가상각하여야 한다.

(4) 감가상각방법 변경 등

감가상각방법, 잔존가치와 내용연수는 적어도 매 회계연도말에 재검토하고 추정이 변경되는 경우 회계추정의 변경으로 회계처리한다.

(5) 재평가된 유형자산의 제거

재평가잉여금이 계상된 유형자산을 제거하는 경우 재평가잉여금을 남겨두거나 이익잉여금으로 대체할 수 있다. 이익잉여금으로 대체할 때에는 재평가잉여금 전액을 대체하여야 하며, 일부 대체는 허용되지 않는다. 이 경우 재평가잉여금을 이익잉여금으로 직접 대체하기 때문에 당기손익에는 반영되지 않는다.

(6) 정부보조금 지원에 의한 취득

K-IFRS 제1020호(정부보조금의 회계처리와 정부지원의 공시)에 따르면 자산관련정부보조금은 재무상태표에 이연수익으로 표시하는 「이연수익법」과 자산의 장부금액을 결정할 때 차감하여 표시하는 「원가차감법」 두 가지 방법이 모두 인정된다.

보론 차입원가 자본화

차입원가는 기간비용으로 처리함을 원칙으로 한다. 다만, 자본화대상자산의 취득을 위한 자금에 차입금이 포함된다면 이러한 차입금에 대한 차입원가는 취득에 소요되는 비용으로 볼 수 있으므로 해당 자산의 취득원가에 산입할 수 있다. 다만, 이 경우 차입원가의 회계처리방법은 모든 적격자산에 대하여 매기 계속하여 적용하고, 정당한 사유 없이 변경하지 못한다.

차입원가의 자본화에 대한 내용을 요약 정리하면 다음과 같다.

구 분		내 용
적격자산		제조, 매입, 건설, 개발이 개시된 날부터 의도된 용도로 사용, 판매할 수 있는 상태가 될 때까지 1년 이상 소요되는 재고자산, 유형 · 무형자산 및 투자부동산
자본화대상 차입원가		• 적격자산의 취득과 관련하여 차입한 자금에 대한 이자 • 금융리스 관련 원가 • 외화차입금 관련 외환차이 중 차입원가 조정으로 볼 수 있는 부분
자본화기간	개시시점	• 적격자산에 대한 지출이 발생 • 차입원가의 발생 • 적격자산을 의도된 용도로 사용, 판매하기 위한 취득활동의 진행
	중단기간	적격자산을 의도된 용도로 사용, 판매하기 위한 취득활동을 중단한 기간
	종료시점	자산 취득활동이 완료되어 해당자산을 의도된 용도로 사용, 판매가 가능한 시점
자본화할 차입원가 산정	특정차입금	자본화기간 동안 특정차입금으로부터 발생한 차입원가에서 동 기간 동안 자금의 일시적 운용에서 생긴 수익을 차감한 금액 • 산식 : 특정차입금 × 이자율 × 자본화기간 − 일시운용수익
	일반차입금	• 산식 : (자본화기간 평균지출액 − 특정차입금 평균지출액) × 자본화이자율 • 평균지출액 : 차입원가가 발생하는 평균지출액 • 자본화이자율 : 당기 발생한 차입원가를 가중평균하여 산정

사례 7-8 차입원가 자본화

(주)청도산업(결산일 12월 31일)은 Y1년 1월 1일 공장건설(Y2년 6월 30일 완공예정)을 착수하였으며, 당해 공사와 관련하여 지출된 공사비와 차입금 현황은 다음과 같다. 다음 자료에 의하여 Y1년에 자본화할 차입원가를 계산하시오.

1. Y1년 중 공사비 지출액

	Y1. 1.	Y1. 7. 1.	Y1. 10. 1.
공사비 지출액	80,000원	160,000원	120,000원

2. Y1년 중 차입금 현황

구 분	차입일	차입금액	상환일	이자율	이자지급조건
P	Y1. 1. 1.	100,000원	Y3. 12. 31.	12%	분기별 복리/만기지급
Q	Y0. 1. 1.	120,000	Y2. 12. 31.	10%	단리/매년말지급
R	Y0. 1. 1.	140,000	Y3. 12. 31.	12%	단리/매년말지급

차입금P는 공장건설을 위하여 차입한 특정차입금이며, 이 중 20,000원은 Y1. 1. 1. ~6. 30. 기간 중 연 9% 이자지급조건의 정기예금에 예치하였다. 차입금Q와 R은 일반차입금이다.

해 답

1. 특정차입금P의 자본화 차입원가

① Y1년 중 발생한 차입원가 100,000원 × $(1 + 0.12/4)^4$ − 100,000원 = 12,550원

② 차감 : 일시적인 정기예금 이자수익 20,000원 × 9% × 6/12 = (−)900

③ 자본화할 차입원가 11,650원

2. 일반차입금 중 자본화 차입원가

① 적격자산에 대한 평균지출액

지출일	지출액	자본화대상기간	평균지출액
Y1. 1. 1.	80,000원	12/12	80,000원
Y1. 7. 1.	160,000	6/12	80,000
Y1. 10. 1.	120,000	3/12	30,000
합 계	360,000원		190,000원

② 자본화이자율 계산

차입금	연평균차입금액	차입원가
Q	120,000원	12,000원
P	140,000	16,800
합 계	260,000원	28,800원

∴ 자본화이자율 = 28,800원/260,000원 = 11.08%

③ 자본화할 차입원가

[190,000원 − (80,000원 × 12/12 + 20,000원 × 6/12)주)] × 11.08% = 11,080원

주) 특정차입금 중 80,000원은 Y1. 1. 1., 20,000원은 Y1. 7. 1.에 지출된 것으로 가정함

④ 일반차입금 중 자본화 차입원가

= Min(28,800원, 11,080원) = 11,080원

3. Y1년에 자본화할 총차입원가

= 특정차입금의 차입원가 + 일반차입금의 차입원가

= 11,650원 + 11,080원 = 22,730원

7. 회계정보의 이해

㈜금융의 유형자산 관련 재무상태표의 표시이다. 다음 물음에 답하시오.

	제21기(당기)		제20기(전기)	
기계장치	500원		500원	
정부보조금	(90)		(100)	
감가상각누계액	(50)	360원	(0)	400원

(물음1) 제20기말에 정부보조금 100원을 현금 수령하고 기계장치를 취득하였다. 제20기 각 금액은 어떤 의미일까요?

(물음2) 제21기에 인식한 감가상각비는 얼마이며, 정부보조금 감소액 10원은 어떤 의미일까요?

정답 및 해설

(물음1) 기계장치 500원은 취득원가(공정가치)이다. 이에 대해 정부보조금의 이행 조건을 충족하기 전이기 때문에 100원은 정부의 권리, 잔액 400원이 ㈜금융의 권리인 자산이다.

(물음2) 제21기 중 회계처리는 다음과 같다.

(차)	감가상각비	40	(대)	감가상각누계액	50
	정부보조금	10			

따라서 제21기 감가상각비는 40원이다. 감가상각으로 제거된 기계장치 50원 중 정부의 권리소멸분 10원은 회사의 혜택(감가상각비 10원 감소, 영업이익 증가)로 귀속된다.

8. CASE STUDY

(토의) 유형자산을 재평가하는 경우의 장 · 단점을 토의해봅시다.

해 설

기업회계기준(K-IFRS 및 일반기업회계기준)에서 자산재평가를 허용하면서 “자산재평가 나선 상장사들, 이유도 제각각”이라든지 “취득가 아닌 시장가로 평가, 일시적 주가부양…투자주의” 또는 “부동산 고공행진에 자산재평가로 재무구조 개선” 등의 기사가 대중매체에 실리는 것을 자주 접하게 되는데, 이는 그만큼 자산재평가가 회계실무에서 커다란 관심사임을 보여준다.

자산재평가는 기업의 본질가치가 변한 것이 아니라 회계상 유형자산의 수치를 바꿔 다르게 표현한 것에 불과하다. 다시 말해 회사가 영업활동을 통해 벌어들인 현금도 그대로이고, 기업의 수익성이나 생산성이 증대된 것도 아니며, 연구개발을 통해 새로운 지식이나 결과를 얻은 것도 아니다. 따라서 자산재평가의 효과를 정확하게 이해하기 위해 재평가이익이 발생한 것을 가정하고 긍정적인 효과와 부정적인 효과, 즉 자산재평가의 빛과 그림자에 대해 살펴보기로 한다.

앞에서 살펴본 바와 같이 자산재평가이익(OCI)이 발생하면 유형자산의 수치가 증가하고 기타포괄이익(OCI)으로 인해 기타포괄손익누계액 즉, 자본이 증가한다. 자본증가는 재무건전성의 평가지표인 부채비율(부채총계÷자본총계)를 낮추어 부채비율의 개선 효과를 가져오는데, 이는 최초 재평가를 실시한 기업 대부분이 재평가이익이 발생한 회계연도에 실시한다는 선행 연구 결과에서도 관측된 바 있다. 또한 재평가이익은 「법인세법」상 과세소득으로 보지 않기 때문에 추가적인 법인세 부담 없이 총포괄이익을 증가시키고 이로 인해 수익성 평가지표인 자기자본이익율(총포괄이익÷자기자본, ROE)이 증가됨으로써 수익성의 개선 효과도 얻을 수 있다.

한편, 토지를 제외한 모든 유형자산이 감가상각대상이기 때문에 재평가이익으로 유형자산의 장부금액이 커지면 미래에 감가상각비가 증가하고, 당기순이익(PL)이 감소하여 미래 수익성이 나빠지는 역(逆)효과가 초래된다. 따라서 이러한 부작용을 피하면서 재평가의 긍정적인 효과를 얻으려면 비상각자산인 토지를 고려할 필요가 있는데, 과거 2009년에 롯데쇼핑이 토지에 대해서만 재평가한 것이 대표 사례이다. 또한 이미 살펴본 것처럼 재평가를 실시한 이후 회계연도부터는 공정가치가 장부금액과 중요한 차이가 나는 경우 재평가를 의무적으로 실시하여야 하는데, 이는 공정가치 평가 관련 비용 부담과 재평가손실이 발생하는 경우 이에 따른 당기순이익의 감소 가능성 등 재무제표 수치의 변동성이 커진다는 부담이 존재하는 것도 재평가의 부정적인 효과로 볼 수 있다.

요약하면, 자산재평가 관련 재무정보는 '양날의 칼' 과 같아서 그 해석에 신중할 필요가 있음을 시사한다.

생 | 각 | 해 | 봅 | 시 | 다

1. 토지, 건물 및 기계장치의 매입과 관련된 다음의 지출은 어떻게 처리하는가?
   - ○ 건축사 설계비
   - ○ 구건물의 철거비용
   - ○ 구입기계의 운송료
   - ○ 하수도공사비 부담금
   - ○ 기계설치비용

2. 정부보조금의 재무제표상 보고방법은 무엇인가?

3. 안전 및 환경규제관련 유형자산의 회계처리방법은 무엇인가?

4. 복구비용을 자산화시키는 이유는 무엇인가?

5. 동종 또는 이종자산의 교환거래시 회계처리방법은 무엇인가?

6. 자본적 지출과 수익적 지출의 구분기준은 무엇인가?

7. 감가상각의 정의와 결정요소는 무엇인가?

8. 정액법과 정률법의 장 · 단점은 무엇인가?

확인문제

다음 설명이 맞으면 ○, 틀리면 × 하시오.

01 환경 규제 때문에 취득한 유형자산은 비용 처리하는 것이 원칙이지만, 회수가능액의 범위안에서 자산으로 인식할 수 있다. ( )

02 성격과 용도가 동일한 분류에 속하는 유형자산에 대해 선택적으로 재평가모형을 적용할 수 있다. ( )

03 체증상각법의 예로는 정률법, 이중체감잔액법, 연수합계법 등이 있다. ( )

04 신규 사업의 착수로 인해 사업의 특성을 반영할 수 없어서 감가상각방법을 변경하는 경우 회계변경으로 보지 않는다. ( )

05 유형자산의 손상차손을 인식할 경우 감가상각액을 먼저 인식한 후 손상차손을 인식하여야 한다. ( )

정답 및 해설

01 ○

02 × 동일한 분류에 속하는 유형자산에 대해 재평가하는 경우 모두 재평가모형을 적용하여야 한다.

03 × 정률법, 이중체감잔액법, 연수합계법 등은 체감상각법이다.

04 ○

05 ○

연 습 문 제

01 (주)금융은 업무용 차량A를 (주)삼청의 차량B와 교환하고 현금 5,000원을 추가로 지급하였다. 차량A와 차량B는 동종자산의 교환으로서 거래에 수반된 현금이 유의적이지 않은 것으로 가정한다. 양도 당시 차량A의 장부금액은 80,000원, 공정가치는 60,000원이며, 차량B의 장부금액은 90,000원, 공정가치는 65,000원인 경우 (주)금융은 차량B의 취득원가를 얼마로 계상해야 하는가?

① 75,000원 ② 80,000원 ③ 85,000원 ④ 90,000원 ⑤ 95,000원

02 U사는 Y1. 1. 1. 사용이 종료된 후에 원상복구를 하여야 하는 해양구조물을 현금 100,000원에 취득하였다. 당해 해양구조물의 내용연수는 5년 잔존가치는 0으로 추정되며 정액법을 적용한다. 내용연수 종료시에 복구비용은 20,000원으로 예상되며, 복구비용에 대한 유효이자율은 12%이며, 5년, 12%의 현가계수와 종가계수는 각각 0.56, 1.76이다. Y1연도말의 해양구조물의 장부금액은 얼마인가?

① 88,960원 ② 90,000원 ③ 100,000원 ④ 111,200원 ⑤ 135,200원

03 D사는 Y3. 1. 1. 기계장치 300,000원을 취득하였다. 기계장치의 내용연수는 5년, 잔존가치는 0, 정액법으로 감가상각한다. Y4. 12. 31. 현재 동 기계장치의 진부화로 인하여 공정가치는 120,000원, 사용가치는 130,000원으로 판명되었다. Y4연도에 계상하는 기계장치의 손상차손은 얼마인가?

① 120,000원 ② 110,000원 ③ 60,000원 ④ 50,000원 ⑤ 40,000원

04 유형자산의 취득원가 관련 회계처리에 대한 설명으로 옳지 않은 것은?

① 건물을 신축하기 위하여 사용 중인 기존건물의 장부금액과 철거비용은 전액 당기 비용으로 처리한다.

② 환경규제 때문에 취득하는 유형자산에 지출한 금액은 비용처리하거나 회수가능액의 범위에서 자산으로 인식할 수 있다.

③ 정부보조 등에 의해 유형자산을 공정가치보다 낮은 대가로 취득한 경우 유형자산의 취득원가는 낮은 대가로 한다.

④ 유형자산을 취득하면서 불가피하게 국 · 공채를 매입한 경우 국 · 공채할인액은 유형자산의 취득원가에 가산한다.

⑤ 2 이상의 유형자산을 일괄 구입하는 경우 지불한 구입대금을 상대적 공정가치의 비율에 따라 안분하여 취득원가를 계산한다.

05 유형자산의 재평가에 관한 설명으로 옳지 않은 것은?

① 재평가모형은 유형자산의 분류(class)별로 동일하게 적용한다.

② 건물은 재평가모형, 토지는 원가모형을 적용할 수 있다.

③ 이전에 당기손실로 인식한 재평가손실에 상당하는 재평가이익은 당기이익으로 인식한다.

④ 이전에 기타포괄이익으로 인식한 재평가이익에 상당하는 재평가손실은 기타포괄손실로 인식한다.

⑤ 공정가치가 증가한 토지는 재평가모형, 감소한 토지는 원가모형을 적용할 수 있다.

06 세이(주)는 Y5년 1월 1일 상환의무가 없는 정부보조금 2,000,000원을 수령하여 기계장치(취득원가 16,000,000원, 내용연수 5년, 잔존가치 1,000,000원)를 취득하였다. 감가상각은 정액법으로 하였으며, Y6년 12월 31일 동 기계장치를 9,000,000원에 처분하였다. 유형자산처분손익은 얼마인가?

① 처분이익 200,000원 ② 처분손실 600,000원
③ 처분이익 1,000,000원 ④ 처분손실 1,000,000원
⑤ 처분손실 1,800,000원

07 독도회사가 보유중인기계에 관련된 정보는 다음과 같다. 당기중 취득원가 50,000원, 감가상각누계액 32,000원의 기계를 처분하였다. 당기 중에 증가한 기계의 취득원가는?

	기 초	기 말
순장부금액	250,000원	370,000원
당기감가상각액	28,000원	

① 50,000원 ② 120,000원 ③ 138,000원
④ 166,000원 ⑤ 198,000원

08 가나회사는 Y2년초에 기계를 4,000,000원에 구입하였는데 잔존가치는 없으며, 내용연수는 10년이다. 이 기계를 4년간 사용한 후 Y6년초에 1,800,000원을 들여 대폭적으로 수선하였더니 내용연수가 2년 더 연장되었다. 정액법을 적용하는 이 회사가 Y6년의 기말에 계상할 감가상각비는 얼마가 되어야 하는가?

① 700,000원 ② 525,000원 ③ 483,333원
④ 400,000원 ⑤ 300,000원

09 P사는 Y1년초에 토지를 10,000원에 취득한 후 재평가모형을 적용하기로 하였다. 토지의 공정가치가 Y1년말에 9,000원이고 Y2년말에 13,000원인 경우 다음의 설명 중 옳지 않은 것은?

① 재평가로 인해 Y2년 총포괄이익은 3,000원 증가한다.
② 재평가로 인해 Y1년 당기순이익은 1,000원 감소한다.
③ Y1년말 현재 재무상태표상 토지는 9,000원으로 표시된다.
④ 재평가로 인해 Y2년의 당기순이익은 1,000원 증가한다.
⑤ Y2년말 현재 재무상태표상 재평가잉여금은 3,000원이다.

10 남산(주)는 붕어빵을 제조판매하는 회사이다. 회사는 Y1년 1월 1일 기계장치를 1,000,000원에 구입하였다. 잔존가치는 없으며 내용연수 5년동안 정액법으로 상각한다. 회사는 Y1년도에 붕어빵 100개를 생산완료하여 60개를 판매하였다. 기초 및 기말 재공품은 없으며, 붕어빵 제조원가의 구성요소는 감가상각비만 있다고 가정한다. Y1년도 붕어빵 판매와 관련하여 비용으로 인식되는 금액은 얼마인가?

① 0원(없음) ② 80,000원 ③ 100,000원
④ 120,000원 ⑤ 200,000원

11 동백회사의 Y6년 당기순이익은 20,000,000원이었다. 5년전에 1,000,000원에 구입한 차량(감가상각누계액 600,000원)을 Y6년중 300,000원에 처분하였다. 이 차량의 처분으로 인한 동백회사의 실질현금유입액? 단, Y6년의 법인세율은 30%가정한다.

① 300,000원 ② 400,000원 ③ 330,000원
④ 370,000원 ⑤ 600,000원

12 유형자산의 감가상각에 관한 설명으로 옳은 것은 모두 몇 개인가?

> ○ 건물이 위치한 토지의 가치가 상승하는 경우에는 건물 내용연수가 연장된다.
> ○ 감가상각방법은 회계정책목표에 따라 회사의 재량으로 임의 선택할 수 있다.
> ○ 당기 제품생산수량보다 판매수량이 적은 경우 제조설비의 감가상각비를 인식하면 같은 금액 크기의 이익이 감소된다.
> ○ 정률법은 초기에 감가상각비가 크고 후기에 갈수록 그 금액이 적어진다.
> ○ 감가상각방법의 변경은 회계추정의 변경으로 회계처리한다.

① 1개　② 2개　③ 3개　④ 4개　⑤ 5개

13 (주)강원(1.1.~12.31.)은 Y1년초 토지를 100,000원에 취득하고 Y1년부터 재평가모형을 적용하기로 하였다. Y1년말 토지의 공정가치는 60,000원이며, 이 토지를 Y2년 7월에 130,000원에 처분한 경우 토지의 처분이 Y2년 손익에 미치는 영향으로 옳은 것은? 단, 토지의 제거요건은 충족함.

① 당기순이익　40,000원 감소　② 당기순이익　30,000원 증가
③ 당기순이익　70,000원 증가　④ 기타포괄이익　30,000원 증가
⑤ 기타포괄이익　70,000원 증가

14 금융(주)의 Y1년말 유형자산의 내용이다. Y1년말부터 토지와 기계에 대해 재평가모형을 적용하는 경우 재평가가 Y1년도 손익에 미치는 영향은 얼마인가?

구 분	원 가	Y1년말 공정가치
토 지	1,000,000원	1,200,000원
기 계	500,000원	200,000원

	당기순이익	기타포괄이익
①	100,000원 감소	변동없음
②	300,000원 감소	200,000원 증가
③	변동없음	100,000원 감소
④	변동없음	변동없음
⑤	200,000원 증가	300,000원 감소

15 금융(주)의 기계A에 대한 재무제표의 표시이다. 20X2.6.30.에 기계A를 현금 매각한 경우 기계A의 매각으로 인한 현금유입액은? 단, 회계처리는 적절하며 회계기간은 매년 1.1. ~ 12.31.임

(가) 재무상태표 일부

	20X2.12.31.(당기)		20X1.12.31.(전기)	
기계A	0		1,000,000원	
감가상각누계액	(0)	0원	(400,000원)	600,000원

(나) 손익계산서 일부

	20X2.1.1. ~ 12.31.(당기)
기계A 감가상각비	50,000원
기계A 처분이익	150,000원

① 450,000원　② 550,000원　③ 600,000원
④ 650,000원　⑤ 700,000원

16 (주)삼청의 기계장치에 대한 재무상태표의 내용이다. 제50기 중에 정부보조금 수령액과 기계장치 관련 지출과 처분이 없는 경우 제50기의 회계처리에 대한 설명으로 옳은 것은? 단, 기계장치는 제조설비이며, 재무상태표는 적절하게 표시됨.

	제50(당)기		제49(전)기	
기계장치	6,000,000원		6,000,000원	
정부보조금	(1,400,000)		(1,500,000)	
감가상각누계액	(600,000)	4,000,000원	(300,000)	4,200,000원

① 제조원가에 감가상각비 200,000원을 반영한다.
② 감가상각비 200,000원을 판매비와 관리비로 분류한다.
③ 제조원가에 감가상각비 300,000원을 반영한다.
④ 감가상각비 300,000원을 판매비와 관리비로 분류한다.
⑤ 감가상각비 300,000원은 제조원가, 정부보조금 100,000원은 영업외수익으로 분류한다.

17 제27기말 현재 신축 중인 건설중인자산에 대한 지출액 10,000,000원의 재무상태표의 표시이다. 건설중인자산에서 차감하여 제27기에 비용 처리할 금액은?

	제27(당)기	제26(전)기
건설중인자산	10,000,000원	-

〈제27(당)기 중 지출액 10,000,000원의 내역〉

○ 구건물 철거비용	1,500,000원	○ 건축설계비	500,000원
○ 제27기 토지분 재산세	500,000원	○ 신축건물의 공사원가	5,000,000원
○ 구건물의 장부금액	2,500,000원		

① 2,000,000원 ② 2,500,000원 ③ 3,000,000원
④ 4,000,000원 ⑤ 4,500,000

정답 및 해설

01 ③ 동종자산이고 수반된 현금에 유의적이지 않으므로 전체거래를 동종자산의 교환으로 취급한다. 따라서 차량A의 장부금액 80,000원과 지급한 현금 5,000원의 합계액 85,000원이 차량B의 취득원가가 된다.

02 ①

(1) 구축물 취득원가 : 100,000원 + 20,000원 × 0.56 = 111,200원

(2) 감가상각비 : 111,200원 ÷ 5년 = 22,240원

(3) 장부금액 = 111,200원 − 22,240원 = 88,960원

03 ④

(1) Y4년의 장부금액 = 취득원가 − (Y3, Y4년의 감가상각액)

= 300,000원 − [(300,000원 ÷ 5 = 60,000원) × 2] = 180,000원

(2) 회수가능액 = Max(120,000원, 130,000원) = 130,000원

(3) 손상차손 = 180,000원 − 130,000원 = 50,000원

04 ③ 정부보조 등에 의해 유형자산을 공정가치보다 낮은 대가로 취득한 경우 유형자산의 취득원가는 공정가치로 한다.

05 ⑤ 동일한 토지에 대해 일부만 재평가하는 것은 허용되지 않는다.

06 ①

(1) 기계장치의 취득원가 중 회사의 권리 = 16,000,000원 − 2,000,000원 = 14,000,000원

(2) 매년 감가상각액 = (14,000,000원 − 1,000,000원) ÷ 5 = 2,600,000원

(3) Y6년말 장부금액 = 14,000,000원 − 2,600,000원 × 2년 = 8,800,000원

(4) 유형자산처분이익 = 9,000,000원 − 8,800,000원 = 200,000

참고로 각 시점 별 회계처리는 다음과 같다.

(1) Y5년 1월 1일 정부보조금 수령과 기계 취득

(차) 현 금	2,000,000	(대) 정부보조금	2,000,000
기계장치	16,000,000	현 금	16,000,000

(2) Y5년 12월 31일 감가상각비 인식

(차) 감가상각비	3,000,000(주1)	(대) 감가상각누계액	3,000,000
정부보조금	400,000(주2)	감가상각비	400,000

(주1) 감가상각비 (16,000,000 − 1,000,000)/5년 = 3,000,000원

(주2) 정부보조금 2,000,000원/5년 = 400,000원

(3) Y6년 12월 31일 감가상각비 인식

(차) 감가상각비 3,000,000 (대) 감가상각누계액 3,000,000
정부보조금 400,000 감가상각비 400,000

(4) Y6년 12월 31일 기계 처분 전 장부금액

기계장치	16,000,000원	
감가상각누계액	(6,000,000)	
정부보조금	(1,200,000)(주3)	8,800,000원

(주3) 정부보조금 1,200,000원 = 2,000,000원 - 800,000원

07 ④

(1) 기초순장부금액 + (기중취득자산의 취득원가 - 감가상각액)
= 매각자산의 순장부금액 + 기말순장부금액

(2) 250,000원 + 기중취득자산 - 28,000원
= (50,000원 - 32,000원) + 370,000원

(3) 기중취득자산의 취득원가 = 166,000원

08 ②

(1) Y6년초 수선전 장부금액 = 4,000,000원 - (4,000,000원 ÷ 10년 × 4) = 2,400,000원

(2) Y6년 감가상각액 = (2,400,000원 + 1,800,000원) ÷ (6년 + 2년) = 525,000원

09 ①

(1) Y1년말 분개

(차) 재평가손실(당기손실) 1,000 (대) 토 지 1,000

(2) Y2년말 분개

(차) 토 지 4,000 (대) 재평가이익(당기이익) 1,000
재평가이익(재평가잉여금) 3,000

* 총포괄이익 = 당기순이익 1,000원 + 기타포괄이익 3,000원 = 4,000원 증가

10 ④ Y2년도 감가상각액: 1,000,000원/5년 = 200,000원
붕어빵 1개 생산에 투입된 감가상각액: 200,000원/100개 = 2,000원
판매된 붕어빵 60개의 매출원가(비용): 60개×2,000원 = 120,000원

11 ③ 실질현금유입액 = 처분가액 300,000원
- 처분손실에 대한 법인세 혜택 [300,000원 - (1,000,000원 - 600,000원)] × 0.3 = 330,000원

12 ②

A. 틀린 설명이다. 건물이 위치한 토지의 가치가 상승하더라도 건물의 내용연수는 영향을 받지 않는다.

B. 틀린 설명이다. 감가상각방법은 예상되는 미래 경제적 효익의 소멸행태에 따라 선택하여야 하며, 회계정책목표에 따라 임의 선택할 수 있는 것이 아니다.

C. 틀린 설명이다. 당기 제품생산수량보다 판매수량이 적은 경우 제조설비의 감가상각비 중 일부는 기말제품재고를 구성하여 자산에 포함되므로 인식한 감가상각비보다 적은 금액의 이익, 즉 매출원가에 포함된 금액만큼 이익이 감소한다.

13 ③

(1) Y1년말 재평가시 회계처리

(차) 재평가손실(당기손실)	40,000	(대) 토　　지	40,000

(2) Y2년 7월 토지 처분시 회계처리

(차) 현　　금	130,000	(대) 토　　지	60,000
		토지처분이익	70,000

∴ 당기순이익 70,000원 증가한다.

14 ②

재평가모형 적용시 분개

(차) 토　　지	200,000	(대) 토지재평가이익	200,000(기타포괄손익)
(차) 기계재평가손실(당기손익)	300,000	(대) 기계장치	300,000

15 ⑤

(1) 처분시점까지 기계A 감가상각비 인식

(차) 기계A 감가상각비	50,000	(대) 감가상각누계액	50,000

(2) 기계A의 처분시 회계처리

(차) 현　　금	X	(대) 기계A	1,000,000
감가상각누계액	450,000*	기계A 처분이익	150,000

* 기초 400,000원 + 감가상각비 50,000원

따라서 매각으로 인한 현금유입액(X)은 700,000원(= 1,150,000원 − 450,000원)이다.

16 ①

제50기의 회계처리

(차)	감가상각비	300,000	(대)	감가상각누계액	300,000
	정부보조금	100,000		감가상각비	100,000

따라서 제50기의 감가상각비 200,000원(=300,000원-100,000원)을 제조원가에 반영한다.

17 ⑤

구건물 철거비용, 구건물의 장부금액, 제27기 토지분 재산세는 모두 당기비용으로 처리한다. 따라서 제27기에 건설중인자산에서 차감하여 비용 처리할 금액은 4,500,000원이다.

Intangible Assets

제8장

무형자산

학습목표

본장을 학습한 후 다음 사항을 이해할 수 있다.

1. 무형자산의 정의와 인식기준
2. 무형자산의 원가와 상각방법
3. 연구비 · 개발비의 회계처리
4. 영업권의 회계처리

1. 무형자산의 의의

1-1 무형자산의 정의

무형자산(intangible assets)이란 물리적 형체가 없지만 식별가능하고, 기업이 통제하고 있으며, 미래 경제적 효익을 제공하는 비화폐성자산[1]을 말한다. 무형자산의 주요 특징은 다음과 같다.

① 영업상 목적으로 획득 또는 보유하고 있으며, 물리적 형체가 없다.
② 미래의 경제적 효익과 그 내용연수가 있지만 그 금액과 기간을 객관적으로 측정하기 어렵고 불확실하다.
③ 특정기업에만 가치가 있는 경우가 대부분이며, 그 가치가 상대적 경쟁력에 의하여 좌우된다.

1-2 무형자산의 분류

무형자산은 그 종류와 특징이 다양하기 때문에 특정한 기준에 의하여 분류하기 어렵다. 일반적으로 무형자산은 ① 식별가능성과 ② 취득방법(외부구입, 내부창출)에 따라 분류한다. 각 상황별로 회계처리방법을 설명하면 다음과 같다.

1) 비화폐성자산이란 화폐성자산 외의 자산을 말하는데, 화폐성자산이란 현금 및 확정되었거나 확정가능한 화폐금액으로 받을 자산을 말한다.

구　분		식별가능성	
		식별가능무형자산	식별불능무형자산(영업권)
취득방법	외부 구입	상황 Ⅰ	상황 Ⅱ
	내부창출	상황 Ⅲ	상황 Ⅳ

① 상황Ⅰ : 자산으로 처리하고 내용연수에 따라 상각한다. (산업재산권 등)

② 상황Ⅱ : 자산으로 처리하고 내용연수에 따라 상각한다. (사업결합으로 취득한 영업권)

③ 상황Ⅲ : 자산인식요건을 갖춘 경우 자산으로 처리하고 내용연수에 따라 상각한다. (개발비)
그렇지 않은 경우에는 발생 즉시 비용으로 처리한다.
(연구비, 경상개발비, 광고비, 교육훈련비 등)

④ 상황Ⅳ : 발생 즉시 비용으로 처리한다.
(내부적으로 창출된 영업권 : 고정고객, 고객충성도, 시장점유율 등)

일반기업회계기준에서는 무형자산을 다음과 같이 예시하고 있다.

① 산업재산권(특허권, 실용신안권, 의장권, 상표권, 상호권 및 상품명 포함)
② 라이선스와 프랜차이즈
③ 저작권
④ 컴퓨터소프트웨어
⑤ 개발비
⑥ 임차권리금
⑦ 광업권 및 어업권

2. 식별가능 무형자산의 취득

2-1 무형자산의 인식요건

무형자산으로 인식하기 위해서는 무형자산의 정의와 인식기준을 모두 충족하여야 한다.

(1) 무형자산의 정의

무형자산으로 정의되기 위한 3가지 조건은 ① 식별가능성 ② 자원에 대한 통제 ③ 미래 경제적 효익의 존재이다.

1) 식별가능성

무형자산은 다음 중 하나에 해당하는 경우에 식별가능하다고 본다.

① 자산이 분리가능하다. 즉, 기업의 의도와는 무관하게 기업에서 분리하거나 분할할 수 있고, 개별적으로 또는 관련된 계약, 식별가능한 자산이나 부채와 함께 매각, 이전, 라이선스, 임대, 교환할 수 있다.

② 자산이 계약상 권리 또는 기타 법적 권리로부터 발생한다. 이 경우 그러한 권리가 이전 가능한지 여부 또는 기업이나 기타 권리와 의무에서 분리가능한지 여부는 고려하지 아니한다.

한편, 무형자산이 분리가능하지 않더라도 다른 방법으로 무형자산을 식별할 수 있는 경우가 있다. 예를 들면, 제조설비를 제조공정에 대한 특허권과 함께 일괄취득한 경우에는 그 특허권은 분리가능하지는 않지만 식별가능하다. 또한, 어떤 자산이 다른 자산과 결합해야만 미래 경제적 효익을 창출하는 경우에도 그 자산으로부터 유입되는 미래 경제적 효익을 확인할 수 있다면 그 자산은 식별가능한 것이다. 또한 무형자산은 계약상 또는 법적권리에서 발생하면 분리가능하다고 본다.

2) 통제

무형자산의 미래 경제적 효익을 확보할 수 있고 제3자의 접근을 제한할 수 있다면 자산을 통제하고 있는 것이다. 무형자산의 미래 경제적 효익에 대한 통제는 일반적으로 법적 권리로부터 나오며, 법적 권리가 없는 경우에는 통제를 입증하기 어렵다. 그러나 권리의 법적 집행가능성이 통제의 필요조건은 아니다.

시장에 대한 지식 및 기술적 지식으로부터도 미래 경제적 효익이 발생할 수 있다. 이러한 지식이 저작권, 계약상의 제약 또는 기밀유지에 대한 종업원의 법적 의무 등과 같은 법적 권리에 의해 보호된다면, 기업은 그러한 지식으로부터 얻을 수 있는 미래 경제적 효익을 통제하고 있는 것이다.

숙련된 종업원이나 훈련을 통해 습득된 종업원의 기술도 미래 경제적 효익을 가져다 줄 수 있으며, 이와 같은 효익이 미래에도 계속될 것으로 기대할 수 있다. 그러나 숙련된 종업원이나 그들의 기술로부터 창출될 미래 경제적 효익은 기업이 충분히 통제하기가 어렵기 때문에 무형자산의 정의를 충족하지 못한다. 또한 특정인의 경영능력이나 기술적 재능도 그것을 사용하여 미래 경제적 효익을 확보하는 것이 법에 의해 보호되지 않는 한 무형자산의 정의를 충족시킬 수 없다.

기업은 고객과의 관계를 잘 유지함으로써 고정고객과 시장점유율을 확보할 수 있다. 그러나 그러한 고객과의 관계나 고객의 충성도를 지속시킬 수 있는 법적 권리나 그것을 통제할 기타의 방법이 존재하지 않는다면 기업이 고객과의 관계로부터 창출될 미래 경제적 효익을 충분히 통제하고 있다고 보기 어렵다. 따라서 고정고객, 시장점유율, 고객과의 관계, 고객의 충성도 등은 일반적으로 무형자산의 정의를 충족하지 못한다.

3) 미래 경제적 효익

무형자산의 미래 경제적 효익은 재화의 매출이나 용역수익, 원가절감, 또는 자산의 사용에 따른 기타 효익의 형태로 발생한다. 예를 들면 연구단계의 지출은 미래경제적 효익의 유입가능성이 높지 않으므로 발생기간에 비용으로 인식한다.

(2) 인식기준

무형자산은 ① 미래 경제적 효익이 기업에 유입될 가능성이 매우 높고 ② 취득원가를 신뢰성 있게 측정할 수 있는 경우에 한하여 자산으로 인식한다.

미래 경제적 효익이 기업에 유입될 가능성에 대한 평가는 무형자산의 내용연수 동안 존재할 경제적 상황에 대한 합리적이고 객관적인 가정에 근거하여야 한다.

미래 경제적 효익의 확실성 정도에 대한 평가는 기업이 무형자산을 최초로 인식하는 시점에서 입수가능한 증거에 근거하며, 외부 증거에 더 큰 비중을 둔다.

2-2 무형자산의 원가

무형자산을 최초로 인식할 때에는 원가로 측정한다. 원가란 자산을 취득하기 위하여 자산의 취득시점이나 생산시점에서 지급한 현금 및 현금성자산 또는 제공하거나 부담할 기타 대가의 공정가치를 의미한다. 무형자산의 취득유형별 취득원가를 살펴보면 다음과 같다.

(1) 개별 취득

개별 취득하는 무형자산의 원가는 다음 항목으로 구성된다.

① 구입가격(매입할인과 리베이트를 차감하고 수입관세와 환급받을 수 없는 제세금 포함)

② 자산을 의도한 목적에 사용할 수 있도록 준비하는 데 직접 관련되는 원가

1) 정부보조 등에 의한 취득

정부보조 등에 의해 무형자산을 무상 또는 공정가치보다 낮은 대가로 취득한 경우에는 무형자산의 원가는 취득일의 공정가치로 한다. 정부보조금 등은 취득원가에서 차감하는 형식으로 표시하고 그 자산의 내용연수에 걸쳐 상각금액과 상계하며, 그 자산을 처분하는 경우에는 그 잔액을 처분손익에 반영한다. 다만, 무형자산의 공정가치를 알 수 없는 경우에는 무형자산의 원가는 구입원가와 자산을 사용할 수 있도록 준비하는 데 직접 관련되는 지출을 합한 금액으로 한다.

2) 자산교환에 의한 취득

다른 종류의 무형자산이나 다른 자산과의 교환으로 무형자산을 취득하는 경우에는 무형자산의 원가를 교환으로 제공한 자산의 공정가치로 측정한다. 다만, 교환으로 제공한 자산의 공정가치가 불확실한 경우에는 교환으로 취득한 자산의 공정가치를 원가로 할 수 있다. 자산의 교환에 현금수수액이 있는 경우에는 현금수수액을 반영하여 원가를 결정한다.

동일한 업종 내에서 유사한 용도로 사용되고 공정가치가 비슷한 동종 자산과의 교환으로 무형자산을 취득하거나, 동종 자산에 대한 지분과의 교환으로 무형자산을 매각할 수 있다. 이러한 경우에는 수익창출과정이 완료되지 않았기 때문에 교환에 따른 거래손익을 인식하지 않아야 하며, 교환으로 취득한 자산의 원가는 교환으로 제공한 자산의 장부금액으로 한다. 그러나 취득한 자산의 공정가치에 비추어 볼 때 제공한 자산에 손상차손이 발생하였음을 알 수 있는 경우에는 손상차손을 먼저 인식하고 손상차손 차감 후의 장부금액을 취득한 자산의 원가로 한다.

(2) 사업결합으로 인한 취득

사업결합으로 취득하는 무형자산의 원가는 일반기업회계기준 제12장 「사업결합」에 따라 취득일의 공정가치로 한다. 무형자산의 공정가치는 그 자산에 내재된 미래 경제적 효익이 그 실체에 유입될 가능성이 매우 높다는 시장의 기대를 반영되기 때문에 사업결합으로 취득하는 무형자산은 「자산으로부터 발생하는 미래 경제적 효익이 실체에 유입될 가능성이 매우 높다」는 인식조건을 항상 충족하는 것으로 본다.

한편, 사업결합으로 취득하는 무형자산의 공정가치는 일반적으로 영업권과 분리하여 인식될 수 있을 정도로 신뢰성 있게 측정할 수 있다. 무형자산의 공정가치를 측정하는데 사용되는 추정치에 불확실성이 존재한다면, 그러한 불확실성은 그 자산의 공정가치를 신뢰성 있게 측정할 수 없다는 것을 나타내기 보다는 그 자산의 공정가치 측정에 반영된다. 만약 사업결합으로 취득하는 무형자산이 유한내용연수를 가지고 있다면, 명백한 증거가 없는 한 그 자산의 공정가치를 신뢰성 있게 측정할 수 있다. 다만, 사업결합으로 취득하는 무형자산의 공정가치를 신뢰성 있게 측정할 수 없는 유일한 상황은 당해 무형자산이 계약상 또는 기타 법적 권리로부터 발생하면서 ① 분리가능하지 않거나 ② 분리가능하더라도 동일하거나 유사한 자산의 교환 거래의 과거 경험 또는 증거가 없으며, 그러한 과거 경험 또는 증거가 있다고 하더라도 공정가치 추정이 측정할 수 없는 변수에 의존하는 경우이다.

(3) 내부적으로 창출한 영업권

미래 경제적 효익을 창출하기 위하여 발생한 지출이라도 이 장의 인식기준을 충족하지 못하면 무형자산으로 인식할 수 없다. 그러한 지출은 대부분 내부적으로 영업권을 창출하지만, 내부적으로 창출한 영업권은 원가를 신뢰성 있게 측정할 수 없을 뿐만 아니라 기업이 통제하고 있는 식별가능한 자원도 아니기 때문에 자산으로 인식하지 않는다.

(4) 내부적으로 창출한 무형자산

내부적으로 창출한 무형자산도 무형자산의 인식요건과 원가주의를 적용한다. 아울러 내부적으로 창출된 무형자산이 인식기준에 부합하는지를 평가하기 위하여 무형자산의 창출과정을 연구단계와 개발단계로 구분한다.

무형자산을 창출하기 위한 내부 프로젝트를 연구단계와 개발단계로 구분할 수 없는 경우에는 그 프로젝트에서 발생한 지출은 모두 연구단계에서 발생한 것으로 본다.

1) 연구단계

프로젝트의 연구단계에서는 미래 경제적 효익을 창출할 무형자산이 존재한다는 것을 입증할 수 없기 때문에 연구단계에서 발생한 지출은 무형자산으로 인식할 수 없고 발생한 기간의 비용으로 인식한다. 연구단계에 속하는 활동의 일반적인 예는 다음과 같다.

① 새로운 지식을 얻고자 하는 활동
② 연구결과 또는 기타 지식을 탐색, 평가, 최종 선택 및 응용하는 활동
③ 재료, 장치, 제품, 공정, 시스템, 용역 등에 대한 여러 가지 대체안을 탐색하는 활동
④ 새롭거나 개선된 재료, 장치, 제품, 공정, 시스템, 용역 등에 대한 여러 가지 대체안을 제안, 설계, 평가 및 최종 선택하는 활동

2) 개발단계

개발단계에서 발생한 지출은 다음의 조건을 모두 충족하는 경우에만 무형자산으로 인식하고, 그 외의 경우에는 발생한 기간의 비용으로 인식한다.

① 무형자산을 사용 또는 판매하기 위해 그 자산을 완성시킬 수 있는 기술적 실현가능성을 제시할 수 있다.
② 무형자산을 완성해 그것을 사용하거나 판매하려는 기업의 의도가 있다.
③ 완성된 무형자산을 사용하거나 판매할 수 있는 기업의 능력을 제시할 수 있다.
④ 무형자산이 어떻게 미래 경제적 효익을 창출할 것인가를 보여줄 수 있다. 예를 들면, 무형자산의 산출물, 그 무형자산에 대한 시장의 존재 또는 무형자산이 내부적으로 사용될 것이라면 그 유용성을 제시하여야 한다.
⑤ 무형자산의 개발을 완료하고 그것을 판매 또는 사용하는 데 필요한 기술적, 금전적 자원을 충분히 확보하고 있다는 사실을 제시할 수 있다.
⑥ 개발단계에서 발생한 무형자산 관련 지출을 신뢰성 있게 구분하여 측정할 수 있다.

개발단계는 연구단계보다 훨씬 더 진전되어 있는 상태이기 때문에 프로젝트의 개발단계에서는 무형자산을 식별할 수 있으며, 그 무형자산이 미래 경제적 효익을 창출할 것임을 입증할 수 있다. 개발단계에 속하는 활동의 일반적인 예는 다음과 같다.

① 생산 전 또는 사용 전의 시작품과 모형을 설계, 제작 및 시험하는 활동
② 새로운 기술과 관련된 공구, 금형, 주형 등을 설계하는 활동
③ 상업적 생산목적이 아닌 소규모의 시험공장을 설계, 건설 및 가동하는 활동
④ 새롭거나 개선된 재료, 장치, 제품, 공정, 시스템 및 용역 등에 대하여 최종적으로 선정된 안을 설계, 제작 및 시험하는 활동

무형자산을 완성하고 그로부터 효익을 획득하는 데 필요한 자원의 확보가능성은 필요한 기술적, 재무적 자원 등을 동원할 수 있는 기업의 능력이 설명된 사업계획이

나 그 사업계획에 대한 자금제공자의 참여의사표시로 제시할 수 있다. 내부적으로 창출된 브랜드, 고객 목록 및 이와 유사한 항목에 대한 지출은 무형자산으로 인식하지 않는다.

그림 8-1 내부창출무형자산의 인식과정

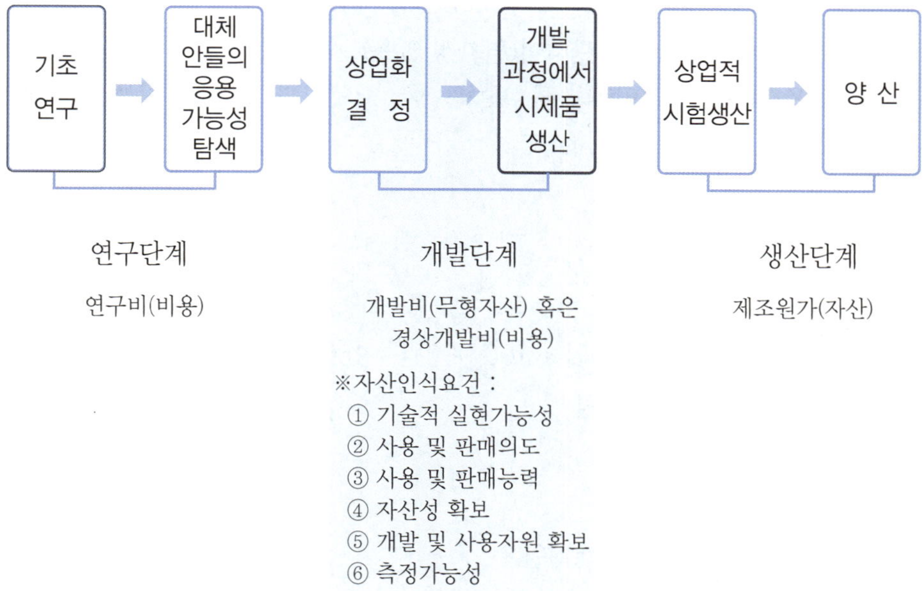

3) 내부적으로 창출한 무형자산의 원가

내부적으로 창출한 무형자산의 원가는 인식기준을 최초로 충족한 이후에 발생한 지출금액으로 한다. 내부적으로 창출한 무형자산의 원가는 그 자산의 창출, 제조, 사용준비에 직접 관련된 지출과 합리적이고 일관성 있게 배분된 간접 지출을 모두 포함한다.

사례 8-1 내부창출무형자산

다음과 같은 항목의 지출에 대해 회계처리할 계정과목과 금액을 계산하시오.

① 연구결과의 탐색을 위한 연구비	50,000원
② 대체적인 용도가 없는 연구시설물(내용연수 10년)의 건설비	100,000원
③ 신기술과 관련된 공구 · 금형 · 주형의 설계비(자산성 없음)	70,000원
④ 상업생산 중에 발생한 품질관리비(원가성 있음)	40,000원
⑤ 생산 전의 시제품 제작비(자산성 있음)	30,000원
⑥ 특허권의 방어를 위한 소송비용	20,000원

해 답

(1) 연구비 : ① + ② = 50,000원 + 100,000원 = 150,000원

(2) 경상개발비 : ③ = 70,000원

(3) 제조원가 : ④ = 40,000원

(4) 개발비 : ⑤ = 30,000원

(5) 판매비와관리비 : ⑥ = 20,000원

3. 무형자산의 취득 또는 완성 후의 지출

무형자산의 취득 또는 완성 후의 지출로서 다음의 요건을 모두 충족하는 경우에는 자본적 지출로 처리하고, 그렇지 않은 경우에는 발생한 기간의 비용으로 인식한다.

① 관련 지출이 무형자산의 미래 경제적 효익을 실질적으로 증가시킬 가능성이 매우 높다.
② 관련된 지출이 신뢰성 있게 측정될 수 있으며 무형자산과 직접 관련된다.

취득 또는 완성 후의 지출이 최초에 평가된 무형자산의 성능수준을 유지하기 위한 것이라면 비용으로 인식한다. 취득 또는 완성 후의 지출로 인하여 무형자산으로부터의 경제적 효익이 증가될지의 여부를 판단하는 것은 매우 어렵다. 또한 그러한 지출을 사업전체가 아닌 특정 무형자산에 직접 귀속시키기도 어렵다. 따라서 취득 또는 완성 후의 지출을 무형자산의 자본적 지출로 처리하는 것은 매우 제한적인 경우에 한한다.

4. 무형자산의 상각 및 손상

4-1 무형자산의 상각

(1) 상각기간

무형자산의 상각대상금액은 그 자산의 추정내용연수 동안 체계적인 방법에 의하여 비용으로 배분한다. 무형자산의 상각기간은 독점적 · 배타적인 권리를 부여하고 있는 관계 법령이나 계약에 정해진 경우를 제외하고는 20년을 초과할 수 없다. 상각은 자산이 사용가능한 때부터 시작한다.

무형자산의 미래경제적 효익은 시간의 경과에 따라 소비되기 때문에 상각을 통하여 장부금액을 감소시킨다. 무형자산의 공정가치 또는 회수가능액이 증가하더라도 상각은 원가에 기초한다. 무형자산의 추정내용연수를 결정하기 위해서 다음과 같은 요인을 종합적으로 고려한다.

① 예상되는 자산의 사용방식과 자산의 효율적 관리여부
② 해당 자산의 제품수명주기 및 유사한 자산의 추정내용연수에 관한 정보
③ 기술적, 공학적 상업적 또는 기타 유형의 진부화
④ 자산으로부터 산출되는 제품이나 용역의 시장수요 변화
⑤ 기존 또는 잠재적인 경쟁자의 예상 전략
⑥ 예상되는 미래경제적 효익의 획득에 필요한 자산 유지비용의 수준과 그 수준의 비용을 부담할 수 있는 능력과 의도
⑦ 자산의 통제가능 기간 및 자산사용에 대한 법적 또는 유사한 제한
⑧ 자산의 내용연수가 다른 자산의 내용연수에 의해 결정되는지의 여부

한편, 예외적으로 무형자산의 내용연수가 법적 또는 계약상 20년을 초과한다는 명백한 증거가 있는 경우에는 다음과 같이 처리한다.

① 자산은 최적 추정내용연수 동안 상각한다.

② 자산의 내용연수가 법적 또는 계약상 20년을 초과한다는 명백한 증거와 내용연수를 결정하는 데 중요한 역할을 한 요인들을 공시한다.

일정 기간 동안 보장된 법적 권리를 통해 무형자산의 미래경제적효익에 대한 통제가 획득된 경우에는 법적 권리가 갱신될 수 있고 갱신이 실질적으로 거의 확실한 경우를 제외하고는 내용연수가 그 법적 권리의 기간을 초과할 수 없다.

무형자산의 내용연수는 경제적 요인과 법적 요인의 영향을 받는다. 경제적 요인은 자산의 미래경제적효익이 획득되는 기간을 결정하고, 법적 요인은 기업이 그 효익에 대한 제3자의 접근을 통제할 수 있는 기간을 제한한다. 내용연수는 이러한 요인에 의해 결정된 기간 중 짧은 기간으로 한다. 특히 다음의 조건을 모두 만족하는 경우는 법적 권리의 갱신이 실질적으로 확실한 것으로 본다.

① 무형자산의 공정가치가 최초로 설정된 만기일이 되어도 감소하지 않거나, 감소한 금액이 갱신에 필요한 비용을 초과하지 않는다.

② 갱신원가가 갱신으로 인하여 유입될 것으로 기대되는 미래경제적효익과 비교하여 유의적이지 않다.

③ 과거 경험 등에 비추어 법적 권리가 갱신될 것이라는 객관적인 증거가 있다.

④ 법적 권리 갱신을 위해 필요한 조건들이 충족될 것이라는 증거가 있다.

(2) 상각방법

무형자산의 상각방법은 자산의 경제적 효익이 소비되는 행태를 반영한 합리적인 방법이어야 한다. 무형자산의 상각대상금액을 내용연수 동안 합리적으로 배분하기 위해 다양한 방법을 사용할 수 있다. 이러한 상각방법에는 정액법, 체감잔액법(정률법 등), 연수합계법, 생산량비례법 등이 있다. 다만, 합리적인 상각방법을 정할 수 없는 경우에는 정액법을 사용한다.

(3) 잔존가치

무형자산의 잔존가치는 없는 것을 원칙으로 한다. 다만, 경제적 내용연수보다 짧은 상각기간을 정한 경우에 상각기간이 종료될 때 제3자가 자산을 구입하는 약정이 있거나, 그 자산에 대한 거래시장이 존재하여 상각기간이 종료되는 시점에 자산의 잔존가치가 거래시장에서 결정될 가능성이 매우 높다면 잔존가치를 인식할 수 있다.

무형자산의 잔존가치는 유사한 환경에서 사용하다가 매각된 동종 무형자산의 매각가격을 이용하여 추정할 수 있다. 잔존가치를 결정한 후에는 가격이나 가치의 변동에 따라 증감시키지 않는다.

(4) 잔존가치 · 상각기간과 상각방법의 변경

최근 보고기간 이후, 자산의 사용방법, 기술적 진보 그리고 시장가격의 변동과 같은 요소는 무형자산의 잔존가치 또는 내용연수가 달라졌다는 지표가 될 수 있다. 이러한 지표가 존재한다면 기업은 종전의 추정치를 재검토해야하며 최근의 기대와 달라진 경우 잔존가치, 상각방법 또는 상각기간을 변경한다. 잔존가치, 상각방법 또는 상각기간의 변경은 일반기업회계기준 제5장 「회계정책, 회계추정의 변경 및 오류」에 따라 회계추정의 변경으로 회계처리한다.

무형자산을 사용하는 동안 내용연수에 대한 추정이 적절하지 않다는 것이 명백해지는 경우가 있다. 예를 들면, 취득 또는 완성 후의 지출로 인하여 자산의 성능이 향상되거나 손상차손을 인식하는 경우에는 상각기간의 변경이 필요할 수 있다.

4-2 무형자산의 손상

유형자산의 경우처럼 무형자산도 손상이 발생하면 발생연도에 즉시 손실을 인식하여야 한다. 무형자산에 손상징후가 발생하면 회수가능액을 추정하며, 회수가능액이 장부금액에 미달하게 되는 경우에는 장부금액을 회수가능액으로 조정하고 그 차액을 손상차손으로 처리한다. 회수가능액이란 순공정가치와 사용가치 중 큰 금액을 말한다.

다만, 매 보고일에 영업권을 제외한 무형자산에 대해 과거기간에 인식한 손상차손이 더 이상 존재하지 않거나 감소된 것을 시사하는 징후가 있는지 검토하고 이러한 징후가 있는 경우에는 당해 자산의 회수가능액을 추정한다. 그리고 손상을 인식한 무형자산에 대해 회수가능액을 결정하는데 사용한 추정치에 변화로 인하여 회수가능액이 장부금액을 초과하게 되는 경우에는 손상되기 전 장부금액의 상각후 잔액을 한도로 그 초과액을 손상차손환입으로 처리한다.

4-3 무형자산의 사용중단

사용을 중지하고 처분을 위해 보유하는 무형자산은 사용을 중지한 시점의 장부금액으로 표시한다. 이러한 자산에 대해서는 투자자산으로 재분류하고 상각하지 않으며 매 회계연도말에 회수가능액을 평가하여 손상차손을 인식한다.

5. 영업권

5-1 영업권의 의의

영업권(goodwill)이란 개별적으로 식별하여 별도로 인식할 수 없으나 사업결합에서 획득한 그 밖의 자산에서 발생하는 미래경제적 효익을 나타내는 자산을 말한다. 영업권은 개념상으로 특정기업이 동종 타기업에 비하여 미래에 초과이익을 얻을 수 있는 능력을 자본화한 가치인데, 우수한 경영진 및 종업원과 같은 인적 요인, 전략적 · 지역적으로 유리한 조건, 노하우 등에 의하여 발생한다. 영업권은 내부창출영업권과 사업결합으로 취득한 영업권으로 구분된다. 일반기업회계기준에서는 사업결합으로 취득한 것에 한하여 영업권을 무형자산으로 인정한다.

내부창출영업권은 연구개발과 관련된 기술력, 고객과 관련된 시장력, 인적자원, 경영능력 등을 향상시켜서 발생한 것이다. 그러나 이러한 미래 경제적 효익을 창출하기 위하여 발생한 지출이라도 무형자산의 인식기준을 충족하지 못하면 무형자산으로 인식할 수 없다. 그러한 지출은 대부분 내부적으로 영업권을 창출하지만, 취득원가를 신뢰성 있게 측정할 수 없을 뿐만 아니라 기업이 통제하고 있는 식별가능한 자원도 아니기 때문에 자산으로 인식하지 않는다.

5-2 영업권의 측정

영업권의 본질을 어떻게 보느냐에 따라 영업권의 측정방법이 2가지로 구분된다.

(1) 취득한 순자산의 공정가치를 초과하는 이전대가

영업권은 개별적으로 확인하거나 평가할 수 없는 기술 및 지식, 경영, 시장조사, 판촉활동 등의 분야에서 평균 이상의 능력이 있어서 발생하는 무형의 자산이나 가치라고 보는 주장이다. 이러한 견해에 의하면 영업권은 이전대가에서 식별가능한 자산,

부채 및 우발부채의 공정가치에 대한 취득자의 지분을 차감하여 계산한다. 영업권은 ① 피취득자의 계속기업 요소로서의 공정가치 ② 피취득자의 순자산이 취득자의 순자산과 결합하여 발생하는 시너지효과 ③ 취득자의 과다 지급액 ④ 공정가치 측정상의 오류 등으로 구성된다. 일반기업회계기준에서는 이 견해에 따라 사업결합으로 취득한 것에 한하여 인정하고 있다.

그림 8-2 영업권의 측정

영업권 = 이전대가 (사업결합에 소요된 매수원가) − 식별가능한 취득자산과 인수부채의 순액

(2) 초과이익의 현재가치

영업권은 정상이익을 초과하는 기업의 초과이익을 내부수익률로 할인한 현재가치라고 보는 견해이다. 개념상으로는 합리적인 평가방법이지만 미래의 기대이익과 지속기간을 추정하는 문제가 개입되기 때문에 객관성이 결여된 평가방법이다. 이 방법에서는 영업권을 다음과 같은 순서로 측정한다.

① 피취득자의 순자산의 공정가치 계산
② 피취득자의 과거 이익자료에 의하여 미래 기대이익 추정
③ 피취득자의 순자산의 공정가치에 정상이익률(자본비용 또는 동종업종의 평균이익률)을 곱하여 정상이익을 산출
④ 미래 기대이익에서 정상이익을 차감하여 초과이익 계산
⑤ 내부수익률을 적용하여 초과이익을 자본화

5-3 영업권의 상각

영업권을 자산으로 인식하면 상각문제가 발생한다. 영업권의 상각과 관련하여 ① 무상각법, ② 즉시상각법 ③ 내용연수상각법 등의 3가지 방법이 있다.

(1) 무상각법

영업권은 반증이 없는 한 결정불능내용연수를 가진다고 보며, 객관적으로 영업권의 가치가 감소되었다는 증거가 없는 한 상각해서는 안 된다는 견해이다. 이 견해는 취득한 영업권을 유지 · 향상시키기 위한 지출은 내부창출 영업권으로 전액 비용화하기 때문에 취득한 영업권은 계속 자산으로 인식해야 하며, 기업가치의 감소가 없는 상황에서 내용연수를 추정하여 상각하면 순이익의 조작가능성이 있다고 본다. 한국채택국제회계기준(K-IFRS)은 무상각법을 수용하되, 매 회계연도마다 손상검사를 하고 영업권이 손상되었으면 손상차손을 인식하도록 규정하고 있다.

(2) 즉시상각법

영업권은 효익이 발생하는 미래기간을 결정하는 것이 매우 어렵고 다른 자산과 달리 기업에서 분리시킬수 없기 때문에 자산으로 보아서는 안 된다는 견해이다. 이 방법에 의하면 영업권에 상당하는 사업결합원가를 주주지분에서 차감하여 순자산을 감소시킨다.

(3) 내용연수상각법

영업권의 미래경제적 효익은 장차 소멸되므로 내용연수에 걸쳐서 상각하여야 한다는 견해이다. 이 방법에 의하면 비용이 내용연수에 걸쳐 배분되므로 수익 · 비용대응의 원칙에 충실하게 된다.

일반기업회계기준은 영업권을 그 내용연수에 걸쳐 정액법으로 상각하되, 내용연수는 미래에 경제적 효익이 유입될 것으로 기대되는 기간으로 하며, 20년을 초과하지 못하도록 규정하고 있다. 또한 매수일에 자산으로 인식된 영업권에 대하여 매결산기에 회수가능액으로 평가하는데, 영업권의 회수가능액이 장부금액에 미달하고 그 미달액이 유의적인 경우에는 이를 영업권손상차손으로 하여 당기비용으로 처리하며, 손상된 영업권은 추후 회복할 수 없다.

5-4 염가매수차익

피취득자의 식별가능한 취득자산과 인수부채의 순액이 이전대가를 초과하는 사업결합, 즉 염가매수의 경우, 염가매수차익을 인식하기 전에, 취득자는 모든 취득자산과 인수부채를 정확하게 식별하였는지에 대해 재검토하고, 이러한 재검토에서 식별된 추가 자산이나 부채가 있다면 이를 인식한다. 이때 취득자는 취득일에 일반기업회계기준 제12장 「사업결합」에서 인식하도록 요구한 다음의 모든 사항에 대해, 그 금액을 측정하는 데 사용한 절차를 재검토한다.

① 식별가능한 취득자산과 인수부채
② 단계적으로 취득한 사업결합의 경우, 취득자가 이전에 보유하고 있던 피취득자에 대한 지분
③ 이전대가

재검토하는 목적은 취득일 현재 이용가능한 모든 정보를 고려하여 관련 측정치에 적절히 반영하였는지 확인하기 위해서이다. 만일 그 초과금액이 재검토 후에도 남는다면, 취득자는 취득일에 그 차익을 「당기손익」으로 인식하고 그 차익은 취득자에게 귀속된다.

사례 8-2 영업권의 측정

㈜금융은 Y2.1.1. 현재 ㈜삼청과의 합병을 고려하고 있다. Y1.12.31. 현재 ㈜삼청의 재무상태표는 다음과 같으며, 총자산과 총부채는 공정가치로 평가되어 있다. 다음 물음에 답하시오.

재무상태표

㈜삼청 Y1.12.31. 현재 (단위: 원)

총 자 산	10,000,000	총 부 채	4,000,000
		자 본 금	6,000,000
자산총계	10,000,000	부채와 자본총계	10,000,000

(1) ㈜금융이 이전(합병)대가로 현금 9,000,000원을 지급한다면 영업권은 얼마인가?

(2) ㈜금융이 이전(합병)대가로 현금 5,000,000원을 지급한다면 염가매수차익은 얼마인가?

해 답

(1) 이전(합병)대가로 현금 9,000,000원을 지급한 경우

• 사업결합분개

(차)	총 자 산	10,000,000	(대)	총 부 채	4,000,000
	영 업 권	3,000,000		현 금	9,000,000

따라서 영업권은 3,000,000원이다.

(2) 이전(합병)대가로 현금 5,000,000원을 지급한 경우

• 사업결합분개

(차)	총 자 산	10,000,000	(대)	총 부 채	4,000,000
				현 금	5,000,000
				염가매수차익	1,000,000

따라서 염가매수차익은 1,000,000원이다.

6. 천연자원

천연자원에는 석유, 가스, 광물, 산림 등이 있다. 천연자원의 회계처리문제는 천연자원 원가의 측정문제와 그에 대한 원가배분의 문제이다. 천연자원의 원가는 크게 ① 광업권의 취득원가, ② 탐사원가, ③ 개발원가로 구분된다. 광업권의 취득원가는 미발굴 천연자원의 탐사 및 채굴을 할 수 있는 권리를 취득하기 위하여 지출한 대가를 말하며, 탐사원가는 광상에 대한 재산권을 취득한 이후 탐사에 소요된 지출이며, 개발원가는 성공한 탐사계획으로부터 천연자원을 채굴하기 위하여 소요되는 원가로서 유형설비자산과 무형의 개발원가로 구분된다. 무형의 개발원가에는 굴착원가, 터널 및 갱도공사원가, 유정개발비 등을 들 수 있다.

한국채택국제회계기준(K-IFRS 제1106호)에서는 「광물자원의 탐사와 평가」로 별도의 기준서로 규정하고 있는데, 그 활동이 전문화되어 추출산업의 탐사 · 개발 등에 대하여 별도로 규정할 필요가 있기 때문이다. 그러나 일반기업회계기준에서는 광업권을 무형자산에 포함시키고 있다.

7. 기타 비유동자산

투자자산, 유형자산 및 무형자산 외에 기타비유동자산으로 이연법인세자산과 기타(장기매출채권, 보증금, 장기선급비용, 장기미수금 등)가 있다.

(1) 이연법인세자산

이연법인세자산은 미래에 경감될 법인세부담액으로서 미래의 현금흐름을 예측하는 데 유용한 정보를 제공하므로 구분 표시하며, 다음의 항목으로 인하여 발생한다.

① 차감할 일시적차이

② 이월공제가 가능한 세무상결손금 및 세액공제

(2) 기타

기타는 장기매출채권, 보증금, 장기선급비용, 장기미수금 등을 포함한다. 이들 자산은 투자수익이 없고 다른 자산으로 분류하기 어려워 기타자산으로 통합하여 표시한다. 장기매출채권 등과 같이 부실화 가능성이 있는 자산에 대하여는 대손충당금(추정부실채권)을 차감한 순액으로 기타자산에 포함시킨다. 다만, 이들 항목이 중요한 경우에는 별도 표시한다.

8. K-IFRS(제1038호: 무형자산)와 비교

(1) 적용범위에서 광업권 제외

K-IFRS 제1038호에서는 광업권을 적용범위에서 제외하고 있다. 광업권을 범위에서 제외한 이유는 그 활동이 전문화되어 추출산업의 탐사 · 개발 등에 대하여 별도의 K-IFRS(제1106호)에서 규정할 필요가 있기 때문이다.

(2) 식별가능성 개념의 명확화

영업권은 더 이상 상각대상 자산이 아니라 자산손상평가 대상이 됨에 따라 사업결합으로 취득하는 무형자산을 명확히 식별하지 않을 경우 상각대상이 되는 무형자산이 영업권에 포함되어 상각되지 않을 위험성이 있다. 따라서 식별가능성에 대한 개념을 명확히 하여 식별가능한 무형자산을 영업권에 포함하지 않도록 하였다.

(3) 내용연수가 비한정(indefinite)인 무형자산

K-IFRS 제1038호에서는 표현의 충실성을 위하여 무형자산의 상각기간은 일반적으로 내용연수와 더 나아가 당해 자산과 관련된 현금흐름을 반영하여야 한다고 본다. 따라서 모든 관련 요소(예: 법적, 규정적, 계약적, 경쟁적, 경제적 또는 기타 요소)를 분석한 결과, 특정 무형자산에 대해서는 순현금유입을 발생할 것으로 기대되는 기간에 대한 '예측가능한 제한(foreseeable limit)'이 없다는 결론에 도달할 수 있기 때문에 이러한 경우에는 무형자산의 내용연수가 비한정(indefinite)이라고 본다. 만약, 자산이 갖는 미래경제적효익이 소비되리라고 기대되는 기간에 대한 '예측가능한 제한'이 없다면 임의적으로 결정된 최대기간동안의 자산의 상각은 표현의 충실성을 훼손할 수 있다. 따라서 내용연수가 비한정인 무형자산은 상각하지 않고 정기적인 손상평가(impairment test)를 하여야 한다.

(4) 사업결합으로 취득한 진행 중인 연구 · 개발 프로젝트에 대한 취득 후의 지출

K-IFRS 제1038호에서는 진행 중인 연구 · 개발 프로젝트에 대한 취득 후의 지출에 대하여 연구, 개발 또는 내부적인 프로젝트 단계의 연구개발에 대한 지출과 관련된 요구사항이 적용되어야 한다고 본다. 이것은 프로젝트를 외부에서 취득하였는지 아니면 내부적으로 시작하였는지에 따라 연구개발 지출이 다르게 회계처리 되는 것을 막고 모든 연구개발 지출이 일관성 있게 회계처리 되어야 한다는 것을 의미한다.

(5) 무형자산의 재평가

무형자산을 최초로 취득하여 인식한 이후에는 원가모형과 재평가모형을 선택할 수 있다. 그러나 재평가모형을 사용하더라도 ① 이전에 자산으로 인식하지 않은 무형자산과 ② 최초에 원가가 아닌 금액으로 인식한 무형자산은 재평가모형을 적용할 수 없다. 또한 영업권도 재평가모형을 적용할 수 없다.

9. 회계정보의 이해

㈜금융과 ㈜삼청이 제21기에 발생한 개발활동 관련 지출액 50,000원에 대한 재무제표의 표시와 ㈜안국의 주석이다. 다음 물음에 답하시오.

재무제표

㈜금융의 손익계산서		㈜삼청의 재무상태표	
제21기(당기)		제21기(당기)	
경상개발비	50,000원	개 발 비	50,000원

(주)안국의 주석

(　　)은 취득 시점에 취득하는 종속기업, 관계기업 및 공동기업, 사업 등의 순식별 가능자산에 대한 회사의 지분에 해당하는 공정가치를 초과하여 지급한 대가에 해당하며, 종속기업의 사업취득과 관련된 건은 무형자산으로~ 이하 생략

(물음1) 두 회사의 개발활동 관련 지출액에 대한 회계처리의 차이가 미치는 효과는 무엇일까요?

(물음2) ㈜안국의 주석사항은 어떤 내용을 기술한 것일까요?

정답 및 해설

(물음1) 개발활동 관련 지출액 50,000원을 ㈜금융은 비용, ㈜삼청은 자산 처리하였다. 그 결과 ㈜금융은 제21에 영업이익 50,000원이 감소, 영업활동 현금흐름이 50,000원 감소(유출)한다. 반면에 ㈜삼청은 개발비상각의 효과만큼 영업이익 감소와 투자활동 현금흐름이 50,000원 감소(유출)한다. 당기 재무제표는 ㈜삼청이 ㈜금융에 비해 좋게 보이지만, 미래에는 ㈜삼청은 개발비상각으로 인해 영업이익이 감소하게 된다. 또한 현금흐름 관점에서 ㈜삼청이 ㈜금융에 비해 좋게 보이지만 개발활동 관련 지출을 현금흐름표에 다른 분류로 표시한 것이기 때문에 이러한 차이를 정확하게 식별하여야 한다.

(물음2) 영업권에 대한 주석이며, "순식별가능자산에 대한 회사의 지분에 해당하는 공정가치를 초과하여 지급한 대가에 해당"에서 그 근거를 찾을 수 있다.

10. CASE STUDY

(토의) 연구개발비를 자산 처리하려는 성향의 기업과 비용 처리하려는 성향의 기업의 차이점과 회계처리의 차이가 재무제표에 미치는 영향에 대해 토의해봅시다.

해 답

연구개발비의 투자성과는 매우 불확실하고 그 효과도 미래의 장기간에 걸쳐 나타나는 특징이 있다. 따라서 연구개발비를 지출하는 기업의 대부분은 이를 자산 처리함으로써 이익의 감소효과를 미래 기간에 평균화시키려는 경향이 있다. 특히 이익과 투자여력이 상대적으로 적은 중소기업의 경우에는 그러한 성향이 두드러지게 나타난다. 반면, 상대적으로 이익이 크고 투자여력이 있는 일부 대기업의 경우에는 연구개발비를 전액 비용처리하려는 경향도 관측되며, 이는 보수주의 회계처리로 회계실무상 수용되는 경향이 있다. 이러한 회계처리는 정치적비용가설 또는 규모가설로서 실증된 바 있다.

연구개발비를 자산 처리하는 경우에는 비용처리하는 경우에 비해 현재의 당기순이익은 증가시키지만 미래의 당기순이익은 그 상각으로 인해 오히려 감소하는 결과를 초래한다. 따라서 연구개발비를 비용처리하면 미래이익에 대한 비밀적립금의 적립효과가 있는 것이다. 또한 현금흐름분석에서 연구개발비를 자산 처리하면 투자활동 현금흐름을 음수(△)로 보고되어 현금흐름분석상 양호한 해석을 초래하지만 연구개발비를 비용처리하면 영업활동 현금흐름을 감소시켜서 자산으로 처리하는 경우에 비해 현금흐름분석에서 불리한 결과를 초래한다.

결론적으로 연구개발비를 자산 처리하는 기업이 보수적으로 비용처리하는 기업에 비해 현재 재무제표상으로는 훨씬 좋게 보이지만 실제로 미래에 발생하게 될 결과는 정반대가 될 수 있기 때문에 연구개발비의 회계처리와 그 해석에 있어서 세심한 주의가 필요하다.

생 | 각 | 해 | 봅 | 시 | 다

1. 무형자산의 분류기준은 무엇인가?

2. 내부창출무형자산과 다른 무형자산을 구분하는 이유는 무엇인가?

3. 내부창출무형자산의 인식조건은 무엇인가?

4. 무형자산의 상각방법은 무엇인가?

5. 영업권의 장부금액과 공정가치가 다른 이유는 무엇인가?

확인문제

다음 설명이 맞으면 ○, 틀리면 × 하시오.

01 자산이 분리가능하거나 계약상 권리 또는 법적 권리로부터 발생하는 경우 식별가능하다고 본다. ( )

02 내부적으로 창출한 영업권도 무형자산으로 인식할 수 있다. ( )

03 내부적으로 창출한 무형자산의 원가는 인식기준을 최초로 충족한 이후에 발생한 지출금액으로 한다. ( )

04 영업권을 제외한 무형자산의 합리적인 상각방법을 정할 수 없는 경우에는 정률법을 사용한다. ( )

05 영업권은 사업결합에 의하여 취득한 것에 한하여 무형자산으로 인정한다. ( )

정답 및 해설

01 ○
02 내부적으로 창출한 영업권은 원가의 신뢰성 있게 측정할 수 없고, 기업이 통제하는 식별가능한 자원이 아니기 때문에 자산으로 인식하지 못한다.
03 ○
04 × 무형자산의 합리적인 상각방법을 정할 수 없는 경우에는 정액법을 사용한다.
05 ○

연 습 문 제

01 무형자산에 해당하지 않는 항목의 조합으로 옳은 것은?

A. 영업권	B. 연구비	C. 임차권리금	D. 프랜차이즈
E. 창업비	F. 경상개발비	G. 개발비	H. 컴퓨터소프트웨어

① A, B, C, E, H ② B, E, F ③ A, B, E, F
④ A, B, E, H ⑤ C, E, F

02 일반기업회계기준상 무형자산에 대한 설명으로 옳지 않은 것은?

① 상품화된 소프트웨어의 개발비는 무형자산으로 처리한다.
② 연구비는 발생 즉시 항상 비용으로 처리하여야 한다.
③ 과년도에 비용으로 처리한 개발비라도 이후 자산성 요건을 충족하는 경우에는 이를 전액 자산으로 처리할 수 있다.
④ 사업결합으로 취득한 무형자산은 그 공정가치의 신뢰성 있는 측정이 가능하다면 영업권과 구분하여 개별적으로 인식한다.
⑤ 무형자산도 유형자산의 경우와 같이 회수가능액이 장부금액에 미달하는 경우 손상차손을 인식하여야 한다.

03 벤처(주)의 내부창출무형자산의 인식과정에서 발생한 지출이다. 자산인식요건을 충족한 경우 개발비로 인식할 수 있는 금액은 얼마인가?

• 대체안의 응용가능성 탐색과정에서 지출한 금액	100,000원
• 상업화결정 이후 지출한 금액	120,000원
• 상업적 시험생산과정에서 지출한 금액	20,000원
• 개발과정에서 시제품 생산으로 지출한 금액	80,000원
• 기초연구단계에서 지출한 금액	50,000원

① 130,000원 ② 150,000원 ③ 180,000원
④ 200,000원 ⑤ 250,000원

04 무형자산의 회계처리에 관한 설명으로 옳지 않은 것은?

① 연구결과 또는 기타 지식을 탐색, 평가, 최종선택 및 응용하는 활동에서 발생한 지출이 무형자산의 인식기준을 충족하면 개발비로 처리한다.
② 무형자산의 식별가능성은 분리가능성 여부와 계약상 또는 법적 권리 여부에 의하여 판단한다.
③ 무형자산의 공정가치 또는 회수가능액이 증가하더라도 상각은 원가에 기초한다.
④ 영업권의 회수가능액이 장부금액에 미달하고 그 미달액이 중요한 경우에는 손상차손을 인식하되, 추후 회복할 수 없다.
⑤ 무형자산의 합리적인 상각방법을 정할 수 없는 경우에는 정액법을 사용하여야 한다.

05 무형자산의 회계처리에 관한 옳은 설명을 모두 고른 것은?

A. 새로운 지식을 얻고자 하는 활동에서 발생한 지출은 비용으로 인식한다.
B. 무형자산의 상각방법의 변경은 회계정책의 변경으로 회계처리한다.
C. 내부창출영업권은 무형자산으로 인식하되, 상각하지 아니한다.
D. 무형자산의 합리적인 상각방법을 정할 수 없는 경우에는 정액법을 사용한다.

① A, B ② B, C ③ A, D ④ B, D ⑤ C, D

06 무형자산의 회계처리에 관한 설명으로 옳지 않은 것은?

① 대체적인 용도가 없는 연구시설물의 건설비는 비용으로 인식한다.

② 시장점유율, 고정고객, 훈련을 통해 습득된 종업원의 기술은 일반적으로 무형자산의 정의를 충족하지 못한다.

③ 일반기업회계기준에 따를 경우 영업권은 상각하지 아니하고 손상회계를 적용한다.

④ 무형자산의 합리적인 상각방법을 정할 수 없는 경우 정액법을 사용한다.

⑤ 대체안의 응용가능성을 탐색하는 활동은 내부창출무형자산의 인식과정에서 연구단계로 본다.

07 P사의 순자산의 장부금액은 80,000원(공정가치 120,000원), 연평균순이익은 20,000원, 동종산업의 평균이익률은 연 10%이다. 영업권을 초과이익환원법에 의하여 평가하는 경우 P사의 영업권평가액은 얼마인가? 초과이익의 지속기간은 5년, 할인율은 연 8%이며, 8%의 5년 연금현가계수는 3.99, 10%의 5년 연금현가계수는 3.79이다.

① 31,920원 ② 30,320원 ③ 47,880원 ④ 75,800원 ⑤ 79,800원

08 무형자산의 회계처리에 관한 설명으로 옳지 않은 것은?

① 숙련된 종업원이나 훈련을 통해 습득된 종업원의 기술이 계속하여 미래 경제적 효익을 가져다 주는 경우에는 무형자산으로 인식할 수 있다.

② 연구단계의 지출은 미래 경제적 효익의 유입가능성이 높지 않으므로 발생 즉시 항상 비용으로 인식한다.

③ 무형자산의 합리적인 상각방법을 정할 수 없는 경우에는 정액법을 적용하여야 한다.

④ 영업권은 사업결합에서 취득한 경우에 한하여 인정하며, 20년 이내의 기간에 정액법으로 상각한다.

⑤ 생산 전 또는 사용 전의 시작품과 모형을 설계, 제작 및 시험하는 활동은 개발단계에 속하는 활동으로 본다.

09 무형자산의 회계처리에 관한 설명으로 옳지 않은 것은?

① 자산이 분리가능하거나 계약상 권리 또는 법적 권리부터 발생한 경우 식별가능하다고 본다.

② 고정고객이나 시장점유율은 고객으로부터 창출될 미래 경제적 효익을 통제하고 있다고 보기 어렵기 때문에 일반적으로 무형자산의 정의를 충족하지 못한다.

③ 새로운 지식을 얻기 위한 활동에서 발생한 지출은 발생한 기간에 비용으로 인식한다.

④ 무형자산의 합리적인 상각방법을 정할 수 없는 경우 정액법을 사용한다.

⑤ 손상차손을 인식한 영업권의 가치가 추후에 회복되는 경우 손상차손환입을 인식한다.

10 영업권의 회계처리에 대한 설명으로 옳지 않은 것은? 단, 일반기업회계기준에 따름

① 영업권은 사업결합에 소요된 매수원가에서 식별가능한 취득자산과 인수부채의 순액을 차감한 금액이다.

② 영업권은 사업결합으로 취득한 것에 한하여 인정한다.

③ 매 회계기말마다 영업권의 회수가능액이 장부금액에 유의적으로 미달하는 경우 손상차손을 인식한다.

④ 외부감사대상 비상장기업은 영업권을 20년을 초과하지 않는 내용연수에 걸쳐 정액법으로 상각한다.

⑤ 손상차손을 인식한 영업권의 회수가능액이 장부금액을 초과하는 경우에는 손상차손환입을 인식한다.

11 (주)금융의 20X3년 말 무형자산의 회계처리에 대한 설명이다. 옳은 것을 모두 고르면?

> ㄱ. ㈜삼청과 합병으로 인식한 영업권에 대해 정률법(내용연수 5년)으로 상각하고 영업권상각을 판매비와 관리비로 분류하였다.
> ㄴ. 특허권A에 대해 손상이 발생하여 상각후 장부금액에서 회수가능액(순공정가치와 사용가치 중 큰 금액)을 차감한 금액을 손상차손으로 인식하였다.
> ㄷ. 손상차손을 인식했던 특허권B의 20X3년 말 회수가능액이 100,000원(장부금액 70,000원)으로 회복됨에 따라 30,000원을 환입하고 이를 영업외수익으로 분류하였는데, 20X3년 말 특허권B의 손상 전 장부금액(상각후잔액)은 95,000원이다.

① ㄱ ② ㄴ ③ ㄱ, ㄷ ④ ㄴ, ㄷ ⑤ ㄱ, ㄴ, ㄷ

12 무형자산 관련 투자지출의 회계처리에 대한 설명으로 옳은 것을 모두 고르면?

> ㄱ. 내부창출 영업권도 미래 경제적 효익을 창출할 수 있으면 무형자산으로 인식할 수 있다.
> ㄴ. 영업권, 산업재산권 및 개발비는 재무상태표에 무형자산으로 분류한다.
> ㄷ. 무형자산에 대해 손상차손을 인식한 연도에는 무형자산상각을 인식하지 않는다.
> ㄹ. 개발단계의 지출이 6가지의 자산인식기준을 모두 충족하지 못하면 경상개발비로 처리한다.

① ㄱ, ㄷ ② ㄱ, ㄹ ③ ㄴ, ㄷ ④ ㄴ, ㄹ ⑤ ㄱ, ㄴ, ㄷ, ㄹ

정답 및 해설

01 ② 연구비, 창업비 및 경상개발비는 발생 즉시 비용으로 처리한다.

02 ③ 과년도에 이미 비용으로 인식한 지출은 이후의 기간에는 자산으로 인식할 수 없다.

03 ④ 상업화결정 이후 지출한 금액 120,000원+개발과정에서 시제품 생산으로 지출한 금액 80,000원 = 200,000원

04 ① 연구결과 또는 기타 지식을 탐색, 평가, 최종선택 및 응용하는 활동에서 발생한 지출은 연구단계의 지출로서 전액 비용 처리한다.

05 ③ A, D가 옳은 설명이다.

06 ③ 한국채택국제회계기준에 따를 경우 영업권은 상각하지 아니하고 손상회계를 적용한다. 그러나 일반기업회계기준에서 영업권은 내용연수에 걸쳐 정액법으로 상각한다.

07 ①

(1) 초과이익 = 20,000원 − 120,000원 × 10% = 8,000원

(2) 영업권 = 8,000원 × 3.99 = 31,920원

08 ① 숙련된 종업원이나 훈련을 통해 습득된 종업원의 기술이 계속하여 미래 경제적 효익을 가져다주더라도 통제가능성이 없기 때문에 무형자산으로 인식할 수 없다.

09 ⑤ 손상차손을 인식한 영업권의 가치가 추후 회복되더라도 손상차손환입을 인식하지 아니한다.

10 ⑤ 손상차손을 인식한 영업권의 회수가능액이 장부금액을 초과하더라도 손상차손을 환입하지 아니한다.

11 ② 영업권은 정액법만 적용할 수 있으며, 무형자산 손상차손환입은 손상 전 장부금액(상각 후 잔액)을 한도로 하므로 특허권의 손상차손환입액은 25,000원(95,000원 − 70,000원)이다.

12 ④ 내부창출 영업권은 무형자산의 인식기준을 충족하지 못하므로 무형자산으로 인식할 수 없으며, 무형자산 손상차손의 인식 여부와 관계없이 무형자산상각을 하여야 한다.

Financial Liabilities

제9장

금융부채

학습목표

본장을 학습한 후 다음 사항을 이해할 수 있다.

1. 유동부채와 비유동부채의 구분
2. 화폐성부채의 환산
3. 금융부채의 인식, 측정 및 제거
4. 매입채무와 선수금 등의 차이점
5. 유동성장기부채의 개념
6. 미지급금과 미지급비용의 회계처리

1. 부채의 의의

1-1 부채의 개념

부채(liabilities)란 특정의 회계실체가 과거의 거래나 사건의 결과로 미래에 다른 실체에게 자산을 인도하거나 용역을 제공해야 할 현재의 의무로부터 나타나는 미래 경제적 효익의 희생이라고 정의한다. 따라서 부채란 다음과 같은 특징을 갖는다.

첫째, 부채가 미래의 재화 또는 용역의 희생을 초래한다는 점이다.

둘째, 특정실체가 현재 부담하는 의무(present obligations)라는 점이다.

셋째, 부채를 유발한 거래나 사건은 과거에 이미 발생했다(post events)는 점이다.

위의 정의는 주주를 회계의 주체로 파악하는 소유주이론에 입각한 것이다. 이는 기업을 별개의 실체로 보지 않고 있다. 따라서, 부채는 주주가 미래에 자신의 자산을 희생하여 상환해야 할 채무가 된다. 결국 부채는 음(-)의 자산 또는 소극적 자산으로 간주된다.

자산(적극적자산) - 부채(소극적자산) = 자본(주주지분)

현대의 회계는 소유주이론에 입각해 있다. 그러나 부분적으로는 소유주이론에 대립되는 기업실체이론이 적용된 사례도 있다. 기업실체이론은 기업을 소유주와는 별개의 실체로 보는 것이다. 이 견해에 의하면 부채와 자본은 자본조달 및 자산을 창출한 원천이라는 점에서 동질적인 것이 된다. 따라서 기업실체이론에 의할 때 부채는 채권자지분이며 자본은 소유주지분이라고 한다.

1-2 부채의 분류

부채를 여러 기준에 의하여 분류하면 다음과 같다.

(1) 유동부채(current liabilities)와 비유동부채(non current liabilities)

일반적으로 부채의 상환(결제)시점이 보고기간 종료일로부터 단기인지 장기인지에 따라 유동부채와 비유동부채로 분류를 한다. 다음 〈표〉와 같이 유동부채의 범위에 해당되는 것만 유동부채로 분류하며 그 외 부채는 비유동부채로 분류한다. 유동부채에는 차입금, 매입채무, 미지급법인세, 미지급배당금, 유동성장기부채, 선수금, 선수수익, 이연법인세부채 등이 있으며, 비유동부채에는 사채, 신주인수권부사채, 전환사채, 장기차입금, 장기성매입채무, 장기성선수금, 퇴직급여충당부채, 장기제품보증충당부채, 이연법인세부채[1] 등이 있다.

표 유동부채의 범위

① 기업의 정상적인 영업주기 내에 상환 등을 통하여 소멸할 것이 예상되는 매입채무와 미지급비용 등의 부채

② 보고기간 종료일로부터 1년 이내에 상환되어야 하는 단기차입금 등의 부채

③ 보고기간 후 1년 이상 결제를 연기할 수 있는 무조건의 권리를 가지고 있지 않은 부채. 이 경우 계약상대방의 선택에 따라, 지분상품의 발행으로 결제할 수 있는 부채의 조건은 그 분류에 영향을 미치지 아니한다.

사례 9-1

남산(주)는 20X1. 4. 1. 은행에서 10억원을 년 3%의 이자율로 차입하였으며 원리금의 상환일은 20X2. 10. 1. 이다. 회계기간은 매년 1월 1일부터 12월 31일까지이다.

20X1년 12월 31일 현재 유동부채와 비유동부채로 표시될 차입금액은 각각 얼마인가?

---

1) 이연법인세부채는 일시적차이의 발생원천에 따라 유동부채 또는 비유동부채로 분류된다. 즉, 일시적차이의 발생원천이 유동자산(부채)과 관련되어 있으면 이연법인세부채는 유동부채로 분류한다.

해 설

보고기간 종료일(20X1. 12. 31.) 이후 1년 이내(10월 1일)에 상환되므로 단기차입금이며, 유동부채에 포함되는 차입금은 10억원이며 비유동부채의 금액은 없다. 비록 차입일로부터 상환일까지의 기간이 1년 6개월이지만 보고기간 종료일에 공시되므로 보고기간 종료일로부터 1년 이내에 상환이 완료되므로 모두 유동부채에 해당된다.

1) 정상적인 영업주기 내 소멸 대상 부채

정상적인 영업주기 내에 소멸할 것으로 예상되는 매입채무와 미지급비용 등은 보고기간 종료일로부터 1년 이내에 결제되지 않더라도 유동부채로 분류한다.[2)]

2) 보고기간 종료일로부터 1년 이내 결제될 부채

당좌차월, 단기차입금 및 유동성장기차입금 등은 보고기간 종료일로부터 1년 이내에 결제되어야 하므로 영업주기와 관계없이 유동부채로 분류한다. 또한 비유동부채 중 보고기간 종료일로부터 1년 이내에 자원의 유출이 예상되는 부분은 유동부채로 분류한다.[3)]

다만, 보고기간 종료일로부터 1년 이내에 상환기일이 도래하더라도, 기존의 차입약정에 따라 보고기간 종료일로부터 1년을 초과하여 상환할 수 있고 기업이 그러한 의도가 있는 경우에는 비유동부채로 분류한다.

(2) 확정부채(determinable liabilities)와 충당부채(provisions)

부채는 의무이행을 위하여 결제시기와 결제금액의 확정여부에 따라 확정부채와 충당부채로 분류한다. 확정부채는 계약 및 법률 등에 의하여 측정일 현재 결제시기 및 결제금액이 확정되어 있거나 합리적인 추정이 가능한 부채를 의미한다. 일반적으로

---

2) 이 경우 유동부채로 분류한 금액 중 1년 이내에 결제되지 않을 금액을 주석으로 기재한다.

3) 보고기간 종료일로부터 1년 이내에 상환되어야 하는 채무는, 보고기간 종료일과 재무제표가 사실상 확정된 날 사이에 보고기간 종료일로부터 1년을 초과하여 상환하기로 합의하더라도 유동부채로 분류한다. 또한, 장기차입약정을 위반하여 채권자가 즉시 상환을 요구할 수 있는 채무는, 보고기간 종료일과 재무제표가 사실상 확정된 날 사이에 상환을 요구하지 않기로 합의하더라도 유동부채로 분류한다(문단 2.23, 2.26).

차입금, 매입채무, 미지급금, 사채 등은 확정부채에 포함된다. 충당부채는 결제시기 및 결제금액이 불확실한 부채를 의미하며 복구충당부채, 제품보증충당부채 등이 있다.

(3) 화폐성부채(monetary liabilities)와 비화폐성부채(non monetary liabilites)

환율의 변동이나 물가변동에 상관없이 당해 부채의 가액이 일정한 화폐액으로 고정되어 있는지의 여부에 따라서 화폐성부채와 비화폐성부채로 구분한다. 화폐성 부채는 환율의 변동이나 물가변동에 상관없이 일정액의 화폐액으로 고정되어 있는 부채를 말한다. 환산과 관련하여 외화자산의 회수 또는 외화부채의 상환시에 발생하는 차손익은 외환차익 또는 외환차손으로 인식한다. 그러나, 결산일에 화폐성외화자산 또는 화폐성외화부채를 환산하는 경우 환율의 변동으로 인하여 발생하는 환산손익은 외화환산이익 또는 외화환산손실로 인식해야 한다.[4] 단, 외화표시 매도가능채무증권의 경우 동 금액을 기타포괄손익에 인식한다. 〈문단 23.10〉

표 화폐성부채와 비화폐성부채

구　　분	내　　용
화폐성부채	(외화)매입채무, (외화)차입금, (외화)미지급금 등
비화폐성부채	해외전환사채, 선수수익 등

사례 9-2

(주)CJ는 Y1년 3월 10일 $100을 차입하고 Y1년 10월 10일에 $40을 상환하였으며 나머지는 Y2년 3월 29일에 상환하기로 하였다. (사업연도: 1.1.~12.31.)

환율의 내역은 다음과 같다.

(1) Y1. 3. 10. : 1,000원/$

(2) Y1. 10. 10. : 1,200원/$

4) 외환차익과 외환차손과 같이 동일 또는 유사한 성격으로서 「중요하지 않은」 차익과 차손이 반복적으로 발생하는 경우 이를 「서로 상계」할 수 있도록 하여 개별적인 합계금액의 표시로 야기될 수 있는 회계정보의 왜곡 가능성을 방지하고자 하였다. 그러나 외환차익과 외환차손의 어느 한 쪽 또는 각각의 크기가 중요하면 서로 상계하여 표시하지 않는다(결 2.8).

(3) Y1. 12. 31. : 1,300원/$

(4) Y2. 3. 29. : 1,100원/$

물 음

1. 위의 거래로 인하여 Y1년도 손익에 미치는 영향 금액은 얼마인가?

2. Y2년 3월 29일 상환시 외환차손익은 얼마인가?

해 설

(단위 : 원)

일 자	(차변)		(대변)	
Y1. 3. 10.	현금및현금성자산	100,000	단기차입금	100,000주1)
Y1. 10. 10.	단기차입금 외환차손	40,000 8,000	현금및현금성자산	48,000주2)
Y1. 12. 31.	외화환산손실	18,000	단기차입금	18,000주3)
Y2. 3. 29.	단기차입금	78,000	현금및현금성자산 외환차익	66,000주4) 12,000

주1) $100 × 1,000원
주2) $40 × 1,200원
주3) $60 × (1,300원 - 1,000원)
주4) $60 × 1,100원

정 답

1. 당기 손익에 미치는 영향 금액

= 외환차손 8,000원 + 외화환산손실18,000원

= (-) 26,000원

2. 외환차익 12,000원

(4) 금융부채(financial liabilities) 와 비금융부채(non financial liabilities)

금융부채는 현금(또는 다른 금융자산)을 지급하거나 불리한 조건으로 금융자산을 교환해야 하는 계약상의 의무를 말한다. 즉, 다음의 두 가지 특징을 가지고 있어야 금융부채로 분류되는 것이다.

① 계약상의 의무
② 현금이나 기타 금융자산으로 결제

차입금, 매입채무, 사채, 미지급금, 미지급비용 등은 계약에 의하여 미래에 현금이나 기타 금융자산으로 결제해야 되기 때문에 금융부채로 분류된다. 그러나, 선수금은 미래에 현금을 지급하는 것이 아니라 용역 또는 재화를 제공해야 된다. 선수수익은 미래에 현금을 지급하는 것이 아니고 용역을 제공해야 하는 의무가 발생된다. 따라서 선수금이나 선수수익은 위 요건 중 현금이나 기타 금융자산으로 결제되지 못하기 때문에 비금융부채로 분류한다. 제품보증충당부채의 경우 일반적으로 제품보증시 재화 또는 용역의 제공이 예상되므로 위 요건을 충족하지 못하고 있다. 미지급법인세(당기법인세부채)는 계약에 의해서 발생되는 것이 아니라 법률에 의하여 발생되는 부채이므로 비금융부채로 분류한다.

표 금융부채와 비금융부채의 분류

구 분	계정과목
금융부채	매입채무, 미지급금, 미지급비용, 사채, 차입금 등
비금융부채	선수금, 선수수익, 제품보증충당부채, 미지급법인세 등

1-3 금융부채

(1) 최초인식 시점

금융부채는 금융상품의 계약당사자가 되는 때에만 재무상태표에 인식된다. 일반적으로 금융부채를 인식하면 상대방은 금융자산을 인식할 것이다. 구매자입장에서 보면, 상품을 외상으로 매입하면 매입채무인 금융부채를 인식하게 되지만 판매자 입장에서 보면 매출채권인 금융자산을 인식하게 된다.

(2) 최초 측정

금융부채는 최초인식시 공정가치[5])로 측정한다. 즉, 최초인식시 금융상품의 공정가치는 일반적으로 거래가격이며 제공하거나 수취한 대가의 공정가치를 의미한다. 다만, 최초인식 이후 공정가치로 측정하고 공정가치의 변동을 당기손익으로 인식하는 금융부채{예: 단기매매증권, 파생상품(현금흐름위험회피회계에서 위험회피수단으로 지정되는 경우는 제외)}가 아닌 경우 당해 금융부채의 발행과 직접 관련되는 거래원가는 최초인식하는 공정가치에서 차감한다.[6])

예를 들어, 사채를 발행하면서 발생되는 사채발행비용은 사채의 발행시점의 공정가치(발행가액)에서 차감하여 인식하는 것이다. 사채의 발행시점의 사채의 공정가치가 100,000원이고 사채발행비용이 5,000원 지출될 경우 금융부채로 인식되는 사채의 장부금액은 95,000원이 된다.

다만, 장기연불조건의 매매거래, 장기금전대차거래 또는 이와 유사한 거래에서 발생하는 채권 · 채무로서 명목금액과 현재가치의 차이가 유의적인 경우에는 이를 현재가치로 평가한다.[7])

(3) 후속 측정

금융부채는 당기손익인식금융부채, 상각후원가측정 금융부채 및 기타 금융부채로 구분할 수 있다.

---

5) 공정가치의 최선의 추정치는 활성시장에서 공시되는 가격이다. 금융상품에 대한 활성시장이 없다면, 공정가치는 평가기법을 사용하여 결정한다(문단 6.15). 공정가치의 정의는 청산하거나, 사업규모를 중요하게 축소하거나 또는 불리한 조건으로 거래할 의도나 필요가 없는 상태인 계속기업가정을 전제로 한다(문단 6.16).

6) 문단 6.12, 문단 6.13에서 언급하고 있으며, 일반적으로 상각후원가측정 금융부채가 해당된다.

7) 이러한 현재가치는 당해 채권 · 채무로 인하여 미래에 수취하거나 지급할 총금액을 적정한 이자율로 할인한 금액이다.

1) 당기손익인식 금융부채

당기손익인식 금융부채는 금융부채 중 공정가치로 평가하여 그 변동을 당기손익에 인식하기로 최초 인식시 지정한 금융부채를 말한다. 즉, 당기손익인식 금융부채는 공정가치로 측정하는 것이 원칙이다. 주로 단기간 내에 매각하거나 재매입할 목적으로 취득하거나 부담할 경우에 해당 금융부채는 공정가치로 평가된다.[8)]

2) 상각후원가측정 금융부채의 후속측정

상각후원가로 측정하는 방법은 유효이자율법(effective interest method)[9)]을 사용하여 측정하기 때문에 유효이자율법이라고 한다. 유효이자율법은 유효이자율을 이용하여 금융부채의 상각후원가를 계산하고 관련 기간에 걸쳐 이자비용을 배분하는 방법을 말한다. 상각후원가측정 금융부채의 대표적인 사례는 사채가 될 것이다. 할인발행된 일반사채의 경우 매년도말 사채의 장부금액은 상각후원가로 측정된 장부금액이 공시된다. 일반적으로 유효이자율법을 적용하여 사채상각표를 작성하며 기말시점의 상각후원가측정 금융부채는 기초장부금액에 유효이자를 가산하고 표시이자를 차감한 값이 된다.

3) 기타 금융부채

당기손익인식금융부채나 상각후원가측정 금융부채로 분류하지 않고 별도의 방법으로 측정한다.[10)]

---

8) 다음의 항목을 당기손익인식항목으로 지정할 수 있다(문단 6.14).
① 공정가치로 평가하여 공정가치 변동을 당기손익에 반영하지 않는다면, 분리하여야 하는 파생상품을 포함하는 복합계약
② 벤처캐피탈, 뮤추얼펀드, 기타 이와 유사한 기업이 소유하는 유가증권

9) 유효이자율은 금융상품으로부터 만기일까지 기대되는 현금유입액과 현금유출액의 현재가치를 순장부금액과 일치시키는 이자율이다.

10) 유가증권, 파생상품 및 채권 · 채무에 대하여는 각각 해당 규정을 적용하여 회계처리한다.

(4) 금융부채의 제거

금융부채의 제거는 다음과 같은 유형이 있다.

1) 계약상 의무의 소멸

금융부채는 계약상 의무가 이행, 취소 또는 만료된 경우에만 재무상태표에서 제거한다. 즉, 계약상 의무가 소멸될 때 제거된다. 예를 들어, 매입채무 1,000원 중에서 400원을 지급하게 되면 지급될 때 매입채무 400원이 제거되며, 만약 1,000원을 전부 지급하게 되면 지급시점에서 1,000원을 재무상태표에서 제거한다.

2) 채무상품의 교환

기존 차입자와 대여자가 실질적으로 다른 조건으로 채무상품을 교환한 경우, 최초의 금융부채를 제거하고 새로운 금융부채를 인식한다. 예를 들어, 기존의 단기차입금 10억원(이자율 3%)을 상환하지 않고 장기차입금 10억원(이자율 2%)으로 대체할 경우 단기차입금 10억원은 제거되고 새로운 금융부채인 장기차입금 10억원을 재무상태표에 기록해야 한다.

3) 소멸하거나 제3자에게 양도

소멸하거나 제3자에게 양도한 금융부채(또는 금융부채의 일부)의 장부금액과 지급한 대가(양도한 비현금자산이나 부담한 부채를 포함)의 차액은 당기손익으로 인식한다.

예를 들어, 회사가 차입금 20억원을 관계회사에게 양도하고 그 대가로 15억원을 현금으로 지급한 경우 차입금상환이익 5억원을 당기손익으로 반영하면 된다.

4) 금융부채의 일부 재매입

금융부채의 일부를 재매입하는 경우, 금융부채의 장부금액은 계속 인식되는 부분과 제거되는 부분에 대해 재매입일 현재 각 부분의 상대적 공정가치를 기준으로 배분한다. 다음 ①과 ②의 차액은 당기손익으로 인식한다.

① 제거되는 부분에 배분된 금융부채의 장부금액

② 제거되는 부분에 대하여 지급한 대가(양도한 비현금자산이나 부담한 부채를 포함)

예를 들어, 사채의 발행금액 10,000원(장부금액 9,000원) 중 60%를 재매입하면서 현금 5,000원을 지급하였다. 재매입시점 제거되는 부분의 장부금액이 5,400원이라면 재매입일 현재 사채상환이익 400원은 당기손익으로 인식해야 한다.

1-4 부채의 발생원인

부채는 특정 실체가 과거의 사건에 의해 보고기간 종료일 현재 미래에 현금지출 등으로 인해 경제적 효익의 희생이 발생되는 특징이 있다. 이 때 과거 사건의 유형을 보면 다음과 같다.

첫째, 영업활동과 관련하여 보고기간 종료일 이전에 발생된 부채로 매입채무, 선수금이 있다.

둘째, 자본조달과 관련하여 발생한 부채로 단(장)기차입금, 사채, 전환사채, 신주인수권부사채 등이 있다.

셋째, 기간 귀속을 명확히 하여 올바른 당기손익과 재무상태를 나타내고자 결산시 수정분개를 통해 발생되는 미지급비용, 선수수익 등이 있다.

생 | 각 | 해 | 봅 | 시 | 다

1. 환율의 상승이 예상될 경우 원자재를 미국에서 수입하는 A(주)의 입장에서 볼 때 손익에 미치는 영향은 무엇일까요?
2. 환율이 하락할 경우 채무자와 채권자 중 누구에게 이득이 발생할 가능성이 높은가?

2. 매입채무와 선수금

매입채무(trade accounts payable)는 일반적 상거래에서 발생한 채무로서, 외상매입금과 지급어음이 있다. 일반기업회계기준에서는 매입채무계정으로 공시되지만 실무에서는 대부분 외상매입금과 지급어음계정을 각각 별도의 계정으로 운용하다가 기말 결산시점에 두 계정을 합하여 매입채무로 계상한다.

2-1 외상매입금

외상매입금은 영업활동과 관련된 상품, 원재료 등을 외상으로 구입하였을 경우에 발생한 채무액이다. 그런데 상품, 원재료 등의 구입거래는 정관에서 정한 사업목적을 달성하기 위한 일반적 상거래에 속한다. 따라서 일반적 상거래에 속하지 아니하는 거래, 예컨대 기계장치의 외상구입거래 등 투자활동에서 발생한 채무는 외상매입금이 아니고 미지급금이다.

외상매입금은 부가가치세를 포함한 금액으로 회계처리된다. 부가가치 매입세액도 재화의 매입가격과 마찬가지로 기업이 상환해야 할 채무이기 때문이다. 거래를 예시하면 다음과 같다.

(차변)		(대변)	
매입(또는 재고자산)	XXX	외상매입금(매입채무)	XXX
부가가치세대급금	XXX		

부가가치세가 면제되는 면세나 부가가치세율이 0%인 영세율이 적용된 매입거래에서는 부가가치세대급금은 나타나지 않는다.

매입환출, 매입에누리 및 매입할인은 외상매입금과 매입액에서 직접 차감한다. 사전 약정이 없는 매입할인은 매입할인을 받은 회계연도의 매입액에서 직접 차감한다. 그러나, 사전약정이 있는 경우에는 약정된 회계연도의 매입액에서 차감한다. 세법에서도 매입환출, 매입에누리, 매입할인은 매입액에서 직접 차감한다.

2-2 지급어음

지급어음은 일반적 상거래에서 나타난 어음상의 채무이다. 대부분 회사는 약속어음을 발행함으로 회사가 발행한 약속어음이 지급어음인 것이다. 따라서 타인이 발행한 어음에 배서하여 양도한 경우에는 지급어음에 기입하지 않고 매출채권의 처분 또는 차입금으로 계상된다.

지급어음 중 만기가 1년이후에 도래하는 것은 비유동부채로서 장기성지급어음 계정에 계상된다. 장기성지급어음은 원칙적으로 현재가치평가의 대상이며 유효이자율법을 적용하여 현재가치할인차금을 상각하며 이자비용을 계산한다.

결산시점에 기업은 미회수된 어음 · 수표에 대한 원인을 철저히 파악하여야 한다.

어음과 수표의 차이점은 다음과 같다

구 분	어 음		수 표
	환 어음	약속 어음	
만기 여부	있 음	있 음	없 음
이 율	유익적 기재사항 즉, 효력 있음	유익적 기재사항 즉, 효력 있음	무익적 기재사항 즉, 효력 없음
지급인	인수인	발행인	발행인

사례 9-3

일우(주)는 건국우유 10박스를 10,000원에 외상으로 구입하여 미래건설(주)에 12,000원에 외상으로 판매하였다. 부가가치세를 반영하여 회계처리하면 다음과 같다. 회사는 실지재고조사법을 사용하고 있다.

해 설

(1) 상품 구입시

(차) 매입	10,000	(대) 매입채무	11,000
부가가치세대급금	1,000		

(2) 상품 판매시

(차) 매출채권	13,200	(대) 매출	12,000
		부가가치세예수금	1,200

(3) 부가가치세 납부시

(차) 부가가치세예수금	1,200	(대) 부가가치세대급금	1,000
		현금	200

(주) 회사가 창출한 부가가치(12,000원 - 10,000원=2,000원)의 10%인 200원만 납부하면 된다. 우리나라는 전단계세액공제방법을 사용하기 때문에 매출세액 1,200원에서 매입세액 1,000원을 차감하여 부가가치세 납부세액 200원을 계산한다.

2-3 선수금

선수금(advances received from customers)은 정상적인 영업활동과정에서 미래에 재화나 용역을 제공하기로 하고 대금의 전부 또는 일부를 미리 수령한 것으로서 계약의 이행을 보증하는 역할을 한다.

예를 들어, Y1년 12월 1일 선수금 100,000원을 수령하고 Y2년 1월 10일에 공정가치 300,000원의 제품을 인도하고 잔금을 수령할 경우 Y2년 1월 10일 매출관련 회계처리는 다음과 같다.

(1) Y1년 12월1일

(차)현 금	100,000	(대) 선수금	100,000

(2) Y2년 1월 10일

(차)현 금	200,000	(대) 매 출	300,000
선수금	100,000		

생 | 각 | 해 | 봅 | 시 | 다

회사가 수령한 어음 · 수표의 용지는 어떻게 사용되며, 결산시점에 미회수된 어음 · 수표의 용지는 어떻게 파악할 수 있을까?

3. 단기차입금

단기차입금(short-term borrowings)은 지급기일이 1년이내에 도래하는 차입금이다. 즉, 보고기간 종료일로부터 1년이내에 상환되는 차입금이다. 그러나 장기차입금으로 계상하여 결산기를 한번 이상 거친 경우에는 차후 그 지급기일이 보고기간 종료일로부터 1년 이내로 도래 하여도 단기차입금계정에 기입하지 않고 유동성장기부채로 기입한다.

단기차입금은 당좌차월[11], 특수관계자 단기차입금, 주주 · 임원 · 종업원 단기차입금[12] 등으로 세분할 수도 있다. 그러나 일반기업회계기준에서는 단기차입금이란 단일의 과목으로 공시하도록 하고 있다. 그러나 각각의 과목이 중요한 경우에는 별도의 과목으로 기재할 수 있다.

매각조건이 충족되는 어음의 할인은 단기차입금으로 계상하지 않고 채권의 매각거래로 본다. 외화차입금은 화폐성부채이므로 결산일 현재의 환율로 환산하고 환산손익은 당기손익으로 처리한다.

예를 들어, Y4년 4월 1일 KU은행으로부터 10억원을 차입(만기일은 Y5년 10월 1일, 이자율은 3.5%)할 경우 결산일인 Y4년 12월 31일 현재 10억원은 단기차입금으로 공시된다.

---

11) 당좌차월은 결산시점에 당좌예금계좌의 잔액이 음(-)인 경우에 발생한다. 당좌예금이 아닌 다른 예금상품에서는 당좌차월이 발생하지 않는다. 당좌예금계좌는 아니지만, 일정한도 내에서 별도의 승인절차 없이 자동으로 대출되는 통장의 경우에, 마이너스잔액은 당좌차월이 아니고 단기차입금이다.

12) 주주 · 임원 · 종업원단기차입금은 실무상 가수금과 혼동하여 처리되는 경우가 많다. 그러나 가수금은 미결산계정으로서 재무제표에 계상될 수 없다.

4. 유동성장기부채

유동성장기부채(current portion of long-term debt)는 사채나 장기차입금 등의 장기차입부채항목 중 만기가 보고기간 종료일로부터 1년이내에 도래하는 항목을 기입하는 과목이다. 그러나 장기미지급금의 지급기일이 1년 이내로 도래한 경우에는 통상 미지급금계정으로 대체하고 유동성장기부채에 계상하지 않는다. 유동성장기부채는 차입금과 관련된 항목만 해당된다.

사채나 장기미지급금 등을 유동성으로 대체할 때 사채할인발행차금이나 현재가치할인차금과 같은 평가계정도 같이 대체해야 한다. 이러한 평가계정은 항상 본계정과 같이 움직여야 한다. 따라서 본계정이 대체되면 같이 대체되고, 본계정이 소멸되면 같이 소멸되어야 한다.

분할상환되는 장기차입금의 경우에는 매 기말에 그 일부를 유동성으로 대체하여야 한다. 예를 들어 Y1. 4. 1.에 100원을 차입하여 Y3. 4. 1.에 60원, Y4. 4. 1.에 40원을 상환하기로 한다. 이 경우 Y2. 12. 31. 유동성장기부채는 60원이며, Y3. 12. 31. 유동성장기부채는 40원이다. 장기차입금에서 유동성장기부채로 전기된 부분은 현금의 유출을 수반하지 않는 부채의 감소에 해당한다. 그러므로 장기차입금계정을 분석할 때에는 반드시 유동성장기부채의 과목과 병행하여 분석하는 것이 필요하다.

Y1년말		Y2년말		Y3년말		Y4년말	
장기차입금	100원	유동성장기부채	60원	유동성장기부채	40원	-	-
		장기차입금	40원				

5. 미지급금과 미지급비용

미지급금(other accounts payable)은 일반적 상거래 이외에서 발생한 단기성 미지급채무를 일컫는다. 일반적 상거래에서 발생했다면 매입채무로 인식된다. 미지급금은 자산의 미수금계정에 대응되는 계정으로서, 주로 유형자산이나 유가증권의 취득 등과 같은 비경상적 거래에서 발생한다. 따라서 경상적인 영업활동과 관련된 매입채무는 미지급금에 포함되지 않는다.

미지급금은 미지급비용과 다르다. 미지급금은 결산일 현재 일반적 상거래 이외의 거래에서 확정된 채무 중 지급이 완료되지 않은 것이다. 반면, 미지급비용은 발생주의에 의해 비용이 이미 발생했으나 아직 현금을 미지급하고 있는 상태이다. 미지급금은 당초 발생시 주로 자산의 유입을 동반한다. 그러나 미지급비용은 결산조정항목이다.

미지급비용(accrued expenses)은 부채의 적정한 표시보다는 발생주의에 의한 기간손익의 적정한 계산을 목적으로 하고 있다. 장기의 미지급비용이 있을 수도 있으나 대부분 단기에 발생되며 미지급이자, 미지급보험료, 미지급임차료 등과 같이 주로 기간의 경과에 따라 발생한다.

생 | 각 | 해 | 봅 | 시 | 다

일반적인 상거래와 일반적인 상거래 이외의 거래를 구분하는 기준은 중요하다. 어떻게 구분하느냐에 따라서, 영업손익에 미치는 영향이 달라지기 때문이다. 그렇다면, 회사에서 규정하고 있는 일반적 상거래에는 어떠한 것들이 있는지를 알고 싶을 때 회사의 어떤 규정을 찾아보아야 할까?

사례 9-4

(주)HL의 거래내역은 다음과 같다. 일자별 분개를 하시오.(결산일 : 12월 31일)

(1) Y1년 7월 10일 회사는 기계장치를 1억원에 구입하면서 현금은 Y2년 6월 10일에 지급하기로 하였다.
(2) Y1년 10월 1일 은행으로부터 1억원을 차입하면서 원리금 상환일을 Y2년 9월 30일로 계약하였다. 이자율은 4%이다.

해 설

(1) Y1년 7월 10일

(차) 기계장치	100,000,000	(대) 미지급금	100,000,000

주) 매입채무계정을 사용하지 않고 미지급금계정을 사용한다.

(2) Y1년 10월 1일

(차) 현금	100,000,000	(대) 단기차입금	100,000,000

(3) Y1년 12월 31일

(차) 이자비용	1,000,000	(대) 미지급비용	1,000,000주)

주) 단기차입금 1억원 × 4% × 3/12 = 1,000,000원

(4) Y2년 6월 10일

(차) 미지급금	100,000,000	(대) 현 금	100,000,000

(5) Y2년 9월 30일

(차) 미지급비용	1,000,000	(대) 현　금	4,000,000
이자비용	3,000,000		
(차) 단기차입금	100,000,000	(대) 현　금	100,000,000

생 | 각 | 해 | 봅 | 시 | 다

재무상태표를 통해서 얻을 수 있는 정보력 중의 하나는 회사의 상환능력을 파악하는 것이다. 회사가 단기간내에 갚아야 될 금액과 상환능력이 있는지를 어떻게 파악할 수 있을까?

6. 회계정보의 이해

다음은 당기(20×2년) 및 전기(20×1년)말 삼청제조㈜의 유동부채의 회계정보이다. 각 물음별로 옳은 설명인지, 틀린 설명인지를 판단하시오.

(단위: 천원)

계정과목	당기말	전기말	비 고
매입채무	1,000	1,500	원재료 관련이며 당기 중 1,300 현금 지급
선수금	500	150	전기분은 당기 중 모두 매출로 인식됨
미지급비용	800	100	
미지급금	1,400	200	당기 중 현금 지급액 100
단기차입금	1,500	300	당기 중 상환액 100

(물음1) 당기 중 원재료 외상 매입금액을 추정하면 800,000원이다.

(물음2) 손익의 기간귀속을 정확하게 산정하기 위해 결산분개를 한 계정과목은 미지급비용과 미지급금이다.

(물음3) 토지, 건물, 기계장치와 같은 투자활동으로 인해 발생된 부채금액 잔액은 1,400,000원이다.

(물음4) 미지급비용에는 미지급급여, 미지급보험료, 미지급이자, 미지급임차료 등이 포함될 수 있다.

정답 및 해설

(물음1) 옳은 설명이다. 기초매입채무 1,500,000원 + 기중 구입액 − 기중 지급액 1,300,000원 = 기말매입채무 1,000,000원 따라서 기중 원재료 외상 매입금액 = 800,000원

(물음2) 틀린 설명이다. 미지급금은 결산분개 항목이 아니다.

(물음3) 옳은 설명이다. 투자활동으로 자산을 취득하면서 미지급한 금액은 미지급금 계정과목을 사용한다.

(물음4) 옳은 설명이다.

7. CASE STUDY

다음 자료는 Y1년도말 재무상태표상의 금액이며 결산일은 모두 12월 31일이다. 다음사항에 대해 서로 토의해 봅시다.

자 료

(단위 : 백만원)

구 분	A 회사	B 회사	C 회사	D 회사
① 유동자산	100	170	200	350
② 비유동자산	200	160	250	300
③ 유동부채	110	150	250	190
④ 비유동부채	150	200	150	300
⑤ 순운전자본(①–③)	(–) 10	20	(–)50	60
⑥ 유동비율 (①/③ ×100)	90%	113%	80%	184%

(토의 1) 위 회사 중 Y2년도에 자금 압박이 가장 높을 것으로 예상되는 회사는 어느 회사인지 토의해 봅시다.

(토의 2) 위 회사 중 Y2년도 단기 상환능력이 가장 높을 것으로 예상되는 회사는 어느 회사인지 토의해 봅시다.

(토의 3) 유동자산에 상품 2천만원이 포함되어 있고 매출원가이익률이 30%일 때 유동비율 분석이 가지는 한계점에 대해 토의해 봅시다.

해 설

(1) 토의 1

위 회사 중 순운전자본(유동자산 - 유동부채)이 가장 낮은 회사가 상대적으로 Y2년도에 자금 압박이 가장 높을 것이다. 따라서 순운전자본이 △5천만원인 C회사이다.

(2) 토의 2

유동자산으로 유동부채를 상환하고도 남는 금액이 많을수록 단기 상환능력이 높을 것이다. 일반적으로 유동비율(유동자산/유동부채)이 높을수록 단기 유동성이 높다. 따라서, D회사의 유동비율(350만원/190만원) 184%로 가장 높기 때문에 단기 상환능력은 D회사가 가장 높다.

(3) 토의 3

단기 상환능력을 판단할 때 현금흐름 기준으로 보면, 단순한 유동비율은 재고자산의 미래 현금창출능력을 제대로 반영하지 못한다. 즉, 단기 상환능력을 평가할 때 미래 현금흐름에 재고자산 2천만원에 매출원가이익률 30%인 6백만원을 추가로 반영해야 할 것이다.

확인문제

다음 설명이 맞으면 ○, 틀리면 × 하시오.

01 보고기간종료일로부터 1년이내에 상환해야 될 부채는 유동부채로 분류한다. ( )

02 외화차입금을 상환할 때 발생되는 계정과목은 외화환산이익, 외화환산손실이다. ( )

03 선수금과 선수수익은 금융부채에 해당된다. ( )

04 정상적인 영업활동과정에서 미래에 재화나 용역을 제공하기로 하고 대금의 전부 또는 일부를 미리 수령한 금액은 선수금이다. ( )

05 당기 중 은행에서 1억원을 차입하고(이자율 4%) 원금과 이자는 1년 후 상환할 경우 결산시점(12월 31일)에 인식하는 부채는 미지급금이다. ( )

06 당기 중 삼청제조(주)가 기계장치를 구입하고 대금은 1년 후 지급할 경우 거래시점에 미지급금 계정을 사용한다. ( )

07 제조회사가 원재료를 외상으로 매입하면 미지급금 계정을 사용한다. ( )

08 유동자산과 유동부채를 통해 단기상환능력을 파악할 수 있다. ( )

09 회사가 은행 단기차입금 1억원을 누락하여 정보를 제공하면 회사의 단기상환능력은 상대적으로 양호하게 나타난다. ( )

10 장기차입금은 시간이 경과하여 당기말 현재 상환일이 1년 이내 도래하면 반드시 유동성장기부채로 전환해야 한다. ( )

정답 및 해설

01 ○

02 ×(외환차익, 외환차손)

03 ×(비금융부채)

04 ○

05 ×(미지급비용)

06 ○

07 ×(매입채무 또는 장기매입채무)

08 ○

09 ○

10 ○

연 습 문 제

01 유동부채에 포함될 금액은 얼마인가?

(1) 매입채무	8억원	(2) 장기차입금	15억원
(3) 유동성장기부채	3억원	(4) 선수수익	5억원
(5) 미지급비용	2억원	(6) 선급비용	3억원
(7) 퇴직급여충당부채	1억원		

① 11억원 ② 13억원 ③ 15억원 ④ 18억원 ⑤ 21억원

02 다음은 삼청(주)의 Y7년도 거래내역이다. 다음 거래를 통해 재무상태표상 부채로 인식되는 계정으로 올바르게 순서대로 묶인 것은? 다만, 회계기간은 Y7년 1월 1일부터 Y7년 12월 31일이다.

1) Y7년 3월 1일 삼청은행으로부터 1억원을 차입하고 상환일은 1년 6개월 후인 Y8년 8월 30일이다.
2) Y7년 10월 1일 기계장치 1억원을 외상으로 구입하고 대금은 Y9년 9월 30일에 지급하기로 하다.
3) Y7년 12월 1일 거래처로부터 제품 인도에 대한 계약금으로 1천만원을 수령하였다. 해당 재화는 Y8년 1월 5일에 인도할 예정이다.

① 단기차입금, 미지급금, 선수금
② 단기차입금, 장기미지급금, 선수금
③ 장기차입금, 미지급금, 선급금
④ 장기차입금, 장기미수금, 선수금
⑤ 단기차입금, 장기미지급금, 미지급금

03 다음 자료에 의하여 Y1년도 손익계산서에 표시될 내용으로 옳은 것은?

> 회사는 Y1년 6월 10일 $100을 차입하고 Y1년 9월 10일에 $60을 상환하였으며 나머지는 Y2년 5월 10일에 상환하기로 하였다.
> 환율의 변동내역은 다음과 같다.
>
> Y1. 6.10. : 1,000원/$, Y1. 9.10. : 1,100원/$
> Y1.12.31. : 1,200원/$, Y2. 5.10. : 1,300원/$

① 외환차익 6,000원 ② 외환차손 6,000원 ③ 외환차익 4,000원
④ 외화환산이익 8,000원 ⑤ 외화환산손실 4,000원

04 A(주)는 Y1. 7. 1.에 B은행으로부터 10,000원을 차입하였다. 이자는 연 4%이며, 원리금 상환일은 Y2. 6. 30.이다. A(주)의 회계기간은 매년 1.1. ~ 12.31.이며, B은행의 회계기간은 매년 4.1. ~ 다음연도 3.31.까지이다.
Y1년도 손익계산서에 계상되는 이자비용은 얼마인가?

① 0원 ② 100원 ③ 200원 ④ 300원 ⑤ 400원

05 A제조(주)가 영업활동을 위하여 기계장치를 Y1년 6월 5일에 구입하면서 대금지급은 Y2년도 3월 3일에 하기로 하였다. Y1년도 부채계정으로 계상될 계정과목은 무엇인가? (회계기간 : 매년 1.1. ~ 12.31.)

① 선수금 ② 매입채무 ③ 외상매입금 ④ 미지급금 ⑤ 미지급비용

06 삼청은행은 삼청(주)의 여신한도 확대에 대해 판단하고 있는 중이다. 삼청(주)는 단기 자금을 확보하여 신규 사업에 투자하려고 한다. 삼청은행 입장에서는 삼청(주)의 Y1년 말 재무구조를 통해 단기상환능력이 양호하면 추가적인 여신한도를 확대할 예정이다. 다음 중 여신한도 확대에 영향을 미치지 않는 항목은 어느 것인가?

① 토지 ② 매입채무 ③ 단기차입금 ④ 미지급비용 ⑤ 선수수익

07 금융부채로 분류될 수 없는 것은?

① 차입금 ② 사채 ③ 미지급금 ④ 매입채무 ⑤ 선수금

08 서울건설(주)는 Y1년 7월 1일 한서은행으로부터 100,000원을 차입하고 이자금액(이자율 6%)과 원금은 Y2년 6월 30일에 일시에 상환하기로 하였다. 이러한 경제적 사건이 Y1년도 서울건설(주)의 재무제표에 미치는 영향으로 옳은 것은? (결산일은 12월 31일)

① 자산의 증가금액은 103,000원이다.
② 부채의 증가금액은 100,000원이다.
③ 자산과 부채의 증가금액은 100,000원이다.
④ 자산과 자본의 증가금액은 100,000원이다.
⑤ 자산의 증가금액은 100,000원이고 부채의 증가금액은 103,000원이다.

09 일우(주)는 Y1년 7월 1일 서울은행으로부터 1,000,000원을 차입하였다. 이자율은 3%이며, 원리금은 Y2년 6월 30일 일시에 상환할 예정이다. 회계기간은 매년 1월 1일부터 12월 31일까지이다. Y1년도 재무상태표에 미치는 영향으로 옳은 것은?

① 미지급금 1,000,000원 증가 ② 미수금 1,000,000원 증가
③ 미지급비용 15,000원 증가 ④ 매입채무 30,000원 증가
⑤ 미지급금 15,000원 증가

10 다음 〈자료〉에서 단기상환 부채를 가장 많이 보유하고 있는 회사는 어느 회사인가? 다만, 단기상환 부채라 함은 재무상태표상의 유동부채를 의미한다.

자 료

(단위 : 백만원)

구 분	A 회사	B 회사	C 회사	D 회사	E 회사
차 입 금	100	1,000	300	600	300
미지급비용	–	100	400	400	500
선 수 금	400	–		200	300
선급비용	1,500	–	600	600	900
합 계	2,500	1,100	1,300	1,800	2,000

① A 회사 ② B 회사
③ C 회사 ④ D 회사
⑤ E 회사

11 청담제조(주)의 외환거래 내역이다. 이러한 거래가 Y3년도 당기손익에 미치는 영향은 얼마인가? (당기: Y3. 1. 1. – 12. 31.)

(1) Y2. 10. 25. $10,000를 해외거래처에서 차입하였다.
(2) Y3. 10. 24. $6,000를 상환하고 Y4. 2. 3.에 나머지 $4,000을 상환할 예정이다.
(3) 1$에 대한 원화 환율
Y2.10.25.: 1,000원 Y2.12.31.: 1,200원 Y3.10.24.: 1,400원
Y3.12.31.: 1,100원

① (+)400,000원 ② (–)800,000원
③ (+)800,000원 ④ (–)1,200,000원
⑤ (–)1,600,000원

12 유동부채의 구분에 대한 설명으로 옳지 않은 것은?

① 장기차입금으로 계상하여 결산기를 한번 이상 거친 경우에는 차후 그 지급기일이 보고기간 종료일로부터 1년 이내에 도래하면 단기차입금계정으로 기입한다.

② 보고기간 종료일로부터 1년 이내에 상환되어야 하는 채무는, 보고기간 종료일과 재무제표가 사실상 확정된 날 사이에 보고기간 종료일로부터 1년을 초과하여 상환하기로 합의하더라도 유동부채로 분류한다.

③ 장기차입약정을 위반하여 채권자가 즉시 상환을 요구할 수 있는 채무는, 보고기간 종료일과 재무제표가 사실상 확정된 날 사이에 상환을 요구하지 않기로 하면 유동부채로 분류한다.

④ 보고기간 종료일로부터 1년 이내에 상환기일이 도래하더라도, 기존의 차입약정에 따라 보고기간종료일로부터 1년을 초과하여 상환할 수 있고 기업이 그러한 의도가 있는 경우에는 비유동부채로 분류한다.

⑤ 당좌차월, 단기차입금은 보고기간 종료일로부터 1년 이내에 결제되어야 하므로 영업주기와 관계없이 유동부채로 분류한다.

13 (주)삼청의 20X1년 중 발생한 거래내용이다. 20X1.12.31. 현재 유동부채로 표시할 금액은 얼마인가? 단, 회계기간은 20X1.1.~12.31.임

- ○ 20X1.7.1. 기계장치를 구입하고 구입대금 2,000,000원은 무이자부어음(액면 2,000,000원, 발행일 20X0.7.1. 만기일 20X2.6.31.)을 발행하여 지급하였다.
- ○ 20X1.10.1. 한강은행에서 1,000,000원(연이율 10%)을 차입하고 20X3.6.30.에 원리금을 일시 상환하기로 하였다.

① 2,000,000원　② 2,025,000원　③ 2,030,000원
④ 3,000,000원　⑤ 3,025,000원

정답 및 해설

01 ④ 유동부채 = 매입채무 8억원 + 유동성장기부채 3억원 + 선수수익 5억원 + 미지급비용 2억원 = 18억원

비유동부채 = 장기차입금, 퇴직급여충당부채

유동자산 = 선급비용

02 ②

1) Y7년 12월 31일이 기산일이며, 기산일로부터 1년 이내에 상환일이 도래하므로 단기차입금으로 분류한다.
2) 기계장치는 보고기간종료일(Y7년 12월 31일)로부터 1년을 초과하여 대금을 지급하므로 장기미지급금으로 분류한다.
3) 제품의 인도를 위해 사전에 수령한 계약금은 선수금으로 분류한다. 제품의 인도예정일이 보고기간종료일로부터 1년이내이므로 유동부채로 분류한다.

03 ② Y1.9.10 : 외환차손 $60(1,100원 - 1,000원) = 6,000원
Y1.12.31 : 외화환산손실 $40(1,200원 - 1,000원) = 8,000원

04 ③ 이자비용(미지급이자) = 10,000원 × 4% ×6/12
= 200원

05 ④ 기계장치 외상 구입과 관련된 부채계정과목은 미지급금이다.

06 ① 단기 상환능력은 유동자산을 유동부채로 나누어서 산출한 값을 기준으로 판단한다. 따라서 토지는 비유동자산으로 단기 상환능력을 파악하는 데는 필요하지 않은 항목이다.

07 ⑤ 선수금은 비금융부채에 해당된다. 미래에 현금 및 금융자산으로 상환되는 것이 아니라, 재화 또는 용역의 제공되기 때문이다.

08 ⑤ Y1년도 말 현재 부채의 총액은 차입금 100,000원과 미지급이자 3,000원(100,000원 ×6%×3/12)을 합한 103,000원이며, Y1년도 말 현재 자산총계는 차입시점 현금유입된 100,000원이다. 결산시점의 이자비용 3,000원은 비용으로 인식되어야 한다.

09 ③ 결산시점 미지급비용: 1,000,000원 × 3% × 6/12 = 15,000원

10 ④ 선급비용은 유동자산이므로 제외하고 나머지 계정과목 중 가장 큰 금액인 D 회사임.

구 분	A 회사	B 회사	C 회사	D 회사	E 회사
차 입 금	100	1,000	300	600	300
미지급비용	–	100	400	400	500
선 수 금	400	–		200	300
합 계	500	1,100	700	1,200	1,100

11 ② Y3.10.24.: 외환차손 $6,000×(1,400원 – 1,200원) = 1,200,000원
Y3.12.31.: 외화환산이익: $4,000×(1,200원 – 1,100원) = 400,000원
Y3년도 당기손익에 미치는 영향: (–)1,200,000원 + 400,000원 = (–)800,000원

12 ① 장기차입금으로 계상하여 결산기를 한번 이상 거친 경우에는 차후 그 지급기일이 보고기간 종료일로부터 1년 이내에 도래하더라도 단기차입금계정에 기입하지 않고 유동성장기부채로 기입한다.

13 ①

(1) 기계장치 구입시 분개

(차) 기계장치 2,000,000 (대) 미지급금 2,000,000

(2) 1억원 차입시 분개

(차) 현 금 1,000,000 (대) 장기차입금 1,000,000

(3) 20X1.12.31.이자비용[장기성임: 지급기일(20X2.6.30.)이 1년 이후임]의 인식

(차) 이자비용 25,000 (대) 장기미지급비용 25,000

(주) 1,000,000원 × 10% × 3개월/12개월 = 25,000원

따라서 20X1.12.31. 유동부채는 2,000,000원이다.

Debentures and Compound Financial Instruments

제 10 장

사채와 복합금융상품

학습목표

본장을 학습한 후 다음 사항을 이해할 수 있다.

1. 사채의 의의
2. 사채의 발행형태
3. 사채할인발행차금 상각표
4. 복합금융상품의 의의
5. 전환사채, 신주인수권부사채의 개념 및 차이점
6. 일반사채보다 전환사채가 고가로 발행되는 이유

1. 사채의 개요

1-1 사채의 의의

(1) 사채의 개념

사채(debentures)란 증권을 매개로 한 기업의 채무이다. 사채는 주식과 더불어 자본조달의 수단이 된다. 사채란 기업의 채무이지만 증권의 발행을 통하여 자금이 조달된다는 점에서 다른 채무와 구별된다. 따라서 증권의 발행을 통하지 않고 조달된 채무는 사채라고 할 수 없다.

그러나 증권의 발행을 통하여 조달된 채무가 모두 사채인 것은 아니다. 증권의 종류에는 어음이나 주식도 있고 주식예탁증서(depository receipt : DR)와 같은 것도 있다. 사채로 분류되기 위해서는 「상법」상 사채의 요건과 발행절차를 거쳐야 한다는 것이다.

종전에 엄격하게 규정하던 사채모집의 제한이나 발행조건을 폐지하고 이익배당에 참가할 수 있는 사채, 주식이나 그 밖의 다른 유가증권으로 교환 또는 상환할 수 있는 사채 등으로 발행할 수 있다. 그리고 정관으로 정하는 바에 따라 이사회는 대표이사에게 사채의 금액 및 종류를 정하여 1년을 초과하지 아니하는 기간 내에 사채를 발행할 것을 위임할 수 있도록 하였다. 채권자의 입장에서 보면 사채는 발행회사의 영업실적에 관계없이 일정한 이자수익과 만기시점에 액면금액을 회수할 수 있기 때문에 가격변동 측면에서도 주식보다는 훨씬 안정적이다. 또한 시장이자율과 사채가격은 반비례 관계에 있으므로 시중의 시장이자율이 낮아질 때는 사채가격의 상승으로 인한 자본이득을 얻을 수도 있다. 그러나 기업의 이익이 많이 발생하더라도 확정이자밖에 수령할 수 없는 한계점이 있다. 사채는 일반적으로 비유동부채(non current liabilities)에 포함된다.

(2) 사채의 종류 및 특징

사채의 종류는 제3자 보증유무에 따라 보증사채(guaranteed bond)와 무보증사채(unguaranteed bond), 담보제공 여부에 따라 담보부사채(secured bond)와 무담보사채(unsecured bond), 모집방법에 따라 공모사채와 사모사채, 주식과 연계된 선택권의 유무에 따라 일반사채, 전환사채 및 신주인수권부사채로 분류된다. 상환방식에 따라 만기상환사채, 수시상환사채 및 연속상환사채로 분류된다.

사채 발행자는 만기시점까지 사채의 발행형태에 무관하게 액면이자와 액면금액을 지급해야 한다.

1-2 사채의 발행

(1) 사채발행의 절차 및 제한

사채는 발행회사의 이사회 결의에 의하여 발행하겠다는 뜻과 발행조건 등이 결정된다. 그후 사채를 모집하고 그 대금을 납입시키면 발행절차가 완료된다. 사채의 등기는 전환사채와 신주인수권부사채에만 요구되고 다른 사채에는 요구되지 않는다. 다만, 사채의 발행은 이사회 결의 사항임에도 불구하고 정관으로 정하는 바에 따라 이사회는 대표이사에게 사채의 금액 및 종류를 정하여 1년을 초과하지 아니하는 기간 내에 사채를 발행할 것을 위임할 수 있다.

(2) 사채발행금액의 결정

사채는 발행시의 발행금액과 액면금액과의 관계에 의하여 액면발행, 할인발행 및 할증발행으로 나누어진다. 액면발행은 발행금액과 액면금액이 동일한 경우이고, 할인발행은 발행금액이 액면금액보다 낮은 경우이며, 할증발행은 발행금액이 액면금액보다 높은 경우이다.

발행금액은 발행시에 납입되는 금액 즉, 사채의 발행대가에서 사채발행비를 차감한 금액이다. 사채의 발행금액은 미래 현금흐름의 현재가치로 결정된다. 따라서, 사채권면에 표시된 표시이자율과 동종 사채의 시장이자율과의 관계에 의하여 발행금액이 결정된다. 이 원리를 사채의 유통시장에서 가격이 결정되는 원리에 의하여 살펴보자.

예를 들어 수익률이 연 6%인 사채를 매입하면 그 매입금액이 얼마이든 투자자는 연 6%의 이자수익을 얻을 수 있다는 의미가 된다. 시장에서 유통되는 사채가격은 이 수익률에 의하여 계산되는 것이다. 예를 들어 만기가 정확히 1년 남아있고 이자는 1년에 한번 후급이며 표시이자율이 4%인 사채 액면 10,000원을 6%의 수익률로 매입한다고 하자. 이 경우 액면금액인 10,000원으로 매입할 수는 없다. 투자자는 10,000원을 은행에 투자하면 6%의 수익률을 얻을 수 있는데 회사채는 4% 밖에 수익률을 얻을 수 없으므로 10,000원을 모두 회사채에 투자하려고 하지는 않을 것이다. 따라서 매입금액이 낮아져야 한다. 연 6%의 수익률을 보장하는 수준인 9,811.32원 (10,400원÷1.06)까지 매입가격이 낮아지는 것이다. 만약 표시이자율이 연 6%인 사채라면 액면금액과 동일한 10,000원에 매입하여 정확히 연 6%의 이자수익을 거둘 수 있을 것이다.

만약 표시이자율이 연 8%라면 액면금액보다 많은 금액을 주고 매입해야 한다. 왜냐하면 시장에서 동종사채의 수익률이 6%로 형성되어 있으므로 그 이상의 수익을 거둘 수 있다면 투자자들이 서로 매입할 것이다. 따라서 발행형태를 표시이자율과 시장이자율과의 관계를 통하여 정리하면 다음과 같다.

표 발행형태

발행형태	표시이자율과 시장이자율의 관계	사채이자의 계산
액면발행	표시이자율 = 시장이자율	현금지급액
할인발행	표시이자율 〈 시장이자율	현금지급액 + 차금상각액
할증발행	표시이자율 〉 시장이자율	현금지급액 − 차금환입액

위에서 표시이자율과 시장이자율의 관계는 발행당시의 상황으로 판단된다.[1)]

사채발행비란 사채발행시 인수수수료나 사채권인쇄비 등 사채발행과 관련하여 직접발생한 비용이다. 사채발행수수료와 사채발행을 위하여 직접 발생한 기타비용을

1) 발행후에는 이 관계가 변하여도 이미 발행된 후이므로 발행대가와는 상관이 없다. 발행후 시장이자율의 변동은 투자자들의 자본이득(평가이익) 또는 손실(평가손실)로 흡수되는 것이다. 발행대가는 현재가치에 의한 평가원리에 의하여 계산된다.

사채발행가액에서 차감하여 사채할인(할증)발행차금을 산정하도록 하여 부채차감설을 채택하고 있다.

부채차감설을 채택함으로써 사채의 액면발행은 거의 나타나지 않게 된다. 사채발행계약에서 액면으로 발행한다고 하여도 발행금액에서 사채발행비를 차감하고 나면 할인발행이 되기 때문이다.

(3) 발행시의 회계처리

발행형태에 따른 사채의 회계처리방법을 정리하면 다음과 같다.

발행형태	회 계 처 리			
액면발행	(차) 현　금	XXX	(대) 사　채	XXX
할인발행	(차) 현　금 사채할인발행차금	XXX XXX	(대) 사　채	XXX
할증발행	(차) 현　금	XXX	(대) 사　채 사채할증발행차금	XXX XXX

(4) 사채발행과 재무비율의 변화

사채가 비유동부채로 인식될 경우 부채비율(부채총계 ÷ 자본총계)은 증가되지만 유동비율(유동자산 ÷ 유동부채)에는 영향을 미치지 않는다. 그러나 사채가 유동부채로 분류될 경우 부채비율은 증가되고 유동비율은 사채발행 전 유동비율의 상태에 따라 달라진다. 일반적으로 사채발행 전 유동비율이 1보다 크면 사채발행 후 유동비율은 감소하고 사채발행 전 유동비율이 1보다 작다면 사채발행 후 유동비율은 증가한다. 사채발행 전 유동비율이 1인 경우에는 변동이 없다.

사례 10-1 사채 발행형태

(CASE 1) 만기가 1년인 사채(액면금액 10,000원, 액면이자율 5%, 시장이자율 5%)를 발행할 경우 회계처리를 하시오.

(CASE 2) 만기가 1년인 사채(액면금액 10,000원, 액면이자율 3%, 시장이자율 5%)를 발행할 경우 회계처리를 하시오. 다만, 사채발행비는 100원이라고 가정한다.

해 설

1. CASE 1

(1) 사채의 발행가액

액면의 현재가치 10,000원 ÷ (1+0.05 시장이자율) =	9,524원
액면이자의 현재가치 10,000원 × 5% ÷ (1+0.05) =	476원
발행가액	10,000원

(2) 회계처리

(차) 현 금	10,000	(대) 사 채	10,000

2. CASE 2

(1) 사채의 발행가액

액면의 현재가치 10,000원 ÷ (1+0.05 시장이자율) =	9,524원
액면이자의 현재가치 10,000원 × 3% ÷ (1+0.05) =	285원
발행가액	9,809원

(2) 회계처리

(차) 현 금	9,709[주)]	(대) 사 채	10,000
사채할인발행차금	291		

주) 9,809원 − 사채발행비용 100원

1-3 사채이자비용의 인식

사채를 발행한 후에는 그 이자를 지급해야 한다. 우리나라에서는 일반적으로 분기별로 이자가 지급되는 조건이다. 사채이자를 지급하면 그 금액을 사채이자비용 계정으로 처리하면 된다. 결산기말에는 발생주의에 의거 이자지급기간이 경과한 만큼 미지급사채이자를 인식하면 된다.

사채할인발행차금이나 사채할증발행차금을 상각 또는 환입하는 방법은 정액법과 유효이자율법이 있다. 정액법은 사채발행 기간동안 정액으로 상각 또는 환입하는 방법이고 유효이자율법은 발행시의 시장이자율(유효이자율)에 의하여 사채이자를 계산하는 방식이다. 일반기업회계기준은 사채할인발행차금 또는 사채할증발행차금을 사채발행일부터 최종상환일까지의 기간에 유효이자율법을 적용하여 상각 또는 환입하고, 동 상각 또는 환입액은 사채이자에 가감하여 처리하도록 하는 유효이자율법만을 규정하고 있다. 유효이자율법은 유효이자율을 이용하여 금융부채의 상각후원가를 계산하고 관련기간에 걸쳐 이자율을 배분하는 방법을 말한다.

매년도말 사채의 장부금액은 상각후원가로 측정된 장부금액이 공시된다. 일반적으로 유효이자율법을 적용하여 사채상각표를 작성하며 기말시점의 상각후원가측정 금융부채는 기초장부금액에 유효이자를 가산하고 표시이자를 차감한 값이 된다.

이러한 사채이자가 현금지급액과는 일치하지 않는다는 점에 유의해야 한다. 즉, 사채이자비용에는 현금과 상각 및 환입된 금액이 가감되어 있기 때문이다. 따라서, 현금흐름표 작성시 사채이자에 포함된 사채할인발행차금상각액은 현금의 지출이 없는 비용으로 처리해야 한다.

1-4 사채의 상환시

사채 발행 후 기중에 사채를 조기상환할 경우에는 조기상환시점에서 사채의 장부금액과 상환금액과의 차이금액을 사채상환손익으로 계상한다.

만기시점에 정상적으로 사채를 상환할 경우에는 액면금액을 상환하면 된다.

사례 10-2

CS(주)는 Y1. 1.1. 사채 액면 100,000원에 표시이자율 4%, 만기기간 3년으로 발행되었다. 발행당시 동종 사채의 시장이자율은 5%이다.

(1) 사채 발행자 입장에서 Y1년도말 회계처리를 하시오.

(2) Y3년도 초에 사채를 98,000원에 조기상환할 경우 분개를 하시오.

(3) Y3년말 사채상환시 분개를 하시오.

해 설

(1) 사채 발행금액 계산

원금의 현가 100,000 × 0.86384[주1)] =	86,384
이자의 현가 100,000 × 4% × 2.72325[주2)] =	10,893
계	97,277

주1) 기간 3, 할인율 5%에서의 현가계수
주2) 기간 3, 할인율 5%에서의 연금현가계수

(2) 발행시 분개

(차) 현 금	97,277	(대) 사 채	100,000
사채할인발행차금	2,723		

(3) 사채할인발행차금 상각표

① 연도	② 사채이자비용 (기초장부금액×5%)	③ 표시이자(지급액) (액면금액×4%)	④ 차금상각액 (②-③)	⑤ 사채장부금액 (기초장부금액+④)
Y1년초				97,277원
Y1년말	4,864원	4,000원	864원	98,141원
Y2년말	4,907원	4,000원	907원	99,048원
Y3년말	4,952원	4,000원	952원	100,000원[주)]
계	14,723원	12,000원	2,723원	

주) 단수차이 조정함

(4) Y1년도말 회계처리

(차) 사채이자비용	4,864	(대) 현금	4,000
		사채할인발행차금	864

(5) Y2년도말 회계처리

(차) 사채이자비용	4,907	(대) 현금	4,000
		사채할인발행차금	907

(6) Y3년도초 조기상환시 회계처리

(차) 사채	100,000	(대) 사채할인발행차금	952
		현금	98,000
		사채상환이익	1,048

(7) Y3년도말 상환시

(차) 사채이자비용	4,952	(대) 사채할인발행차금	952
		현금	4,000
(차) 사채	100,000	(대) 현금	100,000

주) 만약, 사채가 할증발행된다면 사채이자비용은 기초장부금액에 유효이자율을 곱하여 산출하고 기말장부금액은 기초장부금액에서 상각액(표시이자 - 유효이자)을 차감한 금액이 된다.

2. 복합금융상품(compound financial instruments)

복합금융상품은 자본요소와 부채요소를 모두 보유하고 있는 금융상품으로서 일반적으로 전환사채와 신주인수권부사채가 있다.

비파생금융상품의 발행자는 금융상품의 조건을 평가하여 당해 금융상품이 자본요소와 부채요소를 모두 가지고 있는지를 결정하여야 하며 각 요소별로 금융부채, 금융자산 또는 지분상품으로 분류하여야 한다. 즉, 발행자는 (1) 금융부채를 발생시키는 요소와 (2) 발행자의 지분상품으로 전환할 수 있는 옵션을 보유자에게 부여하는 요소를 별도로 분리하여 인식한다.[2)]

지분상품은 기업의 자산에서 모든 부채를 차감한 후의 잔여지분에 대한 계약을 나타낸다. 따라서 복합금융상품의 최초 장부금액을 부채요소와 자본요소에 배분하는 경우 자본요소에는 복합금융상품 전체의 공정가치에서 부채요소에 대하여 별도로 결정한 금액을 차감한 잔액을 배분한다. 즉, 차감법을 적용한다.

〈최초인식 시점〉

자본요소의 금액 + 부채요소의 금액 = 금융상품 전체의 공정가치

자본요소의 금액 = 복합금융상품 전체의 공정가치 − 부채요소의 금액

예를 들어, 전환사채를 발행할 경우 전환사채의 공정가치(발행금액)에서 전환권이 없지만 동일 조건인 일반사채의 현재가치를 차감한 금액은 자본의 요소에 해당되며 전환권대가로 기타자본잉여금을 구성한다.

---

2) 전환권을 행사할 가능성이 변동하는 경우에도 (특히, 특정 보유자의 입장에서 전환권의 행사가 경제적으로 유리해지는 경우에도) 전환상품의 부채요소와 자본요소의 분류를 수정하지 않는다. 예를 들어 전환으로 인해 보유자에게 발생하는 세무효과의 차이 등으로 인하여 보유자는 예상대로 행동하지 않을 수 있다(문단 15.18, 15.19).

3. 전환사채

3-1 전환사채의 의의

전환사채(convertible bond : CB)란 유가증권의 소유자가 일정한 조건하에 전환권을 행사할 수 있는 사채로서, 권리를 행사하면 보통주로 전환되는 사채를 의미한다.

전환사채는 일반사채와 전환권의 두 가지 요소로 구성되는 복합적 성격을 지닌 증권이다.[3)] 따라서 전환사채를 발행한 경우에는 발행가액을 일반사채에 해당하는 부채부분과 전환권에 해당하는 자본부분으로 분리하여 자본부분의 가치를 전환권대가로 인식한다.

3-2 전환사채의 발행

전환사채는 일반사채보다는 더 유리한 조건으로 발행된다. 예를 들어 동종사채의 시장이자율이 표시이자율보다 높아도 전환사채는 할인발행되지 않고 액면발행이 가능하다. 일반사채라면 할인발행되어야 함에도 전환권이 있다는 이유로 액면발행되는 것이다. 따라서 일반사채라면 할인발행되었을 금액과 액면발행된 금액의 차액은 전환권의 대가가 된다.

예를 들어 액면금액 100,000원, 만기기간이 3년이고 표시이자율은 7%로 매 연도말 후급조건으로 전환사채를 액면 발행할 경우(단, 시장이자율 : 10%) 전환사채의 발행가액에는 자본요소인 전환권대가가 포함되어 있다.

---

3) 전환권의 가치를 별도로 인식하여야 한다는 주장(전환권가치인식법)에 따르면 전환사채는 일반사채와 전환권의 두 가지 성격이 혼합된 증권으로서 회계처리가 형식보다는 경제적 실질에 기초한다는 점에서 전환권의 가치를 별도로 인식하여야 한다는 것이다.

3-3 자본요소 측정금액 : 전환권대가

전환권대가는 당해 전환사채의 총발행금액에서 부채요소 측정금액을 차감하여 계산한다. 이 경우 부채요소 측정금액은 만기일까지 기대되는 미래 현금흐름(상환할증금이 있는 경우에는 이를 포함)을 사채발행일 현재 발행회사의 전환권이 없는 일반사채의 유효이자율[4]로 할인한 금액이다. 위 사례를 통하여 자본요소 측정금액인 전환권대가를 구하면 다음과 같다.

① 부채요소 측정금액 = 100,000원 × 7% × 2.4868(n = 3, i = 10, 연금의 현가계수) + 100,000원 × 0.7513(n = 3, i = 10, 현가계수)
= 92,538원

② 자본요소 측정금액 = 전환사채의 발행금액 100,000원 − 92,538원 = 7,462원

전환사채의 발행금액 = 부채요소 측정금액(일반사채의 가치) + 자본요소 측정금액(전환권대가)

100,000원 = 92,538원 + 7,462원

전환권의 대가 = 전환사채의 발행금액(100,000원)
− 전환사채 미래현금흐름(상환할증금포함)의 현재가치(92,538원)
= 7,462원

참고로 신주인수권의 대가도 전환권의 대가와 기본적인 구조는 동일하다.[5]

---

4) 유효이자율을 구할 수 없는 경우에는 관련시장에서 형성되는 동종 또는 유사한 채권 · 채무의 이자율(이하 '동종시장이자율'이라 한다)을 적용하며, 동종시장이자율의 산정이 곤란한 경우에는 전환사채 발행일 전 1년 내에 차입한 차입금으로서 발행하는 전환사채와 유사한 만기를 가진 차입금의 가중평균차입이자율을 적용할 수 있다.

5) 신주인수권부사채의 발행금액 = 일반사채의 가치 + 신주인수권의 가치(신주인수권대가)
신주인수권대가 = 신주인수권부사채의 발행금액
− 신주인수권부사채 미래현금흐름(상환할증금포함)의 현재가치

3-4 상환할증금

전환사채의 소유자가 만기시점까지 전환권을 행사하지 않을 경우 일반사채와 다름이 없다. 따라서 전환사채를 취득함에도 불구하고 만기시점까지 전환권을 행사하지 않을 경우 일반사채보다 낮게 받은 이자금액을 보장해주기 위하여 만기시점에 상환할증금을 지급하게 된다.

> 상환할증금 = [전환사채의 액면금액 × (보장수익률 − 표시이자율)]
> × 연금의 미래가치(보장수익률, 만기)
>
> 주) 할인율은 보장수익률을 적용한다.

위 사례에 의하면 상환할증금은 다음과 같다.

상환할증금 = 100,000원 × (10% − 7%) × 3.3100(10%, 3년 연금의 종가)
= 9,930원

상환할증금은 다음과 같이 산출할 수도 있다.

100,000원(액면금액) = 만기상환액의 현가 + 총이자지급액의 현가
= (100,000원 + 상환할증금) × 0.75131 (10%, 3년 현가)
+ (100,000원 × 7%) × 2.48685(10%, 3년 연금현가)

∴ 상환할증금 = 9,930원

3-5 보장수익률

전환사채 발행회사가 투자자에게 보장하는 최소한의 수익률을 보장수익률이라고 한다. 즉, 보장수익률은 전환사채의 액면금액(발행금액)과 상환할증금을 포함한 전환사채 미래현금흐름의 현재가치와 발행금액을 같게 해 주는 이자율을 말한다.

① 일반사채
사채의 발행금액 = 미래 현금흐름의 현재가치
② 전환사채
사채의 발행금액 〉 미래 현금흐름의 현재가치

액면금액(발행금액) = 전환사채의 미래현금흐름(상환할증금 포함)의 현재가치 ………… (1)
위 식 (1)의 좌변과 우변을 같게 해주는 할인율을 보장수익률이라고 한다.

3-6 만기시점의 전환시

만기시점에서 전환사채가 전환되는 경우 발행자는 부채를 제거하고 자본으로 인식한다. 최초인식시점의 자본요소는 자본의 다른 항목으로 대체될 수 있지만 계속하여 자본으로 유지된다. 만기시점에서 전환사채의 전환에 따라 인식할 손익은 없다.

예를 들어, 전환사채권자가 만기시점에 전환사채(액면금액 100,000원)의 전환을 요청하여 발행자는 행사가격을 반영하여 보통주 액면금액 60,000원에 해당하는 주식을 발행해 주었다. 이때 전환사채의 발행자는 전환에 따른 손익을 인식하지 않고 전환사채의 장부금액 100,000원에서 보통주 자본금 60,000원을 차감한 40,000원은 주식발행초과금으로 인식한다. 기타자본잉여금에 남아있는 전환권대가는 자본요소로서 주식발행초과금으로 대체하든지 그대로 전환권대가로 남아 있을 수 있다.

3-7 일반사채와 전환사채의 구분

일반사채와 전환사채를 간략히 비교해 보면 다음 표와 같다.

표 일반사채와 전환사채

<table>
<tr><th>구 분</th><th colspan="3">투자자가 수령하는 금액</th></tr>
<tr><td>일반사채</td><td colspan="3">약정된 이자와 만기시 액면금액을 수령함</td></tr>
<tr><td rowspan="4">전환사채</td><td>미 전환시</td><td colspan="2">약정된 이자, 만기시 액면금액, 약정된 상환할증금 수령</td></tr>
<tr><td rowspan="3">전환시</td><td>전환전까지</td><td>약정된 이자 수령함</td></tr>
<tr><td>60%전환시</td><td>60%의 전환사채에 해당되는 이자는 소멸됨</td></tr>
<tr><td>40%미전환분</td><td>40%에 해당되는 전환사채에 대한 이자,
액면금액 및 상환할증금 수령함</td></tr>
</table>

생 | 각 | 해 | 봅 | 시 | 다

1. 주주로부터 자본조달을 받지 못하고 왜 전환사채를 발행했는지 생각해 볼 시다.
2. 전환사채(CB)의 만기일이 가까워질수록 전환사채를 발행한 회사의 보통주 주가는 어떻게 움직일까?

4. 신주인수권부사채

4-1 신주인수권부사채의 의의

신주인수권부사채(BW : bond with stock of warrants)란 유가증권의 소유자가 일정한 조건하에 신주인수권을 행사할 수 있는 권리가 부여된 사채를 말한다. 신주인수권부사채[6]는 전환사채와 달리 분리형과 비분리형이 있으며, 분리형이 비분리형 보다 자본을 조달하기 쉽다.

4-2 전환사채와의 비교

전환사채와 신주인수권부사채는 다음과 같은 차이점이 있다.

첫째 대주주가 자녀에게 경영권을 넘겨주기 위해서는 신주인수권부사채를 이용하기 보다는 전환사채를 더 많이 이용한다. 전환사채의 전환을 통해 주식을 취득하여 지분율을 확보할 경우 전환에 따른 추가적인 주금납입 금액을 준비할 필요가 없기 때문이다.

둘째 전환사채는 전환시에 사채를 반납하고 주식을 받게 되는데, 신주인수권부사채는 사채를 가지고 있으면서 주식을 추가로 받게 된다. 따라서 전환사채의 전환시에는 추가의 현금납입이 없지만 신주인수권부사채의 신주인수권 행사시에는 원칙적으로 추가의 현금납입이 있어야 한다. 전환사채 소지자는 전환 후에는 사채권자로서의 지위는 없어지고 주주로서의 지위만 있을 뿐이나, 신주인수권부사채의 경우에는 신주인수권을 행사한 후에도 주주로서의 지위 외에 사채권자로서의 지위를 가진다.

---

6) 「상법」 제516조의 6(신주인수권의 양도) 신주인수권증권이 발행된 경우에 신주인수권의 양도는 신주인수권증권의 교부에 의하여서만 이를 행한다 라고 규정되어 있다.

상기와 같은 이유로 전환사채의 경우 전환 후에는 상환하는 절차가 없지만 신주인수권부사채의 경우에는 신주인수권 행사 후에도 사채의 상환절차가 남아 있다. 우리 「상법」에서는 신주인수권의 행사시에 신주인수권자의 청구가 있는 때에는 신주인수권부사채의 상환에 갈음하여 주금의 납입이 있는 것으로 본다는 규정이 있다. 이러한 대용납입(代用納入)은 사채발행시에 발행조건으로 정해져 있다 하여도 사채권자가 청구하지 않으면 인정될 수 없고, 사채권자가 청구하여 대용납입한다 하여도 그 본질은 사채의 상환과 주금의 납입이 동시에 이루어지는 것으로 보아야 한다. 따라서 전환사채와 같이 전환하면 상환의 절차가 없는 것과는 본질적으로 구별된다.

표 전환사채와 신주인수권부사채

구 분	비 고	
권리행사시	전환사채는 사채상환의무 소멸됨 신주인수권부사채는 계속 존속함	
만기상환 (상환할증금지급조건)	전환사채	미전환사채에 대해서만 상환할증금 지급됨
	신주인수권부사채	권리행사분은 액면금액만 지급되고 권리미행사분은 상환할증금 지급됨
주금납입의무	전환사채	없음
	신주인수권부사채	있음

생 | 각 | 해 | 봅 | 시 | 다

1. 주주로부터 자본조달을 받지 못하고 왜 신주인수권부사채를 발행했는지 생각해 봅시다.
2. 신주인수권부사채를 통해서 자금을 조달한 후 부도가 발생하는 경우가 있다. 자본조달 후 부도 발생이유?

5. 전환우선주

전환우선주는 유가증권의 소유자가 전환권을 행사하면 보통주로 전환되는 주식을 말한다.

전환의 방법은 보통주의 발행가액을 발행시점의 시가로 기록하는 방법과 장부금액으로 발행하는 방법이 있다. 그러나 일반기업회계기준에서는 전환우선주가 보통주로 전환되는 경우에는 우선주와 보통주 모두 지분증권이라는 점에서 경제적 실질이 크게 달라지지 않기 때문에 보통주의 발행가액은 전환우선주의 장부금액으로 한다.[7)]

예를 들어, 우선주자본금 100,000원과 우선주 주식발행초과금 10,000원을 합한 장부금액이 110,000원으로 보통주 자본금 70,000원으로 전환될 경우 다음과 같이 회계처리되며 전환시 전환손익을 인식하지 않는다.

(장부금액법)

(차)	우선주자본금	100,000	(대)	보통주자본금	70,000
	주식발행초과금(우선주)	10,000		주식발행초과금(보통주)	40,000

생 | 각 | 해 | 봅 | 시 | 다

1. 사채 발행자 입장에서 시장의 이자율이 어떻게 변동되면 사채를 조기상환하려고 할까?
2. 전환사채 및 신주인수권부사채는 희석주당순이익 산출시 어떤 영향을 미치는가?

---

7) 보통주에 비하면 우선주는 의결권이 없고 배당이나 청산시 잔여재산분배에 있어서 우선권이 있을 뿐, 다같이 자본항목이라는 점에서 차이가 없다. 따라서 전환우선주를 발행한 경우에는 전환권을 별도로 인식하지 않고 일반우선주와 동일하게 회계처리하도록 하였다.

6. K-IFRS(제1032호: 금융상품표시)와 비교

복합금융상품을 금융부채와 지분상품으로 배분하는 방법에는 비례법과 차감법이 있는데, 일반기업회계기준과 마찬가지로 K-IFRS에서도 차감법을 사용한다. 차감법(deduction method)은 먼저 금융부채의 공정가치를 측정하고 발행금액에서 금융부채의 공정가치를 차감한 후 잔액을 지분상품에 배분하는 것이다.

K-IFRS에서는 전환우선주는 부채의 요소를 가지고 있지 않기 때문에 발행시점부터 자본으로 기록하고 전환권의 가치를 인식하지 않는다. 그러나 일반기업회계기준에서는 전환우선주를 복합금융상품으로 분류(문단15.25)하고 있다.

상환전환우선주(RCPS, redeemable convertible preference shares)는 발행기업에 해당 주식을 반납하고 투자한 금액을 회수하던지 전환권을 행사하여 보통주로 전환할 수 있는 주식을 의미한다. 기준서 1032호 문단36에서 상환청구권을 투자자가 보유한다면 K-IFRS에서는 금융부채로 분류하고 배당은 이자비용으로 표시한다. 상환할 수 있는 권리를 기업만 갖고 있다면 자본으로 분류한다.

7. 회계정보의 이해

다음은 삼청바이오㈜의 사채 관련 회계정보이다. 각 물음별로 옳은 설명인지, 틀린 설명인지를 판단하시오.

(단위: 천원)

	당기말	전기말	비 고
〈비유동부채〉			
(1) 일반사채 사채할인발행차금	100 (10)	100 (15)	
(2) 전환사채	200	400	당기 중 추가 발행은 없음
(3) 신주인수권부사채	300	300	
합 계	590	785	
〈자본〉			
(1) 전환권대가	20	20	

(물음1) 일반사채의 장부금액이 전기말 85,000원에서 당기말 90,000원으로 증가하였기 때문에 회사가 부담하는 사채이자비용은 전기보다 당기에 증가한 것으로 판단된다.

(물음2) 당기에 전환사채의 전환이 50% 있었지만 전환권대가가 50% 감소되지 않아서 기업회계기준 위배라고 판단된다.

(물음3) 당기 중 신주인권부사채권자의 신주인수권 행사가 50% 이었지만 신주인수권부사채금액이 감소하지 않은 것은 기업회계기준 위배이다.

정답 및 해설

(물음1) 옳은 설명이다. 할인발행시 사채이자비용은 매년 증가한다.

(물음2) 틀린 설명이다. 전환권 행사시 전환권대가는 주식발행초과금으로 전환되거나 전환권대가로 남아 있어도 기업회계기준 위배는 아니다.

(물음3) 틀린 설명이다. 신주인수권을 행사해도 신주인수권부사채는 감소하지 않아도 기업회계기준 위배는 아니다.

8. CASE STUDY

다음은 사채를 조달한 기업들의 〈자료〉이다. 해당 내용에 대해 서로 토의해 봅시다.

자 료

(단위 : 백만원)

구 분	A 회사	B 회사	C 회사	D 회사
① 사채액면금액(만기2년)	100	100	100	100
② 액면이자율	2%	2%	2.5%	3%
③ 유효이자율	5%	6%	5%	6%
④ 사채의 발행금액	94	93	95	94

(토의 1) 회사들은 왜 투자자로부터 자본을 조달하지 않고 일반사채를 발행하여 자금을 조달하는지 그 이유에 대해 토의해 봅시다.

(토의 2) 회사들은 왜 일반사채를 발행하지 않고 사모전환사채를 발행하여 자본을 조달하는지 그 이유를 토의해 봅시다.

(토의 3) 위 회사의 사채 중 어떤 회사채에서 가장 높은 투자수익률이 발생하는지 토의해 봅시다.

해 설

(1) 토의1

다음과 같은 이유를 찾을 수 있다.

첫째, 투자자의 신뢰를 잃어 더 이상 투자자들이 유상증자에 참여하지 않기 때문이다.

둘째, 대주주가 유상증자에 참여할 자금이 부족할 경우이다. 대주주가 유상증자에 참여할 자금이 부족할 경우 회사가 유상증자를 실시하면 대주주의 지분율이 하락될 수 있기 때문에 대주주가 유상증자에 반대하는 경우이다.

셋째, 금융기관에서 차입하는 경우 보다 사채발행을 통해 더 많은 자금을 조달할 수 있기 때문이다.

(2) 토의2

일반적으로 대표이사가 대주주인 중소기업의 경우 사모전환사채를 많이 발행하고 있으며 그 이유는 다음과 같다.

첫째, 대표이사인 대주주가 지분율을 높이기 위한 목적이 있다. 전환사채에 대한 전환권을 행사할 경우 전환사채는 소멸되고 주식을 수령하기 때문에 지분율을 높일 수 있는 수단으로 이용되고 있다.

둘째, 일반사채를 발행하더라도 자본조달이 쉽지 않을 것으로 예상되는 경우 사모전환사채를 발행하고 있다.

(3) 토의3

유효이자율이 가장 높은 회사채가 투자수익률이 가장 높다. 즉, B회사와 D회사가 발행한 회사채가 유효이자율 6%로 가장 높다.

확인문제

다음 설명이 맞으면 ○, 틀리면 × 하시오.

01 회사채를 만기까지 보유시 회사채 발행회사는 발행금액에 상관없이 만기까지 액면이자와 만기시점에 액면금액을 채권자에게 지급해야 한다. ( )

02 사채의 발행형태는 표시이자율과 시장이자율의 크기에 의해 영향을 받는다. ( )

03 발행시점에서 사채할인발행차금은 사채의 발행금액과 현재가치의 차이이다. ( )

04 전환사채는 전환권을 행사하면 전환된 부분만큼 부채가 소멸된다. ( )

05 신주인수권부사채는 인수인수권을 행사하면 행사부분 만큼 부채가 소멸된다. ( )

06 일반적으로 전환사채는 일반사채보다 비싸게 발행된다. ( )

07 사채할인발행시 시간이 경과할수록 사채할인발행차금은 상각액 만큼 감소한다. ( )

08 시장이자율이 증가할 경우 사채의 가격이 낮아지므로 사채발행자는 사채를 조기상환하려는 유인이 발생된다. ( )

09 전환권대가는 발행금액에서 전환사채 미래현금흐름(상환할증금 포함)의 현재가치를 차감한 것이다. ( )

10 전환사채는 전환권을 행사할 경우 추가적인 주금납입을 해야 한다. ( )

정답 및 해설

01 ○

02 ○

03 ×(액면금액 – 현재가치)

04 ○

05 ×(미소멸)

06 ○

07 ○

08 ○

09 ○

10 ×(추가적인 납입없음)

연 습 문 제

01 사채와 관련된 설명으로 틀린 것은?

① 시장이자율과 표시이자율의 차이에 의해 사채의 발행형태는 다르다.
② 사채의 발행자는 시장이자율과 무관하게 확정된 표시이자를 채권자에게 현금으로 지급하여야 한다.
③ 사채할인발행의 경우 유효이자율법을 적용하여 상각하면 사채발행자가 인식하는 이자비용은 매년 일정하다.
④ 중도에 사채를 일부 상환한 후에는 미상환된 사채에 대해서만 이자를 인식하면 된다.
⑤ 사채발행비는 사채할인발행차금을 구성한다.

02 다음 자료에 의하여 사채상환손익을 계산하면 얼마인가?

> Y1. 1. 1. 사채를 다음 조건으로 발행하였다.
> (1) 액면 100,000원, 표시이자율 4%, 만기기간 3년
> (2) 시장이자율 5%
> (3) 사채의 발행금액 97,277원
> (4) Y1. 12. 31. 사채의 장부금액 98,141원
> (5) Y2. 6. 30. 사채를 99,500원에 상환하였다. 회사는 상환일까지 월수 계산에 의하여 이자비용을 인식한다. 다만, 소수점 이하는 버림

① 사채상환손실 403원　② 사채상환손실 906원
③ 사채상환이익 403원　④ 사채상환이익 906원
⑤ 사채상환이익 1,359원

03 할인 발행된 사채에 대한 설명으로 옳지 않은 것은?

① 만기시점까지 매년 사채의 이자비용은 증가한다.
② 매년 발행자가 지급하는 현금은 일정하다.
③ 유효이자에서 액면이자를 차감한 금액은 상각액이 된다. 이러한 상각액은 기초장부금액을 감소시킨다.
④ 유효이자는 액면이자와 상각액을 합한 금액과 항상 같다.
⑤ 만기시점의 장부금액은 항상 액면금액과 같다.

04 (주)한국의 사채발행과 관련된 자료이다. Y1년도 사채이자비용은 얼마인가?

(1) 액면금액 5,000,000원(표시이자율 6%, 후급지급)
(2) 발행일자 Y1. 1. 1. (만기 5년)
(3) 시장이자율 8%(기간 5년: 현가계수 0.6806, 연금의 현가계수 3.9927)

① 68,064원 ② 300,000원 ③ 368,064원
④ 400,000원 ⑤ 276,048원

05 Y1. 1. 1. 현재 사채를 발행한 회사의 사채할인발행차금 상각표이다. 사채의 액면금액은 1,000,000원이며 이자는 후급지급조건이다. 다음 중 틀린 설명은?

(단위: 원)

일 자	유효이자	표시이자	상각액	장부금액
Y1. 1. 1.	–	–	–	951,963
Y1. 12. 31.	114,236	100,000	?	966,199
Y2. 12. 31.	115,944	100,000	15,944	982,143
Y3. 12. 31.	117,857	?	17,857	1,000,000

① 사채는 할인발행된 것이다.
② Y2년도 사채이자비용은 100,000원이다.
③ Y3년도의 상각액은 Y2년도의 상각액보다 크다.
④ 만기시점에 사채의 장부금액은 액면금액이 된다.
⑤ 매년 인식되는 사채이자비용은 증가한다.

06 Y1. 1. 1. 현재 사채를 발행한 회사의 사채할인발행차금 상각표이다. 사채의 액면금액은 1,000,000원이며 이자는 후급지급조건이다. Y2. 6. 30.에 사채를 조기상환하기 위하여 900,000원을 지급하고 사채를 회수하였다. 사채상환손익은 얼마인가?

(단위: 원)

일 자	유효이자(12%)	표시이자(10%)	상각액	장부금액
Y1. 1. 1.	-	-	-	951,963
Y1. 12. 31.	114,236	100,000	14,236	966,199
Y2. 12. 31.	115,944	100,000	15,944	982,143
Y3. 12. 31.	117,857	100,000	17,857	1,000,000

① 사채상환이익 66,199원
② 사채상환손실 66,199원
③ 사채상환이익 82,143원
④ 사채상환이익 74,171원
⑤ 사채상환이익 124,170원

07 전환사채와 신주인수권부사채에 대한 설명으로 옳지 않은 것은?

① 전환사채는 주식으로 전환할 수 있는 권리가 부여된 사채이다.
② 신주인수권부사채를 보유하고 있는 사채권자는 기존 주주가 아니더라도 신주를 인수할 수 있는 권리를 가지고 있으며 반드시 인수해야 한다.
③ 전환사채권자가 전환사채를 행사하면 주금을 납입하지 않아도 된다.
④ 신주인수권부사채권자는 신주를 인수할 때 반드시 주금을 납입해야 한다.
⑤ 상환할증금이 있는 전환사채를 만기까지 미전환할 경우 사채권자는 상환할증금을 수령한다.

08 다음은 삼청(주)의 당기 및 전기말 재무제표상 동일한 일반사채에 대한 정보이다. 4년 전에 사채를 발행하였다. 다음 중 옳지 않은 것은?

(단위: 원)

	당기말		전기말	
(유동부채)				
사채	100,000			
사채할인발행차금	(1,786)	98,214		
(비유동부채)				
사채			100,000	
사채할인발행차금			(3,380)	96,620

① 사채는 할인발행된 것이다.
② 사채의 만기일은 다음연도로 예상이 된다.
③ 전년도의 사채이자비용은 당기의 사채이자비용보다 적다.
④ 당기 액면이자가 10,000원이라면 당기 사채이자비용은 11,786원이다.
⑤ 시장이자율은 표시이자율보다 높다.

09 삼청(주)는 신규 공장 신축 자금 100억원을 조달하기 위해 일반사채 발행으로 80억원을 조달하고, 전환사채 20억원은 대표이사가 인수하기로 하였다. 이와 관련하여 다음 설명 중 옳지 않은 것은?

① 기존 주주로부터의 신뢰를 받지 못할 경우 유상증자에 실패하여 일반사채를 발행할 수 있다.
② 대표이사가 20억원을 투자한 이유 중 하나는 대표이사의 지분율 강화에 있다.
③ 80억원 조달에 대해서는 향후 이자지급과 원금 상환에 대한 부담이 있다.
④ 일반사채는 항상 비유동부채로 분류된다.
⑤ 사채의 발행은 원칙적으로 이사회 결의 사항이다.

10 차용(주)의 사채할인발행차금 상각표이다. 다음 설명 중 옳지 않은 것은? 사채발행일자는 Y1년 1월 1일이며, 액면금액은 1,000,000원이다.

일 자	유효이자	표시이자	상각액	장부금액
Y1. 1. 1.	-	-	-	930,582
Y1. 12. 31.	93,058	60,000	33,058	963,640
Y2. 12. 31.	96,360	60,000	36,360	1,000,000

① 유효이자율은 액면이자율 보다 높다.
② Y2년도 사채이자는 60,000원이다.
③ 액면이자율은 6%이다.
④ 만약, Y2년 1월 1일 사채를 970,000원 상환한다면 사채상환손실은 6,360원이다.
⑤ Y1년도 시장이자율이 변동되어도 액면이자는 60,000원이다.

11 사채와 관련된 설명으로 옳지 않은 것은?

① 사채발행가액의 결정에 액면이자는 영향을 미친다.
② 전환사채를 주식으로 전환할 경우 추가적인 현금 납입은 하지 않는다.
③ 사채의 발행형태와 상관없이 사채발행시 사채의 금액은 항상 액면금액으로 계상되고 사채할인발행차금은 사채의 금액에 차감하는 형식으로 사채할증발행차금은 사채의 금액에서 가산하는 형식으로 보고된다.
④ 사채를 조기상환할 경우 상환시점의 사채의 장부금액이 상환금액 보다 클 경우 사채상환이익이 발생된다.
⑤ 전환권의 가치가 있어도 액면금액, 액면이자, 만기가 같으면 일반사채의 발행가액과 전환사채의 발행가액은 차이가 없어야 한다. 다만, 액면이자율은 시장이자율 보다 낮다.

12 다음 회사 중 연간 사채이자비용이 가장 큰 순서대로 회사를 배열하면? 단, A, B, C회사의 회계기간은 매년 1.1.~12.31.이고, 표시(액면)이자는 연 1회 매년 말 후급이며, 기초(기말)장부금액은 정확한 금액이다.

	A회사	B회사	C회사
액면금액	100,000원	100,000원	100,000원
표시이자율	9%	11%	10%
기초 장부금액	95,000원	102,000원	100,000원
기말 장부금액	96,500원	100,500원	100,000원

① A회사 → B회사 → C회사
② A회사 → C회사 → B회사
③ B회사 → A회사 → C회사
④ B회사 → C회사 → A회사
⑤ C회사 → A회사 → B회사

정답 및 해설

01 ③ 사채할인발행시 사채발행자가 인식하는 이자비용은 매년 증가한다. 유효이자율법에 의한 상각표를 보면 매년말 장부금액이 증가함으로써 기초장부금액에 유효이자율을 곱하여 산출되는 이자비용은 매년 증가한다.

02 ②

(1) Y2. 1. 1. ~ Y2. 6. 30.까지의 이자비용 : 98,141 × 5% × 6/12 = 2,453원

(2) Y2. 1. 1. ~ 6. 30.까지의 표시이자 : 100,000원 × 4% × 6/12 = 2,000원

(3) 상각액 : 2,453원 - 2,000원 = 453원

(4) Y2. 6. 30. 장부금액 : 98,141원 + 453원 = 98,594원

(5) 사채상환손실 : 99,500원 - 98,594원 = 906원

03 ③ 유효이자에서 표시이자를 차감한 금액은 상각액이 된다. 이러한 상각액은 기초장부금액을 감소시키는 것이 아니라 증가시킨다.

04 ③

(1) Y1년 1월 1일 발행금액: 5,000,000원×0.6806 + 5,000,000원×6%×3.9927 = 4,600,810원

(2) Y1년도 사채이자비용 : 4,600,810원×8% = 368,064원

05 ② Y2년도 사채이자비용은 114,236원이다.

06 ④

(1) Y2.6.30. 현재의 사채의 장부금액
= Y1. 12. 31.(기초 장부금액) + Y2.1.1 - Y2. 6. 30.까지의 장부금액 증가분
= 966,199원 + (966,199원×유효이자율 12% - 1,000,000원×10%= 15,944원)×6/12
= 974,171원

(2) 사채상환이익 = 974,171원 - 900,000원 = 74,171원

07 ②

신주인수권부사채를 보유하고 있는 사채권자는 기존 주주가 아니더라도 신주를 인수할 수 있는 권리를 가지고 있으며 반드시 인수해야 할 의무는 없다.

08 ④ 사채할인발행차금은 사채할인발행될 때 나타나는 계정과목이다. 유동부채로 전환된 것은 다음연도가 만기일이라는 점을 의미한다. 할인발행시 사채이자비용의 크기는 당기가 전기 보다 크다. 사채이자비용은 액면이자 10,000원 + 상각액(3,380 - 1,786 = 1,594원) 즉, 11,594원이다.
당기 상각액 1,594원으로 다음연도 상각액 1,786원(할인발행)으로 추정이 가능하므로 만기일은 다음연도로 예상된다.

09 ④ 보고기간종료일로부터 최종 만기일까지의 기간이 1년 이내이면 유동부채로 분류하여야 한다.

10 ② Y2년도 사채이자비용은 96,360원이다.

11 ⑤ 전환권의 가치가 있으면 일반사채의 발행가액과 전환사채의 발행가액은 차이가 있다.

12 ②

(1) A회사의 사채이자비용(할인발행): 액면이자 9,000원 + 할인차금상각액 1,500원 = 10,500원

(2) B회사의 사채이자비용(할증발행): 액면이자 11,000원 - 할증차금상각액 1,500원 = 9,500원

(3) C회사의 사채이자비용(액면발행): 액면이자 10,000원 + 상각액 0원 = 10,000원
따라서 A회사 → C회사 → B회사의 순이다.

Troubled Debt Restructuring

제11장

채권·채무조정

학습목표

본장을 학습한 후 다음 사항을 이해할 수 있다.

1. 채권 · 채무조정의 의의 및 조정시점 및 유형
2. 채권자 및 채무자의 회계처리
3. 자산양수 · 이전, 지분증권발행의 회계처리
4. 원리금감면 회계처리

1. 의의

채권 · 채무조정은 채무자의 현재 또는 장래의 채무변제능력이 크게 저하된 경우에 채권자와 채무자간의 합의 또는 법원의 결정 등의 방법으로 채무자의 부담완화를 공식화하는 것을 말한다. 채권자는 채무를 부담하고 있는 기업이 당장 청산되기보다는 회생하는 것이 자기의 손실을 최소화하는 것이라고 판단하는 경우에는 원리금 감면, 이자율 인하, 만기연장 등의 방법으로 채무자의 부담의 전부 또는 일부를 완화해 주는 것에 합의하게 된다. 따라서 채권 · 채무조정은 채무자의 재무적 어려움으로 인하여 채권자가 다른 상황에서는 고려하지 않았을 때 혜택을 채무자에게 부여하는 것이며, 그 혜택의 조건과 내용은 채권자와 채무자간의 합의 또는 법원에 의하여 결정된다. 다음과 같은 경우에는 채권 · 채무조정으로 보지 아니한다.

① 변제대가가 채무장부금액 보다 큰 경우 : 정상적인 채무변제[1]

② 다른 대안에 의한 부담완화가 가능한 경우[2]

---

1) 정상적인 채무변제로 보는 경우는 다음과 같다.

① 채권자가 채권의 회수로 받은 현금, 기타의 자산 또는 채무자의 지분증권 등의 공정가치가 채권의 대손충당금 차감전 장부금액 이상인 경우

② 채무자가 채무의 변제로 채권자에게 이전한 현금 , 기타의 자산 또는 지분증권 등의 공정가치가 채무의 장부금액 이상인 경우

③ 현행 시장이자율로 다른 자금원으로부터의 자금조달이 가능한 채무자와의 관계를 유지할 목적으로 채권자가 전반적인 시장이자율의 하락 또는 위험의 감소를 반영하여 채권에 대한 유효이자율을 인하하는 경우

2) 채무자가 정상적인 채무의 시장이자율과 같은 시장이자율로 기존의 채권자가 아닌 다른 자금원으로부터 자금을 차입할 수 있는 상황에서 이루어진 채무의 변제나 조건변경은 채권 · 채무조정에 해당하지 않는다. 채무자가 다른 자금원으로부터 차입을 할 수 있다 하더라도 현재 상태에서는 부담할 능력이 없는 높은 이자율로만 자금을 차입할 수 있는 경우는 채권 · 채무조정에 해당한다.

2. 채권 · 채무조정시점과 유형

채권 · 채무조정이 실질적으로 완성되는 시점이 채권 · 채무조정시점이다. 채권 · 채무조정은 채무의 만기일 이전 또는 이후에 이루어질 수 있으며, 자산 또는 지분증권을 이전하거나 새로운 계약조건이 확정되는 시점에서 채권 · 채무조정이 완성된다.

채권 · 채무조정시점은 일반적으로 다음과 같다.

첫째, 합의에 의한 조정의 경우 : 합의일

둘째, 법원의 인가에 의한 조정의 경우 : 회사정리계획인가일

다만, 합의일 또는 법원의 인가일로부터 자산 또는 지분증권의 이전일, 새로운 계약조건의 시행일 또는 채권 · 채무조정이 완성되는 다른 사건의 발생시점까지 상당한 시간이 소요되는 경우에는 실질적으로 채권 · 채무조정이 완성되는 시점이 채권 · 채무조정시점이다. 채권 · 채무조정의 유형은 다음과 같다.

첫째, 채무변제의 유형이다.

채무변제의 유형에는 채무를 일부 또는 전부를 변제하기 위하여 채무자가 제3자에 대한 채권, 부동산 또는 기타의 자산을 채권자에게 이전하거나 지분증권을 발행(원래 조건에 따라 채무를 지분증권으로 전환하기로 한 경우를 제외한다)하는 경우에 해당된다.

둘째, 채무를 존속시키는 조건변경의 유형이다.

조건변경의 유형에는 이자율의 인하, 유사한 위험을 가진 새로운 부채보다 낮은 이자율로 만기를 연장하거나 원리금의 감면[3] 및 발생이자의 감면이 해당된다. 채무증권의 발행도 조건변경에 해당된다.[4]

---

3) 원리금의 감면을 통한 채무의 현재가치 감소분과 이자율이나 만기의 변경을 통한 채무의 현재가치 감소분의 금액이 동일한 경우에 회계처리가 달라지는 것은 불합리하므로 원리금의 감면도 채무의 조건변경으로 회계처리 한다.

4) 채무증권을 발행하는 채권 · 채무조정과 채무증권을 발행하지 않는 채권 · 채무조정의 경제적 실질이 달라지는 것은 아니다. 따라서 채무증권을 발행하지 않는 다른 채권 · 채무조정과 동일하게 채무의 조건변경으로 회계처리한다(결6.3).

3. 채무자의 회계

3-1 자산이전에 의한 채무변제

채무자가 채무를 변제하기 위하여 제3자에 대한 채권, 부동산 또는 기타의 자산을 채권자에게 이전하는 경우에는 변제되는 채무의 장부금액과 이전되는 자산의 공정가치와의 차이를 채무조정이익으로 인식한다. 이전되는 자산의 공정가치[5]와 장부금액과의 차이는 자산처분손익으로 인식한다. 처분손익을 인식하는 이유는 이전되는 자산의 수익창출과정이 완료되었기 때문이다.

채무조정이익 = 채무의 장부금액 − 이전하는 자산의 공정가치
자산처분손익 = 이전하는 자산의 공정가치 − 이전하는 자산의 장부금액

사례 11-1

삼청(주)는 A은행에 대한 장기차입금 1,000원을 채무면제 받는 대신 삼청(주) 보유 토지(공정가치 600원, 장부금액 500원)를 A은행에 이전하기로 채권 · 채무조정을 하였다. 삼청(주)가 채권 · 채무조정으로 인하여 인식할 채무조정이익과 토지처분이익을 계산하면 각각 얼마인가?

해 설

1. 차입금 1,000원 − 이전되는 토지의 공정가치 600원 = 400원
2. 유형자산처분이익 100원(공정가치 600원 − 장부금액 500원)

5) 이전되는 자산의 공정가치는 시가를 의미하며 거래시장이 없을 경우 유사한 자산의 시가를 근거로 추정할 수 있다. 시가를 이용할 수 없는 경우에는 예상되는 미래현금흐름에 대하여 위험을 고려한 할인율을 적용하여 산정한 현재가치로 당해 자산의 공정가치를 추정할 수 있다.

3-2 지분증권의 발행 등에 의한 채무의 변제

(1) 지분증권의 발행 : 출자전환

지분증권을 발행하여 변제할 경우 지분증권의 공정가치와 채무의 장부금액과의 차이를 채무조정이익으로 인식한다.

(2) 출자전환 : 즉시 미이행시

출자전환을 합의하였으나 출자전환이 즉시 이행되지 않는 경우에는 조정대상채무를 출자전환채무의 과목으로 하여 자본조정으로 대체한다. 출자전환채무는 전환으로 인하여 발행될 주식의 공정가치로 하고 조정대상채무의 장부금액과의 차이는 채무조정이익으로 인식한다. 다만, 시장성이 없는 지분증권의 공정가치를 신뢰성 있게 측정할 수 없는 경우에는 조정대상 채무의 장부금액으로 출자전환채무를 회계처리하고 채무조정이익을 인식하지 않는다.

조 정 전	조정 후	
	과 목	해당계정과목
① 조정대상채무	② 출자전환채무 = 발행될 주식의 공정가치	자본조정
채무조정이익 = ① − ②		

출자전환시 발행주식수 미결정된 경우는 채권 · 채무조정이 완성된 것으로 보지 않는다.[6)]

6)

구 분	채권 · 채무조정 완성여부	회계처리
출자전환으로 인하여 발행될 주식수 미결정시	미완성	없음
출자전환으로 인하여 발행될 주식수 결정시	완성	위(2)와 같이 회계처리함

3-3 조건의 변경

(1) 이자율 인하 및 만기일의 연장

① 채무발생시의 유효이자율 적용 : 원칙

이자율 인하 등 조건의 변경으로 채무가 조정되는 경우에는 채권 · 채무조정에 따른 약정상 정해진 미래 현금흐름을 채무 「발생시점의 유효이자율」로 할인하여 계산된 현재가치와 채무의 장부금액과의 차이를 채무에 대한 현재가치할인차금과 채무조정이익으로 인식한다.

② 채권 · 채무조정시점의 시장이자율 적용 : 예외

동종 또는 유사한 채권 · 채무에 대하여 적용할 이자율보다 더 낮은 이자율로 만기를 연장하는 경우에 해당하며, 경제환경의 변동으로 동일한 신용도에 대한 채무 발생시점의 시장이자율과 채권 · 채무조정시점의 시장이자율에 현저한 차이가 있는 경우에는 채권 · 채무조정시점의 적절한 이자율로 할인하여 채무조정이익을 인식한다.

채권 · 채무조정시점의 적절한 이자율은 채권 · 채무조정시점의 기초이자율에 당해 채무 발생시점과 동일한 신용상태에 대한 채권 · 채무조정시점의 신용가산이자율[7]을 합산하여 산정한다.

(2) 원리금의 감면

감면을 통한 조건변경으로 인하여 채권 · 채무조정에 따른 약정상 미래 현금흐름의 합계금액(명목가액)[8]이 채무의 장부금액에 미달할 경우에는 채무의 장부금액을 미래 현금흐름의 합계금액으로 감액하고 동 미달액을 채무조정이익[9]으로 인식한다.

---

7) 신용가산이자율은 채무 발생시점의 채무자 신용상태가 채권 · 채무조정시점까지 유효하다고 가정할 경우 채권 · 채무조정시점에서 산정된 이자율을 말한다.

8) 채무자의 재무상황이 정해진 기간 내에 향상되는 것을 전제로 원금이나 이자로 정해진 금액이 추가되는 약정이 있는 경우에는 동 추가되는 금액은 조정된 만기까지 발생할 미래 현금흐름에 포함된다.

9) 채권 · 채무조정을 실시하기 위하여 채무자에게 발생된 기타의 모든 비용은 채무조정이익에서 차감한다.

그리고, 채무의 장부금액과 조정 후 채무의 현재가치와의 차액이 채무조정이익이 된다.

3-4 각 방법의 결합에 의한 채권 · 채무조정

채무의 일부에 대해서는 채무자가 채권자에게 자산을 이전하거나 지분증권을 발행하여 변제하고 나머지 채무에 대해서는 조건변경을 통하여 채무를 경감시키는 채권 · 채무조정의 경우에는 다음과 같이 회계처리한다. 우선적으로 이전되는 자산과 발행되는 지분증권의 공정가치를 측정하여 자산과 지분증권의 공정가치만큼 채무의 장부금액을 감소시킨다. 나머지 채무에 대해서는 채무의 조건변경으로 회계처리한다.

4. 채권자의 회계

4-1 자산의 양수를 통한 채권의 회수

채권, 부동산 또는 기타의 자산을 받거나 채무자의 지분증권 등을 받는 채권자는 동 자산을 공정가치로 회계처리한다. 받은 자산의 공정가치가 채권의 대손충당금 차감전 장부금액보다 적은 경우에는 대손충당금과 우선 상계하고 부족한 경우에는 대손상각비(또는 손상차손)로 인식한다.

대손충당금 차감전 채권 장부금액 – 자산의 공정가치
= 대손충당금과 우선 상계 후 부족분은 대손상각비(또는 손상차손)로 인식

사례 11-2

C은행은 오청(주)의 대출채권 1,000원을 포기하는 대신 오청(주)의 토지(공정가치 600원, 장부금액 500원)를 취득하기로 채권 · 채무조정을 하였다. C은행은 부실채권에 대해서 10%의 대손충당금을 이미 설정하고 있다. 채권 · 채무조정으로 인식하는 손상차손은 얼마인가?

정 답

대손충당금 차감전 채권 장부금액 1,000원에서 토지의 공정가치 600원을 차감한 400원은 대손이 된다. 그러나 기 설정된 대손충당금이 100원 설정되어 있기 때문에 300원만 손상차손으로 인식하여야 한다.

4-2 미이행 출자전환

출자전환을 합의하였으나 출자전환이 즉시 이행되지 않고 출자전환시까지 이자가 면제되는 경우에는 채권의 대손충당금 차감전 장부금액을 출자전환채권으로 대체하고 출자전환이 이루어질 때까지 출자전환채권의 대손충당금 차감전 장부금액과 전환으로 발행될 주식의 공정가치 중 낮은 가액으로 평가하며 이로 인한 평가손익은 출자전환채권에 대한 대손충당금과 대손상각비(또는 손상차손)에 반영한다.

합의 일	출자전환채권
전환이행일까지	① 평가액 = Min(출자전환채권 장부금액, 발행될 주식의 공정가치) ② 대손충당금 차감전 채권 장부금액 - 평가액 = 대손충당금과 우선 상계 후 부족분 대손상각비(또는 손상차손)로 인식

4-3 채권의 조건변경

채권자의 경우에 조건변경으로 인하여 채권의 현재가치가 감소한 것은 실질상 채권의 일부가 원래의 조건대로 회수되지 않았으므로 손상차손을 인식한다. 계약조건에 따라 회수할 금액에는 계약상 정해진 원금과 이자금액이 모두 포함된다.

(1) 대손충당금

채권 · 채무조정을 통하여 조건이 변경된 채권에 대한 손상차손은 채권 · 채무조정에 따른 약정상 정해진 미래 현금흐름을「채권 발생시점의 유효이자율」로 할인하여 계산된 현재가치와 채권의 대손충당금 차감전 장부금액과의 차이로 하고 부족분은 추가로 대손충당금을 인식한다.

채권자는 채권 · 채무조정을 통하여 조건이 변경된 채권에 대하여 공식적인 채권 · 채무조정 전에 인식조건이 충족되면 대손상각비를 인식해야 한다.

(2) 원리금 감면

원금과 발생이자의 감면을 통한 조건변경으로 인하여 채권 · 채무조정에 따른 약정상 정해진 미래 현금흐름의 합계금액(명목가액)이 채권의 대손충당금 차감전 장부금액에 미달하는 경우에는 채권이 대손충당금 차감전 장부금액을 미래 현금흐름의 합계금액으로 감액한다. 감액한 채권의 대손충당금 차감전 장부금액은 먼저 대손충당금과 상계하고 부족한 금액은 대손상각비로 인식한다. 또한 새로운 채권의 대손충당금 차감전 장부금액에 대해서는 대손충당금을 추가로 인식한다.

채권감면분(대손상각비) = 채권의 대손충당금 차감전 장부금액 – 조정후 금액
주) 조정전 대손충당금이 설정되어 있을 경우에는 부족분을 추가로 대손상각비로 인식함
현재가치감소분(대손상각비) = 조정후 금액 – 조정후 원금과 이자의 현재가치

생 | 각 | 해 | 봅 | 시 | 다

1. 채권 · 채무조정을 하면 채무자는 항상 채무조정이익이 발생되는가?
2. 채권 · 채무조정이란 채권자에게 유리한 조정을 하는 것을 의미하는 것인가?

사례 11-3 자산의 이전

A은행은 한국(주)로부터 토지를 이전받고 대출채권 100,000원(대손충당금 20,000원 설정되어 있음)을 변제하기로 채권·채무조정을 하였다. 토지의 장부금액(BV)은 40,000원이며 공정가치(FMV)는 30,000원이다.

해 설

(1) 채권자의 회계처리

(차)	토지	30,000	(대)	대출채권	100,000
	대손충당금	20,000			
	대손상각비	50,000			

(2) 채무자의 회계처리

(차)	장기차입금	100,000	(대)	토지	40,000
	유형자산처분손실	10,000		채무조정이익	70,000

사례 11-4 출자전환

삼청(주)는 장기차입금 50,000원을 상환하지 못하여 B은행에 출자전환하는 방식으로 채권·채무조정을 하였다. 삼청(주)가 B은행에 발행할 주식은 보통주 주식 100주(1주당 액면금액 100원, 1주당 시가 200원)이다. 다만, B은행은 해당 대출채권에 대해 대손충당금 10,000원을 설정하고 있다.

해 설

(1) 채권자의 회계처리

(차)	매도가능증권	20,000	(대)	대출채권	50,000

대손충당금	10,000
대손상각비	20,000

(2) 채무자의 회계처리

(차) 장기차입금	50,000	(대) 자본금	10,000
		주식발행초과금	10,000
		채무조정이익	30,000

사례 11-5 채권자의 회계처리

우량은행은 당기 중 대출채권 100,000원(전기에 이미 대손충당금 70,000원 설정함)을 출자전환하기로 ㈜회생과 채권 · 채무조정을 하였다. 출자전환으로 발행된 주식 수는 200주(1주당 액면금액 100원, 공정가치 200원)이다. 채권 · 채무조정이 우량은행의 손익에 미친 영향으로 옳은 것은?

① 당기순이익 10,000원 감소　② 당기순이익 10,000원 증가
③ 당기순이익 60,000원 감소　④ 당기순이익 70,000원 감소
⑤ 기타포괄이익 10,000원 증가

해 설

우량은행의 채권 · 채무조정 회계처리는 다음과 같다.

(차) 매도가능증권	40,000(200원×200주)	(대) 대출채권	100,000
대손충당금	70,000	대손충당금환입	10,000

따라서 당기순이익이 10,000원 증가한다. 즉, ②가 정답이다.

5. K-IFRS(제1109호: 금융상품)와 비교

K-IFRS에 따르면 채권자와 채무자의 합의에 따른 채권 · 채무의 조정은 자산 이전을 통한 부채상환, 주식 발행을 통한 부채상환 및 부실채무(troubled debt)의 조건변경(modification of debt)의 세 가지 유형으로 분류한다.

(1) 자산 이전을 통한 부채상환

자산 이전을 통한 부채상환의 경우 이전하는 자산의 공정가치만큼 부채를 제거하여 장부금액을 감소시키고, 자산의 공정가치와 장부금액의 차이를 자산처분손익으로 인식한다. 또한 제거하는 부채의 장부금액과 자산의 공정가치의 차이를 부채상환이익(또는 채무조정이익)으로 인식한다.

(2) 주식 발행을 통한 부채상환(출자전환)

(ㄱ) 주식의 공정가치를 측정할 수 있는 경우

채무자가 금융부채의 전부 또는 일부의 상환을 위해 지분증권을 발행하는 경우 교부된 주식의 공정가치만큼 금융부채를 제거하고, 상환된 금융부채의 장부금액과 주식의 공정가치의 차이를 금융부채상환이익(채무조정이익)으로 인식한다.

(ㄴ) 주식의 공정가치를 측정할 수 없는 경우

금융부채의 소멸시점에 교부된 주식의 공정가치를 신뢰성 있게 측정할 수 없는 경우 소멸된 금융부채의 공정가치를 대용치로 하여 주식의 공정가치를 측정하고, 상환된 금융부채의 장부금액과 지급한 대가의 차이를 금융부채상환이익(채무조정이익)으로 인식한다.

(3) 부실채무의 조건변경

부실채무의 조건변경은 새로 발행(변경)된 부채가 기존 부채와 유의적으로 다른지에 따라 실질적 조건변경과 비실질적 조건변경으로 구분한다.

(ㄱ) 실질적 조건변경

채무변동률(부채 변동액/기존 부채의 현재가치)이 10% 이상이면 실질적 조건변경으로 보아, 기존 부채를 제거하고 조건이 변경된 새로운 부채를 조건변경시점의 시장이자율로 할인한 현재가치(공정가치)로 측정한다. 또한 기존 부채의 장부금액과 새로운 부채의 공정가치의 차이를 금융부채조정이익(채무조정이익)으로 인식한다.

(ㄴ) 비실질적 조건변경

채무변동률(부채 변동액/기존 부채의 현재가치)이 10% 미만인 조건변경은 비실질적 조건변경으로 보아, 새로운 조건의 금융부채를 원래 금융부채의 연장으로 본다. 따라서 기존 금융부채를 소멸시키지 않고 새로운 현금흐름을 당초 유효이자율로 할인한 현재가치로 측정하고 기존 부채의 장부금액과 변경된 현금흐름의 현재가치의 차이를 금융부채조정이익(채무조정이익)으로 인식한다.

한편, 금융상품(채무상품에 한함)의 발행자와 보유자가 재협상으로 금융상품의 계약상 현금흐름을 변경하지만 금융상품 보유자는 기존 금융자산(금융상품)의 제거 여부에 따라 다음과 같이 회계처리한다.

(1) 기존 금융자산을 제거하지 않는 경우

기존 금융자산을 장부에서 제거하지 않는 경우에는 기존 금융자산(금융상품)의 연속으로 보고 다음의 ①과 ②의 차이를 조건변경손실(대손상각비)로 인식한다.

① 재협상 직전에 12개월(또는 전체기간) 기대손실법으로 손실충당금을 측정한다.

② 재협상 직후에 변경된 새로운 계약상 현금흐름에 기초해서 금융자산의 새로운 총 장부금액(최초 유효이자율로 할인한 현재가치)을 계산한다.

⑵ 기존 금융자산을 제거하는 경우

재협상의 결과 기존 금융자산을 제거하는 경우에는 원래 금융상품의 장부금액(손실충당금을 포함한 금액)과 최초로 인식하는 새로운 금융상품의 공정가치(변경된 계약상 현금흐름을 현행이자율로 할인한 현재가치)의 차이를 조건변경손실(대손상각비)로 인식한다.

6. 회계정보의 이해

다음은 삼청제조㈜의 회계정보이다. 각 물음별로 옳은 설명인지, 틀린 설명인지를 판단하시오.

(단위: 천원)

	당기(말)	전기(말)	비 고
〈재무상태표〉			
토지	500	700	
단기차입금	150	200	기중 차입금 없음
장기차입금	200	500	
〈손익계산서〉			
채무조정이익	40	–	
토지처분이익	60	10	

(물음1) 당기 중 토지의 취득이 없다면 해당 토지의 감소는 채권 · 채무조정과 관련이 있다고 추정된다.

(물음2) 채권 · 채무조정 대상에 단기차입금이 포함되었는지는 알 수가 없다.

(물음3) 채권 · 채무조정 대상이 된 차입금의 최대금액은 300,000원으로 추정된다.

정답 및 해설

(물음1) 옳은 설명이다. 채무조정이익이 있기 때문에 토지의 이전을 통해 채권채무조정이 실행된 것으로 볼 수 있으므로 토지의 감소는 채권 · 채무조정과 관련이 있다고 추정할 수 있다.

(물음2) 옳은 설명이다. 단기차입금의 감소와 장기차입금의 감소 중 어떤 차입금이 채권채무조정 대상이 되었는지는 위 회계정보만으로는 알 수가 없다.

(물음3) 옳은 설명이다. 토지의 처분이익이 모두 채권채무조정과 관련이 있다면, 당기 중 채권 · 채무조정 대상이 된 차입금 규모는 다음과 같이 추정된다. 즉, 300,000원이다.

(차)	차입금	300,000	(대)	토지	200,000(감소분)
				토지처분이익	60,000
				채무조정이익	40,000

보론 계약조건의 변경과 회계처리

기본사례 계약조건의 변경

(1) 채권자인 甲은행은 채무자인 A회사에 대한 대출채권을 보유하고 있다.
① 대출일자 : Y1. 1. 1.
② 대출금액 : 10,000,000원
③ 만기 : 3년
④ 이자율 : 연10%(연도말 후급)
(2) 채무자인 A회사는 재정난으로 인하여 Y1. 7. 1.에 부도처리
(3) 甲은행은 부도회사에 대한 대출채권의 경우 명목가액의 20%를 대손충당금으로 설정한다.
(4) 甲은행의 회계기간 : 1. 1. ~ 12. 31.

A회사는 Y2. 7. 1.에 법정관리를 신청하였고, Y2. 12. 31.에 법원은 다음과 같이 채권 · 채무조정을 결정하였다. 이 경우 채권자 및 채무자 각각의 회계처리는?

① 채권 · 채무조정기준일 : Y2. 12. 31.
② 대상채권의 명목가액 : 10,000,000원
③ 채권 · 채무조정내용
- 만기 : 10년
- 이자율 : 연5%(연도말 후급)

해 설

1. 채권자의 회계처리

(1) Y1. 12. 31.

(차) 대손상각비 2,000,000 (대) 대손충당금 2,000,000주)

주) 대출채권 10,000,000원 × 20%(회사의 대손정책에 따른 설정율) = 2,000,000원

(2) Y2. 12. 31.

1) 채권 · 채무조정 후 채권의 현재가치(① + ②) = 6,927,716원

① 원금의 현재가치 : $10,000,000 \times \frac{1}{(1+0.1)^{10}}$ = 3,855,433원

② 이자의 현재가치 : 500,000 × 6.144567주) = 3,072,283원

주) 연금의 현가계수(10년, 10%), 채무발생시점의 시장이자율 10%를 적용한다.

2) 대손충당금추가설정 :

(10,000,000 − 2,000,000) − 6,927,716 = 1,072,284원

3) 회계처리

(차) 대손상각비 1,072,284 (대) 대손충당금 1,072,284

주) 조정후 현재가치와 조정전 장부금액과의 차이는 대손상각비와 대손충당금으로 인식한다.

(3) Y3. 12. 31.

(차) 현금 500,000 (대) 이자수익 692,772주)

대손충당금 192,772

주) 6,927,715(현재가치) × 10% ≒ 692,772

매년도에 대손충당금 금액을 상계하면 순채권 금액은 계속 증가되고 마지막 년(10년차)에는 명목금액(10,000,000원)이 된다. 즉, 10년차에 10,000,000원을 회수하면 된다.

2. 채무자의 회계처리

(1) Y2. 12. 31.

(차)현재가치할인차금 3,072,284주) (대)채무조정이익 3,072,284

주) 채무자의 경우에도 동일한 할인율을 적용한다고 가정함. 채무면제이익계정이 아니고 채무조정이익계정으로 한다.

주) 채무금액에서 현재가치할인차금 금액을 차감하는 형식으로 계상하면 순채무금액은 6,927,716원이 된다.

(2) Y3. 12. 31.

(차) 이자비용	692,772	(대) 현금	500,000
		현재가치할인차금	192,772

확인문제

다음 설명이 맞으면 ○, 틀리면 × 하시오.

01 채권 · 채무조정을 하면 채권자는 항상 손해를 본다. (　)

02 채권자(은행)는 채권 · 채무조정시 항상 손해를 보기 때문에 대손충당금부터 상계하게 된다. (　)

03 채권자와 채무자 쌍방간의 합의일은 채권 · 채무조정 시점일이 된다. (　)

04 채권 · 채무조정의 유형으로는 채무변제의 유형과 조건변경의 유형이 있다. 원리금의 감면은 채무변제의 유형에 해당된다. (　)

05 자산이전을 통한 채무변제시 채무조정이익은 이전하는 자산의 장부금액을 기준으로 산정된다. (　)

06 출자전환을 통해 채무 변제시 채무조정이익은 조정대상채무에서 발행될 주식의 공정가치를 차감하여 산출된다. (　)

07 이자율 인하를 통한 채권 · 채무조정시 적용되는 할인율은 원칙적으로 조정시점의 이자율을 적용한다. (　)

08 채권자는 대손충당금 공제 후 채권의 장부금액에서 양수하는 자산의 공정가치를 차감하여 대손상각비를 산출한다. (　)

09 채권자의 경우 조건변경으로 인하여 채권의 현재가치가 감소할 경우 실질상 채권의 일부가 원래의 조건대로 회수되지 않았으므로 손상차손을 인식한다. (　)

10 채무조정이익과 채권자가 인식하는 당기 대손상각비는 항상 같은 금액이다. (　)

정답 및 해설

01 ○

02 ○

03 ○

04 ×(조건변경의 유형)

05 ×(공정가치를 기준으로 산정한다)

06 ○

07 ×(채무발생시점의 유효이자율)

08 ×(자산의 공정가치 − 대손충당금 = 대손상각비)

09 ○

10 ×(대손충당금이 있을 경우 차이 발생됨)

연 | 습 | 문 | 제

[문제1~3] A(주)는 B은행과 채권 · 채무조정을 Y1. 1. 1.에 다음과 같이 하였다. 회계기간: 매년 1. 1. ~ 12. 31.

〈채권 · 채무조정 내역〉

A(주)는 차입금 100원을 변제하지 않는 대신 회사 소유 토지를 B은행에 양도하였다. 토지의 장부금액은 70원이며 공시지가는 90원이다. B은행은 해당 채권에 대해서 10%의 대손충당금을 채권 · 채무조정 전에 설정하고 있었다.

01 A(주)의 채무조정이익은 얼마인가?

① 0원 ② 10원 ③ 20원 ④ 30원 ⑤ 40원

02 위 채권 · 채무조정으로 인하여 A(주)의 당기손익에 영향을 미치는 금액은 얼마인가?

① 0원 ② 10원 ③ 20원 ④ 30원 ⑤ 40원

03 채권 · 채무조정으로 인하여 채권자 입장에서 당기 손익에 영향을 미치는 금액은 얼마인가?

① 0원 ② 10원 ③ 20원 ④ 30원 ⑤ 40원

[문제4~7] C(주)는 D은행과 채권 · 채무조정을 Y2. 1. 1.에 다음과 같이 하였다. 회계기간 : 매년 1. 1. ~ 12. 31.

〈채권 · 채무조정 내역〉

C(주)는 차입금 1,000원을 변제하지 않는 대신 회사 소유의 주식 5주를 발행해 주기로 하였다. 주식의 액면가액은 100원이며 공정가치는 120원이다. B은행은 해당 채권에 대해서 10%의 대손충당금을 채권 · 채무조정 전에 설정하고 있었다.

04 채권 · 채무조정으로 인하여 채무자가 인식하는 채무조정이익은 얼마인가?

① 0원 ② 100원 ③ 200원 ④ 300원 ⑤ 400원

05 출자전환 형식에 의한 채권 · 채무조정으로 인하여 증가되는 자본금은 얼마인가?

① 0원 ② 300원 ③ 400원 ④ 500원 ⑤ 600원

06 출자전환에 의한 채권 · 채무조정으로 인하여 증가되는 주식발행초과금은 얼마인가?

① 0원 ②100원 ③ 200원 ④ 300원 ⑤ 400원

07 출자전환 형식의 채권 · 채무조정으로 인하여 채권자가 추가 설정해야 될 대손상각비는 얼마인가?

① 0원 ② 100원 ③ 200원 ④ 300원 ⑤ 400원

08 D은행은 A(주)의 대출채권 2,000원을 포기하는 대신 A(주)의 건물(공정가치 1,200원, 장부가액 1,000원)를 취득하기로 채권 · 채무조정을 하였다. D은행은 부실채권에 대해 10%의 대손충당금을 이미 설정하고 있다. 채권 · 채무조정으로 인식하는 손상차손(대손상각비)은 얼마인가?

① 400원 ② 600원 ③ 800원 ④ 1,000원 ⑤ 1,200원

09 채권 · 채무조정에 대한 설명으로 옳지 않은 것은?

① 채권 · 채무조정은 채무자의 현재 또는 장래의 채무변제능력이 크게 저하되어 계속 기업으로서의 존속가능성이 희박하게 되었을 때 채권자와 채무자간의 합의 또는 법원의 결정 등의 방법으로 채무자의 부담완화를 공식화하는 것을 말한다.

② 원리금 감면을 통해서도 채권 · 채무 조정이 가능하다.

③ 지분증권을 발행하여 채무를 변제할 경우 지분증권의 공정가치와 채무의 장부금액과의 차이를 채무조정이익으로 인식한다.

④ 자산이전에 의한 채무변제시 채무조정이익은 채무의 장부금액에서 이전하는 자산의 장부금액을 차감하여 산출한다.

⑤ 자산양수를 통한 채권의 회수시 대손충당금 차감전 채권 장부금액이 인수받은 자산의 공정가치를 초과할 경우 초과금액을 대손충당금과 먼저 상계한후 부족분에 대해서 대손상각비를 인식한다.

10 다음은 삼청(주)의 손익계산서 내용 중 일부이다. 한강은행은 삼청(주)의 장기대출채권에 대해 채권 · 채무조정을 하면서 삼청(주)의 토지 장부금액 4,000원(공정가치 7,000원)을 취득하였다. 삼청(주)의 채권 · 채무조정 대상 장기차입금은 얼마인가?

〈손익계산서 일부〉

1) 매출 100,000원 2) 매출원가 70,000원 3) 대손상각비 1,500원
4) 채무조정이익 2,000원 5) 법인세비용 1,000원

① 2,000원 ② 6,000원 ③ 7,000원 ④ 9,000원 ⑤ 10,000원

11 다음은 삼청(주)의 손익계산서 내용 중 일부이다. A은행은 삼청(주)의 장기대출채권에 대해 채권 · 채무조정을 하면서 삼청(주)의 토지 장부금액 5,000원(공정가치 8,000원)을 취득하였다. A은행은 채권 · 채무조정 전 대손충당금을 500원 설정하고 있을 경우 채권 · 채무조정으로 A은행이 인식하는 대손상각비는 얼마인가?

〈손익계산서 일부〉

1) 매출 100,000원 2) 매출원가 70,000원 3) 판매비와관리비 10,000원
4) 채무조정이익 3,000원 5) 법인세비용 1,000원

① 500원 ② 1,000원 ③ 1,500원 ④ 2,000원 ⑤ 2,500원

정답 및 해설

01 ② 채무자 입장에서 보면 차입금 100원을 변제하지 않으면서 공정가치 90원인 토지를 제공했기 때문에 채무조정이익은 10원이 된다.

02 ④ 채무자 입장에서 보면 차입금 100원을 변제하지 않으면서 공정가치 90원인 토지를 제공했기 때문에 채무조정이익은 10원이 된다. 그리고, 토지의 처분이익은 공정가치 90원과 장부금액 70원의 차액인 20원이다. 따라서, 당기손익에 영향을 미치는 금액은 30원이 된다.

03 ① 채권자 입장에서 보면 대출채권 100원을 포기하면서 공정가치 90원인 토지를 취득하였다. 따라서, 대손으로 인식할 금액은 10원이다. 그러나, 이미 채권 · 채무조정 전에 대손충당금을 10% 즉, 10원을 설정하고 있기 때문에 추가적으로 대손상각비를 인식할 필요는 없다.

04 ⑤ 채무자 입장에서 보면 차입금 1,000원을 변제하지 않으면서 공정가치 600원(5주×120원)의 주식을 발행해 준다. 따라서, 채무조정이익은 400원이다.

05 ④ 출자전환으로 인하여 채무자는 주식 5주를 발행하므로 자본금의 증가는 5주×100원(액면금액)인 500원이 된다.

06 ② 출자전환으로 인하여 채무자는 주식 5주를 발행하므로 주식발행초과금은 600원(공정가치) − 자본금 500원 = 100원이다.

07 ④ 채권자의 회계처리는 다음과 같다.

(차) 매도가능증권	600	(대) 대출채권	1,000
대손충당금	100		
대손상각비	300		

따라서 추가로 설정할 대손상각비는 300원이다.

08 ② (차) 건물 1,200 (대) 대출채권 2,000

(차) 대손충당금 200(주)

손상차손(대손상각비) 600

(주) 이미 부실채권 2,000원에 10%의 대손충당금이 설정되어 있음

09 ④ 자산이전에 의한 채무변제시 채무조정이익은 채무의 장부금액에서 이전하는 자산의 장부금액이 아니라 공정가치를 차감하여 산출한다.

10 ④ 장기차입금 추정금액 = 토지의 공정가치 7,000원 + 채무조정이익 2,000원 = 9,000원

11 ⑤ 은행의 대손상각비 = 대출채권(장기차입금 추정액 = 토지의 공정가치 8,000원 + 채무조정이익 3,000원) 11,000원 - 토지의 공정가치 8,000원 - 대손충당금 500원 = 2,500원

Provisions and Events after the Reporting Period

제12장 충당부채 및 보고기간 후 사건

학습목표

본장을 학습한 후 다음 사항을 이해할 수 있다.

1. 충당부채의 인식조건 및 측정
2. 우발채무의 인식조건
3. 보고기간 후 사건의 개념
4. 수정을 요하는 보고기간 후 사건
5. 수정을 요하지 않는 보고기간 후 사건

1. 충당부채

1-1 충당부채의 의의 및 인식

충당부채(provisions)는 과거사건이나 거래의 결과에 의한 현재의무로서, 지출의 시기 또는 금액이 불확실하지만 그 의무를 이행하기 위하여 자원이 유출될 가능성이 매우 높고 또한 당해 금액을 신뢰성 있게 추정할 수 있는 의무를 말한다. 충당부채는 다음의 인식요건을 모두 충족하는 경우에 인식한다.

① 과거사건이나 거래의 결과로 현재의무가 존재한다.
② 당해 의무를 이행하기 위하여 자원이 유출될 가능성이 매우 높다.
③ 그 의무의 이행에 소요되는 금액을 신뢰성 있게 추정할 수 있다.

그러나 소송 사건과 같이 어떤 사건이 실제로 발생하였는지 혹은 그 사건으로 현재의무가 발생하였는지의 여부가 분명하지 아니한 경우가 있다. 이러한 경우에는 보고기간 후 사건이 제공하는 추가적인 증거를 포함한 이용 가능한 모든 증거를 고려하여, 보고기간말일 현재 의무가 존재하는지의 여부를 결정하여 다음과 같이 처리한다.

① 현재의무가 존재할 가능성이 매우 높지만 당해 의무를 이행하기 위하여 자원이 유출될 가능성이 높지 않거나 그 의무의 이행에 소요되는 금액을 신뢰성 있게 추정할 수 없을 경우에는 우발부채로 주석에 기재한다.
② 현재의무가 존재할 가능성이 매우 높지가 않더라도 자원의 유출 가능성이 아주 낮지 않는 한, 우발부채로 주석에 기재한다.

현재의무의 존재 여부가 분명하지 않은 경우에는 모든 이용 가능한 증거를 고려하여, 보고기간 말 현재 의무가 존재할 가능성이 매우 높다고 판단되면, 과거사건이 현재의무를 발생시킨 것으로 본다.

충당부채의 적용대상이 되는 거래나 사건의 예는 다음과 같다.[1)]

① 판매 후 품질 등을 보증하는 경우의 관련 부채

② 판매촉진을 위하여 시행하는 환불정책, 경품, 포인트적립 마일리지 제도의 시행 등과 관련된 부채

③ 손실부담계약[2)]

④ 타인의 채무 등에 대한 보증

⑤ 계류중인 소송사건

⑥ 구조조정계획과 관련된 부채[3)]

⑦ 복구충당부채 등의 환경관련부채

---

1) 수선충당금은 부채의 정의에 부합되지 않으므로 충당부채의 범위에 포함하지 않는다. 왜냐하면 수선유지와 관련된 지출은 기업의 경영의사결정에 따라 영향을 받을 수 있기 때문에 현재 의무라고 할 수 없기 때문이다.

2) 손실부담계약(onerous contract)은 당해 계약상의 의무에 따라 발생하는 회피 불가능한 비용이 그 계약에 의하여 받을 것으로 기대되는 효익을 초과하는 계약을 말한다. 회피 불가능한 비용은 다음의 ① 과 ② 중 작은 금액으로서 계약을 이행하기 위한 최소비용을 말한다.
① 계약을 이행하기 위하여 소요되는 비용
② 계약을 이행하지 못하였을 때 지급하여야 할 보상금 또는 위약금

3) 구조조정에 대한 의제의무는 다음의 요건을 모두 충족하는 경우에 발생된다(문단 14.17).
(가) 구조조정에 대한 공식적이며 구체적인 계획에 의하여 적어도 아래에 열거하는 내용을 모두 확인할 수 있어야 한다.
① 구조조정 대상이 되는 사업
② 구조조정의 영향을 받는 주사업장 소재지
③ 구조조정에 소요되는 지출 내용
④ 구조조정계획의 이행시기
(나) 기업이 구조조정 계획의 이행에 착수하였거나, 구조조정의 주요 내용을 공표함으로써, 구조조정의 영향을 받을 당사자가 기업이 구조조정을 이행할 것이라는 정당한 기대를 가져야 한다.

1-2 측정

충당부채로 인식하는 금액은 현재의무의 이행에 소요되는 지출에 대한 보고기간말 현재 최선의 추정치이어야 한다. 이 최선의 추정치는 기업이 현재의무를 직접 이행하거나 이해관계가 없는 제3자에게 이전시키는 경우에 합리적으로 지급하여야 하는 금액이다.

충당부채의 명목금액과 현재가치의 차이가 중요한 경우에는 의무를 이행하기 위하여 예상되는 지출액의 현재가치로 평가한다.[4] 충당부채를 발생시킨 사건과 밀접하게 관련된 자산의 처분손익이 예상되는 경우에 당해 처분손익은 충당부채 금액을 측정하는데 고려하지 아니한다.

한편, 빈번하게 발생하는 것은 아니지만 영업활동과 관련하여 비용이 감소함에 따라 발생하는 퇴직급여충당부채환입, 판매보증충당부채환입 및 대손충당금환입 등은 판매비와관리비의 음(-)의 금액으로 표시한다(실2.47).

1-3 충당부채의 변동

충당부채는 보고기간말마다 그 잔액을 검토하고, 보고기간말 현재 최선의 추정치를 반영하여 증감 조정을 한다. 이 경우 당해 충당부채의 현재가치 평가에 사용한 할인율은 변동되지 않는 것으로 보고 당초에 사용한 할인율이나 매 보고기간말 현재 최선의 추정치를 반영한 할인율 중 한 가지를 선택하여 계속 적용하도록 한다. 충당부채를 현재가치로 평가하여 표시하는 경우에는 장부금액을 기간 경과에 따라 증가시키고 해당 증가 금액은 당기비용으로 인식한다.

즉, 최초 충당부채의 금액은 현재가치로 측정되기 때문에 기간이 경과할수록 유효이자율법에 의하여 추가적인 이자비용과 추가적인 충당부채금액을 인식해야 된다.

---

4) 현재가치 평가에 사용하는 할인율은 그 부채의 고유한 위험과 화폐의 시간가치에 대한 현행 시장의 평가를 반영한 세전 이율이다. 이 경우, 만기까지의 기간이 유사한 국공채이자율에 기업의 신용위험을 반영한 조정 금리를 가산하여 산출한 이자율을 할인율로 사용할 수 있다. 이 할인율에 반영되는 위험에는 미래 현금흐름을 추정할 때 고려된 현금흐름 자체의 변동위험은 포함되지 아니한다(문단 14.10).

상황변동으로 인하여 더 이상 충당부채의 인식요건을 충족하지 아니하게 되면, 관련 충당부채는 환입하여 당기손익에 반영한다.

1-4 충당부채의 사용

충당부채는 최초의 인식시점에서 의도한 목적과 용도에만 사용하여야 한다. 다른 목적으로 충당부채를 사용하면 상이한 목적을 가진 두 가지 지출의 영향이 적절하게 표시되지 못하기 때문이다. 복구충당부채의 사례를 살펴보면 다음과 같다.

사례 12-1

3년 후 복구발생비용이 133,100원으로 예상되며 유효이자율은 10%라고 가정해 보자. Y1년도 초 복구충당부채는 복구충당부채의 현재가치 100,000원으로 인식된다. 이후 연도별로 인식되는 복구충당부채의 금액은 각각 얼마인가?

해 설

Y1년도: 기초 복구충당부채금액 100,000원 × 10% = 10,000원
Y2년도: 기초 복구충당부채금액(100,000원 + 10,000원) × 10% = 11,000원
Y3년도: 기초 복구충당부채금액(100,000원 + 10,000원 + 11,000원) × 10%
= 12,100원

유효이자율법에 의하여 충당부채의 현재가치할인차금의 상각표는 다음과 같다. 상각액은 매년 회사가 추가로 인식해야 되는 복구충당부채전입액(이자비용)과 복구충당부채금액이다.

일 자	유효이자(10%)	액면이자	상각액	장부금액
Y1. 1. 1.	-	-	-	100,000원
Y1. 12. 31.	10,000원	-	10,000원	110,000원
Y2. 12. 31.	11,000원	-	11,000원	121,000원
Y3. 12. 31.	12,100원	-	12,100원	133,100원

1-5 우발부채의 인식

우발부채(contingent liabilities)는 다음 중 하나에 해당하는 잠재적인 부채를 말한다.

첫째, 과거사건은 발생하였으나 기업이 전적으로 통제할 수 없는 하나 또는 그 이상의 불확실한 미래사건의 발생 여부에 의하여서만 그 존재여부가 확인되는 잠재적인 의무

둘째, 과거사건이나 거래의 결과로 발생한 현재의무이지만 그 의무를 이행하기 위하여 자원이 유출될 가능성이 매우 높지 않거나, 또는 그 가능성은 매우 높으나 당해 의무를 이행하여야 할 금액을 신뢰성 있게 추정할 수 없는 경우

우발부채는 다음과 같은 이유 때문에 부채로 인식하지 아니한다.

첫째, 자원의 유출을 초래할 현재의무가 있는지의 여부가 아직 확인되지 않는다.

둘째, 현재의무가 존재하지만, 그 의무를 이행하는 데 자원의 유출 가능성이 매우 높지가 않거나, 또는 그 가능성은 매우 높으나 그 금액을 신뢰성 있게 추정할 수 없어서 부채의 인식기준을 충족하지 못한다.

1-6 충당부채와 우발부채의 비교

충당부채로 인식되기 위해서는 과거의 사건이나 거래의 결과로 인하여 자원의 유출가능성이 매우높고(Y1) 동시에 자원의 유출금액을 신뢰성 있게 측정할 수 있어야(X1)한다.

금액추정 가능성 / 자원유출가능성	신뢰성 있게 추정가능(X1)	추정불가능(X2)
가능성이 매우 높음(Y1)	충당부채 인식	우발부채로 주석공시
가능성이 어느 정도 있음(Y2)	우발부채로 주석공시	우발부채로 주석공시
가능성이 거의 없음(Y3)	공시하지 않음	공시하지 않음

* 중요한 계류중인 소송사건과 보증제공 사항은 의무적으로 주석공시

1-7 우발자산

우발자산(contingent assets)은 과거사건이나 거래의 결과로 발생할 가능성이 있으며, 기업이 전적으로 통제할 수 없는 하나 또는 그 이상의 불확실한 미래사건의 발생 여부에 의하여서만 그 존재여부가 확인되는 잠재적 자산을 말하며, 우발자산은 미래에 확정되기까지 자산으로 인식할 수 없다. 다만, 자원이 유입될 것이 확정된 경우에는 그러한 상황변화가 발생한 기간에 관련 자산과 이익을 인식한다.

표 우발자산의 회계처리

자원유입가능성 \ 금액추정 가능성	신뢰성 있게 추정가능	추정불가능
가능성이 매우 높음	우발자산으로 주석공시	우발자산으로 주석공시
가능성이 거의 없음	공시하지 않음	공시하지 않음

1-8 제3자에 의한 변제

제3자가 변제하여 줄 것이 확실한 경우에 한하여 변제할 금액을 별도의 자산으로 처리하며, 그 금액은 관련 충당부채 금액을 초과할 수 없다. 이 경우 변제에 따른 수익에 해당하는 금액은 충당부채의 인식에 따라 손익계산서에 계상될 관련 비용과 상계한다.

표 제3자에 의한 변제

변제가능성	현재의무가 존재함	현재의무 없음
확실함	① 재무상태표 : 별도의 자산으로 인식 ② 손익계산서 : 비용과 상계 ③ 관련 자산은 충당부채를 초과할 수 없음 ④ 변제액 주석공시	아무런 회계처리가 필요 없음
확실하지 않음	① 변제액은 자산으로 인식되지 않음 ② 변제 가능성 주석 공시	

1-9 제품보증충당부채

제품보증제도는 판매자가 구매자에게 재화를 제공하면서 제품의 수량, 품질 및 성능 등에 결함이 있을 경우 일정기간 동안 제품의 수리 또는 교환을 보증해 주는 것이다. 이러한 제품보증제도는 판매촉진의 수단으로 이용되고 있다.

제품보증에 따른 제품보증비는 수익이 인식되는 시점에 예상되는 제품보증비를 제품보증충당부채로 인식해야 한다. 재화를 판매한 후 실제로 제품의 하자에 의하여 보증이 발생하는 시점에 제품보증비를 비용으로 인식하면 수익 · 비용 대응의 원칙에 위배된다. 따라서, 충당부채의 요건이 충족될 경우 제품보증충당부채는 제품을 판매하는 시점에서 인식하고 실제로 제품에 대한 보증이 발생할 때에는 이미 설정한 제품보증충당부채를 상계한다.

사례 12-2

A(주)는 Y1년 1월 1일에 컴퓨터 10대를 대당 1,000원에 현금으로 판매하였다. 제품보증기간은 2년이며 과거 경험에 의하면 컴퓨터 한 대당 200원의 보증비용이 발생할 것으로 예상한다. Y1년 7월 3일에 제품보증비 500원이 발생하였다. Y1년 12월 31일 현재 제품보증충당부채에 대한 최선의 추정치는 1,600원으로 판단되었다. 결산일은 매년 12월 31일이다.

(1) Y1년도 판매시점의 회계처리
(2) Y1년도 제품보증비 발생시점의 회계처리
(3) Y1년 12월 31일 결산시점의 회계처리
(4) Y2년 10월 5일 제품보증비 1,400원 발생시의 회계처리
(5) Y2년 12월 31일 현재 추가 제품보증비용 발생이 없는 경우의 회계처리

해 설

(단위: 원)

일 자	(차변)		(대변)	
Y1. 1. 1.	현금	10,000	매출	10,000
	제품보증비	2,000	제품보증충당부채	2,000
Y1. 7. 3.	제품보증충당부채	500	현금	500
Y1.12.31.	제품보증비	100	제품보증충당부채	100
Y2.10. 5.	제품보증충당부채	1,400	현금	1,400
Y2.12.31.	제품보증충당부채	200	제품보증충당부채환입	200

주1) Y1. 12. 31. 추가설정금액 100원(Y1.12.31.현재 최선의 추정치에 의한 제품보증충당부채 1,600원 - 잔액 1,500원)

주2) Y2. 12. 31. 보증기간이 만료되었으며 남아있는 제품보증충당부채금액 200원은 환입된다. 판매보증비용이 판매비와관리비에 해당되므로 해당계정의 환입 또한 판매비와관리비 계정에서 차감하는 형식으로 기록된다(실2.47).

사례 12-3 환불정책

㈜동남은 여성 의류 도소매업을 하고 있다. ㈜동남은 법적의무가 없음에도 불구하고 제품에 대해 만족하지 못하는 고객에게 환불해 주는 정책을 펴고 있으며, 이러한 사실은 고객에게 널리 알려져 있다. 충당부채의 요건을 충족하고 있는지 판단하시오.[5)]

해 설

충당부채가 되기 위한 요건을 검토해 보면 다음과 같다.

첫째, 과거의 의무발생사건의 결과로 현재의무가 있는가?

의무발생사건은 상품의 판매이며 기업에게 의제의무가 있다. 왜냐하면 기업의 행위에 따라 기업이 환불해 줄 것이라는 정당한 기대를 고객이 가지게 되었기 때문이다.

둘째, 의무이행을 위한 자원의 유출 가능성이 매우 높은가?

5) 일반기업회계기준 적용사례를 참조함.

환불을 받기 위해 반품된 금액 중 일정 비율만큼 자원의 유출 가능성이 매우 높다.
결론: 환불원가에 대한 최선의 추정치로 충당부채를 인식한다.

사례 12-4 법적 소송

㈜경주는 전기밥솥을 생산 판매하고 있다. 20X0년 12월 20일에 제조불량의 여부는 확실하지 않으나 전기밥솥과 관련된 피해로 10명이 부상했다. ㈜경주는 20X0년 말 현재, 고객이 제소한 손해배상청구 소송의 피고로 재판을 받고 있으며 책임이 있는지의 여부에 대해 원고와 다투고 있다. 20X0년 12월 31일로 종료되는 회계연도의 재무제표가 승인되는 시점까지 법률고문은 기업이 법적의무를 지지 않을 가능성이 매우 높다고 조언하였다. 그러나 기업이 20X1년 12월 31일의 재무제표를 작성할 때 법률고문은 소송이 불리하게 진행됨에 따라 기업이 법적의무를 부담할 가능성이 매우 높다고 조언하였다. 충당부채를 인식할 수 있는지 판단하시오.

해 설

(1) 20X0년 12월 31일 현재
첫째, 과거의 의무발생사건의 결과로 현재의무가 있는가?
재무제표가 승인되기까지 이용 가능한 증거를 바탕으로 판단할 때 과거사건의 결과로서의 현재의무는 없다.
결론: 충당부채를 인식하지 않는다. 소송결과에 따른 자원의 유출 가능성이 거의 없는 경우에도 그 내용을 주석에 기재한다.

(2) 20X1년 12월 31일 현재
첫째, 과거의 의무발생사건의 결과로 현재의무가 있는가?
이용 가능한 증거에 의하면 현재의무가 있다.
둘째, 의무이행을 위한 자원의 유출 가능성이 매우 높은가?
가능성이 매우 높다.
결론 : 의무를 이행하기 위한 금액에 대한 최선의 추정치로 충당부채를 인식한다.

1-10 요약

의사결정 순서도 및 충당부채와 후발부채의 인식요건은 다음과 같다(실 14.10).

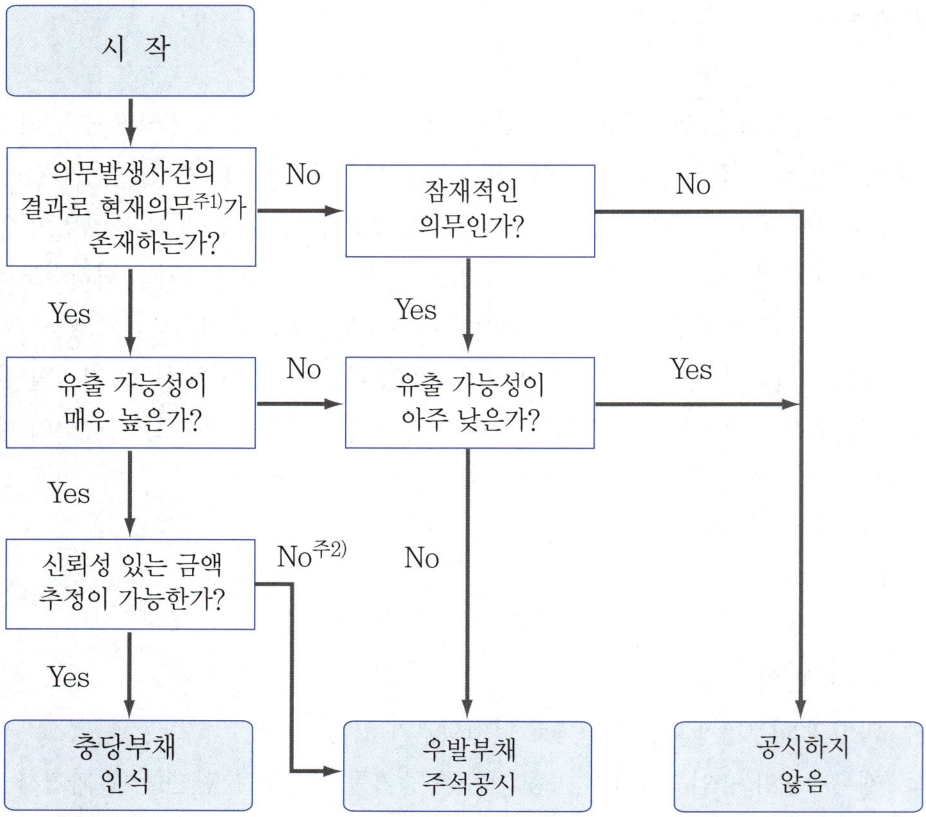

주1) 현재의무가 발생하였는지의 여부가 명확하지 않은 경우에도 모든 이용가능한 증거를 통하여 보고기간종료일 현재 의무의 발생 가능성이 매우 높다고 판단되면 과거의 사건이나 거래의 결과로 현재의무가 발생한 것으로 본다.

주2) 아주 드물게 발생함.

생 | 각 | 해 | 봅 | 시 | 다

1. 보고기간 말 현재 충당부채로 인식될 수 있는 사건이 모두 공시되었는지 어떻게 확인할 수 있을까?
2. 충당부채 인식조건 중의 하나는 특정 사건으로 인하여 자원의 유출가능성이 매우 높아야 한다. 자원의 유출가능성이 매우 높은 정도는 몇 % 정도의 유출가능성을 의미할까?

2. 보고기간 후 사건

2-1 의의

보고기간 후 사건(events after the reporting period)은 보고기간말과 재무제표가 사실상 확정된 날 사이에 발생한 기업 재무상태에 영향을 미치는 사건을 말한다. 이때 재무제표가 사실상 확정된 날은 정기주주총회 제출용 재무제표가 이사회에서 최종 승인된 날을 말한다. 다만, 주주총회에 제출된 재무제표가 주주총회에서 수정·승인된 경우에는 주주총회일을 말한다.[6)]

보고기간말 이후 발생한 사건은 재무제표상 금액의 수정여부에 따라 두 가지 유형으로 분류한다. 첫째, 수정을 요하는 보고기간 후 사건은 보고기간말 현재 존재하였던 상황에 대한 추가적 증거를 제공하는 사건으로서 재무제표상의 금액에 영향을 주는 사건을 말한다. 둘째, 수정을 요하지 않는 보고기간 후 사건은 보고기간말 현재 존재하지 않았으나 보고기간 후에 발생한 상황에 대한 증거를 제공하는 사건을 말한다. 수정을 요하는 보고기간 후 사건은 그 영향을 반영하여 재무제표를 수정한다. 수정을 요하지 않는 보고기간 후 사건에 대해서는 재무제표상의 금액을 수정하지 아니한다.

6) 이에 대한 근거는 재무제표를 작성하는 책임의 주체인 이사의 입장에서 재무제표가 사실상 확정된 날은 주주총회에 제출하기 위하여 이사회가 감사받은 재무제표를 최종적으로 승인한 날이기 때문이며, 우리나라에서는 이사회에서 승인된 재무제표가 주주총회에서 수정없이 확정되는 경우가 대부분이기 때문이다. 하지만 「상법」상 주주총회는 재무제표에 대한 승인 및 수정권한을 가지고 있고, 주주총회에서 재무제표를 수정·승인하면 수정된 재무제표가 법적으로 유효한 회사의 재무제표가 되므로 이사회의 승인내용이 주주총회에서 수정·승인된 경우에는 주주총회일이 재무제표가 사실상 확정된 날이 된다(결24.3). 다만, K-IFRS에서는 보고기간 후 사건이란 보고기간 말과 재무제표 발행승인일 사이에 발생한 유리한 또는 불리한 사건으로 정의하고 있다.

2-2 수정을 요하는 보고기간 후 사건

수정을 요하는 보고기간 후 사건은 그 영향을 반영하여 재무제표를 수정한다.[7] 재무제표에 이미 인식한 추정치는 그 금액을 수정하고, 재무제표에 인식하지 아니한 항목은 이를 새로이 인식한다. 수정을 요하는 보고기간 후 사건의 예는 다음과 같다.

(1) 자산손상차손[8]

보고기간말 현재 이미 자산의 가치가 하락되었음을 나타내는 정보를 보고기간 말 이후에 입수하는 경우, 또는 이미 손상차손을 인식한 자산에 대하여 계상한 손상차손 금액의 수정을 요하는 정보를 보고기간 말 이후에 입수하는 경우

(2) 소송사건

보고기간말 이전에 존재하였던 소송사건의 결과가 보고기간 말 이후에 확정되어 이미 인식한 손실금액을 수정하여야 하는 경우

(3) 자산의 금액결정

보고기간말 이전에 구입한 자산의 취득원가 또는 매각한 자산의 금액을 보고기간 말 이후에 결정하는 경우

---

7) 회계정보 이용자들은 회계기간 종료일 현재의 재무제표에 공시된 정보를 바탕으로 회계기말 현재의 재무상태와 해당 기간의 경영성과를 평가하고 또한 미래를 예측한다. 따라서 보고기간말 후 발생한 사건이라 하더라도 보고기간 말 현재 존재하였던 상황에 대한 추가적 증거를 제공하는 사건에 대해서는 이를 적절히 인식하여 회계처리하고 공시하여야 한다. 이렇게 함으로써 재무제표가 왜곡되지 않고, 회계정보 이용자들이 재무제표에 대하여 잘못 해석하는 오류를 범하지 않게 될 것이다.

8) 예를 들면, 보고기간말 후의 매출처 파산은 보고기간말 현재의 매출채권에 손실이 발생하였음을 확인하는 추가적인 정보일 수 있으므로 매출채권가액을 수정한다. 그리고 일반적으로 상품 등 재고자산의 순실현가능가치가 취득원가보다 하락하여 순실현가능가치를 재무상태표 가액으로 한 경우, 보고기간 후의 재고자산 가격의 하락은 보고기간말 현재의 재고자산 순실현가능가치에 대한 추가적인 정보이므로 재고자산금액을 수정한다.

(4) 이익분배 및 상여금

보고기간말 현재 지급하여야 할 의무가 있는 종업원에 대한 이익분배 또는 상여금 지급 금액을 보고기간 말 이후에 확정하는 경우

(5) 회계적 오류

전기 또는 그 이전기간에 발생한 중요한 회계적 오류를 보고기간 후에 발견하는 경우

사례 12-5

삼청(주)는 Y2년 2월 1일 외부회계감사 중 다음과 같은 오류를 발견하였다. 오류금액을 어떻게 수정하는지 설명하시오.

(1) Y1년 12월 1일 원재료 10,000원을 구입하면서 대금은 Y2년 3월 2일 지급할 예정이다.(회사의 Y1. 12. 1. 분개)

(차) 원재료 10,000 (대) 미지급금 10,000

(2) Y1년 12월 31일, 12월분 급여 중 5,000원을 미지급하고 급여로 인식하지 않은 것을 발견하였다. 급여지급일은 매월 25일이다.

해 설

(1) 매입채무를 미지급금으로 잘못 인식하였으므로 다음과 같이 수정분개한다.

(차) 미지급금 10,000 (대) 매입채무 10,000

(2) 장부가 마감되지 않은 상태에서 오류를 수정분개는 다음과 같이 한다.

(차) 급여 5,000 (대) 미지급금 5,000

㈜ 미지급비용은 발생주의에 의해 비용은 발생했지만 현금 지급일이 미도래한 경우이며, 미지급금은 지급일이 확정되었으나 현금부족으로 미지급한 경우 사용하는 계정과목이다.

만약, 장부가 마감되었다면 다음과 같이 수정분개를 한다.

(차) 이익잉여금　5,000　　　　　　　　　(대) 미지급금　5,000

2-3 수정을 요하지 않는 보고기간 후 사건

수정을 요하지 않는 보고기간 후 사건에 대해서는 재무제표상의 금액을 수정하지 아니한다.

유가증권의 시장가격이 보고기간말과 재무제표가 사실상 확정된 날 사이에 하락한 것은 수정을 요하지 않는 보고기간 후 사건의 예다. 이 경우 시장가격의 하락은 보고기간말 현재의 상황과 관련된 것이 아니라 보고기간 이후에 발생한 상황이 반영된 것이다. 따라서 그 유가증권에 대해서 재무제표에 인식한 금액을 수정하지 아니한다.

2-4 배당 및 잉여금의 처분

보고기간 후에 배당을 선언한 경우(즉, 적절히 승인되어 더 이상 기업의 재량이 없는 경우), 해당 보고기간 말에는 어떠한 의무도 존재하지 않으므로 해당 보고기간 말에 부채로 인식하지 아니한다.

당기 이익잉여금처분계산서에 포함된 배당은 당기 보고기간말 현재 확정되지 않았으므로 회사가 부담할 부채가 아니므로 재무상태표에 부채로 인식하지 아니하며, 재무상태표에는 이익잉여금처분 전의 재무상태를 표시한다.

2-5 계속기업의 위배

보고기간 말 이후에 기업의 청산이 확정되거나 청산 이외의 다른 현실적인 대안이 없다고 판단되는 경우에는 계속기업의 전제에 기초하여 재무제표를 작성하여서는 아니 된다. 또한 보고기간 말 이후에 경영성과와 재무상태가 심각하게 악화된 경우에는 계속기업의 전제를 적용하는 것이 적절한가에 대해 판단할 필요가 있다. 다음의 경우에 대해서는 그 내용을 주석으로 기재한다.

① 재무제표가 계속기업의 전제에 기초하여 작성되지 않은 경우

② 계속기업으로서의 존속 가능성에 대해 심각한 의문을 제기할 수 있는 사건 또는 상황이 발생하였거나, 발생할 가능성이 있는 경우

사례 12-6

다음은 (주)신한벤처의 제10기(Y1. 1. 1. ~ 12. 31.) 보고기간 후 사건내역이다. 재무제표의 수정여부에 대하여 설명하시오. 정기주주총회일 Y2년 3월 10일이다.

① Y2년 2월 1일 제10기 중 발생된 소비자와 관련된 소송사건 판결에서 1억원의 손해배상판결이 결정되었다.
② 당기(10기) 말 재고자산을 순실현가능가치로 평가하여 장부금액(취득원가 15억원)을 10억원으로 계상하였다. Y2년 2월말 현재 국제적 환경요인으로 재고자산의 공정가치는 6억원이며 이 가격이 지속될 것이라는 추가적인 정보를 2월 25일 입수하였다.
③ 단기매매증권의 장부금액은 당기(제10기) 결산시 공정가치로 평가하여 2억원으로 계상되어있다. 주식가격은 정기주주총회일까지 지속적으로 하락하여 정기주주총회일 직전의 공정가치는 1억원이다.

해 설

① 보고기간말 현재 존재하였던 상황(소송사건)에 대한 추가적인 증거(판결)를 제공하는 사건이 주주총회일 전에 발생하였으므로 회사는 당기 제10기의 재무제표에 손해배상금 1억원을 손실로 장부에 계상한다.
② 수정을 요하는 보고기간 후 사건은 첫 번째 사례와 같이 이미 손상차손을 인식한 자산에 대하여 계상한 손상차손금액의 수정을 요하는 정보를 보고기간말 이후에 입수하는 경우에는 장부금액을 수정한다. 즉, 재고자산 손상차손을 4억원만큼 추가로 계상한다.
③ 결산기 이후 단기매매증권의 공정가치의 변화는 수정할 수 없는 보고기간 후의 사건으로 본다.

표 보고기간 후 사건

보고기간 후 사건의 기준일	재무제표가 사실상 확정된 날로 정함
보고기간 후 사건과 회계처리	① 보고기간말 현재 존재하였던 상황에 대한 추가적 증거를 제공하는 사건일 경우 재무제표를 수정함 ② 보고기간말 현재 존재하지 않았으나 보고기간 후에발생 상황에 대한 증거를 제공하는 사건일 경우 재무제표상의 금액을 수정하지 않음.
배당 및 잉여금의 처분	이익잉여금처분계산서에 포함된 배당은 재무상태표에 부채로 인식하지 아니하며, 재무상태표에는 이익잉여금처분 전의 재무상태를 표시한다.
계 속 기 업	보고기간 후에 기업의 청산이 확정되거나 청산이외의 다른 현실적인 대안이 없는 경우에는 계속기업의 전제에 기초하여 재무제표를 작성하여서는 아니 된다.

생 | 각 | 해 | 봅 | 시 | 다

기중에 취득한 상장주식을 결산시점에 공정가치로 계상하였다. 그러나, 정기주주총회일 전까지 지속적으로 주가가 하락할 경우 주주총회일 전에 결산시점의 공정가치를 수정하여야 하는가?

3. K-IFRS(제1037호: 충당부채)와 비교

충당부채의 인식요건 중의 하나는 자원의 유출가능성이 매우 높아야 한다. K-IFRS에서는 발생가능성(probable)이 50% 이상 되어야 자원의 유출가능성이 높다고 해석한다. 그러나, 현행 일반기업회계기준에서는 자원의 유출가능성에 대해서 구체적으로 몇 % 이상 되어야 한다는 등의 설명은 없지만, 실무적으로 K-IFRS를 준용하면 될 것이다.

K-IFRS에서는 제품보증이 중요한 용역제공활동으로서 제품판매와 구분되는 수익창출활동이라면 제품판매수익과 구분하여 보증수익을 인식한다. 제품판매 시점에 「이연제품보증수익」으로 인식하고 추후 보증비 발생시 제품보증수익을 인식한다.

4. 회계정보의 이해

삼청자동차㈜는 충당부채와 관련된 내용을 다음과 같이 주석으로 기술하고 있다. 각 물음별로 옳은 설명인지, 틀린 설명인지를 판단하시오.

〈주석 내용〉

회사는 판매한 제품과 관련하여 보증수리 기간내의 경상적 부품수리 및 비경상적인 부품 개체, 수출 제품의 하자로 인한 사고 보상을 위하여 관련 제품의 매출 시점에 충당부채를 설정하고 있다. 그 외 장기근속한 임직원에게 지급하는 장기종업원급여와 관련하여 향후 지급이 예상되는 금액을 추정하여 충당부채로 설정하고 있다.

〈회계정보〉

(단위: 천원)

구 분	당기말	전기말
제품보증충당부채	4,000	3,706
장기종업원급여충당부채	689	672
합 계	4,689	4,378

(물음1) 당기 중 보증수리를 할 경우 보증수리비는 수선비로 인식된다.

(물음2) 당기 중 퇴직자에게 퇴직금을 지급할 경우 퇴직금 비용을 인식한다.

(물음3) 제품보증충당부채는 매출액의 2%를 설정하고 있을 경우 위의 회계정보를 통해 당기 매출액을 추정할 수 있다.

정답 및 해설

(물음1) 틀린 설명이다. 보증수리시 제품보증충당부채에서 우선 차감하고 부족하면 제품보증비로 처리한다.

(물음2) 틀린 설명이다. 장기종업원급여충당부채금액에서 우선 차감하고 퇴직금으로 처리하지 않는다.

(물음3) 틀린 설명이다. 당기 중 제품보증한 비용을 알지 못하면 매출액을 추정할 수 없다.

5. CASE STUDY

(토의) 한강(주)의 당기 말 주석사항은 다음과 같다. 다음의 주석 사항을 보고 신용 의사결정시 어떠한 사항들에 대해 논의해야 될지 토의해 봅시다.

(주석1) 피고인 회사는 당기말 현재 남강(주)와 소송 중에 있으며 최종 판결이 결정되지 않아 손해배상금액은 합리적으로 추정할 수 없는 상태에 있다.

(주석2) 판매보증충당금은 과거의 합리적인 경험에 의해 판매금액의 3%를 추정하여 설정하고 있다.

(주석3) 회사는 관계회사인 금강(주)의 채무불이행에 대해 지급보증을 제공해 주고 있다. 지급보증금액은 50억원이다.

해 설

(1) 주석1에 대한 토의

일반기업회계기준에 의하면 충당부채는 과거의 사건이나 결과에 의해 순자산이 감소할 가능성이 매우 높고 그 금액을 합리적으로 추정할 수 있을 때 인식한다. 현재 주석1을 보면 손해배상금액을 합리적으로 추정할 수 없기 때문에 재무상태표상에 충당부채로 인식된 금액은 없다. 그러나, 유동성을 파악할 때 담당 변호사의 의견을 청취하여 패소할 확률과 손해배상금액이 어느 정도인지 확인해 볼 필요가 있다. 원고측에서 요구하고 있는 손해배상금액은 알 수 있기 때문에 주어진 정보를 통해 합리적으로 추정하여 신용 의사결정에 반영해야 할 것이다.

(2) 주석2에 대한 토의

판매보증충당금을 설정할 때 과거의 경험에 의해 3%를 산정하고 있다고 하더라도 시간이 지나감에 따라 과거의 경험률이 변동되고 있는지를 확인할 필요가 있다. 회사는 계속성의 원칙에 의해 과거의 경험률에 초점을 맞추고 회계처리를 할 수 있지만 신용 의사결정에서는 동종 업종에 비해 판매보증충당금의 설정률이 높을 경우 수익성이 상대적으로 나빠질 수 있다는 점을 파악해야 될 것이며, 매출 및 영업이익의 지속가능성에 의문을 줄 정도인지도 판단해야 된다.

(3) 주석3에 대한 토의

지급보증 내역은 감사보고서 주석에 공시되고 있다. 회사가 지급보증한 내역이 은행에서 확인가능한 정보가 완전히 공시되었는지가 중요한 포인트가 된다. 그 다음은 지급보증에 대한 책임을 어느 시점에 어느 정도 부담하는가를 판단하는 것이다. 현실적으로 쉬운 일은 아니지만 신용 의사결정을 위해서는 반드시 판단해야 될 문제일 것이다. 지급보증한 금액이 무한대인지 아니면 한도가 설정되어 있는지를 판단하며, 피보증회사에 대한 재무제표의 확인이 필수적이라고 본다. 피 보증회사의 수익구조 등 재무구조가 취약할 경우 지급보증한 회사가 부담해야 될 금액이 어느 정도인지 검토한 후 신용 의사결정을 해야 한다. 특히, 지급보증을 제공하기 위해 최종 결재권자가 누구인지 정관을 통해 확인하고 만약, 이사회의 결의가 필요하다면 이사회 회의록을 징구하여 확인하는 절차가 필요하다.

확인문제

다음 설명이 맞으면 ○, 틀리면 × 하시오.

01 충당부채는 단기차입금과 같은 확정부채를 의미하는 것이다. ( )

02 수선충당금은 충당부채에 해당되지 않는다. ( )

03 충당부채의 명목금액과 현재가치의 차이가 중요한 경우에는 현재가치로 평가한다. ( )

04 충당부채의 상대계정과목은 항상 비용계정과목이다. ( )

05 계류 중인 소송 사건은 반드시 충당부채로 인식해야 한다. ( )

06 우발자산은 우발사건 발생시점에 추정한 금액을 재무상태표상 자산으로 인식한다. ( )

07 보고기간 말 이전에 존재하였던 소송사건이 보고기간 말 이후에 확정될 경우 손실금액은 수정을 요하는 보고기간 후 사건이다. ( )

08 20×1년도 재무제표에 대한 확정은 20×2년 3월 5일 주주총회에서 확정된다. 주주총회에서 결정된 배당금 1억원은 20×1년 재무상태표에 미지급배당금으로 인식한다. ( )

09 20×1년 10월 25일 거래처로부터 상품을 외상으로 매입하고 대금은 다음연도 1월 17일에 지급할 예정이다. 회사가 매입채무 대신 미지급금으로 회계처리한 사실을 20×2년 1월 25일 회계감사 중에 발견하여 수정할 경우 20×1년도 당기순이익은 변경된다. ( )

10 충당부채로 인식되기 위해서는 과거의 사건이나 거래의 결과로 인하여 자원의 유출가능성이 매우 높고 자원의 유출금액을 신뢰성있게 측정할 수 있어야 한다. (   )

정답 및 해설

01 ×(미 확정부채)

02 ○

03 ○

04 ○

05 ×(손실금액의 추정 가능성 판단)

06 ×(확정시점까지 미인식)

07 ○

08 ×(20×2년 3월 5일에 미지급배당금 인식함)

09 ×(부채 계정과목만 대체됨)

10 ○

연 | 습 | 문 | 제

01 (주)일우는 제품 구입 후 12개월 이내에 발생하는 제조상의 결함이나 다른 명백한 결함에 따른 하자에 대하여 제품보증을 실시하고 있다.
만약 Y1, Y2년도에 판매된 제품에서 중요하지 않은 결함이 발견된다면 12억원의 수리비용이 발생하게 되고, 치명적인 결함이 발생하게 되면 48억원의 수리비용이 발생하게 될 것으로 예상된다. 기업의 과거 경험과 미래 예측의 결과, 판매된 제품의 75%에는 하자가 없을 것으로 예상되며 제품의 20%는 중요하지 않은 결함이 발생될 것으로 예상되며 5%는 치명적인 결함이 있을 것으로 예상된다. 추정부채로 계상되어야 할 금액은 얼마인가?

① 4.2억원 ② 4.4억원 ③ 4.6억원 ④ 4.8억원 ⑤ 5억원

02 충당부채의 대상이 될 수 없는 내용은 어느 것인가 ?

① 타인의 채무 등에 대한 보증
② 판매 후 품질 등을 보증하는 경우의 관련 부채
③ 손실부담계약
④ 수선충당금
⑤ 구조조정계획과 관련된 부채

03 건국자동차(주)의 Y1. 9. 5. 매출은 10,000원이며 Y1. 10. 5. 매출은 20,000원이다. 과거의 경험에 의하면 매출액의 5%는 제품보증충당부채로 설정하고 있다. 제품보증기간은 판매일로부터 6개월이며 제품보증비용은 판매시점마다 인식한다. Y1. 9. 5. 매출분 중 Y1. 9. 20. 자동차 페달의 하자로 인하여 700원만큼 제품보증비용이 발생했으며, Y1. 10. 5. 매출분에 대해서는 결산일(12월 31일) 현재 보증비용이 발생하지 않았다. Y1년도 제품보증비용으로 인식된 금액은 얼마인가?

① 1,000원 ② 1,500원 ③ 1,700원
④ 800원 ⑤ 1,200원

04 Y1. 2. 1. 발생한 소송사건이 Y2. 2. 10. 종결되어 AB(주)는 손해배상금으로 10억원을 변상하라는 판결을 받았다. 회사의 회계기간은 매년 1. 1. ~ 12. 31.이다. 제10기(Y1. 1. 1. ~ 12. 31.)의 주주총회일은 Y2년 3월 10일이다. 손해배상금 10억원의 회계처리로서 적당한 것은?

① 아무런 회계처리를 하지 않는다.
② 재무제표에 주석으로만 기재한다.
③ 손해배상금 10억원을 재무제표에 계상하고 주석으로 기재한다.
④ 주주총회에서 구두로 보고만 한다.
⑤ 이사회에 보고만 한다.

05 '수정을 요하는 보고기간 후 사건' 이 아닌 것은? (공인회계사 기출문제)

① 보고기간말 이전에 존재하였던 소송사건의 결과가 보고기간 후에 확정되어 이미 인식한 손실금액을 수정하여야 하는 경우
② 유가증권의 시장가격이 보고기간말과 재무제표가 사실상 확정된 날 사이에 하락한 경우
③ 보고기간말 현재 지급하여야 할 의무가 있는 종업원에 대한 이익분배 금액이 보고기간 후에 확정되는 경우
④ 이미 손상차손을 인식한 자산에 대하여 계상한 손상차손 금액의 수정을 요하는 정보를 보고기간 후에 입수하는 경우
⑤ 전기 또는 그 이전 기간에 발생한 회계적 오류를 보고기간 후에 발견하는 경우

06 삼청(주)는 20×1년 10월 5일 한강(주)의 장기차입금 10억원에 대해 지급보증 8억원을 하였다. 한강(주)는 20×6년 12월 13일 부도 발생으로 삼청(주)는 지급보증에 대한 책임을 부담할 것으로 예상된다. 20×6년 12월 31일 현재 지급보증액 부담액은 알 수 없으며, 20×7년 2월 1일 삼청(주)가 부담해야 될 지급보증금액은 7억원으로 확정되었다. 회계기간은 매년 1월 1일부터 12월 31일까지이며, 주주총회일은 20×7년 3월 31일이다. 다음 중 지급보증액에 대한 재무제표 인식으로 옳은 것은?

① 20×1년 12월 31일 삼청(주)는 7억원을 비용으로 인식한다.
② 20×6년 12월 31일 삼청(주)는 8억원을 비용으로 인식한다.
③ 20×6년 12월 31일 삼청(주)는 7억원을 비용으로 인식한다.
④ 20×7년 2월 1일 삼청(주)는 7억원을 지급보증충당부채로 인식한다.
⑤ 20×7년도 손익계산서에는 금액을 인식하지 않고 주석사항에 지급보증한 7억원에 대해 내역만 기술한다.

07 당기(제7기 Y7. 1. 1. ~ 12. 31.) 제품보증비로 인식한 금액은 얼마인가?

(1) 기초 제품보증충당부채 10억원
(2) 기말 현재 제품보증충당부채 15억원
(3) Y7년 7월 15일 전년도에 판매한 제품의 불량으로 보증비용 1억원이 지출되었다.
(4) 기말 제품보증충당부채는 일반기업회계기준에 의하여 계상하고 있으며 제품 보증기간은 10년간(Y1년도 ~ Y10년도)이다.

① 180,000,000원 ② 420,000,000원 ③ 500,000,000원
④ 600,000,000원 ⑤ 1,400,000,000원

08 다음 중 건우(주)의 제16기(Y16. 1. 1. ~ 12. 31.)「수정을 요하는 보고기간 후 사건」에 해당되지 않는 것은? 다만, 이사회 결의일은 Y17.3.1.이며, 정기주주총회는 Y17. 3. 30.이다.

① Y15년 중에 발생된 소송사건에 대해 Y17년 1월 5일 패소판결된 사건

② Y16년 12월 20일 외국에서 구입한 원재료의 가격은 Y17년 1월 한달 동안의 환율의 변동 폭을 반영하여 결정하는 계약을 한 경우

③ 노사합의에 의해 Y16년도 영업이익이 전년대비 10%이상 상승할 경우 상여금 5% 추가 지급하는 계약

④ 제16기 주주총회(Y17. 3. 30.)에서 결의된 배당금

⑤ 제14기 매출액을 과대계상한 1억원(중요한 오류임)을 Y17년 2월 5일 발견한 경우

09 충당부채, 우발부채(자산) 및 보고기간 후 사건에 대한 설명이다. 옳은 것은?

① 경제적 자원의 유출 가능성이 어느 정도 있는 경우에는 금액의 신뢰성 있는 측정 가능성 여부에 관계없이 우발부채로 인식하여야 한다.

② 충당부채를 발생시킨 사건과 밀접하게 관련된 자산의 처분이익은 충당부채를 측정하는데 고려하여야 한다.

③ 우발자산은 경제적 자원의 유입 가능성이 매우 높은 경우에는 재무상태표에 자산으로 인식할 수 있다.

④ 보고기간 말 현재 지급의무가 있는 임직원 상여금이 보고기간 말 이후 주주총회에서 확정되는 경우 보고기간 말 현재 수정을 요하는 보고기간 후 사건에 해당하지 않는다.

⑤ 매도가능증권의 공정가치가 보고기간 말과 재무제표가 사실상 확정된 날 사이에 하락한 경우 수정을 요하는 보고기간 후 사건에 해당한다.

정답 및 해설

01 ④ 추정금액 4.8억원(75% × 0 + 20% × 12억원 + 5% × 48억원)

02 ④ 수선충당금은 부채의 정의에 부합되지 않으므로 충당부채의 범위에 포함하지 않는다. 왜냐하면 수선유지와 관련된 지출은 기업의 경영의사결정에 따라 영향을 받을 수 있기 때문에 현재의무라고 할 수 없기 때문이다.

03 ③ 거래일자 별 회계처리는 다음과 같다.

Y1. 9. 5.	(차) 제품보증비	500	(대) 제품보증충당부채	500
Y1. 9. 20.	(차) 제품보증충당부채	500	(대) 현금	700
	제품보증비	200		
Y1. 10. 5.	(차) 제품보증비	1,000	(대) 제품보증충당부채	1,000

따라서, Y1년도 제품보증비용은 500원 + 200원 + 1,000원 = 1,700원

04 ③ 보고기간 후의 사건으로서 보고기간말 현재 존재하였던 상황(원인)에 대한 추가적인 증거를 제공하는 사건은 재무제표를 수정하고 주석으로 기재한다.

05 ② 유가증권의 보고기간 후 시장가격의 하락은 보고기간말 현재의 상황과 관련된 것이 아니라 보고기간 이후에 발생한 상황이 반영된 것으로 본다. 따라서, 유가증권의 시가 변동과 관련하여서는 재무제표를 수정하지 않는다.

06 ③ 지급보증액이 확정되는 시점에 인식한다. 다만, 위 사건은 수정을 요하는 후속사건에 해당되어 20×6년 12월 31일에 확정된 지급보증금액 7억원을 비용으로 인식한다.

07 ④ 제품보증비 = 15억원 − (10억원 − 1억원) = 6억원

08 ④ 제16기 주주총회(Y17. 3. 30.)에서 결의된 배당금은 Y17년 2월 2일에 인식한다.

09 ①

① 옳은 설명임

② 충당부채를 발생시킨 사건과 밀접하게 관련된 자산처분이익은 충당부채를 측정하는데 고려하지 않는다.

③ 우발자산은 경제적 자원의 유입가능성이 매우 높더라도 자산으로 인식할 수 없다.

④ 보고기간 말 현재 지급의무가 있는 임직원 상여금이 보고기간 말 이후 주주총회에서 확정되는 경우 보고기간 말 현재 수정을 요하는 보고기간 후 사건에 해당한다.

⑤ 매도가능증권의 공정가치가 보고기간 말과 재무제표가 사실상 확정된 날 사이에 하락한 경우 수정을 요하는 보고기간 후 사건에 해당하지 않는다.

Employee Benefits

제13장

종업원 급여

학습목표

본장을 학습한 후 다음 사항을 이해할 수 있다.

1. 종업원 급여의 범위
2. 확정기여형 퇴직연금제도의 특징
3. 확정급여형 퇴직연금제도의 특징
4. 퇴직연금운용자산의 인식방법

1. 종업원급여의 범위

종업원급여에는 다음의 급여를 포함한다.[1)]

(1) 기업과 종업원(종업원단체 또는 그 대표자 포함) 사이에 합의된 공식적인 제도나 그 밖의 공식적인 협약에 따라 제공하는 급여
(2) 기업이 공공제도, 산업별제도 등에 기여금을 납부하도록 강제하는 법률이나 산업별 협약에 따라 제공되는 급여
(3) 의제의무를 발생시키는 비공식적 관행에 따라 제공하는 급여

종업원에게 급여를 지급하는 방법 외에 다른 현실적인 대안이 없는 경우, 이러한 비공식적 관행은 의제의무를 발생시킨다. 기업이 비공식적 관행을 따르지 않는다면 종업원과의 관계에 심각한 손상을 가져오는 경우가 이러한 예에 해당한다.

표 종업원 급여의 범위

종업원 급여의 범위	내 역
퇴직급여 외의 종업원급여	임금, 사회보장분담금(예: 국민연금), 이익분배금, 상여금, 현직종업원을 위한 비화폐성급여(예: 의료, 주택, 자동차, 무상 또는 일부 보조로 제공되는 재화나 용역), 명예퇴직금(조기퇴직의 대가로 지급하는 인센티브 등을 포함) 등
퇴직급여	확정급여제도, 확정기여제도

1) 이 장은 일반기업회계기준 제19장 '주식기준보상'이 적용되는 경우를 제외한 모든 종류의 종업원급여에 대한 회계처리에 적용한다(문단 21.3 참조).

2. 퇴직급여 외의 종업원급여

종업원이 근무용역을 제공한 때 근무용역에 대한 대가로 경제적 효익이 사용 또는 유출됨으로써 자산이 감소하거나 부채가 증가하고 그 금액을 신뢰성 있게 측정할 수 있다면, 종업원급여는 다음과 같이 인식한다.

(1) 이미 지급한 금액을 차감한 후 부채(미지급비용)로 인식

이미 지급한 금액이 해당 급여의 금액보다 적을 경우에는 부족한 금액은 미지급비용으로 인식한다. 그러나, 이미 지급한 금액이 해당 급여의 금액보다 많은 경우에는 그 초과액 때문에 미래 지급액이 감소하거나 현금이 환급되는 만큼을 자산(선급비용)으로 인식한다.

(2) 원칙: 급여의 비용인식

다른 일반기업회계기준(예: 제7장 '재고자산', 제10장 '유형자산')에 따라 해당 급여를 자산의 원가에 포함하는 경우[2)]를 제외하고는 급여는 비용으로 인식한다.

(3) 연차유급휴가 수당

「근로기준법」 등에 따르면, 연차유급휴가는 당해연도에 일정 기간을 근무한 종업원에게 그 권리가 주어지며, 종업원은 차기연도에 연차유급휴가를 사용하거나 차기연도에 미사용된 연차유급휴가에 대한 수당을 그 이후에 지급받을 수 있는 것으로 해석되고 있다. 이러한 연차유급휴가는 종업원의 근무용역에 대한 대가로 제공되고 그 금액을 신뢰성 있게 측정할 수 있으므로 종업원이 미래의 연차유급휴가에 대한 권리를 발생시키는 근무용역을 제공하는 회계기간에 관련 비용과 부채를 인식한다(결21.22).

---

2) 노무원가의 금액이 재공품, 제품에 포함될 경우 급여는 자본화된 후 판매시점에 비용화된다. 유형자산의 자가제작 시 지급하는 급여 및 개발비에 해당되는 급여는 자본화된 후 비용화된다.

3. 퇴직급여

3-1 확정기여형 퇴직연금제도(Defined Contribution: DC)

확정기여제도는 회사가 부담해야 될 금액 즉, 기여금만 지급하면 의무가 끝나는 것이며 퇴직금을 지급해야 될 의무는 발생하지 않는다. 따라서, 근로자의 적립금 운용성과에 따라 퇴직 후의 연금 수령액이 증가 또는 감소하게 되며 적립금 운용과 관련한 위험을 근로자가 부담하게 된다.

당해 회계기간에 대하여 기업이 납부하여야 할 부담금(기여금)을 퇴직급여(비용)로 인식하고, 퇴직연금운용자산, 퇴직급여충당부채 및 퇴직연금미지급금은 인식하지 아니한다.

사례 13-1

동대문(주)는 확정기여형 퇴직연금제도를 채택하고 있으며 매년 총 임금의 1/12을 기여금으로 부담하는 약정을 근로자와 하였다. 전년도 총 임금은 100,000원이며, 해당 연도 총 임금은 120,000원이다. 당기 기여금과 관련된 회계처리를 하시오.

해 설

확정기여형 퇴직연금제도를 채택하고 있기 때문에 약정에 의하여 회사가 부담할 기여금만 비용으로 처리하면 된다. 따라서, 퇴직급여충당부채를 설정하지 않는다.

(차) 퇴직급여 10,000 (대) 현 금 10,000

(주) 당기 기여금은 당기 총 임금 120,000원 × 1/12 = 10,000원 이다.

3-2 확정급여형 퇴직연금제도(Defined Benefit: DB)

근로자가 퇴직시에 수령할 퇴직급여가 근무기간과 평균임금에 의해 사전적으로 확정되어 있는 제도가 확정급여형 퇴직연금제도이다. 따라서, 사용자가 적립금을 직접 운용하므로 운용결과에 따라 사용자가 납입해야 할 부담금 수준이 변동될 수 있고 임금인상률, 퇴직률, 운용수익률 등 연금액 산정의 기초가 되는 가정에 변화가 있는 경우에도 사용자가 그 위험을 부담한다.

(1) 인식과 측정: 퇴직급여충당부채

사용자가 퇴직금 지급의 의무가 있기 때문에 퇴직급여충당부채는 보고기간말 현재 전종업원이 일시에 퇴직할 경우 지급하여야 할 퇴직금에 상당하는 금액으로 한다.[3)]

급여규정의 개정과 급여의 인상으로 퇴직금소요액이 증가되었을 경우에는 당기분과 전기 이전분을 일괄하여 당기비용으로 인식한다.

(2) 회계처리

확정급여형퇴직연금제도에서 지급하는 퇴직급여와 관련된 부채는 다음의 두 가지 경우로 나누어 각각 회계처리한다.

1) 종업원이 퇴직하기 전의 경우

보고기간말 현재 종업원이 퇴직할 경우 지급하여야 할 퇴직일시금에 상당하는 금액을 측정하여 퇴직급여충당부채로 인식한다. 종업원이 아직 퇴직하지는 않았으나 퇴직연금에 대한 수급 요건 중 가입기간 요건을 갖춘 경우에도, 보고기간 종료일 현재 종업원이 퇴직하면서 퇴직일시금의 수령을 선택한다고 가정하고 이때 지급하여야

3) 따라서 퇴직금이 향후 예상되는 종업원의 퇴직일을 기준으로 산정되는 것은 아니기 때문에 실제로 유출될 것으로 예상되는 미래 경제적 효익이 반영되지 못하여 부채가 적절히 평가되지 않을 우려가 있다. 그러나, K-IFRS는 보험수리적 가정을 통해서 미래 예상퇴직일의 평균임금을 기준으로 퇴직금을 측정하고 있으나 비상장기업에 대해서는 회계처리 능력 및 여러 가지 부담을 고려하여 보험수리적 가정을 이용하여 퇴직급여충당부채를 인식하지 않는다.

할 퇴직일시금에 상당하는 금액을 측정하여 퇴직급여충당부채로 인식한다.

사례 13-2

확정급여형 퇴직연금제도를 채택하고 있는 남산(주)의 20X1. 12. 31. 현재 종업원이 퇴직할 경우 퇴직일시금은 100,000원이다. 20X1. 1. 1. 현재 퇴직일시금은 80,000원이고 기중에 퇴직자에게 지급한 퇴직금은 10,000원이다. 20X1. 12. 31. 결산시점에 추가로 인식할 퇴직급여충당부채는 얼마인가?

해 설

기말시점 퇴직일시금은 100,000원이지만 결산일 직전 퇴직급여충당부채의 잔액이 70,000원(80,000원 - 기중 퇴직자 10,000원)이므로 추가로 30,000원만 설정하면 된다.

① 기중 퇴직금 지급시

(차) 퇴직급여충당부채	10,000	(대) 현　　금	10,000

② 결산시점

(차) 퇴직급여	30,000	(대) 퇴직급여충당부채	30,000

2) 종업원이 퇴직연금에 대한 수급요건 중 가입기간 요건을 갖추고 퇴사하였으며 퇴직연금의 수령을 선택한 경우

보고기간말 이후 퇴직 종업원에게 지급하여야 할 예상퇴직연금합계액의 현재가치를 측정하여 '퇴직연금미지급금'으로 인식한다. 예상퇴직연금합계액은 퇴직 후 사망률과 같은 보험수리적 가정을 사용하여 추정하고, 그 현재가치를 계산할 때에는 보고기간말 현재 우량회사채의 시장수익률에 기초하여 할인한다.[4] 다만 그러한 회사채에 대해 거래층이 두터운 시장이 없는 경우에는 보고기간말 현재 국공채의 시장수익률을 사용한다. 사망률과 같은 보험수리적 가정이 바뀌거나 할인율이 바뀜에 따라 발생

하는 퇴직연금미지급금 증감액과 시간의 경과에 따른 현재가치 증가액은 퇴직급여(비용)로 회계처리한다.[5] 퇴직연금미지급금 중 보고기간말로부터 1년 이내의 기간에 지급되는 부분이 있더라도 유동성대체는 하지 아니한다. 다만, 보고기간말로부터 1년 이내의 기간에 지급이 예상되는 퇴직연금합계액과 부담금을 주석으로 공시한다.

① 퇴직자가 퇴직일시금을 수령시

(차) 퇴직급여충당부채	***	(대) 퇴직연금운용자산	*** 주)
		현　금	***
		(예치금 불입비율 이외 회사 부담금)	

주) 예치금 불입비율 만큼 상계

② 퇴직자가 퇴직연금 수령시

(차) 퇴직급여충당부채	***	(대) 퇴직연금미지급금	***
퇴직급여	*** 주)		

주) 퇴직급여충당부채 부족시

4) 퇴직급여의 모든 예상지급시기에 상응할 수 있을 정도로 충분히 긴 만기를 갖는 회사채 시장이 존재하지 않을 수 있다. 이러한 경우 상대적으로 지급시기가 늦은 퇴직급여액에 대해서는 수익률곡선상의 현행 회사채시장수익률을 예상지급시기까지 확장하여 합리적으로 추정한 할인율을 적용한다.

5) 그러나, 확정급여형퇴직연금제도의 규약에서 종업원이 연금수령을 선택한 경우 기업이 퇴직일시금 상당액으로 일시납 연금상품을 구매하도록 정할 수 있는데, 이 경우 기업에게는 퇴직일시금을 지급할 의무만 있을 뿐 종업원이 퇴직한 이후에 연금을 지급할 의무가 없다. 즉, 종업원이 퇴직할 때 기업이 일시납 연금상품을 구매함으로써 연금지급에 관한 책임을 연금상품 제공자(예: 보험회사)에게 이전하게 되므로 퇴직 이후에 기업이 인식할 부채는 없게 된다.

4. 퇴직연금운용자산 등

확정급여형퇴직연금제도에서 운용되는 자산은 기업이 직접 보유하고 있는 것으로 보아 회계처리한다. 재무상태표에는 운용되는 자산을 하나로 통합하여 '퇴직연금운용자산'으로 표시하고, 그 구성내역을 주석으로 공시한다. 이 경우 주석으로 공시하는 구성내역이라 함은 재무상태표에 하나로 통합하여 표시하지 않고 각각 구분하여 표시할 경우에 인식될 계정과목과 금액을 말한다.

확정급여형퇴직연금제도에서 퇴직급여와 관련된 자산과 부채를 재무상태표에 표시할 때에는 퇴직급여와 관련된 부채(퇴직급여충당부채와 퇴직연금미지급금)에서 퇴직급여와 관련된 자산(퇴직연금운용자산)을 차감하는 형식으로 표시한다.[6] 퇴직연금운용자산이 퇴직급여충당부채와 퇴직연금미지급금의 합계액을 초과하는 경우에는 그 초과액을 투자자산의 과목으로 표시한다.

재무상태표에 공시되는 사례를 보면 다음과 같다.

퇴직급여충당부채	100,000원	
퇴직연금미지급금	20,000원	
퇴직연금운용자산	(110,000원)	10,000원

6) 궁극적으로 종업원에게 퇴직급여를 지급할 의무가 기업에 있다고 하더라도 퇴직연금운용자산 사용에 제약이 따르기 때문에 퇴직연금운용자산과 퇴직급여지급의무는 매우 밀접한 관계에 놓이게 되므로 순액표시가 총액표시보다는 오히려 더 목적적합한 정보를 제공할 수 있기 때문이다(결21.14).

5. K-IFRS(제1019호: 종업원급여)의 확정급여부채

5-1 확정급여채무

K-IFRS에서 규정하고 있는 확정급여채무(defined benefit obligation)는 종업원이 당기와 그 이전의 기간 동안 근무용역을 제공함에 따라 기업이 부담하는 예상 미래지급채무의 누적금액의 「현재가치」를 의미한다. 회계기간말에는 확정급여채무의 현재가치를 측정하여 재무상태표에 확정급여부채(확정급여채무 - 사외적립자산)의 금액을 결정해야 한다. 이 때 확정급여채무와 확정급여부채는 다른 개념이다. 기말 확정급여채무의 장부금액과 기말 확정급여채무의 현재가치의 금액이 종업원의 이직률, 평균수명기간, 사망률, 임금상승률 등에 의해서 차이가 발생된다. 기말 확정급여채무의 장부금액에서 기말 확정급여채무의 현재가치를 차감한 금액이 양수(+)이면 보험수리적 이익이 발생되고 음수(-)이면 보험수리적 손실이 발생된다.

① 기말 확정급여채무의 장부금액
= 기초 확정급여채무의 현재가치 + 당기근무원가 + 이자원가 - 퇴직급여 지급액

② 기말 확정급여채무의 현재가치

위 ①의 금액과 ②의 금액이 일치하지 않을 경우 보험수리적 손익을 인식함

5-2 사외적립자산

사외적립자산(plan assets)이란 종업원의 퇴직급여를 지급하기 위하여 기업이 사외기금에 출연한 자산이다. 기말 사외적립자산 장부금액과 기말 사외적립자산의 공정가치의 차이는 재측정요소(remeasurements)라고 하며 기타포괄손익으로 인식한다.

5-3 확정급여순부채(자산)의 보고

확정급여채무의 현재가치와 사외적립자산의 공정가치의 차이를 통해 확정급여순부채(자산)으로 보고한다.

① 기말 확정급여채무의 현재가치	② 기말 사외적립자산의 공정가치
기초 확정급여채무의 현재가치 + 당기(과거) 근무원가 − 퇴직급여 지급액 + 이자원가 = 기말 확정급여채무 장부금액 ± 보험수리적손익 = 기말 확정급여채무의 현재가치	기초 사외적립자산의 공정가치 + 사외적립자산에 대한 기여금 − 퇴직급여지급액 + 이자수익 = 기말 사외적립자산 장부금액 ± 재측정요소 = 기말 사외적립자산의 공정가치
① 〉 ② : 확정급여 순부채 ① 〈 ② : 확정급여 순자산	

생 | 각 | 해 | 봅 | 시 | 다

1. 근로자가 퇴직연금의 운용에 관여하지 않고 퇴직 후 확정적인 퇴직금 또는 확정된 퇴직금을 연금으로 수령하기 위한 퇴직연금제도는 무엇인가?
2. 여러분이라면 어떠한 퇴직연금제도를 선호할 것인지 생각해 보자!

6. 회계정보의 이해

다음은 각 회사별 당기말 부채에 대한 회계정보이다. 각 물음별로 옳은 설명인지, 틀린 설명인지를 판단하시오. 회계기간은 1월 1일부터 12월 31일까지이다.

(단위: 천원)

	A회사	B회사
〈부 채〉		
미지급금	100	800
미지급비용	200	100
퇴직급여충당부채	1,000	1,500
퇴직연금운용자산	(500)	(1,400)
합 계		

(주) 회사 사규에 의하면 당월급여는 다음달 5일에 지급한다. 12월분 미지급 급여액은 결산 시점에 반영되어 있으며 해당 계정과목의 10%를 차지하고 있다.

(물음1) 12월말 현재 급여를 미지급한 금액은 A회사 보다 B회사가 더 많다.
(물음2) 현재 자금부족 현상이 발생되고 있는 회사는 A회사이다.

정답 및 해설

(물음1) 틀린 설명이다. 결산일 현재 미지급급여는 미지급비용(현금 지급일 미도래에 근거한 것임)으로 인식된다. 따라서 미지급비용이 상대적으로 많은 A회사가 미지급한 급여가 더 많다.

(물음2) 옳은 설명이다. 퇴직연금 가입시 세제상의 혜택을 받을 수 있기 때문에 유동성이 부족하지 않을 경우에는 가능하면 퇴직연금에 가입하려고 한다. 현재 A회사는 B회사보다 퇴직연금운용자산 가입비중이 낮다. 따라서 A회사는 상대적으로 자금부족 현상이 발생되고 있다고 판단된다.

확 | 인 | 문 | 제

다음 설명이 맞으면 ○, 틀리면 × 하시오.

01 제조과정에 근무하는 종업원 급여는 즉시 비용으로 인식된다. (   )

02 삼청(주)의 12월 총급여는 1억원이지만 월급지급일은 다음달 5일이므로 12월말 현재 미지급된 상태이다. 12월말 결산시점에 회사는 미지급금 1억원을 인식한다. (   )

03 퇴직자가 퇴직금을 퇴직연금으로 수령하는 것으로 선택할 경우 예상퇴직연금 합계액의 현재가치를 퇴직연금미지급금으로 인식한다. (   )

04 확정기여형퇴직연금제도(DC형)를 채택할 경우 회사는 기말시점에 퇴직급여충당부채를 설정하지 않는다. (   )

05 확정급여형퇴직연금제도(DB형)를 채택하고 있는 회사가 당기 중 퇴직자가 발생하여 퇴직금을 지급할 경우 퇴직금 비용을 인식한다. (   )

06 퇴직연금운용자산은 자산계정에 반드시 인식해야 한다. (   )

07 DB형을 채택할 경우 보험수리적 방법에 의해 충당부채를 인식한다. (   )

08 개발비 요건을 충족하는 금형개발에 투입된 인건비는 판매비와관리비로 계상한다. (   )

09 20×1년도 연차유급휴가에 대한 수당을 20×2년 1월 17일에 수령할 경우 수령시점에서 종업원급여로 인식한다. (   )

10 관리직에 근무하는 종업원에 대한 급여, 퇴직급여는 간접대응되는 비용이다. (   )

정답 및 해설

01 ×(재고자산 인식 후 판매시점에 매출원가로 전환)

02 ×(미지급비용)

03 ○

04 ○

05 ×(퇴직급여충당부채에서 우선상계)

06 ×(퇴직급여충당부채에서 차감하는 형식으로 인식)

07 ×(보험수리적방법: K-IFRS)

08 ×(개발비로 인식)

09 ×(20×1년에 종업원급여로 인식)

10 ○(판매비와관리비 – 간접대응비용)

연 습 문 제

01 다음 자료에 의하여 회사가 기중에 계상한 퇴직급여는 얼마인가?

(1) 기초 퇴직급여충당부채 잔액 81,000,000원
(2) 기말 퇴직급여충당부채 잔액 250,000,000원
(3) 기중 퇴직자에게 지급한 퇴직금을 퇴직급여충당부채와 상계한 금액 60,000,000원
(4) 기중 퇴직급여 추계액 중 60%는 제조원가에 포함되고 40%는 판매비와관리비에 포함된다.

① 91,600,000원 ② 137,400,000원 ③ 169,000,000원
④ 229,000,000원 ⑤ 250,000,000원

02 종업원 급여의 범위에 포함될 수 없는 것은?

① 임금, 상여금
② 퇴직급여, 상여금
③ 명예퇴직금, 현직 종업원에 대한 무상 지원하는 주택
④ 조기퇴직자에 대한 인센티브
⑤ 확정기여금 운용수익

03 퇴직급여에 대한 설명으로 옳지 않은 것은?

① 임금 및 상여금은 퇴직급여에 포함되지 않는다.
② 확정기여제도 하에서 회사는 퇴직급여충당부채를 설정해야 된다.
③ 퇴직급여충당부채를 설정할 경우 보험수리적 가정에 의한 퇴직급여충당부채를 설정하는 것은 아니다.
④ 확정기여제도 하에서는 퇴직연금운용자산, 퇴직연금미지급금은 인식하지 않는다.

⑤ 회사가 확정급여형 퇴직연금제도(DB)를 채택할 경우 임금인상률, 퇴직률 등 연금액 산정의 기초가 되는 가정에 변화가 있는 경우에는 사용자가 그 위험을 부담한다.

04 확정급여형퇴직연금제도에서 퇴직급여와 관련된 자산과 부채를 재무상태표에 표시할 때 옳은 설명은?

① 퇴직연금운용자산은 투자자산으로 공시된다.
② 퇴직연금미지급금은 퇴직급여충당부채에 차감하는 형식으로 기록된다.
③ 퇴직연금미지급금은 퇴직급여충당부채에 가산되어 퇴직연금미지급금이라는 계정과목은 공시되지 않는다.
④ 퇴직연금운용자산이 퇴직급여충당부채와 퇴직연금미지급금의 합계액을 초과하는 경우에는 그 초과액을 투자자산의 과목으로 표시한다.
⑤ 퇴직연금운용자산은 퇴직급여충당부채에서 직접 차감된다.

05 다음 자료에 의하여 판매비와관리비에 인식될 퇴직급여는 얼마인가?

구 분	퇴직급여
개발부서(개발비의 요건을 충족하고 있음)에 근무하는 종업원	500,000원
연구부서에 근무하는 종업원	400,000
생산라인에 근무하는 종업원	250,000
관리직에 근무하는 종업원	600,000
합 계	1,750,000원

① 1,750,000원 ② 1,250,000원
③ 1,000,000원 ④ 600,000원
⑤ 400,000원

06 다음 자료를 이용하여 발생 즉시 비용으로 인식되는 금액은 총 얼마인가?

> 1) 생산직 근로자의 급여 10,000원, 퇴직급여 2,000원
> 2) 관리직 근로자의 급여 5,000원, 퇴직급여 1,000원
> 3) 개발비 요건을 충족하는 부서의 근로자 급여 3,000원, 퇴직급여 500원
> 4) 연구비 부서의 근로자 급여 2,000원, 퇴직급여 300원

① 6,000원 ② 7,000원 ③ 8,300원 ④ 17,000원 ⑤ 19,300원

07 (주)삼청은 확정급여형 퇴직연금제도를 채택하고 있다. 임직원이 모두 퇴직할 경우 퇴직일시금은 제24기말 현재 900,000원, 제25기말 현재 500,000원이며, 보험수리적 방법에 의한 퇴직금추계액은 제24기말 현재 1,000,000원, 제25기말 현재 400,000원이다. 제25기 중에 퇴직자에게 지급한 퇴직금이 200,000원인 경우 제25기말 현재 회계처리로 옳은 것은?

① 퇴직급여 200,000원을 비용 처리하고, 당기손익에 반영한다.
② 퇴직급여 300,000원을 비용 처리하고, 당기손익에 반영한다.
③ 퇴직급여충당부채 200,000원을 환입하고, 당기손익에 반영한다.
④ 퇴직급여충당부채 200,000원을 환입하고, 전기오류수정이익에 반영한다.
⑤ 퇴직급여충당부채 300,000원을 환입하고, 당기손익에 반영한다.

정답 및 해설

01 ④ 기말퇴직급여충당부채

= 기초퇴직급여충당부채 - 기중 퇴직자의 퇴직금과 상계된 금액 + 기중 설정한 퇴직급여

= 250,000,000원

= 81,000,000원 - 60,000,000원 + 퇴직급여

따라서, 퇴직급여 = 229,000,000원

주) 퇴직급여충당부채 계정은 개정전 퇴직급여충당금을 의미함.

02 ⑤ 확정기여금은 종업원 급여에 해당되지만 확정기여금 운용수익은 회사가 통제가능한 금액은 아니다.

03 ② 확정기여제도하에서 회사는 기여금에 대해서 비용으로만 인식하면 되고 퇴직급여충당부채를 설정할 필요는 없다.

04 ④ 퇴직연금운용자산이 퇴직급여충당부채와 퇴직연금미지급금의 합계액을 초과하는 경우에는 그 초과액을 투자자산의 과목으로 표시한다. 퇴직연금미지급금은 퇴직급여충당부채에 가산하는 형식으로 표시되고, 퇴직연금운용자산은 퇴직급여충당부채 및 퇴직연금미지급금에 차감하는 형식으로 표시된다.

05 ③ 개발부서의 인건비는 개발비에 포함되며, 생산라인의 인건비는 제조원가(매출원가)를 구성하며, 연구부서와 관리직의 인건비는 판매비와 관리비에 포함된다.

06 ③ 비용은 관리직 및 연구비 부서의 근로자 급여(5,000원 + 2,000원) 및 퇴직급여(1,000원 + 300원) 총 8,300원이며, 생산직 및 개발비 부서의 인건비는 발생시점에 자산으로 처리된다.

07 ③

일반기업회계기준에서는 보험수리적 방법에 의한 추계액을 사용하지 않는다.

(1) 제25기말 현재 퇴직급여충당부채 장부금액
= 기초금액 900,000원 - 지급액 200,000원 = 700,000원

(2) 제25기말 현재 퇴직일시금(퇴직급여충당부채 기말금액) = 500,000원
따라서 퇴직급여충당부채 200,000원(700,000원 - 500,000원)을 환입하고 당기손익(제조원가 또는 판매비와 관리비의 음(-)의 금액)에 반영한다.

Stockholder's Equity

제14장

자 본

학습목표

본장을 학습한 후 다음 사항을 이해할 수 있다.

1. 자본 및 자본금의 개념
2. 자본의 분류 및 증감요인
3. 자기주식의 회계처리
4. 이익잉여금처분계산서 작성
5. 결손금처리순서

1. 자본의 개념과 분류

1-1 자본의 개념

자본(capital)이란 자산총계에서 부채총계를 차감한 후에 남는 잔여지분(residual interest)으로 정의되며 자산에서 부채를 차감하면 자본이 된다.[1] 이 정의는 채권자에게 회사자산에 대한 우선적 청구권을 인정하고 있는 것으로 해석할 수 있으며 자산 중 채권자의 몫을 먼저 차감하고 남는 금액이 주주의 몫이 된다. 이 같은 의미에서 회계에서는 자본을 소유주지분(owner's equity)또는 주주지분(stockholders' equity)[2]이라고도 하며 자산에서 부채를 차감한 후의 금액인 순자산(net assets)으로 지칭되기도 한다.

자본은 잔여지분이므로 자산과 부채의 금액이 결정되면 자본의 금액은 사후적으로 결정될 수 있다.

자산 − 부채 = 자본

자산 = 부채 + 자본

주식회사는 자본, 주식 및 유한책임이라는 3가지의 현저한 특징을 가지고 있다. 자본은 회사성립의 기초가 되고 주주에게는 책임의 한계를 나타내주며 채권자에게는

1) 자본이란 용어는 오늘날 일반적인 회사형태인 주식회사를 가정한 것이다. 주식회사가 아닌 유한회사나 사단법인 등은 일반적으로 출자금이란 용어를 쓴다.

2) 자본은 자산에 대한 기업소유주의 지분 또는 청구권을 의미하지만, 그렇다고 하여 기업의 특정 자산에 대하여 청구를 할 수 있는 것은 아니다. 기업자산에 대한 추상적인 지분을 의미할 뿐이다.

회사신용 및 담보의 기능을 한다.

회사는 정관으로 정한 경우에는 주식의 전부를 무액면주식으로 발행할 수 있다. 다만, 무액면주식을 발행하는 경우에는 액면주식을 발행할 수 없다. 액면주식 1주의 금액은 100원 이상으로 하여야 한다. 회사가 그 성립 후에 주식을 발행하는 경우 무액면주식의 경우에는 신주의 발행가액 중 자본금으로 계상하는 금액 등이 정관에 규정이 없는 것은 이사회가 결정한다(「상법」 제329조, 제416조).

무액면주식을 발행하는 경우 자본금은 주식 발행가액의 $\frac{1}{2}$이상의 금액으로서 이사회(또는 주주총회)에서 자본금으로 계상하기로 한 금액의 총액으로 한다. 이 경우 주식의 발행가액 중 자본금으로 계상하지 아니하는 금액은 자본준비금으로 계상하여야 한다(「상법」 제451조).

이 제도는 자본조달을 용이하게 한다는 장점이 있는 반면, 회사의 자본적 기초가 튼튼하지 못하다는 단점도 있다.

1-2 자본의 분류

자본의 분류는 회계상 수탁책임(stewardship responsibility)의 보고차원에서 중요하다. 수탁책임이란 회사의 주인인 주주로부터 위임받은 자산을 적절히 관리하고 보전하고 운용할 책임을 말한다. 자본을 그 발생원천에 따라 분류한다거나 사용제한 여부에 따라 분류하는 것은 이 수탁책임의 보고에 충실하기 위해서라고도 말할 수 있다. 자본은 변동원천과 법률적 요구를 기준으로 다음과 같이 분류하고 있다.

① 자 본 금 : 보통주자본금, 우선주자본금
② 자본잉여금 : 주식발행초과금, 감자차익, 기타자본잉여금
③ 자본조정 : 주식할인발행차금, 자기주식, 주식매수선택권, 출자전환채무, 감자차손, 자기주식처분손실 등
④ 기타포괄손익누계액 : 매도가능증권평가손익, 해외사업환산손익, 현금흐름위험회피 파생상품평가손익 등
⑤ 이익잉여금 : 이익준비금, 임의적립금, 미처분이익잉여금

2. 자본금과 자본잉여금

2-1 자본금

자본금(captial stock)은 주주들이 납입한 법정자본금을 의미하며 보통주 자본금과 우선주 자본금으로 구분표시된다. 유상증자 등에 참여시 신주청약증거금은 신주납입액으로 충당될 금액을 자본조정으로 회계처리하며 주식을 발행하는 시점에 할증발행될 경우 자본금과 자본잉여금으로 구분하여 회계처리한다.

보통주(common stock)는 우선권 여부를 가리는 표준이 되는 주식을 말한다. 우선주는 보통주에 비해 이익배당에 우선권과 잔여재산분배에 대한 우선권을 가지고 있다.[3)]

자본금 = 액면금액 × 발행주식수

회사가 주식배당, 무상증자를 하게 되면 자본금은 증가하게 된다.

2-2 자본잉여금

자본잉여금(capital surplus)은 「상법」상의 준비금으로 그 적립이 강제되고 사용도 제한되는 주식발행초과금, 감자차익, 자기주식처분이익 등이 있다.[4)] 자본잉여금을 재원으로 무상증자를 하게 되면 무상증자한 만큼 자본잉여금은 감소된다.

---

3) 우선주에는 참가적우선주, 비참가적우선주, 누적적우선주, 비누적적우선주가 있다.
① 참가적우선주는 1차적으로 우선주가 배당을 받은 후 보통주에 동률의 배당금을 지급한 후에도 이익이 남은 경우 그 잔여이익에 대하여 보통주와 함께 배당에 참가할 수 있는 우선주이다.
② 비참가적 우선주는 우선적 배당만 받으면 잔여이익에 대하여 더 이상의 권리가 없는 우선주이다.

4) 「자산재평가법」이 2000년말까지 운용되어 회사가 자산재평가를 하여 「재평가적립금」을 자본잉여금에 포함하는 경우도 있다.

(1) 주식발행초과금

주식발행초과금(paid-in capital in excess of par value)은 주식발행금액이 액면금액을 초과하는 금액이다. 주식발행금액이란 신주발행비용을 차감한 후의 금액을 말한다.

주식발행초과금 = 주식발행금액 － 액면금액

사례 14-1 유상증자의 회계처리

HS(주)는 Y1. 7.1. 유상증자를 하였다. 이로 인하여 보통주 자본금이 100,000원이 증가하였다. 신주발행수수료 등 신주발행비는 총 20,000원이 발생하였다.

주식의 발행금액(신주발행비 차감전 금액)이 300,000원(할증발행), 100,000원(액면발행) 및 50,000원(할인발행)인 경우로 각각 가정하여 발행시의 회계처리를 하시오.

해 설

(1) 할증발행의 경우

(차) 현금	280,000	(대) 자본금	100,000
		주식발행초과금	180,000

(2) 액면발행의 경우

(차) 현금	80,000	(대) 자본금	100,000
주식할인발행차금	20,000		

(3) 할인발행의 경우

(차) 현금	30,000	(대) 자본금	100,000
주식할인발행차금	70,000		

(2) 감자차익

감자차익(gain on reduction of the par value of capital stock issued)이란 자본을 감소한 경우에 그 감소액이 주식의 소각이나 주금의 반환으로 수령한 금액과 결손의 보전에 충당한 금액을 초과한 경우 그 초과액을 말한다.[5)]

현금의 지급이 있는 유상감자와 현금의 지급이 없는 무상감자가 있다.

사례 14-2

삼청(주)는 결손금을 보전하기 위해 기존 주식 2주를 1주로 감자하여 자본금은 10,000원이 감소하였다. 현금 1,000원을 지급하는 유상감자와 현금지급이 없는 무상감자시 회계처리는 다음과 같다.

(유상감자)

(차) 자본금	10,000	(대) 현금	1,000
		감자차익	9,000

(무상감자)

(차) 자본금	10,000	(대) 감자차익	10,000

주) 감자차익을 재원으로 결손금 보전등에 사용할 수 있다.

(3) 자기주식처분이익

자기주식은 회사가 자기회사의 주식을 취득하여 금고속에 넣어두고 있어서 금고주(treasury stock)라고도 한다. 주식가격의 조정을 위해 자기주식을 취득할 수 없으며 투자자의 보호를 위해 「상법」에서 엄격하게 규정하고 있다.[6)] 자기주식에 대한 회계처리는 다음과 같다.

---

5) 반대로 감자차손이 발생할 경우 감자차익이 있다면 감자차손은 감자차익부터 우선 상계하고 부족한 금액만 감자차손으로 인식한다.

1) 자기주식 취득시

취득원가로 다음과 같이 기록한다. 예를 들어 100원에 취득할 경우

(차) 자기주식	100	(대) 현금	100

2) 자기주식 120원 처분시

(차) 현금	120	(대) 자기주식	100
		자기주식처분이익	20

만약, 90원에 처분할 경우에는 회계처리는 다음과 같다.

(차) 현금	90	(대) 자기주식	100
자기주식처분손실	10 주)		

주) 자기주식처분이익이 있으면 자기주식처분이익부터 먼저 상계함

2) 자기주식 소각시

(차) 자본금(액면금액)	100	(대) 자기주식	100

사례 14-3 자기주식

(주)신한은 다음과 같이 자기주식거래를 하였다. 회계처리를 하시오.

(1) Y1. 5. 1. : 자기주식을 100원에 1주 취득함

(2) Y1. 5. 2. : 자기주식을 150원에 1주 취득함

6) 다음의 어느 하나에 해당하는 경우에는 「상법」 제341조에 불구하고 자기의 주식을 취득할 수 있다(상법 제341조의 2)
① 회사의 합병 또는 다른 회사의 영업전부의 양수로 인한 경우
② 회사의 권리를 실행함에 있어 그 목적을 달성하기 위하여 필요한 경우
③ 단주(端株)의 처리를 위하여 필요한 경우
④ 주주가 주식매수청구권을 행사한 경우
상기의 사유로 자기주식을 취득한 경우 주식소각을 위한 때에는 지체 없이 자본 감소의 방법에 따라 주권실효의 절차를 밟아야 하고, 기타의 사유인 때에는 상당한 시기에 이를 처분하여야 한다. 그러나 주권상장법인 및 코스닥시장상장법인은 「자본시장과 금융투자업에 관한 법률」도 준용하여야 한다.

(3) Y1. 5. 4. : 자기주식을 200원에 1주 취득함

(4) Y1. 6. 1. : 자기주식(5월1일 취득분) 1주를 120원에 처분함

(5) Y1. 6. 2. : 자기주식(5월2일 취득분) 1주를 110원에 처분함

(6) Y1. 6. 4. : 자기주식(5월4일 취득분) 1주를 소각함

(7) 회사의 액면금액은 100원이며 1주당 주식발행초과금 10원이다.

해 설

(단위 : 원)

일 자	(차변)		(대변)	
Y1. 5. 1.	자기주식	100	현 금	100
Y1. 5. 2.	자기주식	150	현 금	150
Y1. 5. 4.	자기주식	200	현 금	200
Y1. 6. 1.	현 금	120	자기주식 자기주식처분이익	100 20
Y1. 6. 2.	현 금 자기주식처분이익주1) 자기주식처분손실	110 20 20	자기주식	150
Y1. 6. 4.	자본금 감자차손주2)	100 100	자기주식	200

주1) 자기주식처분이익부터 우선 상계하고 자기주식처분손실을 계상함

주2) 주식발행초과금은 상계시키지 않고 자본금과 상계시키며 자기주식 취득가액과의 차액은 감자차손 또는 감자차익이 된다.

생각해봅시다

자기주식을 취득할 것이라고 공시하면 회사의 주가는 어떻게 변동되는가?

3. 자본조정과 기타포괄손익누계액

3-1 자본조정

자본조정(capital adjustments)은 자산이나 부채로 확정되지 아니한 항목과 자본거래에서 발생된 손실의 결과임에도 불구하고 당기손익으로 처리하지 않는 항목들로 구성된다.

자본조정항목에는 주식할인발행차금, 자기주식, 주식매수선택권, 출자전환채무, 감자차손 및 자기주식처분손실 등이 있다. 자기주식은 반드시 별도의 항목으로 구분표시하여야 하며 나머지 항목은 기타자본조정으로 통합하여 표시할 수 있다.

3-2 기타포괄손익누계액

기타포괄손익누계액(cumulative other comprehensive income)은 손익거래임에도 불구하고 손익계산서상 당기손익에 반영되지 아니하고 자본을 구성하는 항목을 말한다. 즉 당기손익에는 제외되지만 포괄손익에는 포함된다.

포괄손익(comprehensive income)은 주주의 투자 및 주주에 대한 분배가 아닌 거래나 회계사건으로 인하여 일정 회계기간동안 발생한 순자산의 변동액을 말한다. 포괄손익을 보고하는 목적은 주주와의 자본거래를 제외하고 인식된 거래와 기타 경제적 사건으로 인하여 발생한 모든 순자산의 변동액을 측정하기 위한 것인데, 이러한 순자산의 변동 중 일부는 손익계산서에 표시되고 일부는 재무상태표의 자본의 별도 구성항목으로 표시된다. 기타포괄손익누계액의 구성항목은 다음과 같다.

① 매도가능증권평가손익
② 해외사업환산손익

③ 현금흐름 위험회피 파생상품평가손익

④ 기타: ① ~ ③ 외의 원인으로 당기에 발생한 기타포괄손익누계액의 변동으로 하되, 그 금액이 중요한 경우에는 적절히 구분하여 표시한다.

생 | 각 | 해 | 봅 | 시 | 다

자본금을 증가시키는 요인과 자본금이 증가되면 현금도 반드시 증가되는가?

4. 이익잉여금과 이익잉여금처분계산서

이익잉여금, 이익잉여금처분계산서와 결손금처리계산서에 대하여 살펴보면 다음과 같다.

4-1 이익잉여금

이익잉여금(retained earnings)은 기업이 경영활동에서 창출한 이익을 배당하지 않고 유보시켜 놓은 것을 말한다. 이익잉여금에는 이익준비금과 기타법정적립금과 같이 법률의 규정에 의거 의무적으로 적립해 놓은 법정적립금, 배당평균적립금 등과 같이 기업이 임의로 적립한 임의적립금과 미처분이익잉여금으로 구성되어 있다.

인플레이션의 영향을 보완하기 위해서 기업은 이익이 날 경우 일정한 금액을 적립할 필요성이 있다. 만약 매기의 이익을 적립하지 않고 그 전부를 계속하여 배당해 간다면 그 기업은 결국 실질적인 순자산이 고갈될 수 있다. 이익잉여금은 당기 이익의 처분계획에 의한 처분액이 반영되지 않은 상태의 금액이 재무상태표에 표시된다. 따라서 재무상태표에는 미처분이익잉여금이 계상된다.

4-2 이익잉여금처분계산서

이익잉여금처분계산서(statement of appropriation of retained earnings)는 일정 기간동안의 이익잉여금의 변동내용을 나타내는 보고서라는 점에서 동적 재무제표이고 유량개념이다.

이익잉여금의 처분은 주주총회의 전결사항이다. 따라서 결산시에는 이익잉여금의 처분이 확정되지 못한 상태이므로 예상되는 배당금을 결산시에 계상할 수 없고 주주총회 결의일에 재무제표에 계상하게 된다. 일반기업회계기준 제24장(보고기간 후 사건)에서도 확정되지 않은 배당금은 재무제표에 계상할 수 없도록 하고 있다.

이익잉여금처분계산서는 미처분이익잉여금에 임의적립금등의 이입액을 합한 가액에서 이익잉여금 처분액을 차감하여 차기이월미처분이익잉여금을 산출하는 형식으로 작성한다.

(1) 미처분이익잉여금

미처분이익잉여금(retained earnings before appropriations)은 전기이월미처분이익잉여금에 회계정책변경의 누적효과, 전기오류수정손익(중대한 오류의 수정시), 중간배당액 및 당기순이익 등을 가감한 금액으로 한다.

전기이월미처분이익잉여금	± 회계정책변경 누적효과
	± 전기오류수정손익
	− 중간배당액
	+ 당기순이익

당기 중 지급한 중간배당금은 왜 전기이월미처분이익잉여금에서 차감되는가?

Y1년도 당기순이익은 Y2년도 초 주주총회에서 확정된다. Y2년도 중 중간배당을 실시할 경우 그 재원은 기본적으로 Y1년도 말 미처분이익잉여금이다. Y2년도 중간배당 실시 전까지 발생된 Y2년도 당기순이익은 중간배당금 지급시점에서 보면, 아직 주주총회에서 확정된 금액이 아니므로 Y2년도 당기순이익을 중간배당으로 사용할 수 없다.

(2) 임의적립금 등의 이입액

임의적립금(voluntary reserves)은 이익을 내부유보하기 위하여 사업확장적립금이나 배당평균적립금 등 기업이 임의로 적립한 금액이다. 따라서 목적이 달성된 경우에 또는 다른 용도로 사용하기 위하여 이를 이입하게 된다. 임의적립금이입액은 당기말 미처분이익잉여금에 가산하는 형식으로 기재한다.

(3) 이익잉여금 처분액

이익잉여금 처분액은 이익준비금, 기타법정적립금 등의 설정액과 배당금, 임의적립금 설정액 등으로 구분하여 표시한다.

1) 이익준비금

이익준비금은 「상법」에 의하여 매결산기의 금전에 의한 이익배당액의 1/10이상을 적립하여야 한다. 금전배당이므로 주식배당의 경우에는 그 적립이 강제되지 않는다.

단, 자본금의 1/2에 달한 경우에는 그 이상 적립할 수 없다. 그 이상 적립한 경우에는 무효가 되는 것이 아니고 초과적립부분은 임의적립금으로 해석될 뿐이다.[7] 이익준비금의 적립을 「상법」에서 강제하고 있는 것은 기본적으로 채권자 보호사상에 입각하기 때문이다.

예를 들어 현재 자본금이 100원이고 이익준비금이 10원일 경우 현금배당을 50원할 경우 의무적으로 적립해야 될 최소한의 이익준비금은 5원이다.

2) 이익잉여금처분에 의한 상각 등

주식할인발행차금상각, 자기주식처분손실로서 자기주식처분이익과 상계한 후의 잔액, 상환주식 상환액 등을 기재한다. 이러한 항목들은 당기손익 사항이 아닌 이익잉여금의 수정항목이다. 과목은 당해 항목의 특성을 가장 잘 나타낼 수 있도록 선택해야 한다. 그러나 금액이 중요하지 않을 때에는 '기타의 처분액' 등의 과목으로 하여도 무방할 것이다.

3) 배당금

배당금은 당기에 처분할 배당액을 현금배당과 주식배당으로 구분하여 기재한다.

---

7) 회사는 적립된 자본준비금 및 이익준비금의 총액이 자본금의 1.5배를 초과하는 경우에 주주총회의 결의에 따라 그 초과한 금액 범위에서 자본준비금과 이익준비금을 감액할 수 있다(「상법」 제461조의 2). 따라서 자본금의 1.5배를 초과하는 이익준비금은 배당재원으로 활용할 수 있다.

배당결의는 일반적으로 정기주주총회에서 하지만 배당가능이익이 있는 경우에는 임시주주총회에서도 할 수 있다고 해석된다. 중간배당도 허용되고 있다.

연 1회의 결산기를 정한 회사는 영업연도 중 1회에 한하여 이사회의 결의로 일정한 날을 정하여 그 날의 주주에게 금전으로 이익을 배당할 수 있고, 이는 정관으로 정해야 한다(「상법」 제462조의3, 중간배당).[주)] 중간배당은 직전 결산기의 재무상태표상 순자산에서 자본금, 자본준비금과 이익준비금, 과거배당으로 확정되어 미지급된 금액, 중간배당에 따른 이익준비금 등을 차감한 금액을 한도로 한다. 그러나 당해 회계연도 결산시에 배당가능이익이 없을 것으로 예측되는 경우에는 중간배당을 할 수 없다. 만약 이를 위반하여 중간배당을 한 경우에는 이사에 배상책임이 주어진다.

배당금과 관련된 회계처리는 다음과 같다.

구 분	(차변)		(대변)	
① 결산시	회계처리 없음			
② 주주총회결의일	이익잉여금	×××	미지급배당금 미교부주식배당금 이익준비금[주)]	××× ××× ×××
③ 배당금지급시	미지급배당금 미교부주식배당금	××× ×××	현 금 자 본 금	××× ×××

주) 처분 전 이익준비금이 자본금의 1/2에 미치지 못할 경우 현금배당금의 1/10이상을 이익준비금으로 추가 설정하여야 한다.

사례 14-4 이익잉여금처분계산서

다음 자료를 보고 ㈜CH의 제10기 (Y1.1.1~12.31.) 이익잉여금처분계산서를 작성하시오.

(1) Y1. 12. 31.현재 (주)CH의 재무상태표 중 자본 내역

(단위 : 원)

자 산	부 채 및 자 본	
	① 자본금	100,000,000
	② 자본잉여금	10,000,000
	③ 이익잉여금	163,000,000
	가. 이익준비금	5,000,000
	나. 사업확장적립금	30,000,000
	다. 배당평균적립금	7,000,000
	라. 미처분이익잉여금	121,000,000

(2) 제10기(Y1. 1. 1. ~ 12. 31.) 주주총회 결의내역

가. 현금배당금 10,000,000원과 주식배당금 5,000,000원 실시.

나. 기 설정된 사업확장적립금 중 10,000,000원은 당기에 환입된다.

다. 당기에 추가로 사업확장적립금을 40,000,000원만큼 설정한다.

라. 당기에 배당평균적립금을 10,000,000원 설정한다.

(3) 회사는 제반 법규를 준수하여 회계처리한다.

(4) 당기순이익 : 1억원

(5) 기중에 회계변경의 누적효과와 관련하여 다음과 같이 회계처리하였다.

(차) 재고자산 1,000,000 (대) 회계정책변경누적효과 1,000,000

(6) 주주총회 일자 : Y2년 2월 1일

해 설

이익잉여금처분계산서

제10기(Y1. 1. 1.~ 12. 31.) 처분확정일: Y2. 2. 1.

(주) CH (단위 : 원)

Ⅰ. 미처분이익잉여금		121,000,000
1. 전기이월 미처분이익잉여금	20,000,000	
2. 회계정책변경누적효과	1,000,000	
3. 당기순이익	100,000,000	
Ⅱ. 임의적립금등의 이입액		10,000,000
1. 사업확장적립금	10,000,000	
Ⅲ. 이익잉여금 처분액		66,000,000
1. 사업확장적립금	40,000,000	
2. 배당평균적립금	10,000,000	
3. 배당금		
① 현금	10,000,000	
② 주식	5,000,000	
4. 이익준비금	1,000,000	
Ⅳ. 차기이월 미처분이익잉여금		65,000,000

5) 임의적립금

임의적립금은 회사가 임의로 적립한 금액이다. 임의적립금에는 배당평균적립금, 사업확장적립금, 결손보전적립금 등 다양하다. 그 명칭도 기업이 임의로 창설하여 계상할 수 있다. 적립한도에도 제한이 없으며 이를 이입하여 사용하는 데에도 제한이 없다.

6) 차기이월미처분이익잉여금

차기이월미처분이익잉여금(unappropriated retained earnings to be carried over to subsequent period)은 미처분이익잉여금과 임의적립금이입액의 합계에서 이익잉여금처분액을 차감한 금액으로 한다. 따라서 당기에 결손이 발생하여도 전기이월미처분이익잉여금 또는 임의적립금 등의 이입액이 있으면 처분가능이익이 있기 때문에 배당을 할 수 있다. 차기이월미처분이익잉여금은 다음 기(期)의 전기이월미처분이익잉여금이 된다.

결산시 이익잉여금의 변동사항에 관한 회계처리의 예는 다음과 같다.

(1) 당기순이익 확정시

(차) 집합손익(당기순이익)	×××	(대) 이익잉여금	×××

(2) 임의적립금 이입시

(차) ××적립금	×××	(대) 이익잉여금	×××

(3) 이익처분시

(차) 이익잉여금	×××	(대) 미지급배당금	×××
		미교부주식배당금	×××
		이익준비금	×××
		××적립금	×××
		××준비금	×××

4-3 결손금처리계산서

결손금처리계산서(statement of disposition of accumulated deficit)는 결손금의 처리사항을 명확히 보고하기 위하여 이월결손금의 총 변동사항을 표시하여야 한다.

미처분이익잉여금과 임의적립금 등의 이입액의 합계가 음수(-)일 경우에는 결손금처리계산서의 명칭을 사용한다. 결손금은 기업의 영업활동 결과 손실이 발생하여 순자산이 오히려 감소하는 경우에 그 감소분을 누적하여 기록한 금액이다. 이는 소유주의 입장에서 투자원본의 잠식이다. 그러나 자본금이나 자본잉여금을 직접 감소시키지 아니하고 별도의 과목과 음(-)의 수치로 표시한다. 그 이유는 손익거래에서 발생한 것이므로 자본거래와 구분을 명확히 하여 회계정보의 유용성을 증대시키고, 주로 회사채권자를 보호하기 위해서이다. 따라서 결손금은 나중에 이익이 나타날 때 우선적으로 이와 상계하여야 한다. 결손금과 상계하지 않고 이익을 배당 등으로 사외유출할 수는 없다.

일반기업회계기준 제2장 재무제표의 작성과 표시 I (결손금처리계산서)에서는 결손금처리액은 임의적립금이입액, 법정적립금이입액, 자본잉여금이입액 순서로 예시되어 있지만 이런 예시가 결손금처리 순서라고 해석하기에는 한계가 있다.

왜냐하면, 「상법」 제460조에서는 결손금처리 순서를 구분하지 않고 자본준비금과 이익준비금을 결손에 보전할 수 있도록 하고 있기 때문이다. 결손금 발생시 회사는 이익준비금보다 자본준비금과 먼저 상계할 수 있다. 이렇게 되면 이익준비금이 감소되지 않아 향후 현금 배당금 지급시 추가적인 이익준비금 설정액이 상대적으로 적어져 현금 배당 재원이 많아지는 효과가 있다.

생 | 각 | 해 | 봅 | 시 | 다

1. 당기순손실이 발생되면 반드시 결손금처리계산서를 작성해야 되는가?
2. 어떠한 경우에 결손금처리계산서를 작성하지 않고 이익잉여금처분계산서를 작성할 수 있는가?

5. 자본의 증감변동

자본은 기업활동에 따라 또는 시간이 경과함에 따라 증가하거나 감소된다. 자본의 증감에 영향을 미치는 거래는 자본거래와 손익거래로 구분된다. 따라서 자본거래 및 손익거래 중 어떠한 사건이 발생되면 자본의 변동이 발생되는지를 파악할 필요성이 있다. 자본이 증가하는 요인과 감소하는 요인을 정리하면 다음과 같다.

자본 증가요인	자본 감소요인
① 당기순이익	① 당기순손실
② 유상증자	② 현금배당
③ 전환사채의 전환	③ 유상감자
④ 신주인수권부사채의 신주인수권행사	④ 자기주식 취득과 자기주식처분손실
⑤ 자산재평가이익	⑤ 전기이월미처분이익잉여금의 수정(감소)
⑥ 회사합병	⑥ 자산재평가손실
⑦ 자기주식처분과 자기주식 처분이익	
⑧ 전기이월미처분이익잉여금의 수정(증가)	

유형자산에 대해서 재평가모형을 적용하면 기타포괄이익의 증가 또는 감소가 발생할 수 있다. 그러나 주식배당, 무상증자, 전환우선주의 전환, 주식할인발행차금상각 등은 자본의 변동에 영향을 미치지 않는다.

6. K-IFRS(제1032호: 금융상품표시)와 비교

K-IFRS에서는 자기주식의 회계처리에 대해서는 자본에서 차감하는 것으로 규정하고 있지만, 나머지 자본조정항목에 대해서는 구체적으로 기술하고 있지 않다. 따라서, K-IFRS에서 구체적인 회계처리를 언급하고 있지 않은 주식할인발행차금, 감자차손 등 자본조정항목은 일반기업회계기준을 준용할 것으로 본다.

K-IFRS의 경우 유형 · 무형자산과 관련된 기타포괄손익은 실현(처분, 폐기)되었을때 미실현손익을 실현되는 회계연도의 당기손익으로 재분류하지 않는다. 그러나 일반기업회계기준의 경우 유형자산의 재평가와 관련하여 인식한 기타포괄손익의 잔액이 있다면, 그 유형자산을 폐기하거나 처분할 때 당기손익으로 인식한다.

K-IFRS의 경우 특정 시점에 상환하거나 보유자의 선택에 따라 상환해야 하는 우선주는 발행자가 보유자에게 금융자산을 이전해야 할 의무가 있으므로 금융부채의 특성을 가지고 있어 부채로 인식하나 일반기업회계기준에서는 상환우선주는 자본으로 인식한다.

7. 회계정보의 이해

다음은 삼청㈜의 자본에 대한 회계정보이다. 각 물음별로 옳은 설명인지, 틀린 설명인지를 판단하시오.

(단위: 원)

	당기말		전기말	
Ⅰ. 자본금		130,000		100,000
1. 보통주자본금	130,000		100,000	
Ⅱ. 자본잉여금		30,000		70,000
1. 보통주 주식발행초과금	20,000		40,000	
2. 자기주식처분이익	10,000		30,000	
Ⅲ. 이익잉여금		120,000		75,000
1. 이익준비금	50,000		50,000	
2. 사업확장적립금	30,000		10,000	
3. 미처분이익잉여금	40,000		15,000	
Ⅳ. 자본조정		(80,000)		–
1. 자기주식	(80,000)		–	
합 계		200,000		245,000

(물음1) 자본금의 증가로 인해 현금 30,000원이 증가하였을 것이다.

(물음2) 당기 중 소각목적으로 취득한 자기주식은 80,000원이다.

(물음3) 당기 중 주주총회일에 사업확장적립금은 최소 20,000원을 추가로 설정하였다.

정답 및 해설

(물음1) 틀린 설명이다. 보통주자본금 30,000원이 증가되었지만 무상증자의 재원이 되는 주식발행초과금은 20,000원 감소되었으로 유상증자금액은 최대 10,000원으로 추정된다.

(물음2) 틀린 설명이다. 자기주식처분이익이 있으므로 기중 자기주식 취득액은 기말시점 80,000원 보다는 많아야 한다.

(물음3) 옳은 설명이다. 기말 사업확장적립금은 기초금액 10,000원에서 환입된 금액은 차감하고 정기주주총회에서 추가로 설정한 금액은 가산된다. 환입된 금액이 없을 경우 당기 중 주주총회에서 설정된 금액은 최소 20,000원이 된다.

8. CASE STUDY

다음 자료는 기업의 주요 재무자료이다. 다음 사항에 대해 토의해 봅시다.

구 분	A 회사	B 회사	C 회사	D 회사
① 부채총계	100	200	300	450
② 자본금	60	200	100	400
③ 이익잉여금	40	100	50	(-)100
④ 자본총계	100	300	150	300

(토의1) 위 회사 중 재무구조가 가장 건전한 회사는 어느 회사인지 토의해 봅시다.

(토의2) 자본총계가 100억원일 때 회사의 자산총계는 어느 정도 되어야 정상적인 회사인지 토의해 봅시다. 그리고 자본총계는 100억원이고 자산총계가 400억원일 경우 어떤 해석이 가능한지 토의해 봅시다. 다만, 제조업의 평균 부채비율은 200%라고 가정한다.

(토의3) 자본금을 증가시킬 수 있는 방법과 자본금이 증가되면 항상 현금유입이 수반되는지 토의해 봅시다.

해 설

(1) 토의1

기업의 재무구조는 일반적으로 부채비율에 의해 판단된다. 부채비율은 다음과 같다. 따라서 부채비율이 66%로 가장 낮은 B 회사가 가장 건전하다고 볼 수 있다.

구　분	A 회사	B 회사	C 회사	D 회사
① 부채총계	100	200	300	450
② 자본총계	100	300	150	300
③ 부채비율(①/② ×100)	100%	66%	200%	150%

(2) 토의2

일반기업들이 평균 부채비율에 의해 자산총계를 유추할 수 있다. 제조업의 평균 부채비율을 200%로 간주할 경우 자본총계가 100억원이면 자산총계는 최대 300억원이 되어야 한다. 만약 부채비율이 50% 라면 자본총계가 100억원일 경우 자산총계는 150억원이 된다. 이번 토의사항은 자본총계를 보고 자산총계를 유추해 보는 것에 초점을 두고 있다.

자본총계는 100억원인데 자산총계가 400억원이라면 부채비율이 300%로 평균 기업들의 재무구조보다 취약하는 것을 알 수 있다. 이 때 재무구조가 취약한 원인이 영업활동, 투자활동 및 재무활동 중 어느 부문에서 발생되었는지를 확인하며, 회복가능한지의 여부를 판단해야 한다. 유형자산의 투자를 차입금을 통해 조달하였지만 매출이 증가되지 않았다면 투자의 실패 가능성이 높기 때문에 신용의사결정시 이 부분을 반영해야 한다.

(3) 토의3

자본금을 증가시킬 수 있는 방법에는 유상증자, 무상증자, 주식배당이 있다. 유상증자는 현금의 유입이 있지만 무상증자와 주식배당은 현금의 유입이 수반되지 않는다. 유상증자는 실질적으로 자본총계가 증가하지만, 무상증자와 주식배당은 자본총계에 변화가 없다.

확인문제

다음 설명이 맞으면 ○, 틀리면 × 하시오.

01 자본금은 자산총계에서 부채총계를 차감한 것이다. (   )

02 자본금은 발행주식총수에 주식의 기말 종가를 곱한 것이다. (   )

03 우선주는 이익배당 및 잔여재산분배권에 대해 보통주에 우선하고 있다. (   )

04 감자차익은 자본잉여금으로 분류하고 감자차손은 기타포괄손익누계액으로 분류한다. (   )

05 자본은 주주의 몫이며 자본이 증가하면 기업의 재무구조는 좋아진다. (   )

06 자기주식처분이익은 영업외수익으로 인식한다. (   )

07 매도가능증권평가손익, 해외사업환산손익은 기타포괄손익누계액으로 분류된다. (   )

08 당기순이익의 크기는 당기 중간배당액을 지급하는데 영향을 미친다. (   )

09 회사가 배당평균적립금을 주주총회에서 추가로 설정하면 회사의 자본은 감소된다. (   )

10 무상증자를 하면 회사의 자본금은 증가하지만 자본총계는 변화가 없다. (   )

정답 및 해설

01 ×(자본금이 아니고 자본임)

02 ×(종가가 아니고 액면금액임)

03 ○

04 ×(감자차손: 자본조정)

05 ○

06 ×(자본잉여금)

07 ○

08 ×(미치지 않음)

09 ×(자본변화 없음)

10 ○

연 습 문 제

01 다음 중 자본금의 증가와 자본의 증가 동시에 발생되는 것은?

> 가. 당기순이익　나. 전환사채의 전환　다. 무상증자　라. 유상증자

① 가, 다　② 나, 다　③ 나, 라　④ 가, 라　⑤ 다, 라

02 다음 자료에 의하여 당기 제10기(Y1. 1. 1.~ 12. 31.)의 이익잉여금처분계산서상 미처분이익잉여금의 금액은 얼마인가?

> (1) 전기이월미처분이익잉여금　10,000,000원
> (2) 재고자산 평가방법 변경에 따라 회계변경의 누적효과를 다음과 같이 반영하였다.
> (차) 회계정책변경누적효과　300,000원
> (대) 재고자산　300,000원
> (3) 중간배당금　200,000원
> (4) 당기순손실　2,000,000원
> (5) 전기오류수정이익(중대한 오류는 아님)　1,000,000원
> (6) 전기오류수정손실(중대한 오류임)　1,500,000원
> (7) 사업확장적립금의 이입액　40,000원

① 5,800,000원　② 6,000,000원　③ 6,400,000원
④ 6,600,000원　⑤ 7,000,000원

03 다음은 삼청(주)의 결손금처리 순서에 대한 설명이다. 옳지 않은 것은? 회사는 임의적립금, 이익준비금, 자본잉여금 순으로 결손금을 보전하려고 한다.

① 기초 미처분이익잉여금이 1,000원, 당기순손실이 400원 발생되면 결손금 처리계산서를 작성해야 한다.

② 감자차익은 결손금 보전의 재원이 된다.

③ 주식발행초과금도 결손금 보전의 재원이 된다.

④ 결손금 보전 순서는 「상법」의 범위 내에서 자유롭게 할 수 있다.

⑤ 결손금이 이익준비금으로 보전될 경우 결손금 보전 후 이익준비금을 기준으로 향후 현금배당금 지급시 최소한 설정해야 될 이익준비금을 판단한다.

04 자본 관련 회계처리에 관한 설명으로 옳은 것은?

① 주식할인발행차금은 장부상 주식발행초과금이 남아 있는 경우 비용으로 처리한다.

② 자본잉여금은 누적된 결손의 보전을 위한 대체나 형식적 증자를 위해 자본금으로 전입시키는 경우에만 사용된다.

③ 자기주식을 재발행하여 자기주식처분이익이 발생한 경우 이는 자본조정으로서 자본의 부가항목이다.

④ 일단 처분된 이익잉여금이면 다시 미처분이익잉여금으로 환원될 수 없다.

⑤ 주식발행초과금은 액면금액에서 발행금액을 차감한 것이다.

05 자본거래에 대한 설명이다. 옳지 않은 것은?

① 주식분할과 주식배당은 자본총계에 영향을 미치지 않는다.

② 무상증자를 하면 자본금은 항상 증가한다.

③ 무상감자를 하면 항상 자본잉여금이 증가하고 자본금은 감소한다.

④ 감자차익은 자본잉여금을 구성하며 결손금과 상계가 가능하다.

⑤ 유상감자를 하면 감소되는 자본금 만큼 자본잉여금이 증가한다.

06 다음은 (주)한국의 재무제표의 일부이다. 주주총회의 결의 후 이익준비금과 배당평균적립금 잔액은 각각 얼마인가?

> 1. Y12. 12. 31. 현재 재무상태표 중 일부
> (1) 자본금 100,000원
> (2) 이익잉여금 6,000원
> 가. 이익준비금 1,000원
> 나. 배당평균적립금 2,000원
> 다. 미처분이익잉여금 3,000원
> 2. Y13. 2. 5. 주주총회 결의 내용
> (1) 현금배당 5,000원
> (2) 이익준비금 500원 설정
> (3) 배당평균적립금 600원 환입
> (4) 배당평균적립금 1,400원 설정

① 1,000원, 500원 ② 1,500원, 1,400원 ③ 500원, 2,800원
④ 1,500원, 2,600원 ⑤ 1,500원, 2,800원

07 일반 기업회계기준하에서 자기주식의 회계처리에 대한 설명으로 옳지 않은 것은? (세무사 기출문제 수정)

① 자기주식 취득시 자본금과 자본잉여금 총액의 변동이 발생하지 않는다.
② 자기주식처분이익은 자본잉여금을 구성한다.
③ 자기주식을 소각할 경우 자기주식의 취득원가와 최초 발행가액의 차이를 감자차손(자본조정) 또는 감자차익(자본잉여금)으로 분류한다.
④ 감자차손은 결손금처리순서에 따라 처리하고, 잔액이 남을 경우 자본조정계정으로 남아 차기로 이연된다.
⑤ 취득된 자기주식은 취득 목적에 관계없이 자본조정 항목으로 기재한다.

08 기업의 장기상환능력을 판단할 때 필요한 정보만으로 묶인 것은?

① 현금, 당기순이익
② 영업활동으로 인한 현금흐름, 자본총계
③ 부채총계, 자본총계
④ 유동자산, 유동부채
⑤ 자산총계, 당기순이익

09 다음은 삼청(주)의 당기 및 전기 자본 내역이다. 옳지 않은 것은?

(단위: 원)

구 분	당기말	전기말
1. 자본금	100,000	95,000
2. 자본잉여금		
1) 주식발행초과금	15,000	20,000
2) 자기주식처분이익	1,000	–
3. 이익잉여금		
1) 이익준비금	5,000	5,000
2) 미처분이익잉여금	10,000	8,000
4. 자본조정		
1) 자기주식	(2,000)	(7,000)
자본 총계	129,000	121,000

① 당기 중 주주총회에 의해 현금배당이 있을 경우 이익준비금은 전기 대비 증가하여야 한다.
② 당기 중 자기주식 취득이 없었다면 자기주식 처분대금은 6,000원으로 추정된다.
③ 당기 중 현금배당은 없는 것으로 추정된다.
④ 당기에 오류수정, 중간배당, 회계정책변경누적효과가 없을 경우 당기순이익은 2,000원으로추정된다.
⑤ 회사는 당기 중에 유상증자 5,000원이 발생되었다고 추정된다.

10 다음은 자본의 회계처리에 대한 설명이다. 옳은 것은?

① 전환우선주를 전환하거나 주식할인발행차금을 상각하게 되면 자본의 증감 변동이 발생한다.

② 주식발행초과금 2억원과 이익준비금 3억원을 자본에 전입하면 자본총액은 3억원 증가한다.

③ 자기주식 2주(1주당 액면 500원)를 1주당 1,000원에 취득한 후 1주를 1,500원에 처분하면 자기주식의 취득과 처분으로 인해 자본총계는 500원 증가한다.

④ 자본금이 10,000원, 이익준비금이 2,000원인 경우 현금배당 5,000원을 지급하게 되면 적어도 500원 이상을 이익준비금으로 적립하여야 한다.

⑤ 감소된 자본금이 주주에게 지급한 감자대가보다 큰 경우 그 차액을 감자차익의 과목으로 자본잉여금에 반영한다.

정답 및 해설

01 ③ 전환사채의 전환: 부채의 감소 + 자본금의 증가 → 자본의 증가
유상증자 : 자본금의 증가 → 자본의 증가
무상증자 : 자본금의 증가 → 자본잉여금 또는 이익잉여금의 감소
→ 자본총계 변화 없음
당기순이익 : 이익잉여금의 증가 → 자본총계의 증가

02 ② 미처분이익잉여금
= 전기이월미처분이익잉여금 10,000,000원 - 회계정책변경누적효과 300,000원
- 중간배당금 200,000원 - 당기순손실 2,000,000원
- 전기오류수정손실 1,500,000원
= 6,000,000원

03 ① 기초 미처분이익잉여금이 당기순손실보다 클 경우 이익잉여금처분계산서를 작성한다.

04 ② ① 주식할인발행차금은 주식발행초과금에서 차감된다. ③ 자기주식처분이익은 자본잉여금이다. ④ 이익잉여금처분계산서는 미확정상태이므로 변경가능하며, 임의적립금은 다시 처분전이익잉여금으로 이입될 수 있다. ⑤ 주식발행초과금 = 발행금액 - 액면금액

05 ⑤ 유상감자를 하면 감소되는 자본금에서 현금지급액을 차감한 금액만큼 자본잉여금이 증가한다.

06 ⑤ 이익준비금: 1,000원 + 500원 = 1,500원
배당평균적립금: 2,000원 - 환입600원 + 설정 1,400원 = 2,800원

07 ③ 자기주식을 소각할 경우 자기주식의 취득원가와 주식의 액면가액의 차이를 감자차손(자본조정) 또는 감자차익(자본잉여금)으로 분류한다

08 ③ 부채비율(= 부채총계/자본총계)은 기업의 상환능력을 판단할 때 사용된다. 단기상환능력은 유동비율(=유동자산/유동부채)을 사용한다.

09 ⑤ 유상증자를 하면 기중 자본금은 증가되고 주식발행초과금은 증가(할증발행시) 또는 변화가 없어야(액면발행시) 한다. 현재 비교식 재무정보를 보면 주식발행초과금이 5,000원 만큼 감소되고 자본금은 5,000원이 증가되었으므로 무상증자를 한 것으로 추정이 된다.

10 ④

① 전환우선주를 전환하거나 주식할인발행차금을 상각하게 되면 자본의 증감 변동이 발생하지 않는다.

② 주식발행초과금 2억원과 이익준비금 3억원을 자본에 전입하면 자본총액은 변동하지 않는다.

③ 자기주식의 취득과 처분시 회계처리

㈎ 취득시

(차) 자기주식 2,000(자본조정) (대) 현 금 2,000 : 자본총액 2,000원 감소

㈏ 처분시

(차) 현 금 1,500	(대) 자기주식	1,000
	자기주식처분이익	500

자기주식 1,000원이 감소, 자기주식처분이익 500원이 발생하여 자본총액은 1,500원 증가한다. 따라서 자기주식의 취득과 처분으로 인해 자본총액은 500원(Δ2,000원+1,500원) 감소한다.

④ 배당 전 이익준비금이 자본금의 1/2 이하이므로 금전배당 5,000원의 1/10인 500원 이상 이익준비금으로 적립하여야 하므로 옳은 설명임

⑤ 감소된 자본금이 주주에게 지급한 감자대가보다 큰 경우 그 차액을 감자차손의 과목으로 자본조정에 반영한다.

Revenues

제15장

수 익

학습목표

본장을 학습한 후 다음 사항을 이해할 수 있다.

1. 수익의 개념과 인식
2. 거래유형별 재화 판매거래의 수익 인식시점
3. 거래유형별 용역 제공거래의 수익 인식시점

1. 수익의 정의 및 측정

1-1 수익의 정의

일반기업회계기준 제16장에서 언급하고 있는 수익의 정의와 그 내용을 살펴보면 다음과 같다.

수익은 재화의 판매, 용역의 제공이나 자산의 사용에 대하여 받았거나 또는 받을 대가(이하 '판매대가'라 한다)의 공정가치로 측정한다. 매출에누리와 할인 및 환입은 수익에서 차감한다. 또한 수익은 기업에 귀속되는 경제적 효익의 유입만을 포함하므로 부가가치세와 같이 제3자를 대신하여 받는 금액이나, 대리 관계에서 위임자를 대신하여 받는 금액 등은 수익으로 보지 아니한다.

매출액은 업종 또는 부문별로 구분하여 표시할 수 있으며, 반제품매출액, 부산물매출액, 작업폐물매출액, 수출액, 장기할부매출액 등이 중요한 경우에는 이를 구분하여 표시할 수 있다. 구분표시는 임의규정이므로 기업에 따라서는 업종별 부문별로 구분하지 않고 공시할 수 도 있다.

특히, 회사가 부도의 위험이 있을 때 시장의 신뢰를 얻기 위하여 신사업에 진출하는 경우가 있는데 자금사정이 어려운 상태에서 무리하게 신사업에 투자를 하는 것은 매우 높은 위험이 존재한다. 기존사업에 대한 이해는 높지만 신사업에 대한 이해가 낮고 신규 사업의 진출을 위한 준비가 부족하면 실패할 가능성이 매우 높다.[1]

1) 의류산업이 주력이었던 회사가 신생에너지 및 IT분야 등 새로운 사업에 대한 실패 또는 판로 개척의 실패로 부도가 발생할 수 있다. 너무 앞선 미래 산업에 투자할 경우 제품개발에 성공하더라도 수요 창출에 실패할 경우 부도위험이 발생한다.

1-2 수익의 측정

수익은 판매대가의 공정가치로 측정한다. 매출에누리와 할인 및 환입은 수익에서 차감한다.

명목금액과 현재가치의 차이가 클 경우 예를 들면, 무이자로 신용판매하거나, 판매대가로 표시이자율이 시장이자율보다 낮은 어음을 받는 경우에는 판매대가의 공정가치가 명목금액보다 적어진다. 이 때 공정가치는 명목금액의 현재가치로 측정하며, 공정가치와 명목금액과의 차액은 현금회수기간에 걸쳐 이자수익으로 인식한다. 현재가치의 측정에 사용되는 할인율은 신용도가 비슷한 기업이 발행한 유사한 금융상품(예: 회사채)에 적용되는 시장이자율과 명목금액의 현재가치와 제공되는 재화나 용역의 현금 판매가액을 일치시키는 유효이자율 중 보다 명확히 결정될 수 있는 것으로 한다.

성격과 가치가 유사한 재화나 용역간의 교환은 수익을 발생시키는 거래로 보지 않는다. 이러한 예로는 정유산업 등에서 공급회사간에 특정지역의 수요를 적시에 충족시키기 위해 재고자산을 교환하는 경우가 있다. 그러나 성격과 가치가 상이한 재화나 용역간의 교환은 수익을 발생시키는 거래로 본다.[2] 이때 수익은 교환으로 취득한 재화나 용역의 공정가치로 측정하되, 현금 또는 현금성자산의 이전이 수반되면 이를 반영하여 조정한다. 만일 취득한 재화나 용역의 공정가치를 신뢰성 있게 측정할 수 없으면 그 수익은 제공한 재화나 용역의 공정가치로 측정하고, 현금 또는 현금성자산의 이전이 수반되면 이를 반영하여 조정한다.

---

2) A(주)의 기계장치와 B(주)의 임대용 토지를 교환하였다고 가정하자.
A(주)의 입장에서 보면 기계장치에서 더 이상의 수익이 창출되지 않고 B(주)의 입장에서 보면 토지에서 더 이상 임대료 수익이 발생되지 않는다. 즉, 이종 자산 간의 교환시 각 교환자산은 수익창출과정이 완료된 것으로 간주되어 교환손익을 인식한다.

표 수익의 측정

구 분	측 정 방 법	
수익의 측정	판매대가의 공정가치로 측정	
공정가치	단 기	명 목 금 액
	장 기	명목금액의 현재가치
교환거래주)	동종자산교환	원칙적으로 수익인식하지 않음
	이종자산교환	취득한 재화나 용역의 공정가치로 측정됨

주) 유형자산에서의 교환시 회계처리와 유사함

사례 15-1

한국가구(주)는 A은행에 사무용품 가구를 납품하기로 다음과 같이 계약을 체결하였다. Y1년도 및 Y2년도에 한국가구(주)가 인식할 수 있는 수익은 얼마인가?

(1) 계약체결일: Y1. 10. 1.

(2) 납품일: Y2. 1. 3.

(3) 총 납품대금 20,000,000원 수령 조건:
계약체결일에 10,000,000원, 납품일에 5,000,000원, Y5. 1. 3.에 5,000,000원

(4) 대금 수령금액의 현재가치는 18,378,150원으로 명목금액과 현재가치와의 차이 1,621,850원은 중요한 금액이다.

해 설

Y1년도 계약일에 수령한 10,000,000원은 계약금으로 선수금에 해당된다. Y2년도 납품시 장기할부매출에 대해서 수익은 판매대금의 현재가치 18,378,150원으로 인식해야 한다. 따라서, Y1년도 수익 인식금액은 없으며, Y2년도 수익 인식금액은 18,378,150원이다.

2. 거래의 식별

2-1 일반기준

수익인식기준은 일반적으로 각 거래별로 적용한다. 그러나 거래의 경제적 실질을 반영하기 위하여 하나의 거래를 2개 이상의 부분으로 구분하여 각각 다른 수익인식기준을 적용할 필요가 있는 경우가 있다. 예를 들면, 제품판매가격에 제품 판매 후 제공할 용역에 대한 대가가 포함되어 있고 그 대가를 식별할 수 있는 경우에는 그 금액을 분리하여 용역수행기간에 걸쳐 수익으로 인식한다. 그러나 둘 이상의 거래가 서로 연계되어 있어 그 경제적 효과가 일련의 거래 전체를 통해서만 파악되는 경우에는 그 거래 전체에 대하여 하나의 수익인식기준을 적용한다.

예를 들어, 피아노를 판매하는 악기소매(주)가 피아노 판매 후 피아노를 조율해 주는 것은 재화와 용역의 판매로 구분하지 않고 재화의 판매로 인식하면 된다.

2-2 재화와 용역의 동시 제공

한 거래에서 판매자가 재화와 용역을 함께 제공하는 경우에는 적합한 회계처리를 위해 먼저 거래의 주목적을 식별해야 한다.[3)]

---

3) 구체적인 사례는 다음과 같다.
① 용역의 제공여부가 총거래가격에 영향을 미치지 않고 재화판매에 부수적으로 수반된다는 내용이 계약상 명시되어 있다면 이를 재화판매거래로 분류한다. 예를 들면, 품질보증조건으로 재화를 판매하는 거래는 재화판매거래로 분류한다.
② 재화의 제공여부가 총거래가격에 영향을 미치지 않고, 용역제공에 부수적으로 수반된다는 내용이 계약상 명시되어 있다면, 이를 용역제공거래로 분류한다. 예를 들면, 부품공급을 포함한 설비유지보수계약이 확정가격으로 체결되는 거래는 용역제공거래로 분류한다.
③ 재화와 용역이 별개로 취급되어 재화 또는 용역의 제공이 각각 총거래가격에 영향을 미치면, 이를 재화판매거래와 용역제공거래로 구분하여 별도로 회계처리한다.

예를 들어 냉장고 판매 대리점에서 재화를 판매한 후 설치까지 할 경우 냉장고 판매 대리점에서는 재화와 동시에 설치용역이 제공되었지만 거래의 주목적에 따라 재화의 매출로 인식할 것이다.

표 거래의 식별

① 일반기준	재화의 거래, 용역의 거래 등 각 거래별 적용	
② 하나의 거래가 2개 이상의 부분으로 구성시	식 별 가 능	분리하여 수익인식
	식별불가능	하나의 수익인식 적용
③ 재화와 용역 동시 제공시	거래의 주목적에 따름	

예를 들어, 삼청피아노(주)는 소비자에게 피아노 판매시점에 건반 조율까지 서비스를 하는 조건으로 2,000,000원을 수령할 경우 재화와 용역이 동시에 제공되는 경우에 해당되어 거래의 주목적에 따라 피아노 판매금액 2,000,000원 전액을 재화의 매출로 인식한다.

생 | 각 | 해 | 봅 | 시 | 다

손익계산서상 어떠한 계정과목이 수익과 관련이 있는가?

3. 재화의 판매거래

3-1 수익인식

일반적인 수익인식(recognition of revenues)기준은 실현기준과 가득(earned)기준이 충족되었을때 인식한다. 일반적으로 실현기준과 가득기준을 동시에 충족시키는 시점은 인도시점이다.[4] 예를 들면, 판매자 입장에서 보면 재화를 인도하는 시점에 수익창출과정이 완료되었다고 간주되며 구매자로부터 현금 또는 현금청구권을 가질 때 실현기준이 충족된 것으로 본다. 재화의 판매로 인한 수익은 다음 조건이 모두 충족될 때 인식한다.[5]

4) 수익이 실현가능하다는 것은 수익의 발생과정에서 수취 또는 보유한 자산이 일정액의 현금 또는 현금청구권으로 즉시 전환될 수 있음을 의미한다. 따라서, 외상으로 판매를 하여도 매출채권은 현금청구권으로 즉시 전환될 수 있기 때문에 수익의 실현가능성은 충족된다.
또한 수익은 그 가득과정이 완료되어야 인식된다. 기업의 수익 획득활동은 재화의 생산 또는 인도, 용역의 제공 등으로 나타나며, 수익창출에 따른 경제적 효익을 이용할 수 있다고 주장하기에 충분한 정도의 활동을 수행하였을 때 당해 수익이 가득된 것으로 본다. 일반적으로 기업이 생산하는 경제적 가치는 원재료구입, 재화의 생산과 판매, 대금회수 등 일련의 수익가득과정을 거쳐 점차적으로 증가한다. 따라서 발생기준 회계에서는 수익이 창출되는 각 단계(생산완료단계, 인도단계, 회수단계 등)에서 수익을 인식해야 한다(결16.1, 16.2 참조).

5) 일반기업회계기준에서 별도로 정하고 있거나 다음의 거래와 회계사건에는 적용하지 아니한다(문단 16.3).
①리스계약 ②지분법으로 회계처리하는 투자자산으로부터의 배당금 ③보험회사의 보험계약 ④금융자산과 금융부채의 공정가치 변동 또는 처분 ⑤건설형 공사계약 ⑥농산물, 임산물, 가축의 자연적 가치증가 ⑦광물의 추출

공통수익 인식조건	① 수익금액을 신뢰성 있게 측정할 수 있다. ② 경제적 효익의 유입 가능성이 매우 높다. ③ 거래와 관련하여 발생했거나 발생할 원가를 신뢰성 있게 측정할 수 있다.
재화 관련 인식조건	① 재화의 소유에 따른 유의적인 위험과 보상이 대부분이 구매자에게 이전된다. ② 판매자는 판매한 재화에 대하여 소유권이 있을 때 통상적으로 행사하는 정도의 관리나 효과적인 통제를 할 수 없다.

따라서 거래이후에도 판매자가 관련 재화의 소유에 따른 위험의 대부분을 부담하는 경우에는 그 거래를 아직 판매로 보지 아니하며 따라서 수익을 인식하지 않는다.

일반적으로 재고자산은 수익(매출)이 창출되는 시점에 매출원가를 통해서 비용화가 된다. 따라서 재고자산과 매출의 구분은 수익인식시점을 기준으로 구분된다. 판매자의 재고자산은 매출을 인식하는 시점에 장부에서 제거되는 것이다.

3-2 비용의 인식

비용은 수익과 대응하여 인식한다. 즉, 특정 거래와 관련하여 발생한 수익과 비용은 동일한 회계기간에 인식한다. 일반적으로 재화의 인도 이후 예상되는 품질보증비나 기타 비용은 수익인식시점에서 신뢰성 있게 측정할 수 있다. 그러나 관련된 비용을 신뢰성 있게 측정할 수 없다면 수익을 인식할 수 없다. 이 경우에 재화 판매의 대가로 이미 받은 금액은 부채로 인식한다.

3-3 구체적인 사례

(1) 미인도청구판매 : 소유권 이전시

구매자의 요청에 의해 재화의 인도가 지연되고 있으나, 구매자에게 소유권이 이전되어 대금청구를 수락한 거래인 미인도청구판매(bill & hold sales)는 일정한 조건[6]이 모두 충족되면 소유권이 구매자에게 이전되는 시점에 수익을 인식한다.

(2) 설치 및 검사 조건부 판매 : 설치와 검사 완료시(원칙)

구매자에게 재화가 인도되어 설치와 검사가 완료되었을 때 수익을 인식한다. 그러나 특정한 경우[7]에는 예외적으로 구매자가 재화를 인수한 시점에 즉시 수익을 인식한다.

(3) 반품 가능의 판매

거래이후에도 판매자가 소유에 따른 위험의 대부분을 부담하는 반품가능 판매의 경우에는, ① 판매가격이 사실상 확정되었고, ② 구매자의 지급의무가 재판매여부에 영향을 받지 않으며, ③ 판매자가 재판매에 대한 사실상의 책임을 지지 않고, ④ 미래의 반품금액을 신뢰성 있게 추정할 수 있다는 조건들이 모두 충족되지 않는 한 수익을 인식할 수 없다. 수익을 인식하는 경우에는 반품추정액을 수익에서 차감한다.

과거의 경험과 기타 관련 요인에 기초하여 미래의 반환금액을 신뢰성 있게 추정할 수 있다면, 판매시점에 수익을 인식하고 추정반환금액은 부채로 인식한다(실16.4).

(4) 판매자가 위험의 일부 부담

거래이후에 판매자가 소유에 따른 위험을 일부 부담하더라도 그 위험이 별로 중요하지 않은 경우에는 해당 거래를 판매로 보아 수익을 인식한다.[8]

---

6) ① 재화가 인도될 것이 거의 확실하다.
② 판매자가 해당 재화를 보유하고 있으며, 개별적으로 식별가능하고, 구매자에게 인도할 준비가 되어 있다.
③ 재화의 인도 연기에 대하여 구매자의 공식적인 확인이 있다.
④ 통상적인 지급조건이 적용된다.

7) 특정한 경우의 사례는 다음과 같다.
① 설치과정이 성격상 단순한 경우 : 예를 들면, 공장에서 이미 검사가 완료된 텔레비전 수상기의 설치와 같이 포장의 개봉과 전원 및 안테나의 연결만이 필요한 경우
② 이미 결정된 계약가액을 최종적으로 확인하기 위한 목적만으로 검사가 수행되는 경우 : 예를 들면, 무연탄이나 곡물 등을 인도하는 경우

8) 예를 들면, 판매자가 판매대금의 회수를 확실히 할 목적으로 해당 재화의 법적 소유권을 계속 가지고 있더라도 소유에 따른 유의적인 위험과 보상이 실질적으로 구매자에게 이전되었다면 해당 거래를 판매로 보아 수익을 인식한다. 또 다른 예로, 고객이 만족하지 않는 경우에 판매대금을 반환하는 소매판매를 들 수 있다(실16.4).

(5) 구매자에게 제한적인 반품권이 부여된 경우 : 공식적인 수락이나 반품기간 종료시

반품가능성이 불확실하여 추정이 어려운 경우에는 구매자가 재화의 인수를 공식적으로 수락한 시점 또는 재화가 인도된 후 반품기간이 종료된 시점에 수익을 인식한다. 예를 들면, 홈쇼핑몰에서 반품권이 부여된 재화의 매매가 대표적인 사례가 될 수 있다.

(6) 위탁판매 : 수탁자 판매시

위탁자는 수탁자가 해당 재화를 제3자에게 판매한 시점에 수익을 인식한다.
즉, 위탁자가 재화를 수탁자에게 인도하는 시점에 수익을 인식하는 것은 아니다.

(7) 상품권 : 상품권 회수시

상품권의 발행과 관련된 수익은 상품권을 회수한 시점 즉, 재화를 인도하거나 판매한 시점에 인식하고, 상품권을 판매한 때에는 선수금으로 회계처리한다.

(8) 할부판매 : 현재가치와 명목가치의 차이가 중요할 경우에는 현재가치로 평가

단기 할부판매의 경우 수익은 받았거나 또는 받을 대가의 공정가치로 측정한다. 그러나 판매대가가 재화의 판매 또는 용역의 제공이후 장기간에 걸쳐 유입되는 경우(장기 할부판매)에 공정가치는 미래에 받을 현금의 합계액(명목금액)의 현재가치로 측정하며, 공정가치와 명목금액과의 차액은 현금회수기간에 걸쳐 이자수익으로 인식한다.

(9) 부동산판매 : 소유이전시(원칙)

부동산의 판매수익은 법적 소유권이 구매자에게 이전되는 시점에 인식한다. 그러나 법적 소유권이 이전되기 전이라도 소유에 따른 위험과 효익이 구매자에게 실질적으로 이전되는 경우가 있다. 이 때에는 판매자가 계약 완료를 위하여 더 이상 중요한 행위를 수행할 의무가 없다면 수익을 인식할 수 있다. 법적 소유권이 이전되거나 또는 소유에 따른 위험과 효익이 구매자에게 실질적으로 이전된 이후에도 판매자가 중요한 행위를 추가로 수행할 의무가 있는 경우에는 해당 행위가 완료되는 시점에 수익을 인식한다.

(10) 대리인 역할을 통한 판매 : 판매수수료만 인식

기업이 재화의 소유에 따른 위험과 효익을 가지지 않고 타인의 대리인 역할을 수행하여 재화를 판매하는 경우에는 판매총액을 수익으로 계상할 수 없으며 판매수수료만을 수익으로 인식해야 한다. 다음과 같은 사례가 이에 해당된다.

① 임대업을 영위하는 회사는 임대매장에서 발생하는 매출과는 무관하므로 임차인으로부터 수취하는 임대료만을 수익으로 인식해야 한다.

② 수출업무를 대행하는 종합상사는 판매를 위탁하는 회사를 대신하여 재화를 수출하는 것이므로 판매수수료만을 수익으로 계상해야 한다.

③ 제품공급자로부터 받은 제품을 인터넷상에서 중개판매하거나 경매하고 수수료만을 수취하는 전자쇼핑몰 운영회사는 관련 수수료만을 수익으로 인식해야 한다.

(11) 판매 인센티브

판매촉진을 목적으로 소비자(중간판매자)에게 제공하는 현금할인 · 현금보조 방식의 현금판매 인센티브는 판매자의 매출에서 직접차감하고, 무료현물 · 무료서비스 등 현물판매 인센티브는 판매거래의 일부로 보아 비용처리한다.

예를 들어, 건우약품도매(주)가 일우약국에 성장발육 의약품을 판매촉진하기 위하여 해당 의약품을 판매할 때 구입금액의 10%를 현금할인 또는 현금보조금으로 지급할 경우 해당 금액은 매출할인으로 보아 매출에서 직접 차감한다. 그러나, 매출할인 대신 판매촉진용 의약품을 추가로 지급할 경우 추가적으로 지급되는 판매촉진용 의약품은 비용처리한다.

사례 15-2

다음 거래 내역을 통해 각 회사별로 Y1년도 수익으로 인식해야 될 금액을 설명하시오.

자 료

(1) 삼청(주)는 Y1년 12월 27일 기계장치 1억원을 사청제조(주)에 판매하기로 계약

을 체결하고 대금도 수령하였으나 사청제조(주)는 신규 공장이 아직 정리가 되지 않아 Y2년 1월 2일 해당 기계장치를 인도받기를 희망하여 Y2년 1월 2일 기계장치를 인도 받았다.

(2) 오청(주)는 검수완료시 대금을 수령하는 조건으로 Y1년 7월 25일 절삭용 소프트웨어를 2억원에 주문받고 Y1년 12월 25일 거래처에 인도하였으나 Y2년 1월 10일 검수가 완료되었다.

(3) 육청유통(주)는 Y1년 9월 15일 선물용 사과 10개(소비자 가격: 개당 1,000원)를 칠청(주)에 위탁판매하기 위해 인도하였다. 칠청(주)는 Y1년 12월 31일까지 6개의 사과를 소비자에게 판매하였다. 칠청(주)는 소비자가격에 20%를 판매수수료로 받는다.

(4) 이청(주)는 Y1년 12월 27일 안마기 1억원을 소비자에게 시용판매하고 소비자는 안마기 수령 후 5일 이내 언제든지 반품을 할 수 있다. 소비자는 Y1년 12월 31일까지 특별히 구매의사를 표시하지 않고 있다.

(5) 건국제약(주)는 Y1년도 건우약국에 제품을 인도하고 매출액 10,000,000원을 인식하였다. 다만, Y1년도 건우약국에 비타민 구매를 촉진하기 위해 현금보조방식으로 1,000,000원을 지급한 것을 판매촉진비로 인식하였다.

해 설

(1) 미인도청구판매: 소유권 이전시점인 Y1. 12. 27.에 수익(매출) 1억원을 인식한다.

(2) 검수완료일(Y2년 1월 10일)에 수익을 인식한다.

(3) 위탁판매: 수탁자가 해당 사과를 인도하는 때(6개 사과의 소비자 가격: 6,000원) 수익을 인식한다.

수탁자는 판매수수료(매출액 6,000원×20% = 1,200원)를 수익으로 인식한다.

(4) 제한적인 반품권이 부여된 경우: 빠른날(공식적인 수락일, 반품기간 종료일)에 수익인식한다. 보고기간종료일 현재 공시적인 수락은 없었고, 반품기간 종료일도 미경과로 Y1년도에 인식할 수익은 없다.

(5) 현금보조방식의 지급액 1,000,000원은 매출액 10,000,000원에서 차감해야 한다.

4. 용역의 제공거래

4-1 수익인식

용역의 제공으로 인한 수익은 용역제공거래의 성과를 신뢰성 있게 추정할 수 있을 때 진행기준에 따라 인식한다.[9]

진행기준은 수익가득과정의 진행정도에 따라 생산기간 중에 수익을 인식하는 방법으로 경제적 실질이 왜곡되지 않도록 법적 형식보다는 경제적 실질을 반영하여 수익을 인식하는 방법이다.[10] 진행기준에 의한 이익은 특정 회계기간에 발생한 기업활동의 성과를 나타내므로 적시성 있는 목적적합한 회계정보를 제공할 수 있다.

(1) 측정가능성 : 공통수익 인식조건

제공되는 용역과 관련하여 거래 당사자 모두에 대해 법적 구속력이 있는 권리, 용역제공의 대가 및 정산 방법과 조건에 대하여 거래 상대방과 합의한 경우에는 일반적으로 거래 전체의 수익금액을 신뢰성 있게 측정할 수 있으며 경제적 효익의 유입 가능성이 매우 높은 것으로 본다. 용역제공이 진행됨에 따라 해당기간에 인식할 수익금액의 추정치를 재검토하고 필요할 경우에는 수정해야 한다.

---

9) 다음 조건이 모두 충족되는 경우에는 용역제공거래의 성과를 신뢰성 있게 추정할 수 있다고 본다(문단 16.11).
① 거래 전체의 수익금액을 신뢰성 있게 측정할 수 있다.
② 경제적 효익의 유입 가능성이 매우 높다.
③ 진행률을 신뢰성 있게 측정할 수 있다.
④ 이미 발생한 원가 및 거래의 완료를 위하여 투입하여야 할 원가를 신뢰성 있게 측정할 수 있다.

10) 법적인 관점에서의 판매는 계약이 완료된 시점에 발생하지만, 진행기준에서는 작업진행을 연속적인 판매로 해석한다. 즉, 거래가 발생하는 기간에 거래의 영향을 보고함으로써 발생기준 회계의 목적을 달성할 수 있다(결16.11, 16.12 참조).

(2) 진행률 : 용역관련 개별인식조건

용역제공거래의 진행률은 다양한 방법으로 결정할 수 있다. 기업은 용역제공거래의 특성에 따라 작업진행정도를 가장 신뢰성 있게 측정할 수 있는 방법을 선택하여야 한다. 예를 들면, 진행률은 다음 ① 내지 ③ 을 이용하여 계산할 수 있다.[11] 그러나 고객으로부터 받은 중도금 또는 선수금에 기초하여 계산한 진행률은 작업진행정도를 반영하지 않을 수 있으므로 적절한 진행률로 보지 아니한다.

① 총 예상작업량(또는 작업시간) 대비 실제작업량(또는 작업시간)의 비율

② 총 예상용역량 대비 현재까지 제공한 누적 용역량의 비율

③ 총 추정원가 대비 현재까지 발생한 누적원가의 비율.

현재까지 발생한 누적원가는 현재까지 수행한 용역에 대한 원가만을 포함하며, 총 추정원가는 현재까지의 누적원가와 향후 수행하여야 할 용역의 원가를 합계한 금액이다.

진행률의 의미는 누적개념으로 당기말까지 한 일이 반영되어 계산될까? 아니면 당기 동안 한 일만을 의미할까?

진행률은 누적개념으로 이해해야 한다. 실제 투입된 공사원가를 기준으로 진행률을 산정할 경우 진행률은 당기말까지 실제로 투입된 공사원가의 총액을 총 공사예정원가로 나누어 산출되므로 이는 누적개념으로 측정된 값을 의미한다.

4-2 손실의 인식

용역제공거래에서 이미 발생한 원가와 그 거래를 완료하기 위해 추가로 발생할 것으로 추정되는 원가의 합계액이 해당 용역거래의 총수익을 초과하는 경우에는 그 초과액과 이미 인식한 이익의 합계액을 전액 당기손실로 인식한다.

---

11) 그러나 기업컨설팅과 같이 계약기간 내에 불특정 다수의 용역을 복합적으로 제공하는 계약이 있을 수 있다. 이 때, 그 용역수행정도를 보다 잘 나타낼 수 있는 다른 방법이 없는 경우에는 실무적 편의를 위하여 정액법이나 작업시간 또는 작업일자 기준으로 수익을 인식할 수 있다. 다만, 어떤 용역활동이 다른 활동에 비해 특별히 중요한 때에는 그 활동이 수행될 때까지 수익의 인식을 연기한다.

4-3 성과측정의 불가능성

용역제공거래의 성과를 신뢰성 있게 추정할 수 없는 경우에는 발생한 비용의 범위 내에서 회수가능한 금액을 수익으로 인식한다.

용역제공거래의 성과를 신뢰성 있게 추정할 수 없고 발생한 원가의 회수가능성이 낮은 경우에는 수익을 인식하지 않고 발생한 원가를 비용으로 인식한다. 거래의 성과를 신뢰성 있게 추정하는 것을 어렵게 만들었던 불확실성이 해소된 경우에는 수익을 인식한다.

4-4 구체적 사례

일반기업회계기준 적용사례를 살펴보면 다음과 같다.

(1) 설치용역 수수료 : 설치 용역이 부수적인 경우가 아니면 수익인식

기계장치 등의 설치와 관련하여 수취하는 설치용역 수수료는, 설치용역이 재화판매에 부수적으로 제공되는 경우가 아니라면 진행기준에 따라 수익으로 인식한다. 즉, 설치용역이 주거래이면 진행기준에 따라 용역수익을 인식한다.

(2) A/S : 식별가능할 경우 수익인식

재화의 판매가격에 추후 제공될 용역(예를 들면, 소프트웨어 판매시 판매후 지원용역 및 제품개선 용역)에 대한 식별가능한 금액이 포함되어 있는 경우에는 그 금액을 이연시켜 용역이 제공되는 기간 동안에 수익으로 인식한다. 이연되는 금액은 계약에 따라 제공될 용역의 예상원가에 합리적인 이익을 가산한 금액이다.

(3) 광고수익 : 광고 송출시점에 수익인식

방송사 등의 광고수익은 해당 광고를 대중에게 전달하는 시점에 수익으로 인식하고, 광고제작사 등의 광고제작용역수익은 진행기준에 따라 수익으로 인식한다.

(4) 입장료 수익 : 행사개최시

예술공연 등의 행사에서 발생하는 입장료 수익은 행사가 개최되는 시점에 인식한다. 하나의 입장권으로 여러 행사에 참가할 수 있는 경우의 입장료수익은 각각의 행사를 위해 수행된 용역의 정도에 따라 각 행사에 배분하여 인식한다.

(5) 수강료 : 강의기간기준

수강료는 강의기간 동안 발생기준에 따라 수익으로 인식한다.

(6) 입회비 및 연회비

① 회원가입과 자격유지 : 회비회수가 가능한 시점

② 재화 등 염가구매 : 가입기간 동안 합리적인 기준에 따른다.

(7) 프랜차이즈 수수료

프랜차이즈 수수료는 창업지원용역과 운영지원용역, 설비와 기타 유형자산 및 경영기법의 제공에 대한 대가를 포함할 수 있다. 따라서 프랜차이즈 수수료는 부과목적에 따라 수익을 인식한다.[12)]

---

12) 수익인식 유형은 다음과 같다(실무사례 19 참조).

① 유형자산의 제공 : 인도일 또는 소유권이전일
설비와 기타 유형자산의 제공에 따른 수수료는 해당 자산을 인도하거나 소유권을 이전하는 시점에 제공된 자산의 공정가치를 기초로 산정한 금액을 수익으로 인식한다.

② 운영지원용역 : 용역제공시점
운영지원용역 수수료는 용역이 제공된 시점에 수익으로 인식한다. 운영지원용역 수수료는 별도로 수취하거나 창업지원용역 수수료에 구분없이 포함되어 있더라도 동일하게 처리한다.

③ 창업지원용역(염가판매조건시) : 판매기간 동안 수익
저렴한 가격 또는 적정 판매이익이 보장되지 않는 가격으로 설비, 재고자산 또는 기타 유형자산을 가맹점에 제공할 수 있다. 이 경우 추정원가를 회수하고 적정 판매이익을 보장할 수 있도록 창업지원용역 수수료의 일부를 이연한 후, 설비 등을 가맹점에 판매하는 기간에 수익으로 인식한다. 나머지 창업지원용역 수수료는 프랜차이즈 본사가 제공해야하는 모든 창업지원용역과 기타 의무 사항(예 : 가맹점입지선정, 직원교육, 자금조달, 광고에 대한 지원)의 대부분이 수행된 시점에 수익으로 인식한다.

④ 창업지원 용역(지역가맹점 계약) : 가맹점수에 비례
일정 지역을 대상으로 하는 지역가맹점계약의 경우 창업지원용역수수료는 창업지원용역이 실질적으로 완료된 가맹점의 수에 비례하여 수익으로 인식한다.

(8) 주문형 소프트웨어 개발 수수료 : 진행기준

주문개발하는 소프트웨어의 대가로 수취하는 수수료는 진행기준에 따라 수익을 인식한다. 이 때 진행률은 소프트웨어의 개발과 소프트웨어 인도 후 제공하는 지원용역을 모두 포함하여 결정한다.

사례 15-3

다음 자료에 의하여 B(주)가 당기(Y1. 1. 1.~12. 31.)에 인식해야 될 수익은 얼마인가?

자 료

(1) 회사는 Y1년 7월 1일 소프트웨어를 10억원(판매 후 2년동안 지원용역 제공에 따른 대가가 2억원 포함되어 있음)에 판매한 후 약정에 따라 지원용역을 제공해 주고 있다. 지원용역은 제공기간 동안 일정하게 이루어진다.

(2) 회사는 Y1년 10월 1일 강원도 골프콘도 회원들로부터 입회비를 3억원 수령하였다. 이 입회비는 회원가입과 자격유지(3년간)를 위한 용도이다.

(3) 영어학습 프랜차이즈 사업부는 어학실습기기 등 설비를 Y1년 1월 1일에 제공하고 그 대가로 1억원을 수령하였으며 계약서에 의하여 5년간 가맹점(학원)이 운영을 할 수 있도록 교재개발 등 운영지원용역 수수료를 5억원 수령하였다.

(4) 회사는 (주)우주로부터 소프트웨어 개발 대가로 1억원을 Y1년 1월 1일에 수령하였다. 개발기간은 2년이며 소프트웨어 인도 후 제공하는 지원용역기간은 2년이다.

해 설

(1) 재화의 판매가격에 추후 제공될 용역에 대한 식별가능한 금액이 포함되어 있는 경우에는 그 금액을 이연시켜 용역이 제공되는 기간 동안 수익으로 인식한다. 따라서 당기에 인식되어야 할 수익은 재화의 판매가액인 8억원과 용역의 판매대금 5천만원[5천만원 = 2억원 × 6개월(7. 1. ~ 12. 31.)/24개월]을 합한 8억5천만원이다.

(2) 회원가입 및 자격유지와 관련된 수익은 회비의 회수가 확실하게 된 시점에 수익을 인식한다. 따라서 당기에 인식해야 될 수익은 3억원이다.

(3) 유형자산의 제공은 인도일 또는 소유권이전일에 수익이 인식되며 운영지원 용역은 용역제공시점에 인식된다. 따라서 당기에 인식되는 수익은 설비 이전 대금 1억원과 지원용역제공 대금인 1억원(5억원/5년)인 2억원이 된다.

(4) 주문개발 소프트웨어는 진행기준을 적용하여 수익을 인식한다. 따라서 당기에 인식할 수익은 1억원/(개발기간2년 + 지원용역기간 2년) = 25,000,000원이다.

4-5 이자수익 등

(1) 이자수익

이자수익은 계약에 따라 받게 될 금액이 사전에 결정되며 시간의 경과에 따라 수익이 발생하므로, 유효이자율을 적용하여 발생기준에 따라 인식한다.

예를 들어, 100억원을 정기예금에 가입한 기업은 이자를 수령하지 않더라도 발생기준에 따라서 결산일에 이자수익을 인식해야 한다. 또한 5년 장기할부판매의 경우 명목금액은 100원이고 현재가치가 85원일 경우 현재가치할인차금 15원은 유효이자율법에 의하여 5년 동안 이자수익으로 인식된다. 물론 구입자 입장에서 보면 15원은 이자비용으로 인식될 금액이다.

생 | 각 | 해 | 봅 | 시 | 다

신용평가 담당자는 A제조(주)의 매출액 구성내역을 살펴보고 깜짝 놀랐다. 그 이유는 매출액의 구성에 제품매출액 100억원 외 부동산임대수익 30억원이 계상되어 있기 때문이다. 손익계산서상에 공시된 매출액은 기업회계기준을 위배한 것인지 아니면 기업회계기준에 의하여 회계처리를 한 것인가?

(2) 배당금수익

배당금수익은 수익금액을 사전에 결정하기 어렵기 때문에 배당금을 받을 권리와 금액이 확정되는 시점에 인식한다. 정기배당은 주주총회에서 결정되므로 주주총회에서 결정된 시점에 배당금수익을 인식해야 된다. 중간배당을 받을 경우에는 이사회에서 결정되는 시점에 배당금수익을 인식한다.

(3) 로열티수익

로열티수익은 관련된 계약의 경제적 실질을 반영하여 발생기준에 따라 인식한다. 로열티수익은 일반적으로 로열티계약서를 어떻게 체결하느냐에 따라 수익인식시점 및 금액이 달라진다. 로열티수익이 로열티 수입업체의 매출액의 5%로 결정된다면, 로열티 수입업체의 매출이 인식되는 시점에 로열티수익도 인식되어야 한다.

4-6 기타 수익

재화의 판매, 용역의 제공, 이자, 배당금, 로열티로 분류할 수 없는 기타의 수익은 다음 조건을 모두 충족할 때 발생기준에 따라 합리적인 방법으로 인식한다.

① 수익가득과정이 완료되었거나 실질적으로 거의 완료될 것
② 수익금액을 신뢰성 있게 측정할 수 있을 것
③ 경제적 효익의 유입 가능성이 매우 높을 것

사례 15-4

다음 자료에 의하여 삼청(주)가 Y1년도 인식해야 될 수익금액에 대해 설명하시오. 회계기간은 모두 매년 1월 1일부터 12월 31일까지이다.

자 료

(1) 삼청(주)는 사청(주) 주식 10%를 투자하고 있다. 사청(주)는 Y1년 재무제표 확정을 위한 주주총회일(Y2. 2. 25.)에 총 현금배당 200,000원을 결의하였다.

(2) 삼청(주)는 오청(주)에 특허권을 판매하고 그 대가는 매년 10,000원과 추가적으로 오청(주) 매출액의 10%이다. 오청(주)의 Y1년도 매출액은 50,000원이다.
(3) 삼청(주)는 Y1년 1월 1일 육청(주)에 제품을 외상으로 판매하면서 대금은 Y3년 12월 31일 1,000,000원을 수령하기로 하였다. Y1년도 매출액과 이자수익은 각각 얼마인가? 유효이자율은 5%이며 현가계수(기간3)는 0.8638이다.

해 설

(1) 현금배당금 수익은 주주총회 결의일이다. 배당금수익 20,000원은 Y2. 2. 25.에 인식한다.
(2) 로열티 수익은 계약에 따른다. Y1년도 로열티 수익 15,000원은 다음과 같다.

로열티 수익 : 10,000원+ 매출액 50,000원×10% = 15,000원이다.

(3) ① Y1년 매출액

장기외상매출로 매출액은 인도시점에 미래 현금흐름의 현재가치로 계산한다. 현재가치는 1,000,000원×0.8638 = 863,800원이다.

② Y1년도 이자수익 = 기초시점의 장부금액 × 유효이자율 5%

= 863,800원 × 5% = 43,190원

5. 수익관련 보조금의 표시

5-1 수익관련 보조금 수령시

수익관련 보조금[13]을 받는 경우에는 당기의 손익에 반영한다. 다만, 수익관련보조금을 사용하기 위하여 특정의 조건을 충족해야 하는 경우에는 그 조건을 충족하기 전에 받은 수익관련 보조금은 선수수익으로 회계처리한다.

수익관련 보조금은 대응되는 비용이 없는 경우 회사의 주된 영업활동과 직접적인 관련성이 있다면 영업수익으로, 그렇지 않다면 영업외수익으로 회계처리한다. 반면 수익관련 보조금이 특정의 비용을 보전할 목적으로 지급되는 경우에는 당기손익에 반영하지 않고 특정의 비용과 상계 처리한다.

예를 들어, 공공성이 많은 재화나 용역을 제공하는 무연탄 채굴회사나 버스회사로 하여금 매출가격이 매출원가에 미달하는 재화나 용역을 계속 제공하게 할 목적으로 지급되는 보조금은 매출액(영업수익)으로 회계처리하고, 벤처회사의 신기술개발을 지원하기 위해 지급되는 보조금은 영업외수익으로 회계처리한다. 반면 저가로 수입할 수 있는 원재료를 국내에서 구입하도록 강제하는 경우에 지급되는 수익관련보조금은 제조원가에서 차감한다.

사례 15-4

남산무연탄(주)는 최근 인건비 등의 상승으로 무연탄의 판매가격을 상승시키지 않으면 적자가 지속될 것으로 판단하였다. 이에 정부는 매출원가에 미치지 못하는 매출액을 보전할 목적으로 무연탄 톤(t)당 생산량에 100원씩 보조금을 지급하기로 결정

13) 자산관련보조금 이외의 정부보조금을 수익관련 보조금이라고 한다.

하였다. 당기 무연탄 생산량은 10,000톤(t)이다. 보조금 수령과 관련된 회계처리를 하시오.

해 설

손실보전 목적의 보조금은 매출액으로 인식한다.

(차) 현금 1,000,000 (대) 매출 1,000,000

표 보조금의 구분

<table>
<tr><th colspan="4">구 분</th><th>회계처리</th></tr>
<tr><td rowspan="3">대응되는 비용</td><td rowspan="2">없음</td><td rowspan="2">영업활동과의 직접 관련성</td><td>있음</td><td>영업수익</td></tr>
<tr><td>없음</td><td>영업외수익</td></tr>
<tr><td colspan="3">있음</td><td>특정비용과 상계처리</td></tr>
</table>

5-2 정부보조금의 상환

상환의무가 발생하게 된 정부보조금은 회계추정의 변경으로 회계처리한다. 수익관련 보조금을 상환하는 경우 상환금액을 즉시 당기손익으로 인식한다. 다만, 수익관련 보조금 사용에 대한 특정 조건을 미충족하여 선수수익으로 계상한 금액이 있는 경우에는 선수수익계정에 먼저 적용한다. 자산관련 보조금을 상환하는 경우는 상환금액만큼 자산의 장부금액을 증가시킨다. 보조금이 없었더라면 현재까지 당기손익으로 인식했어야 하는 추가 감가상각누계액은 즉시 당기손익으로 인식한다.

표 각종 거래의 수익인식방법

<table>
<tr><th colspan="2">구 분</th><th>수 익 인 식</th></tr>
<tr><td colspan="2">① 재화판매가액에 추후제공될 용역대가 포함시</td><td>용역에 대한 대가가 식별가능한 경우 이연처리하고 용역이 제공되는 기간동안 수익으로 인식</td></tr>
<tr><td colspan="2">② 재구매약정이 있는 경우 (콜옵션, 풋옵션)</td><td>해당 계약의 실질적인 내용에 따라 수익을 결정한다. 판매자가 소유에 따른 위험과 효익을 보유한 경우 금융거래로 봄</td></tr>
<tr><td rowspan="2">③ 프랜차이즈 수익</td><td>설비제공</td><td>당해 자산을 인도하거나 소유권을 이전하는 시점</td></tr>
<tr><td>창업지원용역
운영지원용역</td><td>용역의 대부분을 수행한 시점(단, 회수가능성이 불확실한 경우에는 현금수취시점)</td></tr>
<tr><td colspan="2">④ 주문형 소프트웨어 개발 수수료</td><td>진행기준에 따라 수익인식</td></tr>
<tr><td rowspan="2">⑤ 로열티</td><td>일정기간동안 사용권 부여</td><td>계약기간동안 정액법으로 수익인식</td></tr>
<tr><td>자유로운 사용권부여</td><td>취소불능으로 환급불능보증금 수령시 사용권을 제공하는 시점</td></tr>
</table>

주) 자료 : 일반기업회계기준 사례 및 기업회계기준서 해설, 한국회계기준원 참조.

6. K-IFRS(제1115호: 고객과의 계약에서 생기는 수익)와 비교

K-IFRS의 수익(income)의 범위는 넓은 의미의 수익을 의미한다. 즉, 영업활동의 매출(revenue)과 영업외수익(gain)까지도 포함하는 개념이다. 그러나 일반기업회계기준에서는 수익의 측정을 판매대가의 공정가치로 측정하고 있기 때문에 협의의 개념으로 이해해야 된다.

K-IFRS에는 원칙중심이므로 거래유형별로 구체적으로 수익의 인식시점을 기술하고 있지 않으나 일반기업회계기준은 규칙중심이므로 거래유형별로 구체적으로 그 사례를 열거하고 있다. 특히, 아파트분양 매출의 경우 K-IFRS에서는 완성기준을 사용하지만 일반기업회계기준에서는 진행기준을 사용한다.

한편, K-IFRS 제1115호(고객과의 계약에서 생기는 수익)에 따르면 수익의 인식은 다음과 같이 5단계 과정을 거치도록 하고 있다.

단 계	내 용
1	고객과의 계약을 식별
2	수행의무를 식별(하나의 계약에 여러 개의 수행의무 존재 가능)
3	거래가격을 산정
4	거래가격을 계약 내 수행의무에 배분
5	수행의무가 충족되면 수익 인식

7. 회계정보의 이해

다음은 두 회사의 회계정보이다. 각 물음별로 옳은 설명인지 틀린 설명인지를 판단하시오.

(단위: 천원)

구 분	A회사	B회사
1. 매출액	150,000	120,000
2. 매출원가	140,000	100,000
3. 매출총이익	10,000	20,000
4. 판매비와관리비	20,000	14,000
5. 영업이익(손실)	(10,000)	6,000
6. 영업외수익	30,000	25,000
7. 영업외비용	10,000	22,000
8. 법인세비용차감전순이익	10,000	9,000
9. 법인세비용	4,000	4,000
10. 당기순이익	6,000	5,000

(물음1) 영업활동의 성과는 A회사 보다는 B회사의 성과가 높다.

(물음2) A회사가 정관상 사업목적에 부동산임대업을 추가할 경우 A회사의 영업활동 성과가 더 높다고 판단된다. 다만, 현재 A회사의 영업외수익에는 부동산임대수익 2천만원이 포함되어 있다.

(물음3) 매출액은 정관상 사업목적을 달성하기 위해 발생되거나 발생된 수익을 모두 합산한 금액이다.

정답 및 해설

(물음1) 옳은 설명이다. 영업활동의 성과는 영업이익으로 나타나므로 영업이익이 상대적으로 높은 B회사의 영업활동 성과가 높다.

(물음2) 옳은 설명이다. 사업목적에 부동산임대업을 추가할 경우 해당 부동산임대수익 20,000,000원은 매출액에 포함시킬 수 있으므로 A회사의 영업이익(1천만원)이 상대적으로 더 높게 나타난다.

(물음3) 옳은 설명이다.

8. CASE STUDY

다음 자료에 의하여 태백산(주)의 성장가능성과 매출액의 지속가능성에 대해 토의해 봅시다.

자　료

피혁제품 등을 생산판매하고 있는 태백산(주)의 손익계산서 내역 중 일부이다.

(단위 : 백만원)

구　분	제 35(당)기		제 34(전)기	
Ⅰ. 매출액		24,135		21,905
제품매출액	16,097		16,738	
상품매출액	8,038		5,167	
Ⅱ. 매출원가		19,458		16,292
제품매출원가	11,932		11,622	
상품매출원가	7,526		4,670	

(토의1) 태백산(주)의 장기적 성장가능성에 대해 토의해 봅시다.

(토의2) 매출액의 지속가능성을 판단할 수 있는 검토 방법에 대해 토의해 봅시다.

해　설

(1) 토의1

외형적으로 볼 때 매출액은 전기 대비 당기 10% 정도 증가하고 있다. 단순히 매출액만 비교할 때 성장성이 있는 회사로 판단될 것이다. 그러나, 매출액의 구성이 제품과 상품으로 나누어져 있고 주력 매출은 제품이기 때문에 제품의 성장성 여부가 태백산(주)의 성장가능성 판단에 가장 큰 영향을 미칠 것이다.

매출액의 대부분을 차지하고 있는 당기 제품매출액은 오히려 당기에 약 4% 정도 감소되었으며 상품에 대한 매출은 55% 정도 증가하였지만 수익성이 낮아 장기적인 상품매출에 대한 성장가능성은 낮다고 판단된다. 따라서 태백산(주)의 장기적 성장가능성은 낮다고 본다.

(2) 토의2

매출액의 지속가능성은 다음과 같은 방법으로 평가할 수 있다.

첫째, 일반적으로는 매출액의 추세선을 통해 판단할 수 있다. 매출액이 매년 일정 비율만큼 증가한다면 매출액은 일정기간 동안 지속가능성이 높다고 판단된다.

둘째, 기본적으로 설비투자가 지속적으로 발생되어야 한다. 회사가 일정한 주기로 설비투자가 이루어지지 않는다면 매출액의 지속가능성에 의문이 있지만 설비투자를 한다고 반드시 매출액의 지속가능성이 높은 것은 아니다. 투자에 대한 결과로 매출액의 증대, 수익성의 향상 및 영업활동으로 인한 현금흐름의 증가가 수반되어야 한다.

셋째, 생산 요소시장에서 생산 요소의 공급이 원활히 이루어질 수 있는 제도적 장치를 확보하고 있는지를 판단한다.

넷째, 생산물시장에서 유통경로 확보, 경쟁력 등 지배력이 어느 정도인지를 파악한다.

다섯째, 원천기술을 확보하고 있는지 파악하며 그 이외에도 여러 가지를 생각해 볼 수 있다.

확인문제

다음 설명이 맞으면 ○, 틀리면 × 하시오.

01 수익은 재화의 판매, 용역의 제공이나 자산의 사용에 대하여 받았거나 받을 대가의 공정가치로 측정한다. ( )

02 매출액은 업종 또는 부문별로 구분하여 표시할 수 있다. ( )

03 수익을 인식할 때 명목금액과 현재가치의 차이가 클 경우 수익은 현재가치로 측정하며, 명목금액과 현재가치의 차액은 현금회수기간 동안 이자수익으로 인식한다. ( )

04 재화를 판매할 경우 품질보증조건이 있을 경우 수익은 재화와 용역으로 구분하여 인식한다. ( )

05 삼청제조(주)의 경우 당기 매출액이 없을 경우 항상 매출원가도 없다. ( )

06 판매자가 판매대금의 회수를 확실히 할 목적으로 해당 재화의 법적 소유권을 계속 가지고 있더라도 소유에 따른 유의적인 위험과 보상이 실질적으로 구매자에게 이전되었다면 해당 거래를 판매로 보아 수익을 인식한다. ( )

07 상품권 판매에 대한 수익인식은 상품권 판매시점이다. ( )

08 입장료 수익은 입장료 예약시점 또는 입장료 입금시점이다. ( )

09 주문개발하는 소프트웨어의 대가로 수취하는 수수료는 개발완료시점에 수익을 인식한다. ( )

10 수익관련 보조금은 대응되는 비용이 없는 경우 회사의 주된 영업활동과 직접적인 관련성이 있다면 영업외수익으로 인식한다. ( )

정답 및 해설

01 ○

02 ○

03 ○

04 ×(거래의 주목적에 따름, 구분인식은 K-IFRS)

05 ○(수익비용대응 관점에서 옳음)

06 ○

07 ×(회수시점)

08 ×(행사개최시점)

09 ×(진행기준)

10 ×(영업수익)

연습문제

01 각종 거래 유형별 수익인식방법에 대한 설명으로 옳지 않은 것은?

① 상품권: 상품권을 회수한 시점
② 설치 및 검사조건부 판매: 설치 및 검사가 완료된 때
③ 방송사의 광고: 광고를 대중에게 전달하는 시점
④ 수강료: 수강료를 현금으로 수령하는 시점
⑤ 공연입장료: 행사가 개최되는 시점

02 다음은 삼청유통(주)의 기중 거래내역이다. Y1년도 수익으로 인식될 총금액은 얼마인가?

(1) Y1년 1월 1일 상품A를 거래처에 판매하고 대금은 Y1년 12월 31일 100,000원, Y2년 12월 31일에 200,000원을 수령하기로 한다. 현재가치 계산을 위한 할인율은 4%이다. 다만, 명목금액과 현재가치의 차이는 중요한 금액이다. 현가계수는 다음과 같다.
현가계수(기간1, 4%) : 0.9615 현가계수(기간2, 4%): 0.9245
(2) Y1년 10월 1일 거래처에서 상품 B에 대한 물량을 조기 확보하기 위해 계약금 150,000원을 삼청유통(주)에 지급하였다. 상품 B는 Y2년 1월 5일에 인도될 예정이다.
(3) Y1년 12월 1일 상품 C를 소비자에게 100,000원에 판매하고 소비자는 3개월 무이자 할부로 카드결제를 하였다.

① 281,050원 ② 300,000원 ③ 381,050원 ④ 400,000원 ⑤ 531,050원

03 다음 자료에 의하여 청송(주)의 당기(Y1. 1. 1. – 12. 31.) 수익으로 인식할 금액은 얼마인가?

> (1) 회사는 Y1. 12. 26. 삼청동 소재 서울–마트에서 전자제품을 소비자에게 현금 판매하였으나 소비자의 요청으로 전자제품은 Y2. 1. 5.에 전달되었다. 전자제품의 소비자가격은 3,000,000원이고 상품원가는 2,500,000원이다.
>
> (2) 중개사업부에서는 위탁회사의 제품을 Y1. 10. 6.에 수령하여 Y1. 12. 30.에 모두 현금 판매하였으나 위탁회사에는 Y2. 1. 5.에 판매사실을 알려주었다. 계약에 의하면 판매 중개수수료는 판매시점에 판매금액의 10%이다. 소비자 판매가격은 20,000,000원이며, 제품원가는 15,000,000원이다.
>
> (3) 회사는 제품을 Y1. 4. 1.에 동산(주)에 판매하면서 판매시점에 판매대금의 60%만 현금을 수령하였고 나머지 금액은 Y1. 12. 31.에 확실히 수령할 예정이다. 판매대금은 10,000,000원이다.

① 10,000,000원 ② 12,000,000원 ③ 15,000,000원

④ 29,000,000원 ⑤ 33,000,000원

04 수익인식에 관한 일반기업회계기준의 관점에 비추어 볼 때, 옳은 것은? (공인회계사 기출문제 수정)

① 수익은 통상적인 경영활동에서 발생하는 재화나 용역의 제공에 대한 총유출을 말한다. 다만, 주주의 지분참여로 인한 자본증가는 수익에 포함하지 아니한다.

② 다른 수익인식 조건들이 충족된 경우라 하더라도 반품가능성이 불확실하여 추정이 어려운 경우에는 구매자가 재화의 인수를 공식적으로 수락한 시점 또는 재화 인도 후 반품기간 종료시점에 수익을 인식한다.

③ 특별주문을 받아 소프트웨어를 개발하는 경우 소프트웨어의 대가로 수취하는 수수료는 개발완료 시점에 계약금액 전액을 수익으로 인식한다.

④ 장기할부판매의 수익은 현금 수취시점 마다 인식한다.

⑤ 다른 수익인식 조건들이 충족된 경우라 하더라도 위탁자는 수탁자로부터 해당재화에 대한 판매대금을 수령한 시점에 수익을 인식한다.

05 SJ(주)의 전자쇼핑몰사업부에서는 당기 중 매출액은 100억원이며 상품취득원가는 70억원이다. 판매에 따른 수수료는 매출액의 2%이다. 당기 중 SJ(주)의 영업활동과 관련된 수익은 얼마인가?

① 0원 ② 2억원 ③ 3.4억원 ④ 100억원 ⑤ 170억원

06 다음 자료에 의하여 유통업을 하고 있는 삼청(주)의 매출액을 추정하면 얼마인가?

(1) 기초상품재고자산	1,000원
(2) 당기매입액	9,000원
(3) 기말상품재고자산	2,000원
(4) 매출총이익	15,000원
(5) 영업이익	10,000원

① 17,000원 ② 22,000원 ③ 23,000원
④ 24,000원 ⑤ 25,000원

07 수익의 인식시점을 연결한 것으로 옳지 않은 것은?

① 미인도청구판매: 재화가 실질적으로 인도되는 시점
② 설치 및 검사 조건부 판매: 설치와 검사 완료시점
③ 위탁판매: 수탁자가 위탁품을 판매한 시점
④ 상품권: 상품권 회수시점
⑤ 부동산판매: 원칙적으로 소유권 이전시점

08 (주)남산의 제30기(20X0.1.1.~12.31.)의 거래내역이다. 제30기에 수익으로 인식할 금액은?

> ㈎ 20X0.1.1. 소프트웨어를 4억원(판매 후 3년간 A/S용역 제공에 따른 대가 3억원이 포함되어 있음)에 판매하고 20X0년 1년간 A/S용역을 제공하였으며, 향후에도 계속적으로 일정하게 수행할 예정이다.
> ㈏ 20X0.1.1. 고객에게 소프트웨어 개발대가로 3억원을 수령하였다. 개발기간은 2년, 소프트웨어 인도 후 A/S용역 제공기간은 1년이다.

① 1억원 ② 2억원 ③ 3억원 ④ 4억원 ⑤ 5억원

정답 및 해설

01 ④ 수강료: 강의기간 동안 발생기준 적용함.

02 ③ 장기할부매출은 현재가치로 수익을 인식한다. 100,000원×0.9615 + 200,000원×0.9245 = 281,050원

선수금 150,000원은 상품이 인도될 때 수익을 인식한다.

단기 무이자 할부 판매는 인도시점에 수익을 100,000원 인식한다.

따라서 총수익은 381,050원이다.

03 ③

가: 인도의 지연시 소유권 이전시점이 수익인식시점임 따라서, Y1년도에 3,000,000원 수익 인식함

나: 판매수수료만 판매시점에 인식함. 20,000,000원×10% = 2,000,000원

다: 단기외상판매: 인도시점에 인식함 10,000,000원

따라서, 당기에 인식할 수익금액은 15,000,000원이다.

04 ②

① 수익은 통상적인 경영활동에서 발생하는 경제적 효익의 총유입을 말한다.

③ 특별주문의 소프트웨어 개발의 대가는 진행기준을 적용하여 수익을 인식한다.

④ 장기할부판매는 인도기준으로 수익을 인식한다.

⑤ 위탁판매시 수익인식은 수탁자의 판매시점이다.

05 ② 중개판매나 경매하고 수수료만을 수취하는 전자쇼핑몰 운형회사는 수수료만을 수익으로 인식한다. 매출액 100억원 × 2% = 2억원

06 ③

(1) 매출액 − 매출원가 = 매출총이익

(2) 매출원가 : 기초상품재고자산 1,000원 + 당기매입액 9,000원
− 기말상품재고자산 2,000원 = 8,000원

(3) 매출액 = 매출총이익 15,000원 + 매출원가 8,000원
= 23,000원

07 ① 미인도청구판매: 재화가 실질적으로 인도되는 시점이 아니라 소유권 이전시점에 수익을 인식한다.

08 ③

(1) 재화의 판매대가에 추후 제공한 A/S용역에 대한 대가가 포함될 경우 그 금액을 재화의 공급대가와 구분하여 진행기준에 따라 수익을 인식한다. 따라서 제30기에 인식할 수익은 재화의 공급가액 1억원 + A/S용역대가 1억원(3억원÷3년) = 2억원이다.

(2) 주문개발하는 소프트웨어의 개발수수료는 진행기준에 의해 수익을 인식한다. 따라서 제30기에 인식할 수익은 1억원(3억원÷3년)이다.

∴ 제30기에 인식할 수익은 3억원(2억원+1억원)이다.

Earnings Per Share : EPS

제16장

주당이익

학습목표

본장을 학습한 후 다음 사항을 이해할 수 있다.

1. 주당이익의 개념
2. 유통보통주식수의 산정
3. 기본(또는 희석)주당이익의 산출
4. 기업가치의 추정

1. 주당이익의 의의

주당이익(earnings per share : EPS)은 일반적으로 보통주 1주가 창출한 이익을 말한다. 주당이익은 기본주당 계속사업이익과 기본주당 순이익으로 구분되며, 희석주당이익은 희석주당계속사업이익과 희석주당이익으로 구분된다. 기본주당이익 정보의 목적은 특정 회계기간의 경영성과에 대한 보통주 1주당 지분의 측정치를 제공하는 것으로 기업의 규모가 다를 경우 기업 간 경영성과를 비교할 때 유용한 정보를 제공한다.

기본주당 계속사업이익(또는 기본주당 계속사업손실)의 계산은 보통주에 귀속되는 특정 회계기간의 계속사업이익(또는 계속사업손실)을 그 기간의 가중평균유통보통주식수로 나누어 산출한 것이다. 기본주당 순이익(또는 기본주당손실)의 계산은 보통주에 귀속되는 특정 회계기간의 당기순이익(또는 당기순손실)을 그 기간의 가중평균유통보통주식수로 나누어 산출한 것이다.

① 기본주당 계속사업이익(EPS)

$$= \frac{\text{보통주에 귀속되는 특정 회계기간의 계속사업이익}^{\text{주)}}}{\text{가중평균유통보통주식수}}$$

주) 계속사업이익은 상응하는 법인세비용을 차감한 후의 금액을 말한다.

② 기본주당순이익(EPS)

$$= \frac{\text{보통주에 귀속되는 특정 회계기간의 당기순이익}}{\text{가중평균유통보통주식수}}$$

2. 주당이익의 계산

2-1 기본주당이익

보통주에 귀속되는 특정 회계기간의 계속사업이익(순이익)은 손익계산서상의 계속사업이익(순이익)[1]에서 우선주 배당금 등을 차감하여 산출한다.

① 보통주에 귀속되는 특정 회계기간의 계속사업이익
= 손익계산서상의 계속사업이익 - 우선주 배당금 등[2]

② 보통주에 귀속되는 특정 회계기간의 순이익
= 손익계산서상의 순이익 - 우선주 배당금 등

가중평균유통보통주식수의 산정은 다음과 같다. 이때 '유통'이라 함은 주식이 발행된 재취득되지 않은 상태를 의미한다.

가중평균유통보통주식수는 특정 회계기간의 유통주식수의 변동에 따른 자본의 변동을 반영한다. 유통기간에 따른 가중치는 그 회계기간의 총일수에 대한 특정 보통주의 유통일수의 비율로 산정한다. 보통주유통일수 계산의 기산일은 일반적으로 주식발행의 대가를 받은 시점(일반적으로 주식 발행일)으로 이는 주식발행과 관련된 특정조건에 따라 결정된다. 예를 들면 다음과 같다.

---

1) 이때 당기순이익과 계속사업이익은 상응하는 법인세비용을 차감한 후의 금액을 의미한다(결 26.4 참조)

2) 차감할 우선주 배당금은 다음과 같다(문단 26.8)
① 그 회계기간과 관련하여 결의된 비누적적 우선주 배당금
② 배당결의 여부와 관계없이 누적적 우선주에 대하여 그 회계기간과 관련하여 배당하여야할 금액(따라서 전기 이전의 기간과 관련하여 당기에 지급되거나 결의된 누적적 우선주 배당금은 제외한다)
③ 중간재무제표를 작성하는 경우에는 우선주의 약정배당률(약정배당률이 없는 경우에는 전기배당률)에 의한 배당금 중 해당 중간기간분에 대한 추정액

(1) 현금납입의 경우

현금납입의 경우 기산일은 현금을 받을 권리가 발생하는 날(일반적으로 납입기일의 익일)이다. 한국채택국제회계기준은 현금납입의 경우 가중평균유통주식수 산정 기산일을 대가를 받을 권리가 발생하는 시점으로 하였다. 「상법」에서는 납입기일의 다음 날로부터 주주의 권리의무가 있으므로 납입기일의 다음날이 대가를 받을 권리가 발생하는 시점이 된다.

(2) 발행조건에 전환간주일이 있는 전환사채 또는 전환우선주가 보통주로 전환되는 경우

발행조건에 전환간주일이 있는 전환사채 또는 전환우선주가 당기에 보통주로 전환된 경우에는 발행조건상의 전환간주일에 전환된 것으로 보아 유통보통주식수를 조정한다.

(3) 채무를 변제하기 위하여 보통주를 발행하는 경우

채무를 변제하기 위하여 보통주를 발행하는 경우 채무변제일을 기산일로 하고 있다.

(4) 현금 이외의 자산을 취득하기 위하여 보통주를 발행하는 경우

현금 이외의 자산을 취득하기 위하여 보통주를 발행하는 경우 그 자산의 취득을 인식한 날을 기산일로 하고 있다.

자본의 실질적 변동을 유발하지 않으면서 유통보통주식수의 변동을 가져오는 무상증자, 주식배당, 주식분할, 주식병합(이하 '무상증자 등' 이라고 한다)과 같은 사건이 발생한 경우에는 재무제표에 보고되는 회계기간 중 최초 회계기간의 기초에 그러한 사건이 발생한 것으로 보아 각 회계기간의 유통보통주식수를 비례적으로 조정하여 손익계산서에 그 회계기간과 비교표시되는 모든 회계기간에 대한 가중평균 유통보통주식수를 계산한다. 다만, 기중 유상증자로 발행된 신주에 대해 무상증자 등이 실시된 경우에는 유상증자의 납입기일 익일에 무상증자 등이 실시된 것으로 보아 유통보통주식수를 조정한다.

사례 16-1

다음 자료에 의하여 Y1년도 건우(주)의 기본주당순이익(EPS)을 산정하면 얼마인가?

자 료

(1) 보통주 내역
  ① Y1. 1. 1. 현재 유통주식수 2,000주
  ② Y1. 12. 31. 현재 유통주식수 3,000주
  ③ Y1년도 가중평균유통주식수 2,500주
(2) 당기순이익 100,000원
(3) 배당금 내역
  ① 우선주 20,000원
  ② 보통주 10,000원

해 설

기본주당순이익(EPS)
= (당기순이익 100,000원 − 우선주배당금 20,000원) ÷ 가중평균유통보통주식수 2,500주
= 32원

사례 16-2

다음 자료에 의하여 B(주)의 Y1년도 기본주당 순이익(EPS)을 산정하면 얼마인가?

① 보통주식수의 변동

일 자	변동 내용	발행주식수	유통주식수
Y1. 1. 1.	기초	2,000	2,000
Y1. 4. 1.	유상증자(납입기일의 익일)	1,000	3,000
Y1. 7. 1.	무상증자(10%)	300	3,300
Y1. 12. 31.	기말	3,300	3,300

② 당기순이익 1,000,000원
③ 우선주 배당금 300,000원

해 설

(1) 가중평균유통보통주식수의 계산

유통기간	변동 내용	주식수	유통주식수	유통일수	적수
1.1. ~ 12.31.	기초	2,000	2,200	365	803,000
4.1. ~ 12.31.	유상증자(납입기일의 익일)	1,000	1,100	275	302,500
1.1. ~ 12.31.	무상증자	300			
합 계	기말	3,300			1,105,500

주) 무상증자는 구주에 따르므로 기초시점부터 기산일이 된다. 다만 기중에 유상증자가 있을 경우에는 유상증자 시점(납입기일의 익일)부터 기산일이 된다.

① 가중평균유통보통주식수 : 1,105,500 ÷ 365일 = 3,028주

② 월수로 계산하면 다음과 같다

가. 2,000주 × 12/12 + 200주 × 12/12 = 2,200주
나. 1,000주 × 9/12 + 100주 × 9/12 = 825주
합계 3,025주

(2) 기본주당순이익
= (당기순이익 1,000,000원 − 우선주배당금 300,000원) ÷ 3,025주
= 231.40원

2-2 희석주당이익

희석주당이익은 보통주의 발행청구권을 가지고 있는 자가 청구권을 사용하여 희석성 잠재적보통주가 보통주로 전환된다면 산출되는 주당이익을 말한다. 이러한 희석주당이익을 공시하는 것은 잠재적보통주가 보통주로 전환된다면 주당이익이 낮아지므로 주당이익을 보다 보수적으로 나타낼 수 있기 때문이다. 희석성 잠재적보통주는 보통주로 전환할 수 있는 금융부채(전환사채, 신주인수권부사채 등)나 지분상품(전환우선주 포함), 옵션과 주식매입권 등이 있다.

$$\text{희석주당순이익} = \frac{\text{기본주당이익 산출에 사용된 이익} + \text{희석성 잠재적 보통주가 소멸되는 경우 당기손익에 미치는 영향}}{\text{기본주당이익 산출에 사용된 가중평균유통보통주식수} + \text{희석성 잠재적 보통주로 인해 추가 발행될 가중평균유통보통주식수}}$$

만약, 기초에 보유하고 있는 전환사채가 보통주로 전환된다면 추가로 증가하는 보통주식수는 가중평균유통주식수로 전환하여 분모에 추가하고 전환사채가 보통주로 전환된다면 감소될 전환사채의 이자(법인세효과 차감 후)를 분자에 가산한다. 이때 기초에 전환된 것으로 가정한다면 당기 중 발생된 전환사채이자비용에 (1-법인세율)을 곱하여 분자에 가산하고 기초에 전환된 것으로 가정했으므로 증가될 보통주식수를 분모에 가산하면 된다.

사례 16-3

자 료

㈜삼청은 보통주만 있으며 Y3년도 당기순이익은 499,600원, 가중평균유통보통주식수 100주라고 하자. 이 경우 기본주당순이익은 4,996원(499,600원 ÷ 100주)이다. Y2년 말 5%(유효이자율)의 전환사채를 액면금액 1,000,000원에 발행(전환권대가

50,000원 포함)하였으며 이는 40주의 보통주로 전환될 수 있다. 전환가정법에 따라 당해 전환사채는 기초에 전환된 것으로 보는 경우 희석주당순이익은 얼마인가? 법인세율은 20%라고 가정한다.

해 설

(1) 조정된 가중평균유통주식수: 140주

- 가중평균유통보통주식수 100주
- (+) 전환사채 전환으로 발행될 보통주식수 40주

(2) 조정된 당기순손익: 537,600원

- 당기순이익 499,600원
- (+) 전환사채이자(부채요소 950,000원×5%×(1− 법인세율 20%) = 38,000원

(3) 희석주당순이익

537,600원 ÷ 140주 = 3,840원

3. 주당이익의 활용

3-1 주가수익비율 산정

주가수익비율(price earnings ratio : PER)은 다음과 같이 산출된다.

$$PER = \frac{1주당\ 시가}{EPS}$$

일반적으로 동종업종에 비해서 저평가된 PER를 소유한 기업에 투자를 하면 상대적으로 높은 투자수익을 얻을 수 있다. 금융권입장에서 볼 때, 저평가된 기업에 추가적인 여신을 줄 경우 원리금 상환에 대한 위험이 상대적으로 낮을 수 있다.

3-2 기업가치평가

비상장기업의 주당이익을 이용하여 기업가치를 간접적으로 평가할 수 있다. 평가하려고 하는 비상장기업과 가장 유사한 동종업종의 상장·등록된 기업의 PER (price earnings ratio)를 이용하여 기업가치를 다음과 같이 추정할 수 있다. 이러한 기업가치 추정방법은 기업의 신용평가 업무에 간단히 활용될 수 있을 것이다.

① 비상장기업의 추정 주당가치

$$= 동종업종의\ PER \times 비상장기업의\ EPS$$

$$= \frac{동종업종의\ 주당가치}{동종업종의\ EPS} \times 비상장기업의\ EPS$$

② 비상장기업의 추정 기업가치

$$= 비상장기업의\ 추정\ 주당가치 \times 발행보통주식수$$

사례 16-4

다음 자료를 이용하여 비상장 C(주)의 기업가치를 추정하면 얼마인가?

자 료

(1) C(주)와 가장 유사한 상장기업의 PER는 150이며, EPS는 40이다.
(2) C(주)의 EPS는 50이며 발행보통주식수는 10,000주이다.

해 설

① 비상장기업의 추정 주당가치
　= 동종 상장기업의 PER 150 × C(주)의 EPS 50
　= 7,500원

② 비상장기업의 추정 기업가치
　= 비상장기업의 추정 주당가치 7,500원 × 발행보통주식수 10,000주
　= 75,000,000원

4. 주당이익의 유용성과 한계점

주당순이익 정보는 다음과 같은 유용성이 있다.

첫째, 보통주 1주에 대해 기업이 창출한 수익력(earning power)을 나타내고 있다. 이는 과거의 수익력이지만 이를 토대로 미래의 수익력을 예측할 수 있는 것이다.

둘째, 1주당 이익을 계산함으로써 기업규모에 관계없이 단위당 수익력을 나타낸다. 따라서 규모가 서로 다른 기업간의 비교가능성이 커지며, 동일 기업이라 하여도 기간 간 비교가능성이 커진다. 주당이익이 아닌 당기순이익이나 매출액 등의 절대수치만으로는 비교가능성이 현저하게 떨어진다.

셋째, 주식투자지표로서 유용한 정보가 된다. 주당이익은 기업의 수익력에 관한 정보로서 주식의 내재가치를 산정할 때 중요한 요소로 쓰인다. 또한 1주당 이익을 1주의 시가와 직접 비교해 볼 수 있게 한다. 즉, 주가수익비율(price earnings ratio PER)의 결정요소로 사용되는 것이다.

넷째, EPS 는 순이익에 대하여 보통주 1주의 지분(持分)을 나타낸다.

그러나 주당순이익은 다음과 같은 한계점도 있다.

첫째, 주당순이익은 기본적으로 과거의 자료이다. 그러나 정보이용자들은 미래를 예측하기 위해서 이용한다. 따라서 이러한 이용목적에 비춰볼 때 주당이익의 한계성이 있다.

둘째, 기업의 수익력은 기업규모에 따라 달라질 수 있다. 기업규모나 부채 및 자본의 비율에 있어서 적정한 수준이 있다고 보는 것이 합리적이다. 그럼에도 주당순이익은 기업규모에 불구하고 1주당 이익을 계산하여 제시함으로써 비교가능성을 저해할 수 있는 것이다.

셋째, 주당순이익은 질적 정보를 제공하지 못함[3]은 물론 물가변동의 영향도 반영되지 못한다. 회계정보의 기본적인 한계점이 그대로 계승되는 것이다.

3) 기업의 업종 특성이나 위험 등을 나타내지 못한다.

5. K-IFRS(제1033호: 주당이익)와 비교

K-IFRS(제1033호 주당이익)에서는 지배회사의 보통주에 대하여 주당계속영업손익과 주당순손익을 포괄손익계산서에 표시하고 그 산출근거를 주석으로 기재하도록 규정하고 있다.

생 | 각 | 해 | 봅 | 시 | 다

1. A 건설회사의 EPS는 30이고 B 피혁회사의 EPS는 10이다. 두 회사의 EPS를 통해서 기업 간의 신용평가가 상대적으로 가능한가?
2. 비상장기업의 EPS를 통해서 기업의 주당 가치를 어떻게 추정할 수 있을까?

6. 회계정보의 이해

다음은 삼청(주)의 비교식 재무제표의 일부이다.

기초시점의 보통주 주식수는 100주, 우선주 주식수는 50주이며 배당은 하지 않았다. 각 물음별로 옳은 설명인지 틀린 설명인지를 판단하시오. 회계기간은 매년 1월 1일부터 12월 31일까지이다.

(단위: 원)

	제17기 : 당기(말)	제16기 : 전기(말)
자본금		
보통주자본금	100,000,000	40,000,000
우선주자본금	50,000,000	30,000,000
기본주당순이익(단위: 원)	250	300

주) 우선주는 Y17년 10월 1일 50주를 유상증자하였다.

(물음1) 기본주당순이익(EPS)은 Y17년 10월 1일 우선주의 유상증자에 의해 영향을 받지 않는다.

(물음2) 보통주자본금은 Y17년 7월 1일 유상증자(100주)로 인한 것이다. 이로 인해 유통보통주식수 산정에 미치는 주식수는 100주이다.

(물음3) 물음2와 위의 회계정보를 통해 당기의 당기순이익이 전기의 당기순이익보다 높다고 판단된다.

정답 및 해설

(물음1) 옳은 설명이다. 우선주 발행주식수 증가는 EPS산정에 영향을 미치지 않는다.

(물음2) 틀린 설명이다. 유상증자시 유통보통주식수는 유상증자일을 기준으로 월할계산하면 50주이다.

(물음3) 옳은 설명이다.

전기(EPS) 300원 = (당기순이익 - 우선주배당금: 없음)/100주,
따라서 당기순이익 300,000원

당기(EPS) 250원 = (당기순이익 - 우선주배당금: 없음)
/(기초 100주 + 유상증자 50주),
따라서 당기순이익 37,500원

7. CASE STUDY

다음 자료를 이용하여 비상장법인인 소백산(주)의 기업가치를 동종업종의 PER를 통해 추정해 봅시다.

자 료

소백산(주)의 산업분류는 1차 금속제조업에 포함된다. 소백산(주)의 당기말 현재 기본주당순이익(EPS)는 800원이며 1주당 액면금액은 10,000원이다. 유통보통주식수는 40,000주이다. 소백산(주)의 매출액과 총자산규모와 가장 유사한 동종업종의 회사는 B(주)이다.

	동종업종의 PER		동종업종의 EPS와 1주당 액면금액	
	PER(H)	PER(L)	EPS	액면금액
A(주)	25.0	17.0	830	5,000
B(주)	18.0	11.0	600	500
C(주)	12.0	10.0	300	500

주) PER(H): 해당 결산기의 최고 종가/기본주당순이익
PER(L): 해당 결산기의 최저 종가/기본주당순이익

(토의1) 동종업종의 PER를 이용하여 기업가치를 추정할 경우 어떤 기준에 의해 동종업종을 선택해야 될지 토의해 봅시다.

(토의2) 위 토의1의 내용을 기초로 소백산(주)의 기업가치를 추정해 봅시다.

해 설

(1) 토의1

주당가치를 추정하기 위해 동종업종의 선택기준은 다음과 같은 방법을 사용할 수 있다.

첫째, 비상장법인의 총자산 및 매출액과 가장 유사한 동종업종의 PER를 이용한다.

둘째, 위 첫 번째 기준을 찾을 수 없을 때에는 동종업종의 PER 중 평균값 또는 중위수를 이용할 수 있다.

(2) 토의2

위 토의1의 내용 중 소백산(주)의 매출액과 총자산의 규모가 가장 유사한 B(주)의 PER를 이용하여 소백산(주)의 기업가치를 산출하면 다음과 같다.

1) B(주)의 최저 · 최고 PER를 적용하여 기업가치를 추정할 경우

① 소백산(주)의 추정 1주당가치(최저치)
= B(주)의 PER(L) × 비상장기업의 EPS
= 11.0 × 800원
= 8,800원

② 소백산(주)의 추정 1주당 가치(최고치)
= B(주)의 PER(H) × 비상장기업의 EPS
= 18.0 × 800원
= 14,400원

③ 소백산(주)의 추정 기업가치(최저치 ~ 최고치)
최소 352,000,000원(8,800원× 40,000주)에서 최대 576,000,000원(14,400원×40,000주)이다.

2) 동종업종의 평균 PER를 적용하여 기업가치를 추정할 경우

① 소백산(주)의 추정 1주당가치(최저치)
= 동종업종의 평균 PER(L) × 비상장기업의 EPS
= (17.0 + 11.0 + 10.0)/3 × 800원
= 10,133원

② 소백산(주)의 추정 1주당가치(최고치)
= 동종업종의 평균 PER(H) × 비상장기업의 EPS
= (25.0+18.0+12.0)/3 × 800원
= 14,666원

③ 소백산(주)의 추정 기업가치
최소 405,320,000원(10,133원 × 40,000주)에서 최대 586,640,000원(14,666원×40,000주)이다.

확 인 문 제

다음 설명이 맞으면 ○, 틀리면 × 하시오.

01 기본주당이익(EPS)은 일반적으로 우선주 1주가 창출한 이익을 말한다. ( )

02 기본주당 계속사업이익을 계산할 때 계속사업이익은 계속사업이익에 상응하는 법인세비용을 차감하기 전의 금액이다. ( )

03 EPS를 산정할 때 보통주식수는 기말시점의 보통주식수를 의미한다. ( )

04 기중 유상증자로 발행된 신주에 대해 무상증자 등이 실시된 경우에는 유상증자의 납입기일 익일에 무상증자 등이 실시된 것으로 보아 유통보통주식수를 조정한다. ( )

05 주가수익비율(PER)은 EPS를 1주당 주가로 나눈 것이다. ( )

06 비상장기업의 기업가치평가는 동종업종의 PER에 비상장기업의 EPS를 곱하여 산출한다. ( )

07 기본주당순이익은 보통주 1주가 미래에 창출할 수익력을 나타내고 있다. ( )

08 기업의 수익력은 규모에 따라 달라질 수 있는데, EPS는 기업의 규모를 나타내지 못하고 있다. ( )

09 우선주에 대한 배당금이 증가할수록 기본주당이익(EPS)은 낮아진다. ( )

10 기중에 자기주식을 취득하면 가중평균유통보통주식수는 증가한다. ( )

정답 및 해설

01 ×(보통주)

02 ×(해당 법인세비용 차감후 금액)

03 ×(가중평균유통보통주식수)

04 ○

05 ×(주가/EPS)

06 ○

07 ×(과거 수익력)

08 ○

09 ○

10 ×(감소한다)

연 습 문 제

01 기본주당순이익(EPS)에 대한 설명으로 옳지 않은 것은?

① 기본주당순이익은 회사가 보유하고 있는 우선주 1주에 대해 기업이 창출한 수익력을 나타내고 있다.

② EPS는 주가수익비율(PER)계산시 결정요소의 자료로 이용된다.

③ 기본주당순이익은 기본적으로 과거의 자료를 사용한다.

④ 기본주당순이익은 기업의 규모에 대한 정보를 제공해 주지 못한다.

⑤ EPS 산정시 발행주식수는 가중평균 유통보통주식수를 적용한다.

02 다음 자료에 의하여 CJ(주)의 기본주당순이익을 구하시오. (소수점 이하는 버림)

(1) 기초시점의 보통주 발행주식수 : 10,000주
(2) 7월 1일(납입기일의 익일) : 유상증자 2,000주 (시가 이상으로 유상증자된 것임)
(3) 10월 1일 : 무상증자 10%
(4) 12월 1일 : 자기주식 1,200주 취득
(5) 우선주는 기중 변동 없이 2,000주이며 액면가액은 5,000원이다.
(6) 가중평균주식수 산정은 일수계산하지 아니하고 월수로 계산함
(7) 당기순이익 1억원
(8) 우선주에 대한 배당금 액면가액 기준으로 10%를 지급함

① 5,706원 ② 8,250원 ③ 8,706원 ④ 8,772원 ⑤ 8,980원

03 다음 자료에 의하여 (주)한국의 기본주당 계속사업이익과 기본주당 순이익을 각각 계산하면 얼마인가?

(1) 계속사업이익 100,000원(법인세비용 차감 전 금액임)
(2) 계속사업이익에 상응하는 법인세비용은 20,000원
(3) 우선주 배당금 10,000원, 보통주 배당금 5,000원
(4) 당기순이익 60,000원
(5) 보통주 기말주식 2,000주
(6) 가중평균보통주식수 1,500주

① 33.33원, 36.66원 ② 40.66원, 46.66원 ③ 46.66원, 33.33원
④ 48.33원, 36.66원 ⑤ 50.66원, 33.33원

04 기본주당순이익에 대한 설명으로 옳지 않은 것은?

① 자기주식은 기본주당순이익 계산시 제외시킨다.
② 가중평균유통보통주식수 산정에 있어서 무상증자는 구주에 따른다.
③ 가중평균유통보통주식수 산정에 있어서 유상증자는 납입기일의 익일부터 산정된다.
④ 당기중에 유상증자로 발행된 신주에 대한 무상증자로 증가한 주식은 가중평균유통보통주식수 산정에서 제외시킨다.
⑤ 보통주 당기순손익은 손익계산서상의 당기순손익에서 우선주배당금을 차감하여 산정한다.

05 삼청(주)의 다음 자료를 통해 추정한 20×7년 7월 1일 유상증자한 보통주 주식수는 몇 주인가?

(1) 20×7년 1월 1일: 보통주식수 2,000주
(2) 20×7년도 당기순이익 2,000,000원
(3) 20×7년도 우선주 배당금 500,000원, 보통주 배당금 200,000원
(4) 20×7년도 기본주당 순이익은 600원
(5) 가중평균보통주식수는 월할 계산한다.

① 500주 ② 800주 ③ 1,000주
④ 1,200주 ⑤ 1,500주

정답 및 해설

01 ① 기본주당순이익은 회사가 보유하고 있는 보통주 1주에 대해 기업이 창출한 수익력을 나타낸다. 따라서, 우선주를 보유하고 있을 경우에는 우선주에 해당되는 배당금은 제외하고 기본주당순이익을 구한다.

02 ②

(1) 가중평균주식수

① 10,000주 × (무상증자 10% 반영: 1.1) × 12/12 = 11,000주

② 2,000주 × (1.1) × 6/12 = 1,100주

③ 1,200주 × 1/12 = (100주)

④ 합계 : 12,000주

(2) 우선주 배당금 : 2,000주 × 5,000원 × 10% = 1,000,000원

(3) 기본주당순이익(EPS) = (100,000,000원 − 1,000,000원)/12,000주
= 8,250원

03 ③

기본주당 계속사업이익 = (계속사업이익100,000원 − 계속사업이익에 상응하는 법인세비용 20,000원 − 우선주배당금 10,000원)/ 1,500주
= 46.66원

기본주당 순이익 = (60,000원 − 10,000원)/1,500주
= 33.33원

04 ④ 유상신주에 대한 무상주는 구주에 따르므로 당해 유상증자일에 발행된 것으로 간주한다.

05 ③

(1) 기본주당 순이익 600원
= (당기순이익 2,000,000원 − 우선주 배당금 500,000원) ÷ 가중평균보통주식수

(2) 가중평균 보통주식수 = 1,500,000원 ÷ 600원
= 2,500주

(3) 2,500주 = 기초 보통주식수 2,000주 + 7월 1일 유상증자수× 1/2
따라서 7월 1일 유상증자한 보통주식수는 1,000주이다.

Accounting Policies, Changes in
Accounting Estimates and Error

제 17 장

회계정책, 회계추정의 변경 및 오류

학습목표

본장을 학습한 후 다음 사항을 이해할 수 있다.

1. 회계변경의 이해
2. 회계정책의 변경사유
3. 회계정책 및 회계추정의 변경에 대한 회계처리

1. 회계정책 및 회계변경

1-1 회계정책의 선택과 적용

회계정책이라 함은 기업이 재무보고의 목적으로 선택한 기업회계기준과 그 적용방법을 말한다. 거래, 기타 사건 또는 상황에 적용되는 회계정책은 일반기업회계기준을 적용하여 경영자가 결정한다. 만약, 거래, 기타 사건 또는 상황에 대하여 구체적으로 적용할 수 있는 일반기업회계기준이 없는 경우, 경영진은 판단에 따라 회계정책을 개발 및 적용하여 회계정보를 작성할 수 있으며, 이 때 회계정보는 다음과 같은 특성을 모두 보유하여야 한다.

(1) 이용자의 경제적 의사결정 요구에 목적적합할 것
(2) 신뢰할 수 있을 것[1)]

적절한 회계정책을 정하지 못하는 경우, 경영진은 유사한 개념체계를 사용하여 회계기준을 개발하는 회계기준제정기구가 가장 최근에 발표한 회계기준, 기타의 회계문헌과 인정된 산업관행을 고려할 수 있다.

---

1) 신뢰할 수 있는 재무제표는 다음의 속성을 포함한다(문단 5.4).
① 기업의 재무상태, 재무성과 및 현금흐름을 충실하게 표현한다.
② 거래, 기타 사건 및 상황의 단순한 법적 형태가 아닌 경제적 실질을 반영한다.
③ 중립적이다. 즉, 편의가 없다
④ 신중하게 고려한다.
⑤ 중요한 사항을 빠짐없이 고려한다.

1-2. 회계변경

회계변경은 회계정책의 변경과 회계추정의 변경을 말한다. 회계정책의 변경은 재무제표의 작성과 보고에 적용하던 회계정책을 다른 회계정책으로 바꾸는 것을 말한다.[2] 재고자산평가방법의 경우 선입선출법에서 총평균법의 변경은 회계정책의 변경에 해당된다. 회계정책은 기업이 재무보고의 목적으로 선택한 기업회계기준과 그 적용방법을 말한다.

한편, 회계추정의 변경은 기업환경의 변화, 새로운 정보의 획득 또는 경험의 축적에 따라 지금까지 사용해오던 회계적 추정치의 근거와 방법 등을 바꾸는 것을 말한다. 회계추정은 기업환경의 불확실성하에서 미래의 재무적 결과를 사전적으로 예측하는 것을 말한다. 예를 들어, 상각대상 자산의 잔존가치가 취득시점 이후 변경된 경우이거나 내용연수의 수정 등은 회계추정의 변경 사례에 해당된다.

매기 동일한 회계정책 또는 회계추정을 사용하면 비교가능성이 증대되어 재무제표의 유용성이 향상된다. 따라서 재무제표를 작성할 때 일단 채택한 회계정책이나 회계추정은 유사한 종류의 사건이나 거래의 회계처리에 그대로 적용하여야 한다.

1-3 회계정책의 변경

회계변경은 회계정보의 비교가능성을 훼손할 수 있으므로 회계변경을 하는 기업은 반드시 회계변경의 정당성을 입증하여야 한다. 그러나 회계기준제정기구가 새로운 회계기준을 제정하거나 개정하는 경우에는 이익조정을 위한 자의적인 회계변경의 여지가 없으므로 회계변경의 정당성에 대한 입증을 필요로 하지 아니한다.

---

2) 다음의 경우는 회계변경으로 보지 아니한다(실5.3).

① 중요성의 판단에 따라 일반기업회계기준과 다르게 회계처리하던 항목들의 중요성이 커지게 되어 일반기업회계기준을 적용하는 경우. 예를 들면, 품질보증비용을 지출연도의 비용으로 처리하다가 중요성이 증대됨에 따라 충당부채 설정법을 적용하는 경우

② 과거에는 발생한 경우가 없는 새로운 사건이나 거래에 대하여 회계정책을 선택하거나 회계추정을 하는 경우

3) 일반기업회계기준 제10장 '유형자산'에 따라 자산을 재평가하는 회계정책을 최초로 적용하는 경우의 회계정책 변경은 이 장을 적용하지 아니하고 각각 제10장에 따라 회계처리한다(문단 5.10). 즉, 회계추정의 변경으로 보아 전진법으로 회계처리한다.

(1) 회계정책을 변경할 수 있는 경우

기업은 다음의 경우에 회계정책을 변경할 수 있다.[3)]

① 일반기업회계기준에서 회계정책의 변경을 요구하는 경우

② 회계정책의 변경을 반영한 재무제표가 거래, 기타 사건 또는 상황이 재무상태, 재무성과 또는 현금흐름에 미치는 영향에 대하여 신뢰성 있고 더 목적적합한 정보를 제공하는 경우

(2) 회계정책의 회계처리: 소급법(원칙)

변경된 새로운 회계정책은 소급하여 적용한다. 전기 또는 그 이전의 재무제표를 비교목적으로 공시할 경우에는 소급적용에 따른 수정사항을 반영하여 재작성한다. 비교재무제표상의 최초회계기간 전의 회계기간에 대한 수정사항은 비교재무제표상 최초회계기간의 자산, 부채 및 자본의 기초금액에 반영한다. 또한 전기 또는 그 이전기간과 관련된 기타재무정보도 재작성한다. 다만, 회계정책의 변경에 따른 누적효과를 합리적으로 결정하기 어려운 경우에는 회계변경을 전진적으로 처리하여 그 효과가 당기와 당기이후의 기간에 반영되도록 한다.

표 재무제표 표시

구 분	회계처리	재무제표반영	
원칙	소급법	전기분	전기재무제표 재작성
		전전기분이후	전기 재무제표상의 전기이월미처분이익잉여금에 반영함
예외	전진법	그 변경의 효과를 당해 회계연도 개시일부터 적용함	

생 | 각 | 해 | 봅 | 시 | 다

1. 회계정책의 변경 사례를 설명하고 회계정책을 변경하면 재무제표의 신뢰성은 높아지는가?
2. 감가상각방법을 변경하면 소급법을 적용해야 하는가?

1-4. 회계추정의 변경

(1) 의의

회계추정은 기업환경의 불확실성하에서 미래의 재무적 결과를 사전적으로 예측하는 것을 말한다. 회계추정의 변경[4]은 기업환경의 변화, 새로운 정보의 획득 또는 경험의 축적에 따라 지금까지 사용해오던 회계적 추정치의 근거와 방법 등을 바꾸는 것을 말하며 회계처리는 전진적으로 처리하여 그 효과를 당기와 당기이후의 기간에 반영한다. 회계정책의 변경과 회계추정의 변경이 동시에 이루어지는 경우에는 회계정책의 변경에 의한 누적효과를 먼저 계산하여 소급적용한 후, 회계추정의 변경효과를 전진적으로 적용한다.

(2) 적용 사례

대손금, 재고자산의 진부화, 금융자산이나 금융부채의 공정가치, 감가상각자산의 내용연수, 감가상각방법의 변경, 품질보증의무 등은 회계추정의 변경 대상이 된다.

(3) 회계처리

회계처리 방법은 다음과 같다.

1) 전진법

회계추정의 변경은 전진적(prospectively)으로 처리하여 그 효과를 당기와 당기이후의 기간에 반영한다. 회계정책의 변경과 회계추정의 변경이 동시에 이루어지는 경우에는 회계정책의 변경에 의한 누적효과를 먼저 계산하여 소급적용

---

4) 정당한 사유에 의한 회계정책 및 회계추정 변경의 예는 다음과 같다(실5.1).
① 합병, 사업부 신설, 대규모 투자, 사업의 양수도 등 기업환경의 중대한 변화에 의하여 총자산이나 매출액, 제품의 구성 등이 현저히 변동됨으로써 종전의 회계정책을 적용할 경우 재무제표가 왜곡되는 경우
② 동종산업에 속한 대부분의 기업이 채택한 회계정책 또는 추정방법으로 변경함에 있어서 새로운 회계정책 또는 추정방법이 종전보다 더 합리적이라고 판단되는 경우
③ 일반기업회계기준의 제정, 개정 또는 기존의 일반기업회계기준에 대한 새로운 해석에 따라 회계변경을 하는 경우

한 후, 회계추정의 변경효과를 전진적으로 적용한다. 기간별 비교가능성을 제고하기 위하여 회계추정의 변경효과는 변경 전 사용하였던 손익계산서 항목과 동일한 항목으로 처리한다.

2) 회계정책의 변경과 구분이 불가능한 경우

회계변경의 속성상 그 효과를 회계정책의 변경효과와 회계추정의 변경효과로 구분하기가 불가능한 경우에는 이를 회계추정의 변경으로 본다. 예를 들면, 비용으로 처리하던 특정지출의 미래 경제적 효익을 인정하여 자본화하는 경우에는 회계정책의 변경효과와 회계추정의 변경효과를 구분하는 것이 불가능한 것이 일반적이다.

(4) 회계추정의 변경효과

회계추정 변경의 효과는 당해 회계연도 개시일부터 적용한다.

표 회계추정의 변경

회계처리	재무제표 반영
전진법	회계추정 변경의 효과를 당해 회계연도 개시일부터 적용함

1-5 회계처리의 장 · 단점

전진법과 소급법의 회계처리에 따른 장 · 단점은 다음과 같다.

회계처리	장 점	단 점
전진법	재무제표의 신뢰성 향상	비교가능성 저해
소급법	기간간의 비교가능성 향상	신뢰성저해 계속성위배

사례 17-1

건국(주)는 Y1년 1월 1일 1,000,000원에 신형 컴퓨터를 취득하여 정률법으로 상각하고 있다. 각 물음은 독립적이다.

① 내용연수 5년(정률법의 상각률 : 0.451) ② 잔존가치 : 취득원가의 5%

1. Y3년도부터는 정률법에서 정액법으로 상각방법을 변경할 경우 Y3년 12월 31일의 회계처리를 하시오.
2. Y3년 1월 1일 새로운 정보에 의하면 컴퓨터의 내용연수는 Y4년 12월 31일까지만 사용이 가능한 것으로 판단되었고 잔존가치는 Y3년 1월 1일 현재 장부금액 301,401원의 5%로 추정된다. 내용년수는 2년, 정률법에 의한 상각률은 77.64%인 경우 Y3년, Y4년도 감가상각비와 Y4년도말 장부금액을 계산하시오.

해 설

1. 유형자산의 감가상각방법의 변경은 회계추정의 변경으로 보아 회계처리한다. 따라서, Y3년초 장부금액 301,401원(1,000,000원 - 451,000원 - 247,599원 = 301,401원)에서 잔존가치 50,000원을 차감한 251,401원을 기준으로 잔존내용연수 동안에 감가상각을 한다. 즉, Y3년도 감가상각비는 (301,401원 - 50,000원 = 251,401원)/3년 = 83,800원이다.

(차) 감가상각비	83,800	(대) 감가상각누계액	83,800

2. 내용연수의 변경 등은 회계추정의 변경에 해당되므로 Y3년도 감가상각비는 다음과 같이 회계처리한다.

① Y3년도 감가상각비 = Y3년 1월 1일 장부금액 301,401원 × 77.64%상각률
(잔존내용연수 2년, 잔존가치=취득원가의 5%)
= 234,007원

② Y4년도 감가상각비 = (301,401원 - 234,007원)×77.64%
= 52,324원

③ Y4년도말 장부금액 = 301,401원 − 감가상각누계액(234,007원
+52,324원= 286,331원)
= 15,070원

주) Y4년도말 장부금액은 Y3년 1월 1일 장부금액 301,401원의 5%인 15,070원으로 잔존가치와 일치함.

표 정률법

구분	1년	2년
취득원가	1,000,000	1,000,000
감가상각비	451,000	247,599
장부금액	549,000	301,401

3. 감가상각표

(1) 정액법: 감가상각비 = (취득원가 − 잔존가치)/내용연수

	Y1년도	Y2년도	Y3년도	Y4년도	Y5년도
① 취득원가	1,000,000	1,000,000	1,000,000	1,000,000	1,000,000
② 감가상각비	190,000	190,000	190,000	190,000	190,000
③ 감가상각누계액	190,000	380,000	570,000	760,000	950,000
④장부금액 (① − ③)	810,000	610,000	430,000	240,000	50,000

(2) 정률법: 감가상각비 = 기초장부금액×상각률(45.1%)

	Y1년도	Y2년도	Y3년도	Y4년도	Y5년도
① 취득원가	1,000,000	1,000,000	1,000,000	1,000,000	1,000,000
② 감가상각비	451,000	247,599	135,931	74,626	40,970
③ 감가상각누계액	451,000	698,599	834,530	909,156	950,126
④ 장부금액 (① − ③)	549,000	301,401	165,470	90,844	49,874(주)

(주) 50,000원 잔존가치가 남아야 하나 상각률을 소수점 셋째자리까지 적용함으로 차이가 발생되는 것임

2. 오류수정

2-1 오류수정의 의의

오류수정은 전기 또는 그 이전의 재무제표에 포함된 회계적 오류를 당기에 발견하여 이를 수정하는 것을 말한다.[5] 중대한 오류는 재무제표의 신뢰성을 심각하게 손상할 수 있는 매우 중요한 오류를 말한다. 오류는 계산상의 실수, 기업회계기준의 잘못된 적용, 사실판단의 오류, 과실 또는 사실의 누락 등으로 인하여 발생된다.

2-2 회계처리

당기에 발견한 전기 또는 그 이전기간의 오류는 당기 손익계산서에 영업외손익 중 전기오류수정손익으로 보고한다. 다만, 전기 이전기간에 발생한 중대한 오류의 수정은 자산, 부채 및 자본의 기초금액에 반영한다. 비교재무제표를 작성하는 경우 중대한 오류의 영향을 받는 회계기간의 재무제표항목은 재작성한다.[6]

전기 또는 그 이전기간에 발생한 중대한 오류의 수정을 위해 전기 또는 그 이전기간의 재무제표를 재작성하는 경우 각각의 회계기간에 발생한 중대한 오류의 수정금액을 해당기간의 재무제표에 반영한다. 비교재무제표에 보고된 최초회계기간 이전에 발생한 중대한 오류의 수정에 대하여는 당해 최초회계기간의 자산, 부채 및 자본의 기초금액에 반영한다. 또한 전기 또는 그 이전기간과 관련된 기타재무정보도 재작성한다.

---

5) 예를 들면, 우발부채로 인식했던 금액을 새로운 정보에 따라 보다 합리적으로 추정한 금액으로 수정하는 것은 오류수정이 아니라 회계추정의 변경이다.(실5.9)

6) 이와 같이 소급법의 적용을 중대한 오류의 경우로 한정한 이유는 모든 오류수정의 회계처리에 소급법을 적용한다면 재무제표를 빈번하게 재작성하게 됨에 따라 재무제표의 신뢰성을 훼손시킬 수 있기 때문이다(결5.2).

중대한 오류(material errors)는 재무제표의 신뢰성을 심각하게 손상시킬 수 있는 매우 중요한 오류를 말한다.

이와 같이 소급법 적용의 대상을 중대한 오류의 경우로 한정한 이유는 일반적으로 회계상의 오류는 경상적으로 발생한다고 할 수 있는데 오류수정의 회계처리에 소급법을 적용한다면 재무제표를 빈번하게 재작성하게 됨에 따라 재무제표의 신뢰성을 훼손시킬 수 있기 때문이다.

표 오류수정의 회계처리

구 분	회계처리	재무제표 표시	
중대한 오류	소급법	① 전기분	전기 재무제표 재작성
		② 전전기분	전기재무제표상의 전기이월미처분 이익잉여금에 전기오류수정손익 계정으로 가감된다
중요하지않은 오류	당기일괄처리법	전기오류수정손익과목으로 영업외 손익에 계상됨	

생 | 각 | 해 | 봅 | 시 | 다

A(주)가 제시한 재무제표상의 당기순이익은 10억원이다. 그런데, 신용평가담당자로서 재무제표를 재검토한 결과 회사가 전년도 감가상각비를 반영하지 않은 것을 발견하였다. 전년도 감가상각비는 4천만원이다. A(주)의 규모 및 매출액 등을 반영할 경우 신용평가업무에서 중대한 오류금액의 기준금액이 5천만원일 경우 당기순이익을 얼마로 수정하여 평가해야 되는가?

3. K-IFRS(제1008호: 회계정책, 회계추정의 변경 및 오류)와 비교

회계정책의 변경, 회계추정의 변경 및 오류의 회계처리를 보면 K-IFRS와 일반기업회계기준과의 차이는 없다. 원칙적으로 회계정책의 변경은 소급법, 회계추정의 변경은 전진법, 오류수정의 경우 중요성의 정도에 따라서 소급법 또는 당기일괄처리법을 사용한다.

4. 회계정보의 이해

다음은 삼청(주)의 비교재무제표의 일부이다. 각 물음별로 옳은 설명인지 틀린 설명인지를 판단하시오.

1) 제6기 비교재무제표 일부

(단위: 원)

	제6기 : 당기(말)	제5기 : 전기(말)
〈손익계산서〉		
영업외비용		
감가상각비	500,000	700,000
· · ·		
법인세비용차감전순이익	1,000	850

2) 제7기 비교재무제표 일부

(단위: 원)

	제7기 : 당기(말)	제6기 : 전기(말)
〈손익계산서〉		
영업외비용		
감가상각비	500,000	600,000
전기오류수정손실	10,000	−
· · ·		
법인세비용차감전순이익	2,000	1,500

(물음1) 당기 중 발견된 전기(제 6기) 오류금액 100,000원은 중요한 오류금액으로 전기 재무제표에서 수정하였다.

(물음2) 당기 전기오류수정손실 10,000원의 원인을 추정해 보면 최소한 당기 이전 (즉, 제 6기 ~ 제 1기)에 발생된 오류 중 중대한 오류가 아닌 금액을 반영한 것이다.

정답 및 해설

(물음1) 옳은 설명이다. 전기오류금액은 비교재무제표에서 전년도 해당 계정과목금액을 직접 수정한다. 감가상각비 100,000원 과소계상한 금액을 추가하여 당기 비교재무제표에서 전기 감가상각비 금액을 500,000원에서 600,000원으로 수정함

(물음2) 옳은 설명이다. 전전기 이후 오류금액은 중대한 오류가 아닐 경우 직접 당기 손익계산서에 전기오류수정이익(손실)을 반영한다.

보론 오류수정에 대한 회계처리

회사는 비품 10,000,000원을 Y1.10.1.에 구입하고 수선비로 회계처리하였다. 유사한 비품에 대해서는 내용연수 5년에 잔존가치는 없으며 정액법으로 상각하고 있다.

1. Y1년도 감사 중에 발견한 경우 수정분개를 하시오.
2. Y2년도 감사 중에 발견한 경우 수정분개를 하시오.

해 설

1. Y1년도 감사 중 발견한 경우

(1) 회사의 분개

(차) 수선비	10,000,000	(대) 현금	10,000,000

(2) 정확한 분개

(차) 비품	10,000,000	(대) 현금	10,000,000
감가상각비	500,000	감가상각누계액	500,000[주1)]

주) 10,000,000원 ÷ 5년 × 3/12(월할상각함)

(3) 수정분개

(차) 비품	10,000,000	(대) 수선비	10,000,000
감가상각비	500,000	감가상각누계액	500,000

2. Y2년도 감사 중 발견한 경우

(1) 회사의 분개

(차) 수선비	10,000,000	(대) 현금	10,000,000

(2) 정확한 분개

(차) 비품	10,000,000	(대) 현금	10,000,000
감가상각비[주1)]	500,000	감가상각누계액	500,000
감가상각비[주2)]	2,000,000	감가상각누계액	2,000,000

주1) Y1년도분
주2) Y2년도분

(3) 수정분개

(차) 비품	10,000,000	(대) 전기오류수정이익	9,500,000[주)]
		감가상각누계액	500,000

주) 10,000,000(수선비) – 감가상각비 500,000(Y1년도분)
Y2년도에서 보면 Y1년도는 이미 결산이 마감되었으므로 손익에 미치는 영향은 순액으로 전기오류수정손익에 계상된다. 전기오류수정손익은 영업외손익으로 계상되며 중대한 오류일 경우 전기재무제표를 재작성한다.

(차) 감가상각비	2,000,000[주)]	(대) 감가상각누계액	2,000,000

주) Y2년도분

확 인 문 제

다음 설명이 맞으면 ○, 틀리면 × 하시오.

01 회계정책은 기업이 재무보고 목적으로 선택한 기업회계기준과 그 적용방법을 말한다. ( )

02 회계변경은 회계정책의 변경과 회계추정의 변경을 말한다. ( )

03 회계정책의 변경은 소급법을 적용하여 회계처리한다. ( )

04 회계추정의 변경을 하면 전기의 재무제표를 재작성하지 않으므로 비교가능성은 높아진다. ( )

05 기계장치에 대한 내용연수를 변경하는 것은 회계정책의 변경에 해당된다. ( )

06 재고자산에 대한 평가방법을 선입선출법에서 총평균법으로 변경할 경우 재무제표를 재작성해야 한다. ( )

07 회계정책변경으로 인한 효과는 전기 손익계산서에 반영된다. ( )

08 회계추정의 변경효과는 당기 손익계산서에 반영한다. ( )

09 오류수정의 금액이 중대한 오류가 아닐 경우 전기오류수정손익은 전기 재무제표를 수정한다. ( )

10 오류의 발생시점은 작년이고 당기 회계감사 중에 발견된 전년도 오류금액이 중대한 오류에 해당된다. 비교식으로 재무제표를 작성할 경우 전년도 오류금액은 전기 재무제표상 금액을 수정하면 된다. ( )

정답 및 해설

01 ○

02 ○

03 ○

04 ×(비교가능성은 낮아짐)

05 ×(회계추정의 변경)

06 ○

07 ×(미처분이익잉여금에 반영)

08 ○(전진법)

09 ×(중대한 오류가 아닐 경우 당기손익 반영)

10 ○

연 | 습 | 문 | 제

01 회계정책의 변경에 대한 회계처리에 대한 설명으로 옳지 않은 것은?

① 소급법으로 회계처리된다.

② 회계정책의 변경에 대한 회계처리는 기간간 비교가능성을 저해한다.

③ 회계정책의 변경에 따른 회계변경 누적효과는 당기손익에 영향을 미치지 않는다.

④ 당기순이익을 조작할 목적은 회계정책의 변경사유에 해당되지 않는다.

⑤ 회계정책의 변경에 대한 회계처리는 재무제표의 신뢰성을 저해한다.

02 건민(주)는 Y2. 1. 1. 다음 자료와 같이 기계장치를 취득하고 정액법을 사용하여 감가상각을 해 오고 있다. Y4. 1. 1. 외부의 환경적 요인에 의하여 내용연수는 4년밖에 되지 못할 것으로 추정되며, 잔존가치 또한 100,000원으로 예상된다. 회계추정의 변경에 해당될 경우 Y4년도 감가상각액은 얼마인가?

(1) 기계장치의 취득원가 : 10,000,000원
(2) 내용연수 : 5년
(3) 잔존가치 : 취득원가의 5%
(4) 내용연수 5년일 경우 정률법의 상각률은 0.451

① 2,850,000원　② 3,100,000원　③ 3,050,000원
④ 2,033,333원　⑤ 2,050,000원

03 회사는 구축물에 대하여 그 동안 내용연수 5년으로 정액법으로 상각하여 왔다. Y2년도 회계자료에 대하여 외부회계감사를 받는 기간 중에 적정한 내용년수는 20년이라는 것을 알게 되었다. 다음 자료를 통하여 당기손익에 미치는 전기오류수정손익을 구하시오. 다만, 구축물과 관련된 전기오류수정손익은 중대한 오류는 아니다.

(1) 구축물 취득일자 : Y1. 1. 1.	(2) 취득원가 : 100,000,000원
(3) 잔존가치 : 없음	(4) 상각방법 : 정액법

① 전기오류수정손실 5,000,000원 ② 전기오류수정이익 5,000,000원
③ 전기오류수정손실 15,000,000원 ④ 전기오류수정이익 15,000,000원
⑤ 전기오류수정이익 20,000,000원

04 삼청(주)는 Y1년도 회사설립 이후 재고자산을 선입선출법으로 평가해 오고 있다. 당기 Y2년도 부터는 총평균법으로 평가방법을 변경할 경우 Y1년도, Y2년도 비교식 재무제표를 작성할 때 Y1년도 매출총이익은 얼마인가?

(1) Y1년도 매출액 10,000원 , 매출원가 7,000원
(2) Y1년도 기말재고자산(기초재고는 없음)
　① 선입선출법 적용시 2,000원 ② 총평균법 적용시 1,500원
(2) Y2년도 기말재고자산
　① 선입선출법 적용시 1,000원 ② 총평균법 적용시 600원

① 2,000원 ② 2,500원 ③ 3,000원 ④ 3,500원 ⑤ 4,000원

05 삼청제조(주)는 전년도까지 판매한 물량에 대해서는 제품보증충당부채는 매출액의 1%로 예상되었다. 당기 신제품은 하자가 많아 제품보증은 매출액의 2%로 예상이 된다. 다음 자료에 의하여 Y3년 당기말 제품보증충당부채 잔액은 얼마인가? 다만, 매출은 매년 1월 1일 발생되며 제품보증기간은 2년이다.

(1) Y1년도 매출액 1,000,000원, Y2년도 매출액 500,000원, Y3년도(당기) 매출액 1,500,000원
(2) 제품보증충당부채 잔액 내역
　① Y1년도 매출액 관련 하자보수비용으로 1,000원 사용됨
　② Y2년도 매출액 관련 하자보수비용으로 2,000원 사용됨
　③ Y3년도 매출액 관련 하자보수비용으로 10,000원 사용됨

① 10,000원 ② 13,000원 ③ 20,000원 ④ 23,000원 ⑤ 35,000원

06 ㈜안국은 제30기 초에 개발활동 관련 지출액 100,000원을 개발비로 회계처리하고, 내용연수 5년, 잔존가치 0원, 정액법으로 상각하였는데, 개발활동 관련 지출액이 자산인식기준을 충족하지 못하는 경우 회사의 회계처리가 제30기 당기손익에 미친 영향은? 단, 회계기간은 매년 1.1.~12.31.임

① 0원(영향 없음)
② 당기순이익 20,000원 감소
③ 당기순이익 20,000원 증가
④ 당기순이익 80,000원 증가
⑤ 당기순이익 100,000원 증가

07 ㈜오청의 회계담당자는 20X4년도 장부를 마감하기 전에 다음과 같은 오류 사항을 발견하였으며, 이는 모두 중요한 오류에 해당한다. 아래의 오류 사항이 ㈜오청의 20X4년 전기이월이익잉여금과 당기순이익에 미치는 영향은 각각 얼마인가? 단, 법인세효과는 고려하지 않는다. 당기 회계기간: 20X4.1.1. ~ 20X4.12.31.

〈오류수정 발견사항〉

1) 20X3년 1월 1일 3년 만기 정기예금에 가입하고 20X3년 기말 결산시 미수이자 100,000원을 누락하였다. 20X4년도에 미수이자 100,000원이 누락된 것을 발견하고 100,000원 전액을 당기 이자수익으로 처리하였다.
2) 상품에 대한 실지재고조사를 한 결과 20X3년 기말상품 재고자산은 60,000원 과대계상, 20X4년 기말상품 재고자산은 90,000원 과소계상된 것을 발견하였다.
3) 20X3년 7월 1일 기계장치 1,000,000원(잔존가치 50,000원, 내용연수 4년, 정액법 상각)을 취득하고 수선비로 처리한 것을 20X4년도에 발견하였다.

	20X4년 전기이월이익잉여금	20X4년 당기순이익
①	78,750원 감소	306,250원 감소
②	921,250원 증가	187,500원 감소
③	1,040,000원 증가	307,500원 감소
④	1,041,250원 증가	131,250원 감소

정답 및 해설

01 ② 회계정책의 변경은 소급법으로 처리되므로 기간간 비교가능성이 향상된다.

02 ③

Y4.1.1. 현재의 장부금액 = 10,000,000원 - 감가상각누계액 (10,000,000원-500,000원)×2/5 = 6,200,000원

Y4년도 감가상각액 = (6,200,000원 - 100,000원)/2년(잔존내용연수)
= 3,050,000원

03 ④

(1) 회사의 감가상각비 회계처리
Y1년도 : 100,000,000원/5년 = 20,000,000원

(2) 정확한 감가상각비 회계처리
Y1년도 : 100,000,000원/20년 = 5,000,000원

(3) 전기오류수정이익 : 20,000,000원 - 5,000,000원 = 15,000,000원

04 ②

재고자산평가방법의 변경은 회계정책의 변경으로 소급법을 적용하여 전년도 재무제표를 수정한다. Y1년도 재고자산을 총평균법으로 적용하면 선입선출법 적용시 보다 기말재고자산이 500원 감소한다. 이로 인해 매출원가는 500원 과대계상되어 매출총이익은 회계정책변경 전 보다 500원이 감소하여 2,500원이 된다.

05 ④

1) Y1년도 매출관련 제품보증충당부채는 보증기간 2년 종료로 없음
2) Y2년도 매출관련 제품보증충당부채 잔액은 매출액 500,000원×1% = 5,000원에서 하자보수비용 2,000원을 차감하면 3,000원이다.
3) Y3년도 매출관련 제품보증충당부채 잔액은 매출액 1,500,000원×2%(회계추정의 변경) = 30,000원에서 하자보수비용 10,000원을 차감한 20,000원이다.

따라서 Y3년말 제품보증충당부채 잔액은 23,000원이다.

06 ④

(1) 회사의 회계처리

(차)	개 발 비	100,000	(대) 현 금	100,000
	개발비상각비	20,000	개 발 비	20,000

(2) 정확한 회계처리

(차)	경상개발비	100,000	(대) 현 금	100,000

㈜ 개발활동과 관련되어 경상개발비(비용)으로 처리함

(3) 필요한 수정분개

(차)	경상개발비	80,000	(대) 개 발 비	80,000

따라서 회사의 회계처리로 인해 제30기의 당기순이익은 80,000원 증가한다.

07 ②

(1) 연도별 오류수정표

구 분	20X3년	20X4년
미수이자 과소계상	100,000원	(100,000원)
재고자산 과대계상	(60,000원)	60,000원
재고자산 과소계상		90,000원
수선비 과대계상	1,000,000원	
감가상각비 과소계상	(118,750원)	(237,500원)
합 계	921,250원	(187,500원)

(2) 감가상각비

- 20X3년도: (1,000,000원 － 50,000원)/4년×6/12 = 118,750원
- 20X4년도: (1,000,000원 － 50,000원)/4년 = 237,500원

Audit Reporting

제 18 장

감사보고서

학습목표

본장을 학습한 후 다음 사항을 이해할 수 있다.

1. 회계감사의 의의
2. 감사보고서의 내용
3. 감사보고서상 회계감사 의견별 차이점

1. 회계감사의 전반적 이해

1-1 회계감사의 의의

회계감사(auditing)란 자질을 갖춘 독립적인 제3자가 특정 경제실체와 관련된 수량적 정보에 대하여 미리 설정된 일정 기준[1]과의 일치 정도를 결정하고 보고할 목적으로 그 수량적 정보에 관한 증거를 수집하고 평가하는 과정이라고 정의된다. 이 정의를 구체적으로 설명하면 다음과 같다.

첫째, 회계감사는 자질을 갖춘 독립적인 제3자가 실시하는 것이다. 제3자는 공인회계사(certified public accountant)이다. 이 정의에서 우리는 공인회계사가 적격성과 독립성을 갖추어야 함을 알 수 있다.

둘째, 감사의 대상은 수량적 정보로서 주로 화폐적 정보를 의미한다.

셋째, 미리 설정된 기준과의 일치정도에 대하여 검토하는 과정이다. 미리 설정된 기준은 기업회계기준(서)이다. 즉, 회계감사는 기업의 회계처리가 기업회계기준(서)을 준수하였는지에 대하여 검토하는 것이다.

넷째, 회계감사는 증거를 수집하고 평가하는 과정이다. 감사증거는 경영자의 주장, 기업회계기준(서)과 일치하는지에 대한 증거를 기록하여 감사의견을 형성하는 데 필요한 기초를 제공하는 것이다. 감사인은 감사증거를 통하여 주장하거나 의견을 형성하므로 감사증거는 감사과정에서 매우 중요한 요소이다.

1-2 회계감사의 목적

회계감사의 목적은 회계처리가 기업회계기준(서)과 합치되는지의 여부에 관하여 의견(opinion)을 표명하는 것이다. 우리나라 회계감사기준에서는 회계감사의 목적에

1) 한국채택 국제회계기준, 일반기업회계기준 등

대하여 다음과 같이 규정하고 있다.

감사는 감사대상 재무제표가 회사의 재무상태와 재무성과 및 현금흐름 그리고 자본변동 등의 내용이 일반적으로 인정된 회계기준에 따라 중요성의 관점에서 공정하게 표시하고 있는지에 대하여 감사인이 독립적으로 의견을 표명함으로서 재무제표의 신뢰성을 제고하고 재무제표의 이용자가 회사에 관하여 올바른 판단을 할 수 있도록 함을 목적으로 한다.

일부 이용자 중에는 회계감사가 회사의 재무상태나 경영성과가 좋고 나쁨을 판단해주는 것으로 오해하는 경우를 보게 된다. 적정의견을 받은 회사가 어떻게 부도가 날 수 있느냐는 항의성 질문을 받기도 한다. 그러나 회계감사는 기업의 미래전망이나 예측을 하는 것이 아니라 주로 시사(sampling test)에 의존하여 감사증거를 수집, 평가한 결과 회사의 회계처리가 기업회계기준을 준수하였는지 여부에 대하여 의견을 표명할 뿐이다. 회계감사기준에서도 감사인의 의견은 회사의 재무상태 또는 경영성과의 양호 여부를 평가하거나 장래전망을 보장하는 것은 아니다.

그림 17-1 회계감사의 목적

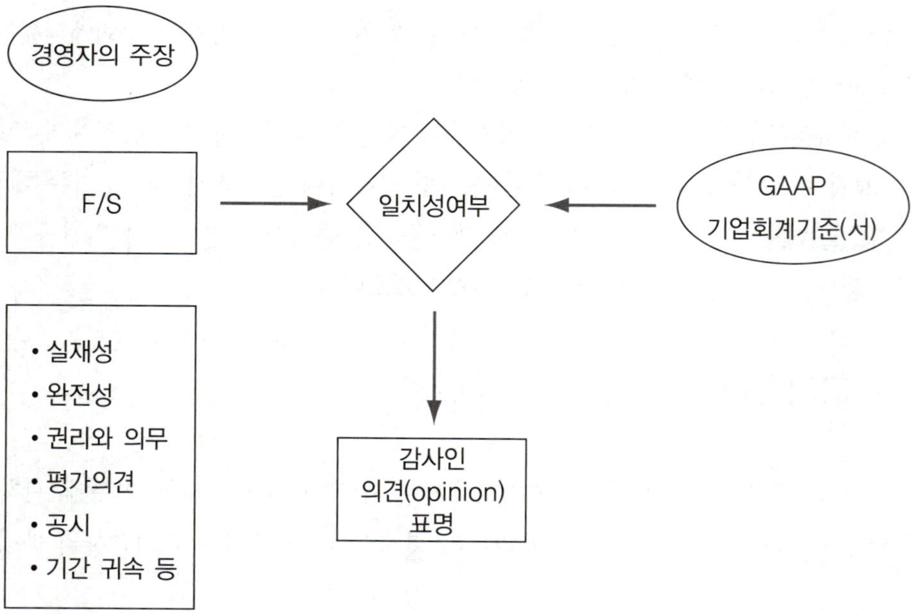

위 표에서 보듯이 회계감사의 목적은 재무제표를 통한 경영자의 주장(실재성, 완전성 등)이 기업회계기준(서)과 일치하는지의 여부에 대하여 의견을 표명하는 것이다.

1-3 회계감사의 필요성

회계감사의 필요성은 정보이용자의 다양화와 외부이용자와 경영자와의 이해의 상충에서 찾을 수 있다. 투자자, 채권자 등 외부이용자들은 회계정보의 원천이자 작성자인 경영자와 이해가 상충한다고 인지하고 있으며, 따라서 경영자가 제공하는 정보에는 편의가 내재될 수 있다. 따라서 독립적인 제3자의 증명기능이 필요하게 된 것이다. 사회가 복잡하고 다원화될수록 스스로 통제하지 못하는 정보에 의존하여 의사결정을 해야 하는 사례가 증가되고 있다. 이에 따라 독립적인 제3자의 감사기능에 대한 의존도도 점차 증가할 수밖에 없는 것이다.

공인회계사의 회계감사는 회사의 재무제표에 대하여 신뢰성을 부여하는 기능을 한다. 근래에 부실감사 사례가 종종 적발되기도 하고, 감사에 관한 신뢰도가 낮은 것으로 인식되기도 한다. 그러나 외부이용자 입장에서 가장 신뢰할 만한 회계정보가 감사보고서이다. 그리고 회계감사를 대체할 만한 대안이 현재 없다. 따라서 회계감사를 최적으로 수행할 수 있는 제반 환경을 조성하는 것이 필요하다 하겠다.

2. 감사보고서의 내용

감사보고서는 회계감사의 최종 산출물로서 감사인의 의견을 공식적으로 전달하는 문서이다. 감사인은 감사보고서를 통하여 감사의견을 표명하고 정보이용자의 판단에 도움이 되는 정보를 제공하며 감사인의 책임한계도 밝히게 된다.

감사인은 감사보고서에 수행한 감사의 범위와 감사의견을 간결하고 명료하게 기술하여야 하며, 감사보고서 이용자가 합리적인 의사결정을 할 수 있는 유용한 정보를 제공할 수 있도록 감사보고서를 작성하여야 한다.

2-1 감사보고서 본문

적정의견의 감사보고서 본문을 보면 다음과 같이 구성되어 있다.

「독립된 감사인의 감사보고서」라는 제목, 수신인, 감사의견, 감사의견근거, 기타사항, 재무제표에 대한 경영진과 지배기구의 책임, 재무제표감사에 대한 감사인의 책임, 감사인의 주소(서명), 감사보고서일자 등이 있다.

(1) 감사의견 및 감사의견 근거

감사인이 감사한 재무제표에 대해 중요성의 관점에서 공정하게 표시하고 있는지의 여부에 대해 기술하고 있다. 감사의견 근거로 대한민국의 회계감사기준에 따라 감사를 수행한 사실, 감사인의 책임이 재무제표감사에 대한 감사인의 책임 단락에 기술되어 있다는 사실, 윤리적 책임을 이행했다는 사실, 입수한 감사증거가 감사의견을 위한 근거로 충분하고 적합하다는 내용 등을 기술하고 있다.

(2) 핵심사항

핵심사항에 해당되는 내용을 기술한다.

(3) 재무제표에 대한 경영진과 지배기구의 책임

경영진은 재무제표를 작성하고 공정하게 표시할 책임과 내부통제에 대한 책임, 계속기업의 존속능력 여부, 지배기구의 책임 범위 등을 기술하고 있다.

(4) 재무제표감사에 대한 감사인의 책임

감사를 통해 항상 재무제표의 중대한 왜곡표시를 발견한다는 보장이 없다는 내용과 감사인의 목적이 감사보고서를 발행하는데 있다는 내용 등을 기술하고 있다.

2-2 강조사항 또는 기타사항

(1) 강조사항(Emphasis of Matter Paragraph)

강조사항은 재무제표에 적절하게 표시되거나 공시되어 있지만, 정보이용자가 재무제표를 이해하는데 근본이 될 정도로 중요하다고 판단되어 감사인이 이를 언급하여 감사보고서에 포함시키는 문단으로 의견문단 바로 다음에 기재한다.

강조될 사항 및 이를 상세하게 기술하고 있는 재무제표의 관련 공시(주석)의 위치를 명확하게 언급해야 한다. 감사의견은 강조된 사항으로 인해 변형되지 않는다는 점도 명시해야 한다. 구체적으로 강조사항 문단에 기재해야 될 사항은 다음과 같다.

① 예외적인 소송이나 규제조치의 미래 결과에 대한 불확실성
② 재무제표일과 감사보고서일 사이에 발생한 유의적인 후속사건[2)]
③ 재무제표에 중요한 영향을 미치는 새로운 회계기준을 조기적용(허용된 경우) 하는 경우
④ 해당 기업의 재무상태에 유의적인 영향을 미쳤거나 계속해서 영향을 미치고 있는 주요 재해
⑤ 감사보고서일 이후 감사인이 알게 된 사실로 인하여 감사인이 새로운 또는 수정된 감사보고서를 제공한 경우(즉, 후속사건)

---

2) 감사기준서 560 문단 6

(2) 기타사항

재무제표에 표시 또는 공시되지 아니한 사항이 감사인이 감사, 감사인의 책임 또는 감사보고서에 대한 정보이용자의 이해와 관련성이 있다고 판단되어 감사인이 이를 언급하여 감사보고서에 포함시키는 문단이다. 구체적으로 다음과 같은 사항은 기타사항에 해당된다.

① 후속사건과 관련하여 이중감사보고서일자로 보고서를 발행하거나 재무제표가 발행된 후 감사인이 알게 된 사실이 있어서 감사보고서를 재발급하거나 수정 감사보고서를 발행하는 경우 해당 후속사건은 강조사항 문단 또는 기타사항 문단에 포함시킬 수 있다.

② 비교재무제표의 경우 전임 감사인이 감사보고서를 재발행하지 않는 경우

③ 감사받은 재무제표를 포함하고 있는 문서 내의 기타정보에 대한 보고

④ 비교재무제표의 경우 전기재무제표에 대한 의견이 이전의 의견과 다른 경우

사 례 적정의견 감사보고서

독립된 감사인의 감사보고서

일우 주식회사

주주 및 이사회 귀중 20X5년 03월 25일

감사의견

우리는 일우 주식회사(이하 "회사")의 재무제표를 감사하였습니다. 해당 재무제표는 20×4년 12월 31일과 20×3년 12월 31일 현재의 재무상태표, 동일로 종료되는 양 보고기간의 손익계산서, 자본변동표, 현금흐름표 그리고 중요한 회계정책 정보를 포함한 재무제표의 주석으로 구성되어 있습니다.

우리의 의견으로는 별첨된 회사의 재무제표는 회사의 20×4년 12월 31일과 20×3년 12월 31일 현재의 재무상태와 동일로 종료되는 양 보고기간의 재무성과 및 현금흐름을 일반기업회계기준에 따라, 중요성의 관점에서 공정하게 표시하고 있습니다.

감사의견근거

우리는 대한민국의 회계감사기준에 따라 감사를 수행하였습니다. 이 기준에 따른 우리의 책임은 이 감사보고서의 재무제표감사에 대한 감사인의 책임 단락에 기술되어 있습니다. 우리는 재무제표감사와 관련된 대한민국의 윤리적 요구사항에 따라 회사로부터 독립적이며, 그러한 요구사항에 따른 기타의 윤리적 책임들을 이행하였습니다. 우리가 입수한 감사증거가 감사의견을 위한 근거로서 충분하고 적합하다고 우리는 믿습니다.

기타사항

회사의 201×3년 12월 31일로 종료되는 보고기간의 재무제표는 ○○회계법인이 대한민국의 회계감사기준에 따라 감사하였으며, 이 감사인의 20×4년 2월 21일자 감사보고서에는 적정의견이 표명되었습니다.

재무제표에 대한 경영진과 지배기구의 책임

경영진은 일반기업회계기준에 따라 이 재무제표를 작성하고 공정하게 표시할 책임이 있으며, 부정이나 오류로 인한 중요한 왜곡표시가 없는 재무제표를 작성하는데 필요하다고 결정한 내부통제에 대해서도 책임이 있습니다.

경영진은 재무제표를 작성할 때, 회사의 계속기업으로서의 존속능력을 평가하고 해당되는 경우, 계속기업 관련 사항을 공시할 책임이 있습니다. 그리고 경영진이 기업을 청산하거나 영업을 중단할 의도가 없는 한, 회계의 계속기업 전제의 사용에 대해서도 책임이 있습니다.

지배기구는 회사의 재무보고절차의 감시에 대한 책임이 있습니다.

재무제표감사에 대한 감사인의 책임

우리의 목적은 회사의 재무제표에 전체적으로 부정이나 오류로 인한 중요한 왜곡표시가 없는지에 대하여 합리적인 확신을 얻어 우리의 의견이 포함된 감사보고서를 발행하는데 있습니다. 합리적인 확신은 높은 수준의 확신을 의미하나, 감사기준에 따라 수행된 감사가 항상 중요한 왜곡표시를 발견한다는 것을 보장하지는 않습니다.

왜곡표시는 부정이나 오류로부터 발생할 수 있으며, 왜곡표시가 재무제표를 근거로 하는 이용자의 경제적 의사결정에 개별적으로 또는 집합적으로 영향을 미칠 것이 합리적으로 예상되면, 그 왜곡표시는 중요하다고 간주됩니다.

감사기준에 따른 감사의 일부로서 우리는 감사의 전 과정에 걸쳐 전문가적 판단을 수행하고 전문가적 의구심을 유지하고 있습니다. 또한, 우리는:

• 부정이나 오류로 인한 재무제표의 중요왜곡표시위험을 식별하고 평가하며 그러한 위

험에 대응하는 감사절차를 설계하고 수행합니다. 그리고 감사의견의 근거로서 충분하고 적합한 감사증거를 입수합니다. 부정은 공모, 위조, 의도적인 누락, 허위진술 또는 내부통제 무력화가 개입될 수 있기 때문에 부정으로 인한 중요한 왜곡표시를 발견하지 못할 위험은 오류로 인한 위험보다 큽니다.

- 상황에 적합한 감사절차를 설계하기 위하여 감사와 관련된 내부통제를 이해합니다. 그러나 이는 내부통제의 효과성에 대한 의견을 표명하기 위한 것이 아닙니다.
- 재무제표를 작성하기 위하여 경영진이 적용한 회계정책의 적합성과 경영진이 도출한 회계추정치와 관련 공시의 합리성에 대하여 평가합니다.
- 경영진이 사용한 회계의 계속기업전제의 적절성과, 입수한 감사증거를 근거로 계속기업으로서의 존속능력에 대하여 유의적 의문을 초래할 수 있는 사건이나, 상황과 관련된 중요한 불확실성이 존재하는지 여부에 대하여 결론을 내립니다. 중요한 불확실성이 존재한다고 결론을 내리는 경우, 우리는 재무제표의 관련 공시에 대하여 감사보고서에 주의를 환기시키고, 이들 공시가 부적절한 경우 의견을 변형시킬 것을 요구받고 있습니다. 우리의 결론은 감사보고서일까지 입수된 감사증거에 기초하나, 미래의 사건이나 상황이 회사의 계속기업으로서 존속을 중단시킬 수 있습니다.
- 공시를 포함한 재무제표의 전반적인 표시와 구조 및 내용을 평가하고, 재무제표의 기초가 되는 거래와 사건을 재무제표가 공정한 방식으로 표시하고 있는지 여부를 평가합니다.

우리는 여러 가지 사항들 중에서 계획된 감사범위와 시기 그리고 감사 중 식별된 유의적 내부통제 미비점 등 유의적인 감사의 발견사항에 대하여 지배기구와 커뮤니케이션합니다.

서울특별시 강남구 ×××
○○ 회계법인
대표이사 공인회계사 ××× (인)

이 감사보고서는 감사보고서일(20X5년 03월 25일) 현재로 유효한 것입니다. 따라서 감사보고서일 이후 이 보고서를 열람하는 시점까지의 기간 사이에 회사의 재무제표에 중대한 영향을 미칠 수 있는 사건이나 상황이 발생할 수도 있으며 이로 인하여 이 감사보고서가 수정될 수도 있습니다.

3. 감사의견과 감사보고서

감사보고서는 궁극적으로 감사의견을 표명하기 위하여 작성된다. 따라서 감사의견은 감사보고서 중 가장 핵심적인 사항이다. 감사의견을 형성하는 데 있어서 준거기준은 기업회계기준(서)이다.

감사의견의 종류로는 적정의견, 한정의견, 부적정의견 및 의견거절의 4가지가 있다. 이러한 감사의견은 기업회계기준에 준수했는지의 여부, 감사범위에 제한이 있었는지의 여부, 독립성이 결여되었는지의 여부 등에 따라 달리 표명된다. 감사의견 표명사유 및 중요성에 따라 감사의견을 정리하면 다음 표와 같다.

표 감사의견의 비교

감사의견을 변형시키는 사항	감사의견 변형사유가 재무제표에 미치거나 미칠 수 있는 영향의 전반성에 대한 감사인의 판단		
	중요하지 않은 경우	중요하지만 전반적이지 아니한 경우	중요하며 전반적인 경우
재무제표가 중요하게 왜곡표시된 경우(기업회계기준의 위배)	적정의견	한정의견	부적정의견
충분하고 적합한 감사증거를 입수할 수 없는 경우(감사범위 제한)	적정의견	한정의견	의견거절

3-1 적정의견

적정의견(unqualified opinion)은 감사범위의 제한을 받지 아니하고 회계감사기준을 준수하여 감사를 실시한 결과 재무제표가 기업회계기준에 따라 적정하게 작성되었다고 판단되는 경우에 표명된다. 따라서 적정의견은 첫째 감사범위의 제한을 받지 아니하여야 하고, 둘째 회계감사기준을 준수하여 감사를 실시해야 하며, 셋째 재무제표가 기업회계기준에 위배되지 않아야 한다.

3-2 한정의견

감사인은 다음의 경우 한정의견을 표명하여야 한다.

① 감사인이 충분하고 적합한 감사증거를 입수한 결과, 왜곡표시가 재무제표에 개별적으로 또는 집합적으로 중요하나 전반적이지는 않다고 결론을 내리는 경우
② 감사인이 감사의견의 근거가 되는 충분하고 적합한 감사증거를 입수할 수 없었지만, 발견되지 아니한 왜곡표시가 재무제표에 미칠 수 있는 영향이 중요할 수는 있으나 전반적이지는 않을 것으로 결론을 내리는 경우

한정의견은 재무제표의 일부에 대해서는 문제가 있으나 전반적인 측면에서 볼 때 재무제표를 신뢰할 수 있을 때 표명되는 의견이다. 예를 들어, 회사가 감가상각비를 10억원 인식했으나 기업회계기준에 의하면 감가상각비는 15억원이다. 이때 감가상각비의 오류금액 5억원이 중요성 관점에서 볼 때 중요하게 왜곡표시되어 있으나 전체 손익에 미치는 영향과 해당 자산의 장부금액에 미치는 영향 등을 고려할 때 재무제표 전체를 왜곡시킬 정도는 아닐 경우 한정의견이 표명된다.

또한, 매출채권 20억원에 대해 충분하고도 적합한 감사증거를 수집할 수 없는 경우 감사인은 중요성 관점에서 해당 매출채권 20억원이 중요한 지를 판단하고 만약 재무제표에 미치는 왜곡의 정도가 중요하지만 매출채권을 제외한 나머지 계정과목은 적정히 감사가 이루어지고 해당 매출채권의 왜곡이 재무제표 전체를 왜곡시킬 정도가 아니라면 한정의견이 표명된다.

사 례 한정의견-재무제표가 중요하게 왜곡표시된 경우

독립된 감사인의 감사보고서

주식회사 ○○○
주주 및 이사회 귀중 20×5년 03월 25일

감사의견

우리는 ABC 주식회사(이하 "회사")의 재무제표를 감사하였습니다. 해당 재무제표는 20X4년 12월 31일 현재의 재무상태표와 동일로 종료되는 보고기간의 손익계산서(또는 포괄손익계산서), 자본변동표, 현금흐름표 그리고 중요한 회계정책 정보를 포함한 재무제표의 주석으로 구성되어 있습니다.

우리의 의견으로는 별첨된 회사의 재무제표는 이 감사보고서의 한정의견근거 단락에 기술된 사항이 미칠 수 있는 영향을 제외하고는 회사의 20X4년 12월 31일 현재의 재무상태와 동일로 종료되는 보고기간의 재무성과 및 현금흐름을 일반기업회계기준에 따라, 중요성의 관점에서 공정하게 표시하고 있습니다.

한정의견의 근거

우리는 20X4년 6월 30일에 회사의 감사인으로 선임되었기 때문에, 보고기간 개시일 현재의 재고자산 실사에 입회하지 못하였습니다. 대체적인 방법으로도 해당 20X3년 12월31일 현재 보유 중인 재고자산 수량에 대하여 만족할만한 결과를 얻지 못하였습니다. 기초 재고자산이 재무성과와 현금흐름의 결정에 영향을 미치기 때문에, 우리는 손익계산서에 보고된 연간 손익과 현금흐름표에 보고된 영업활동으로부터의 순 현금흐름에 수정을 요하는 사항이 있는지 여부에 대하여 결정할 수 없었습니다.

우리는 대한민국의 회계감사기준에 따라 감사를 수행하였습니다. (이하 적정의견과 같음)

기타사항 이하 (생략)

서울특별시 강남구 ×××
○○회계법인
대표이사 공인회계사 ×××

이 감사보고서는 감사보고서일(20X5년 03월 25일) 현재로 유효한 것입니다. 따라서 감사보고서일 이후 이 보고서를 열람하는 시점까지의 기간 사이에 회사의 재무제표에 중대한 영향을 미칠 수 있는 사건이나 상황이 발생할 수도 있으며 이로 인하여 이 감사보고서가 수정될 수도 있습니다.

3-3 부적정의견

감사인은 충분하고 적합한 감사증거를 입수한 결과 왜곡표시가 재무제표에 개별적으로 또는 집합적으로 중요하며 동시에 전반적이라고 결론을 내리는 경우 부적정의견을 표명하여야 한다. 재무제표가 중요하게 왜곡표시되어 있어 재무제표에 대한 신뢰성을 잃게 되는 경우 부적정의견이 표명된다. 예를 들어, 회사가 매출을 100억원 과대계상한 것을 발견한 경우 해당 매출의 왜곡정도가 재무제표에 미치는 영향이 재무제표에 전반적으로 영향을 미칠 경우 표명되는 의견이다.

3-4 의견거절

감사인은 감사의견의 근거가 되는 충분하고 적합한 감사증거를 입수할 수 없으며, 발견되지 아니한 왜곡표시가 있을 경우 이것이 재무제표에 미칠 수 있는 영향이 중요하고 동시에 전반적일 수 있다고 결론을 내리는 경우 의견을 거절하여야 한다.

다수의 불확실성을 수반하는 극히 드문 상황에서 감사인이 각각의 불확실성에 대하여 충분하고 적합한 감사증거를 입수하였음에도 불구하고 이들 개별 불확실성 사이의 잠재적 상호작용과 이들 불확실성이 재무제표에 미칠 수 있는 누적적 영향 때문에 재무제표에 대한 의견을 형성하는 것이 가능하지 않다고 결론을 내리는 경우, 감사인은 의견을 거절하여야 한다.

4. CASE STUDY

신용의사결정을 하고 있는 남산은행은 소나무(주)의 감사보고서상 기술되어 있는 내용을 토대로 아래 토의 내용에 대해 토의해 봅시다.

(토의1) 소나무(주)가 계속기업으로서의 존속능력에 중요한 불확실성이 존재하지 않을까 하는 의문이 들었다. 감사보고서의 어떤 정보를 확인해야 되는지 토의해 봅시다.

(토의2) 특수관계자에 대한 거래에는 어떠한 내용이 있는지 확인할 수 있는 방법에 대해 토의해 봅시다.

(토의3) 감사의견이 신용의사결정에 미치는 영향에 대해 토의해 봅시다.

해 설

(1) 토의1

계속기업에 대한 의문이 있는지의 여부는 여러 가지 방법으로 검토할 수 있다. 첫째, 계속기업의 여부는 감사보고서 본문 강조사항의 문단에 기술되어 있다. 따라서 계속기업에 대한 존속능력에 중요한 불확실성이 존재한다면 감사보고서 본문 강조사항의 문단에 포함되어 있다. 둘째, 기업의 신용 등급과 재무분석가의 예측치를 참조할 수 있다. 특히, 기업의 재무분석을 통해 계속기업에 대한 의문을 검토할 수 있다.

(2) 토의2

특수관계자와 거래내역은 감사보고서 주석에 기술되어 있다. 주석에 있는 내용을 보면 매출, 매입, 대여금, 차입금 등에 대한 거래금액의 규모를 파악할 수 있다.

(3) 토의3

적정의견이 표명된 기업에 대해서는 회사가 제시한 재무제표가 기업회계기준에 따라 작성된 것으로 간주하고 의사결정을 할 수 있다. 그러나, 기업회계기준 위배로 인한 한정의견의 경우에는 감사보고서 본문에 기술되어 있는 수정사항을 반영해서 신용의사결정을 해야 한다. 감사범위의 제한으로 인한 한정의견의 경우에는 특정 계정과목에 대해 감사를 실시하지 않았기 때문에 그 불확실성이 기업회계기준에 의한 한정의견 보다 높다. 감사범위의 제한에 의한 의견거절이 표명될 경우 회사가 제시하는 재무제표는 믿을 수가 없기 때문에 다른 자료를 통해 신용의사결정을 해야 할 것이다.

연 습 문 제

01 감사보고서와 관련된 설명으로 옳지 않은 것은?

① 회계감사는 회사가 제시한 재무제표가 기업회계기준에 따라 정확하게 작성되었는지의 여부를 판단하는 것은 아니다.
② 강조사항이 있을 경우 감사의견 다음문단으로 강조사항이 기술된다.
③ 회계감사보고서의 수신인은 회사의 경영자가 되지 않는다.
④ 계속기업 존속능력에 중요한 불확실성이 있을 경우 강조사항에 기술된다.
⑤ 감사의견이 한정의견일 경우에는 감사보고서 본문 중에 한정의견이라는 용어를 사용하여 표명한다.

02 다음은 한정의견의 감사보고서이다. 괄호( ) 에 알맞은 내용은?

> 한정의견
> 우리의 의견으로는 상기 주식회사 남산제조의 재무제표는 한정의견의 근거문단에 기술된 사항이 미치는 영향을 제외하고는 주식회사 남산제조의 20X4년 12월 31일 현재의 재무상태와 동일로 종료되는 보고기간의 재무성과 및 현금흐름을 일반기업회계기준에 따라 ( )의 관점에서 ( )하게 표시하고 있습니다.

① 경영자, 정확
② 주주, 정확
③ 주주, 공정
④ 중요성, 공정
⑤ 중요성, 정확

A은행은 B(주)의 재무제표를 검토하면서 다음과 같은 오류금액을 발견하였다. [문제3~4]

1. 오류 내역

구 분	회사제시금액	정확한 금액	오류금액
감가상각비	8,000원	9,000원	1,000원
당기순이익	50,000원	49,000원	

2. 회계법인에서 설정한 중요성 기준금액: 1,200원

03 신용평가 업무에서 회사가 제시한 당기순이익을 수정하여야 하는가? 만약, 수정을 한다면 당기순이익을 얼마로 수정하여야 하는가? 의사결정에 영향이 없다면 당기순이익을 수정할 필요는 없다.

① 수정이 필요없음.
② 회사제시 당기순이익에서 200원 차감
③ 회사제시 당기순이익에서 1,000원 차감
④ 회사제시 당기순이익에서 1,200원 차감
⑤ 회사제시 당기순이익에서 1,000원 가산

04 만약 중요성 기준금액이 900원이라고 하면 표명되는 감사의견은 무엇인가?

① 적정의견 ② 한정의견 ③ 부적정의견
④ 의견거절 ⑤ 부적정의견과 의견거절

05 다음은 감사보고서에 대한 설명이다. 옳지 않은 것은?

① 재무제표에 대한 경영진의 책임에 대해 감사보고서 본문에 명확히 기술하고 있다.
② 감사인의 책임은 재무제표에 대한 의견표명을 하는데 있다.
③ 감사는 재무제표의 금액과 공시에 대한 감사증거를 입수하기 위한 절차의 수행을 포함한다.
④ 절차의 선택은 부정이나 오류로 인한 재무제표의 중요한 왜곡표시위험에 대한 평가등 감사인의 판단에 따라 달라지면 안 된다.
⑤ 재무제표를 작성하기 위하여 경영진이 적용한 회계정책의 적합성과 경영진이 도출한 회계추정치의 합리성에 대한 평가를 포함한다.

정답 및 해설

01 ⑤

(1) 회계감사는 회사가 제시한 재무제표가 기업회계기준과 비교할 때 중요성 관점에서 적정하게 표시되어 있는지에 대한 의견을 표명하는 것이다. 따라서, 기업회계기준에 따라서 정확하게 표명되었는지를 판단하는 것은 아니다.

(2) 외부감사인이 의견을 표명하는 것은 감사보고서 본문에 언급되어 있지만 직접적으로 한정의견이라는 용어는 사용하지 않는다.

02 ④ 일반기업회계기준에 따라 (중요성)의 관점에서 (공정)하게 표시하고 있다.

03 ① 오류의 금액(1,000원)이 중요성 기준금액(1,200원)보다 적으므로 재무제표를 수정하지 않아도 된다. 비록 기업회계기준을 위배했지만 위배된 금액이 중요성 기준금액 보다 적기 때문에 적정의견이 표명된다.

04 ② 오류의 금액(1,000원)이 중요성 기준금액(900원)보다 많으므로 한정의견이 표명된다. 오류의 금액이 특히 중요할 경우에는 부적정의견이 표명된다. 중요성 기준금액은 허용오류의 최대치로 해석할 수 있다.

05 ④ 절차의 선택은 부정이나 오류로 인한 재무제표의 중요한 왜곡표시위험에 대한 평가등 감사인의 판단에 따라 달라진다.

참고문헌

- 감사편람, 한국공인회계사회, 2019
- 권수영 외 4인. 자본시장에서의 회계정보 유용성, 신영사, 2010
- 신현걸 외 2인. IFRS 중급회계, 도서출판 지승, 2023
- 회계편람, 한국공인회계사회, 2022
- 오준환, 심충진, 사회와 회계 · 도서출판 청람, 2018
- 윤순석 외 3인. K-IFRS 중급재무회계, 신영사, 2023
- 회계 · 세무 용어사전, 한국공인회계사회, 2004
- *www.kasb.or.kr*(한국회계기준원)
- Feltham, G. and J.Ohlson. 1995. Valuation and Clean Surplus Accounting for Operating and Financial Activities. *Contemporary Accounting Research(Spring)*: 689-731
- Ohlson, J.1995. Earnings, Book Values, and Dividends in Security Valuatinons. *Contemporary Accounting Research* 11: 661-687
- *www.fss.or.kr*
- *Weygandt, Kieso Kimmel, Financial Accounting, 2006, Wiley*
- *Kieso.Weygandt, Warfield, Intermediate Accounting, 2016, Wiley*

부 록

부록: 일반기업회계기준에서 제시하고 있는 재무제표 등의 양식

1. 재무상태표 양식

재 무 상 태 표

제X기 20XX년X월X일 현재
제X기 20XX년X월X일 현재

기업명 (단위 : 원)

과 목	당 기		전 기	
자 산				
유동자산		XXX		XXX
당좌자산		XXX		XXX
현금및현금성자산	XXX		XXX	
단기투자자산	XXX		XXX	
매출채권	XXX		XXX	
선급비용	XXX		XXX	
이연법인세자산XXX	XXX			
……	XXX		XXX	
재고자산		XXX		XXX
제품	XXX		XXX	
재공품	XXX		XXX	
원재료	XXX		XXX	
……	XXX		XXX	
비유동자산		XXX		XXX
투자자산		XXX		XXX
투자부동산	XXX		XXX	
장기투자증권	XXX		XXX	
지분법적용투자주식	XXX		XXX	
……	XXX		XXX	
유형자산		XXX		XXX
토지	XXX		XXX	
설비자산	XXX		XXX	
(-) 감가상각누계액	XXX		XXX	
건설중인자산	(XXX)(XXX)			
……	XXX		XXX	
무형자산		XXX		XXX
영업권	XXX		XXX	
산업재산권	XXX		XXX	
개발비	XXX		XXX	
……	XXX		XXX	
기타비유동자산		XXX		XXX
이연법인세자산XXX	XXX			
……	XXX		XXX	
자 산 총 계		XXX		XXX

과 목	당 기		전 기	
부 채				
유동부채		XXX		XXX
단기차입금XXX		XXX		
매입채무	XXX		XXX	
당기법인세부채	XXX		XXX	
미지급비용XXX		XXX		
이연법인세부채	XXX		XXX	
……	XXX		XXX	
비유동부채		XXX		XXX
사채	XXX		XXX	
신주인수권부사채	XXX		XXX	
전환사채XXX		XXX		
장기차입금	XXX		XXX	
퇴직급여충당부채	XXX		XXX	
장기제품보증충당부채	XXX		XXX	
이연법인세부채	XXX		XXX	
……	XXX		XXX	
부 채 총 계		XXX		XXX
자 본				
자본금		XXX		XXX
보통주자본금	XXX		XXX	
우선주자본금	XXX		XXX	
자본잉여금		XXX		XXX
주식발행초과금	XXX		XXX	
……	XXX		XXX	
자본조정		XXX		XXX
자기주식	XXX		XXX	
……	XXX		XXX	
기타포괄손익누계액		XXX		XXX
매도가능증권평가손익	XXX		XXX	
해외사업환산손익	XXX		XXX	
현금흐름위험회피	XXX		XXX	
파생상품평가손익	XXX		XXX	
……	XXX		XXX	
이익잉여금(또는 결손금)		XXX		XXX
법정적립금	XXX		XXX	
임의적립금	XXX		XXX	
미처분이익잉여금 (또는 미처리결손금)				
자 본 총 계		XXX		XXX
부채 및 자본 총계		XXX		XXX

2. 손익계산서 양식 (중단사업손익이 있을 경우)

손 익 계 산 서

제X기 20XX년X월X일부터 20XX년X월X일까지
제X기 20XX년X월X일부터 20XX년X월X일까지

기업명 (단위 : 원)

과 목	당 기		전 기	
매출액		XXX		XXX
매출원가		XXX		XXX
기초제품(또는 상품)재고액	XXX		XXX	
당기제품제조원가 (또는 당기상품매입액)	XXX		XXX	
기말제품(또는 상품)재고액	(XXX)		(XXX)	
매출총이익(또는매출총손실)		XXX		XXX
판매비와관리비		XXX		XXX
급여	XXX		XXX	
퇴직급여	XXX		XXX	
복리후생비	XXX		XXX	
임차료	XXX		XXX	
기업업무추진비	XXX		XXX	
감가상각비	XXX		XXX	
무형자산상각비	XXX		XXX	
세금과공과	XXX		XXX	
광고선전비	XXX		XXX	
연구비	XXX		XXX	
경상개발비	XXX		XXX	
대손상각비	XXX		XXX	
……	XXX		XXX	
영업이익(또는 영업손실)		XXX		XXX
영업외수익		XXX		XXX
이자수익	XXX		XXX	
배당금수익	XXX		XXX	
임대료	XXX		XXX	
단기투자자산처분이익	XXX		XXX	
단기투자자산평가이익	XXX		XXX	
외환차익	XXX		XXX	

과 목	당 기		전 기	
외화환산이익	XXX		XXX	
지분법이익	XXX		XXX	
장기투자증권손상차손환입	XXX		XXX	
유형자산처분이익	XXX		XXX	
사채상환이익	XXX		XXX	
전기오류수정이익	XXX		XXX	
......	XXX		XXX	
영업외비용		XXX		XXX
이자비용	XXX		XXX	
기타의대손상각비	XXX		XXX	
단기투자자산처분손실	XXX		XXX	
단기투자자산평가손실	XXX		XXX	
재고자산감모손실	XXX		XXX	
외환차손	XXX		XXX	
외화환산손실	XXX		XXX	
기부금	XXX		XXX	
지분법손실	XXX		XXX	
장기투자증권손상차손	XXX		XXX	
유형자산처분손실	XXX		XXX	
사채상환손실	XXX		XXX	
전기오류수정손실	XXX		XXX	
......	XXX		XXX	
법인세비용차감전계속사업손익		XXX		XXX
계속사업손익법인세비용		XXX		XXX
계속사업이익(또는 계속사업손실)		XXX		XXX
중단사업손익 (법인세효과: ×××원)		XXX		XXX
당기순이익(또는 당기순손실)		XXX		XXX

3. 손익계산서 양식 (중단사업손익이 없을 경우)

손 익 계 산 서

제X기 20XX년X월X일부터 20XX년X월X일까지
제X기 20XX년X월X일부터 20XX년X월X일까지

기업명 (단위 : 원)

과 목	당 기		전 기	
매출액		XXX		XXX
매출원가		XXX		XXX
기초제품(또는 상품)재고액	XXX		XXX	
당기제품제조원가 (또는 당기상품매입액)	XXX		XXX	
기말제품(또는 상품)재고액	(XXX)		(XXX)	
매출총이익(또는매출총손실)		XXX		XXX
판매비와관리비		XXX		XXX
급여	XXX		XXX	
퇴직급여	XXX		XXX	
복리후생비	XXX		XXX	
임차료	XXX		XXX	
기업업무추진비	XXX		XXX	
감가상각비	XXX		XXX	
무형자산상각비	XXX		XXX	
세금과공과	XXX		XXX	
광고선전비	XXX		XXX	
연구비	XXX		XXX	
경상개발비	XXX		XXX	
대손상각비	XXX		XXX	
……	XXX		XXX	
영업이익(또는 영업손실)		XXX		XXX
영업외수익		XXX		XXX
이자수익	XXX		XXX	
배당금수익	XXX		XXX	
임대료	XXX		XXX	
단기투자자산처분이익	XXX		XXX	
단기투자자산평가이익	XXX		XXX	
외환차익	XXX		XXX	

과　　　목	당 기		전 기	
외화환산이익	XXX		XXX	
지분법이익	XXX		XXX	
장기투자증권손상차손환입	XXX		XXX	
유형자산처분이익	XXX		XXX	
사채상환이익	XXX		XXX	
전기오류수정이익	XXX		XXX	
……	XXX		XXX	
영업외비용		XXX		XXX
이자비용	XXX		XXX	
기타의대손상각비	XXX		XXX	
단기투자자산처분손실	XXX		XXX	
단기투자자산평가손실	XXX		XXX	
재고자산감모손실	XXX		XXX	
외환차손	XXX		XXX	
외화환산손실	XXX		XXX	
기부금	XXX		XXX	
지분법손실	XXX		XXX	
장기투자증권손상차손	XXX		XXX	
유형자산처분손실	XXX		XXX	
사채상환손실	XXX		XXX	
전기오류수정손실	XXX		XXX	
……	XXX		XXX	
법인세비용차감전순손익		XXX		XXX
법인세비용		XXX		XXX
당기순이익(또는 당기순손실)		XXX		XXX

4. 자본변동표 양식

자 본 변 동 표

제X기 20XX년X월X일부터 20XX년X월X일까지
제X기 20XX년X월X일부터 20XX년X월X일까지

기업명 (단위 : 원)

구 분	자본금	자본 잉여금	자본조정	기타포괄 손익누계액	이익 잉여금	총 계
20XX.X.X(보고금액)	XXX	XXX	XXX	XXX	XXX	XXX
회계정책변경누적효과	(XXX)	(XXX)	(XXX)	(XXX)	(XXX)	(XXX)
전기오류수정	(XXX)	(XXX)	(XXX)	(XXX)	(XXX)	(XXX)
수정후 자본	XXX	XXX	XXX	XXX	XXX	XXX
연차배당					(XXX)	(XXX)
처분후 이익잉여금					XXX	XXX
중간배당					(XXX)	(XXX)
유상증자(감자)	XXX	XXX				XXX
당기순이익(손실)					XXX	XXX
자기주식 취득			(XXX)			(XXX)
해외사업환산손익				(XXX)		(XXX)
20XX.X.X(	XXX	XXX	XXX	XXX	XXX	XXX
20XX.X.X(보고금액)	XXX	XXX	XXX	XXX	XXX	XXX
회계정책변경누적효과	(XXX)	(XXX)	(XXX)	(XXX)	(XXX)	(XXX)
전기오류수정	(XXX)	(XXX)	(XXX)	(XXX)	(XXX)	(XXX)
수정후 자본	XXX	XXX	XXX	XXX	XXX	XXX
연차배당					(XXX)	(XXX)
처분후 이익잉여금					XXX	XXX
중간배당					(XXX)	(XXX)
유상증자(감자)	XXX	XXX				XXX
당기순이익(손실)					XXX	XXX
자기주식 취득			(XXX)			(XXX)
매도가능증권평가손익				(XXX)		(XXX)
20XX.X.X	XXX	XXX	XXX	XXX	XXX	XXX

5. 포괄손익계산서의 주석 양식

포 괄 손 익 계 산 서

제X기 20XX년X월X일부터 20XX년X월X일까지
제X기 20XX년X월X일부터 20XX년X월X일까지

기업명 (단위 : 원)

구 분	당 기	전 기
당기순손익	XXX	XXX
회계정책변경누적효과(주)	XXX	XXX
기타포괄손익	XXX	XXX
매도가능증권평가손익(법인세효과 : XXX원)		
해외사업환산손익(법인세효과 : XXX원)		
현금흐름위험회피 파생상품평가손익 (법인세효과 : XXX원)		
......		
포괄손익	XXX	XXX

(주) 회계정책의 변경에 대하여 소급적용하지 않고 회계정책 변경의 누적효과를 기초 이익잉여금에 일시에 반영하는 경우

6. 이익잉여금처분계산서 양식

이익잉여금처분계산서

제 X 기	20XX년X월X일부터 20XX년X월X일까지	제 X 기	20XX년X월X일부터 20XX년X월X일까지
처리예정일	20XX년X월X일	처분확정일	20XX년X월X일

기업명 (단위 : 원)

구 분	당기		전기	
미처분이익잉여금		XXX		XXX
전기이월미처분이익잉여금 (또는 전기이월미처리결손금)	XXX		XXX	
회계정책변경누적효과	–		XXX	
전기오류수정	–		XXX	
중간배당액	XXX		XXX	
당기순이익(또는 당기순손실)	XXX		XXX	
임의적립금등의이입액		XXX		XXX
×××적립금	XXX		XXX	
×××적립금	XXX		XXX	
합 계		XXX		XXX
이익잉여금처분액		XXX		XXX
이익준비금	XXX		XXX	
기타법정적립금	XXX		XXX	
주식할인발행차금상각액	XXX		XXX	
배당금	XXX		XXX	
현금배당				
주당배당금(률) 보통주 : 당기 XX원(%)				
전기 XX원(%)				
우선주 : 당기 XX원(%)				
전기 XX원(%)				
주식배당				
주당배당금(률) 보통주 : 당기 XX원(%)				
전기 XX원(%)				
우선주 : 당기 XX원(%)				
전기 XX원(%)				
사업확장적립금	XXX		XXX	
감채적립금	XXX		XXX	
차기이월미처분이익잉여금		XXX		XXX

7. 결손금처리계산서 양식

결손금처리계산서

제 X 기 20XX년X월X일부터 20XX년X월X일까지 　　제 X 기 20XX년X월X일부터 20XX년X월X일까지

처리예정일 20XX년X월X일 　　처분확정일 20XX년X월X일

기업명 　　(단위 : 원)

구 분	당 기		전 기	
미처분이익잉여금		XXX		XXX
전기이월미처분이익잉여금 (또는 전기이월미처리결손금)	XXX		XXX	
회계정책변경누적효과	–		XXX	
전기오류수정	–		XXX	
중간배당액	XXX		XXX	
당기순이익(또는 당기순손실)	XXX		XXX	
결손금처리액		XXX		XXX
임의적립금이입액	XXX		XXX	
법정적립금이입액	XXX		XXX	
자본잉여금이입액	XXX		XXX	
차기이월미처리결손금		XXX		XXX

[附表 1] 現 價 表

$$p = \frac{1}{(1+i)^n}$$

기간/이자율 (n) (i)	2%	$2\frac{1}{2}$%	3%	4%	5%	6%	7%	8%	9%	10%
1	0.98039	0.97561	0.97087	0.96154	0.95238	0.94340	0.93458	0.92593	0.91743	0.90909
2	0.96117	0.95181	0.94260	0.92456	0.90703	0.89000	0.87344	0.85734	0.84168	0.82645
3	0.94232	0.92860	0.91514	0.88900	0.86384	0.83962	0.81630	0.79383	0.77218	0.75131
4	0.92385	0.90595	0.88849	0.85480	0.82270	0.79209	0.76290	0.73503	0.70843	0.68301
5	0.90573	0.88385	0.86261	0.82193	0.78353	0.74726	0.71299	0.68058	0.64993	0.62092
6	0.88797	0.86230	0.83748	0.79031	0.74622	0.70496	0.66634	0.63017	0.59627	0.56447
7	0.87056	0.84127	0.81309	0.75992	0.71068	0.66506	0.62275	0.58349	0.54703	0.51316
8	0.85349	0.82075	0.78941	0.73069	0.67684	0.62741	0.58201	0.54027	0.50187	0.46651
9	0.83676	0.80073	0.76642	0.70259	0.64461	0.59190	0.54393	0.50025	0.46043	0.42410
10	0.82035	0.78120	0.74409	0.67556	0.61391	0.55839	0.50835	0.46319	0.42241	0.38554
11	0.80426	0.76214	0.72242	0.64958	0.58468	0.52679	0.47509	0.42888	0.38753	0.35049
12	0.78849	0.74356	0.70138	0.62460	0.55684	0.49697	0.44401	0.39711	0.35553	0.31863
13	0.77303	0.72542	0.68095	0.60057	0.53032	0.46884	0.41496	0.36770	0.32618	0.28966
14	0.75788	0.70773	0.66112	0.57748	0.50507	0.44230	0.38782	0.34046	0.29925	0.26333
15	0.74301	0.69047	0.64186	0.55526	0.48102	0.41727	0.36245	0.31524	0.27454	0.23939
16	0.72845	0.67362	0.62317	0.53391	0.45811	0.39365	0.33873	0.29189	0.25187	0.21763
17	0.71416	0.65720	0.60502	0.51337	0.43630	0.37136	0.31657	0.27027	0.23107	0.19784
18	0.70016	0.64117	0.58739	0.49363	0.41552	0.35034	0.29586	0.25025	0.21199	0.17986
19	0.68643	0.62553	0.57029	0.47464	0.39573	0.33051	0.27651	0.23171	0.19449	0.16351
20	0.67297	0.61027	0.55368	0.45639	0.37689	0.31180	0.25842	0.21455	0.17843	0.14864
21	0.65978	0.59539	0.53755	0.43883	0.35894	0.29416	0.24151	0.19866	0.16370	0.13513
22	0.64684	0.58086	0.52189	0.42196	0.34185	0.27751	0.22571	0.18394	0.15018	0.12285
23	0.63416	0.56670	0.50669	0.40573	0.32557	0.26180	0.21095	0.17032	0.13778	0.11168
24	0.62172	0.55288	0.49193	0.39012	0.31007	0.24698	0.19715	0.15770	0.12640	0.10153
25	0.60953	0.53939	0.47761	0.37512	0.29530	0.23300	0.18425	0.14602	0.11597	0.09230

기간/이자율 (n) (i)	11%	12%	14%	15%	16%	18%	20%	22%	24%	25%
1	0.90090	0.89286	0.87719	0.86957	0.86207	0.84746	0.83333	0.81967	0.80645	0.80000
2	0.81162	0.79719	0.76947	0.75614	0.74316	0.71818	0.69444	0.67186	0.65036	0.64000
3	0.73119	0.71178	0.67497	0.65752	0.64066	0.60863	0.57870	0.55071	0.52449	0.51200
4	0.65873	0.63552	0.59208	0.57175	0.55229	0.51579	0.48225	0.45140	0.42297	0.40960
5	0.59345	0.56743	0.51937	0.49718	0.47611	0.43711	0.40188	0.37000	0.34111	0.32768
6	0.53464	0.50663	0.45559	0.43233	0.41044	0.37043	0.33490	0.30328	0.27509	0.26214
7	0.48166	0.45235	0.39964	0.37594	0.35383	0.31393	0.27908	0.24859	0.22184	0.20972
8	0.43393	0.40388	0.35056	0.32690	0.30503	0.26604	0.23257	0.20376	0.17891	0.16777
9	0.39092	0.36061	0.30751	0.28426	0.26295	0.22546	0.19381	0.16702	0.14428	0.13422
10	0.35218	0.32197	0.26974	0.24718	0.22668	0.19106	0.16151	0.13690	0.11635	0.10737
11	0.31728	0.28748	0.23662	0.21494	0.19542	0.16192	0.13459	0.11221	0.09383	0.08590
12	0.28584	0.25668	0.20756	0.18691	0.16846	0.13722	0.11216	0.09198	0.07567	0.06872
13	0.25751	0.22917	0.18207	0.16253	0.14523	0.11629	0.09346	0.07539	0.06103	0.05498
14	0.23199	0.20462	0.15971	0.14133	0.12520	0.09855	0.07789	0.06180	0.04921	0.04398
15	0.20900	0.18270	0.14010	0.12289	0.10793	0.08352	0.06491	0.05065	0.03969	0.03518
16	0.18829	0.16312	0.12289	0.10686	0.09304	0.07078	0.05409	0.04152	0.03201	0.02815
17	0.16963	0.14564	0.10780	0.09293	0.08021	0.05998	0.04507	0.03403	0.02581	0.02252
18	0.15282	0.13004	0.09456	0.08081	0.06914	0.05083	0.03756	0.02789	0.02082	0.01801
19	0.13768	0.11611	0.08295	0.07027	0.05961	0.04308	0.03130	0.02286	0.01679	0.01441
20	0.12403	0.10367	0.07276	0.06110	0.05139	0.03651	0.02608	0.01874	0.01354	0.01153
21	0.11174	0.09256	0.06383	0.05313	0.04430	0.03094	0.02174	0.01536	0.01092	0.00922
22	0.10067	0.08264	0.05599	0.04620	0.03819	0.02622	0.01811	0.01259	0.00880	0.00738
23	0.09069	0.07379	0.04911	0.04017	0.03292	0.02222	0.01509	0.01032	0.00710	0.00590
24	0.08170	0.06588	0.04308	0.03493	0.02838	0.01883	0.01258	0.00846	0.00573	0.00472
25	0.07361	0.05882	0.03779	0.03038	0.02447	0.01596	0.01048	0.00693	0.00462	0.00378

[附表 2] 年金의 現價表

$$P_o = \frac{1-\frac{1}{(1+i)^n}}{i}$$

기간/이자율 (n) (i)	2%	2½%	3%	4%	5%	6%	7%	8%	9%	10%
1	0.98039	0.97561	0.97087	0.96154	0.95238	0.94340	0.93458	0.92593	0.91743	0.90909
2	1.94156	1.92742	1.91347	1.88609	1.85941	1.83339	1.80802	1.78326	1.75911	1.73554
3	2.88388	2.85602	2.82861	2.77509	2.72325	2.67301	2.62432	2.57710	2.53129	2.48685
4	3.80773	3.76197	3.71710	3.62990	3.54595	3.46511	3.38721	3.31213	3.23972	3.16987
5	4.71346	4.64583	4.57971	4.45182	4.32948	4.21236	4.10020	3.99271	3.88965	3.79079
6	5.60143	5.50813	5.41719	5.24214	5.07569	4.91732	4.76654	4.62288	4.48592	4.35526
7	6.47199	6.34939	6.23028	6.00205	5.78637	5.58238	5.38929	5.20637	5.03295	4.86842
8	7.32548	7.17014	7.01969	6.73274	6.46321	6.20979	5.97130	5.74664	5.53482	5.33493
9	8.16224	7.97087	7.78611	7.43533	7.10782	6.80169	6.51523	6.24689	5.99525	5.75902
10	8.98259	8.75206	8.53020	8.11090	7.72173	7.36009	7.02358	6.71008	6.41766	6.14457
11	9.78685	9.51421	9.25262	8.76048	8.30641	7.88687	7.49867	7.13896	6.80519	6.49506
12	10.57534	10.25776	9.95400	9.38507	8.86325	8.38384	7.94269	7.53608	7.16073	6.81369
13	11.34837	10.98318	10.63496	9.98565	9.39357	8.85268	8.35765	7.90378	7.48690	7.10336
14	12.10625	11.69091	11.29607	10.56312	9.89864	9.29498	8.74547	8.24424	7.78615	7.36669
15	12.84926	12.38138	11.93794	11.11839	10.37966	9.71225	9.10791	8.55948	8.06069	7.60608
16	13.57771	13.05500	12.56110	11.65230	10.83777	10.10590	9.44665	8.85137	8.31256	7.82371
17	14.29187	13.71220	13.16612	12.16567	11.27407	10.47726	9.76322	9.12164	8.54363	8.02155
18	14.99203	14.35336	13.75351	12.65930	11.68959	10.82760	10.05909	9.37189	8.75563	8.20141
19	15.67846	14.97889	14.32380	13.13394	12.08532	11.15812	10.33560	9.60360	8.95011	8.36492
20	16.35143	15.58916	14.87747	13.59033	12.46221	11.46992	10.59401	9.81815	9.12855	8.51356
21	17.01121	16.18455	15.41502	14.02916	12.82115	11.76408	10.83553	10.01680	9.29224	8.64869
22	17.65805	16.76541	15.93692	14.45112	13.16300	12.04158	11.06124	10.20074	9.44243	8.77154
23	18.29220	17.33211	16.44361	14.85684	13.48857	12.30338	11.27219	10.37106	9.58021	8.88322
24	18.91393	17.88499	16.93554	15.24696	13.79864	12.55036	11.46933	10.52876	9.70661	8.98474
25	19.52346	18.42438	17.41315	15.62208	14.09394	12.78336	11.65358	10.67478	9.82258	9.07704

기간/이자율 (n) (i)	11%	12%	14%	15%	16%	18%	20%	22%	24%	25%
1	0.90090	0.89286	0.87719	0.86957	0.86207	0.84746	0.83333	0.81967	0.80645	0.80000
2	1.71252	1.69005	1.64666	1.62571	1.60523	1.56564	1.52778	1.49153	1.45682	1.44000
3	2.44371	2.40183	2.32163	2.28323	2.24589	2.17427	2.10648	2.04224	1.98130	1.95200
4	3.10245	3.03735	2.91371	2.85498	2.79818	2.69006	2.58873	2.49364	2.40428	2.36160
5	3.69590	3.60478	3.43308	3.35216	3.27429	3.12717	2.99061	2.86364	2.74538	2.68928
6	4.23054	4.11141	3.88867	3.78448	3.68474	3.49760	3.32551	3.16692	3.02047	2.95142
7	4.71220	4.56376	4.28830	4.16042	4.03857	3.81153	3.60459	3.41551	3.24232	3.16114
8	5.14612	4.96764	4.63886	4.48732	4.34359	4.07757	3.83716	3.61927	3.42122	3.32891
9	5.53705	5.32825	4.94637	4.77158	4.60654	4.30302	4.03097	3.78628	3.56550	3.46313
10	5.88923	5.65022	5.21612	5.01877	4.83323	4.49409	4.19247	3.92318	3.68186	3.57050
11	6.20652	5.93770	5.45273	5.23371	5.02864	4.65601	4.32706	4.03540	3.77569	3.65640
12	6.49236	6.19437	5.66029	5.42062	5.19711	4.79322	4.43922	4.12737	3.85136	3.72512
13	6.74987	6.42355	5.84236	5.58315	5.34233	4.90951	4.53268	4.20277	3.91239	3.78010
14	6.98187	6.62817	6.00207	5.72448	5.46753	5.00806	4.61057	4.26456	3.96160	3.82408
15	7.19087	6.81086	6.14217	5.84737	5.57546	5.09158	4.67547	4.31522	4.00129	3.85926
16	7.37916	6.97399	6.26506	5.95423	5.66850	5.16235	4.72956	4.35673	4.03330	3.88741
17	7.54879	7.11963	6.37286	6.04716	5.74870	5.22233	4.77463	4.39077	4.05911	3.90993
18	7.70162	7.24967	6.46742	6.12797	5.81785	5.27316	4.81219	4.41866	4.07993	3.92794
19	7.83929	7.36578	6.55037	6.19823	5.87746	5.31624	4.84350	4.44152	4.09672	3.94235
20	7.96333	7.46944	6.62313	6.25933	5.92884	5.35275	4.86958	4.46027	4.11026	3.95388
21	8.07507	7.56200	6.68696	6.31246	5.97314	5.38368	4.89132	4.47563	4.12117	3.96311
22	8.17574	7.64465	6.74294	6.35866	6.01133	5.40990	4.90943	4.48822	4.12998	3.97049
23	8.26643	7.71843	6.79206	6.39884	6.04425	5.43212	4.92453	4.49854	4.13708	3.97639
24	8.34814	7.78432	6.83514	6.43377	6.07263	5.45095	4.93710	4.50700	4.14281	3.98111
25	8.42174	7.84314	6.87293	6.46415	6.09709	5.46691	4.94759	4.51393	4.14742	3.98489

[附表 3] 終 價 表

$f = (1 + i)^{n}$

기간/이자율 (n) (i)	2%	3%	3.00%	4%	5%	6%	7%	8%	9%	10%
1…………	1.02000	1.02500	1.03000	1.04000	1.05000	1.06000	1.07000	1.08000	1.09000	1.10000
2…………	1.04040	1.05063	1.06090	1.08160	1.10250	1.12360	1.14490	1.16640	1.18810	1.21000
3…………	1.06121	1.07689	1.09273	1.12486	1.15763	1.19102	1.22504	1.25971	1.29503	1.33100
4…………	1.08243	1.10381	1.12551	1.16986	1.21551	1.26248	1.31080	1.36049	1.41158	1.46410
5…………	1.10408	1.13141	1.15927	1.21665	1.27628	1.33823	1.40255	1.46933	1.53862	1.61051
6…………	1.12616	1.15969	1.19405	1.26532	1.34010	1.41852	1.50073	1.58687	1.67710	1.77156
7…………	1.14869	1.18869	1.22987	1.31593	1.40710	1.50363	1.60578	1.71382	1.82804	1.94872
8…………	1.17166	1.21840	1.26677	1.36857	1.47746	1.59385	1.71819	1.85093	1.99256	2.14359
9…………	1.19509	1.24886	1.30477	1.42331	1.55133	1.68948	1.83846	1.99900	2.17189	2.35795
10…………	1.21899	1.28008	1.34392	1.48024	1.62889	1.79085	1.96715	2.15892	2.36736	2.59374
11…………	1.24337	1.31209	1.38423	1.53945	1.71034	1.89830	2.10485	2.33164	2.58043	2.85312
12…………	1.26824	1.34489	1.42576	1.60103	1.79586	2.01220	2.25219	2.51817	2.81266	3.13843
13…………	1.29361	1.37851	1.46853	1.66507	1.88565	2.13293	2.40985	2.71962	3.06580	3.45227
14…………	1.31948	1.41297	1.51259	1.73168	1.97993	2.26090	2.57853	2.93719	3.34173	3.79750
15…………	1.34587	1.44830	1.55797	1.80094	2.07893	2.39656	2.75903	3.17217	3.64248	4.17725
16…………	1.37279	1.48451	1.60471	1.87298	2.18287	2.54035	2.95216	3.42594	3.97031	4.59497
17…………	1.40024	1.52162	1.65285	1.94790	2.29202	2.69277	3.15882	3.70002	4.32763	5.05447
18…………	1.42825	1.55966	1.70243	2.02582	2.40662	2.85434	3.37993	3.99602	4.71712	5.55992
19…………	1.45681	1.59865	1.75351	2.10685	2.52695	3.02560	3.61653	4.31570	5.14166	6.11591
20…………	1.48595	1.63862	1.80611	2.19112	2.65330	3.20714	3.86968	4.66096	5.60441	6.72750
21…………	1.51567	1.67958	1.86029	2.27877	2.78596	3.39956	4.14056	5.03383	6.10881	7.40025
22…………	1.54598	1.72157	1.91610	2.36992	2.92526	3.60354	4.43040	5.43654	6.65860	8.14027
23…………	1.57690	1.76461	1.97359	2.46472	3.07152	3.81975	4.74053	5.87146	7.25787	8.95430
24…………	1.60844	1.80873	2.03279	2.56330	3.22510	4.04893	5.07237	6.34118	7.91108	9.84973
25…………	1.64061	1.85394	2.09378	2.66584	3.38635	4.29187	5.42743	6.84848	8.62308	10.83471

기간/이자율 (n) (i)	11%	12%	14%	15%	16%	18%	20%	22%	24%	25%
1…………	1.11000	1.12000	1.14000	1.15000	1.16000	1.18000	1.20000	1.22000	1.24000	1.25000
2…………	1.23210	1.25440	1.29960	1.32250	1.34560	1.39240	1.44000	1.48840	1.53760	1.56250
3…………	1.36763	1.40493	1.48154	1.52088	1.56090	1.64303	1.72800	1.81585	1.90662	1.95313
4…………	1.51807	1.57352	1.68896	1.74901	1.81064	1.93878	2.07360	2.21533	2.36421	2.44141
5…………	1.68506	1.76234	1.92541	2.01136	2.10034	2.28776	2.48832	2.70271	2.93163	3.05176
6…………	1.87041	1.97382	2.19497	2.31306	2.43640	2.69955	2.98598	3.29730	3.63522	3.81470
7…………	2.07616	2.21068	2.50227	2.66002	2.82622	3.18547	3.58318	4.02271	4.50767	4.76837
8…………	2.30454	2.47596	2.85259	3.05902	3.27841	3.75886	4.29982	4.90771	5.58951	5.96046
9…………	2.55804	2.77308	3.25195	3.51788	3.80296	4.43545	5.15978	5.98740	6.93099	7.45058
10…………	2.83942	3.10585	3.70722	4.04556	4.41144	5.23384	6.19174	7.30463	8.59443	9.31323
11…………	3.15176	3.47855	4.22623	4.65239	5.11726	6.17593	7.43008	8.91165	10.65709	11.64153
12…………	3.49845	3.89598	4.81790	5.35025	5.93603	7.28759	8.91610	10.87221	13.21479	14.55192
13…………	3.88328	4.36349	5.49241	6.15279	6.88579	8.59936	10.69932	13.26410	16.38634	18.18989
14…………	4.31044	4.88711	6.26135	7.07571	7.98752	10.14724	12.83918	16.18220	20.31906	22.73737
15…………	4.78459	5.47357	7.13794	8.13706	9.26552	11.97375	15.40702	19.74229	25.19563	28.42171
16…………	5.31089	6.13039	8.13725	9.35762	10.74800	14.12902	18.48843	24.08559	31.24259	35.52714
17…………	5.89509	6.86604	9.27646	10.76126	12.46768	16.67225	22.18611	29.38442	38.74081	44.40892
18…………	6.54355	7.68997	10.57517	12.37545	14.46251	19.67325	26.62333	35.84899	48.03860	55.51115
19…………	7.26334	8.61276	12.05569	14.23177	16.77652	23.21444	31.94800	43.73577	59.56786	69.38894
20…………	8.06231	9.64629	13.74349	16.36654	19.46076	27.39303	38.33760	53.35764	73.86415	86.73617
21…………	8.94917	10.80385	15.66758	18.82152	22.57448	32.32378	46.00512	65.09632	91.59155	108.42022
22…………	9.93357	12.10031	17.86104	21.64475	26.18640	38.14206	55.20614	79.41751	113.57352	135.52527
23…………	11.02627	13.55235	20.36158	24.89146	30.37622	45.00763	66.24737	96.88936	140.83116	169.40659
24…………	12.23916	15.17863	23.21221	28.62518	35.23642	53.10901	79.49685	118.20502	174.63064	211.75824
25…………	13.58546	17.00006	26.46192	32.91895	40.87424	62.66863	95.39622	144.21013	216.54199	264.69780

[附表 4] 年金의 終價表

$$F_o = \frac{(1+i)^n - 1}{i}$$

기간/이자율 (n) (i)	2%	3%	3.00%	4%	5%	6%	7%	8%	9%	10%
1	1.00000	1.00000	1.00000	1.00000	1.00000	1.00000	1.00000	1.00000	1.00000	1.00000
2	2.02000	2.02500	2.03000	2.04000	2.05000	2.06000	2.07000	2.08000	2.09000	2.10000
3	3.06040	3.07563	3.09090	3.12160	3.15250	3.18360	3.21490	3.24640	3.27810	3.31000
4	4.12161	4.15252	4.18363	4.24646	4.31013	4.37462	4.43994	4.50611	4.57313	4.64100
5	5.20404	5.25633	5.30914	5.41632	5.52563	5.63709	5.75074	5.86660	5.98471	6.10510
6	6.30812	6.38774	6.46841	6.63298	6.80191	6.97532	7.15329	7.33593	7.52333	7.71561
7	7.43428	7.54743	7.66246	7.89829	8.14201	8.39384	8.65402	8.92280	9.20043	9.48717
8	8.58297	8.73612	8.89234	9.21423	9.54911	9.89747	10.25980	10.63663	11.02847	11.43589
9	9.75463	9.95452	10.15911	10.58280	11.02656	11.49132	11.97799	12.48756	13.02104	13.57948
10	10.94972	11.20338	11.46388	12.00611	12.57789	13.18079	13.81645	14.48656	15.19293	15.93742
11	12.16872	12.48347	12.80780	13.48635	14.20679	14.97164	15.78360	16.64549	17.56029	18.53117
12	13.41209	13.79555	14.19203	15.02581	15.91713	16.86994	17.88845	18.97713	20.14072	21.38428
13	14.68033	15.14044	15.61779	16.62684	17.71298	18.88214	20.14064	21.49530	22.95338	24.52271
14	15.97394	16.51895	17.08632	18.29191	19.59863	21.01507	22.55049	24.21492	26.01919	27.97498
15	17.29342	17.93193	18.59891	20.02359	21.57856	23.27597	25.12902	27.15211	29.36092	31.77248
16	18.63929	19.38022	20.15688	21.82453	23.65749	25.67253	27.88805	30.32428	33.00340	35.94973
17	20.01207	20.86473	21.76159	23.69751	25.84037	28.21288	30.84022	33.75023	36.97370	40.54470
18	21.41231	22.38635	23.41444	25.64541	28.13238	30.90565	33.99903	37.45024	41.30134	45.59917
19	22.84056	23.94601	25.11687	27.67123	30.53900	33.75999	37.37896	41.44626	46.01846	51.15909
20	24.29737	25.54466	26.87037	29.77808	33.06595	36.78559	40.99549	45.76196	51.16012	57.27500
21	25.78332	27.18327	28.67649	31.96920	35.71925	39.99273	44.86518	50.42292	56.76453	64.00250
22	27.29898	28.86286	30.53678	34.24797	38.50521	43.39229	49.00574	55.45676	62.87334	71.40275
23	28.84496	30.58443	32.45288	36.61789	41.43048	46.99583	53.43614	60.89330	69.53194	79.54302
24	30.42186	32.34904	34.42647	39.08260	44.50200	50.81558	58.17667	66.76476	76.78981	88.49733
25	32.03030	34.15776	36.45926	41.64591	47.72710	54.86451	63.24904	73.10594	84.70090	98.34706

기간/이자율 (n) (i)	11%	12%	14%	15%	16%	18%	20%	22%	24%	25%
1	1.00000	1.00000	1.00000	1.00000	1.00000	1.00000	1.00000	1.00000	1.00000	1.00000
2	2.11000	2.12000	2.14000	2.15000	2.16000	2.18000	2.20000	2.22000	2.24000	2.25000
3	3.34210	3.37440	3.43960	3.47250	3.50560	3.57240	3.64000	3.70840	3.77760	3.81250
4	4.70973	4.77933	4.92114	4.99338	5.06650	5.21543	5.36800	5.52425	5.68422	5.76563
5	6.22780	6.35285	6.61010	6.74238	6.87714	7.15421	7.44160	7.73958	8.04844	8.20703
6	7.91286	8.11519	8.53552	8.75374	8.97748	9.44197	9.92992	10.44229	10.98006	11.25879
7	9.78327	10.08901	10.73049	11.06680	11.41387	12.14152	12.91590	13.73959	14.61528	15.07349
8	11.85943	12.29969	13.23276	13.72682	14.24009	15.32700	16.49908	17.76231	19.12294	19.84186
9	14.16397	14.77566	16.08535	16.78584	17.51851	19.08585	20.79890	22.67001	24.71245	25.80232
10	16.72201	17.54874	19.33730	20.30372	21.32147	23.52131	25.95868	28.65742	31.64344	33.25290
11	19.56143	20.65458	23.04452	24.34928	25.73290	28.75514	32.15042	35.96205	40.23787	42.56613
12	22.71319	24.13313	27.27075	29.00167	30.85017	34.93107	39.58050	44.87370	50.89495	54.20766
13	26.21164	28.02911	32.08865	34.35192	36.78620	42.21866	48.49660	55.74591	64.10974	68.75958
14	30.09492	32.39260	37.58107	40.50471	43.67199	50.81802	59.19592	69.01001	80.49608	86.94947
15	34.40536	37.27971	43.84241	47.58041	51.65951	60.96527	72.03511	85.19221	100.81514	109.68684
16	39.18995	42.75328	50.98035	55.71747	60.92503	72.93901	87.44213	104.93450	126.01077	138.10855
17	44.50084	48.88367	59.11760	65.07509	71.67303	87.06804	105.93056	129.02009	157.25336	173.63568
18	50.39594	55.74971	68.39407	75.83636	84.14072	103.74028	128.11667	158.40451	195.99416	218.04460
19	56.93949	63.43968	78.96923	88.21181	98.60323	123.41353	154.74000	194.25350	244.03276	273.55576
20	64.20283	72.05244	91.02493	102.44358	115.37975	146.62797	186.68800	237.98927	303.60062	342.94470
21	72.26514	81.69874	104.76842	118.81012	134.84051	174.02100	225.02560	291.34691	377.46477	429.68087
22	81.21431	92.50258	120.43600	137.63164	157.41499	206.34479	271.03072	356.44323	469.05632	538.10109
23	91.14788	104.60289	138.29704	159.27638	183.60138	244.48685	326.23686	435.86075	582.62984	673.62636
24	102.17415	118.15524	158.65862	184.16784	213.97761	289.49448	392.48424	532.75011	723.46100	843.03295
25	114.41331	133.33387	181.87083	212.79302	249.21402	342.60349	471.98108	650.95513	898.09164	1,054.79118

저·자·약·력

➻ 이 용 호 (제1장~8장)

• 성균관대학교 대학원 회계학과(재무회계 전공) 경영학석사
• 성균관대학교 대학원 경영학과(회계학 전공) 경영학박사
• 공인회계사
• 안진회계법인 근무
• 재무와 회계정보저널 편집위원장, 한국금융연수원 강사
• 기획재정부 세제발전심의위원회 위원
• (現)창원대학교 경영대학 세무학과 명예교수

〈 저서 및 논문 〉
- 법인세 해설(세연 T4A)
- 조세감면규제법상의 준비금을 이용한 법인세유연화현상에 관한 연구(박사학위논문)
- 법인세유연화 연구, 회계학연구
- 이익유연화현상과 정보효과 - 주주의 부를 증가시키는가?, 회계학연구
- 유연화보고와 회계선택, 세무학연구

➻ 심 충 진 (제9장~18장)

• 건국대학교 경영학과 및 동 대학원 졸업(경영학석사)
• 경희대학교 대학원 회계학과 졸업(경영학박사)
• 공인회계사 및 세무사시험 동시합격
• 삼경회계법인 및 신한회계법인 근무
• 세무와 회계저널 편집위원장 역임
• University of Arizona, visiting scholar
• 중소기업청 및 국세청 자체평가위원(장)
• 한국금융연수원 강사, 한국세무학회 학회장
• (現)건국대학교 경영학과 교수

〈 저서 및 논문 〉
- 세무회계연습(공저), 세학사
- 비상장주식의 평가에 있어서 회계변수평가모형의 도입가능성, 세무학연구
- 수익비용대응과 조세회피, 세무학연구, 그 외 다수

일반기업회계기준

초 판 1쇄 인쇄	2003. 4. 15
제14판 1쇄 발행	2025. 5. 9
저 자	이용호 · 심충진
발 행 인	이준수
발 행 처	한국금융연수원 출판미디어사업부
	(03053) 서울특별시 종로구 삼청로 118
전 화	(02)3700-1500
팩 스	(02)3700-1530
홈 페 이 지	www.kbi.or.kr
등 록	1990. 4. 20. (제1 - 1040호)

<정가 27,000원> ISBN 978-89-287-8260-4 13320

한국금융연수원 자격검정시험 안내

- 「국가공인자격」은 자격기본법에서 정한 기준과 절차에 따라 국가가 공인한 자격으로 신용분석사, 여신심사역, 국제금융역, 자산관리사(FP), 신용위험분석사(CRA), 외환전문역 I종, 외환전문역 II종 등 7개의 자격이 있습니다.
- 「자체인증자격」은 우리 원이 인정, 수여하는 자격으로 공개시험형 자체자격인 프라이빗 뱅커(CPB), 은행텔러, 영업점 컴플라이언스 오피서(은행)(보험)(증권), KBI 금융DT 테스트, 자금세탁방지 업무능력 검정시험 등 7개 자격이 있습니다.

구분	자 격 명 (공인/등록번호)	응시료	자격소개
국가공인자격	신용분석사 (제2024-1호) (2008-0438)	전과목 : 66,000원 1부 : 28,000원 2부 : 39,000원	금융회사의 여신관련 부서에서 기업에 대한 회계 및 비회계자료 분석을 통하여 종합적인 신용상황을 판단하고 신용등급을 결정하는 등 기업신용 평가업무를 담당하는 금융전문가
	여신심사역 (제2024-2호) (2008-0439)	전과목 : 66,000원 1부 : 28,000원 2부 : 39,000원	금융회사의 여신심사 담당자로서 경제상황과 기업의 재무, 비재무상태 등을 분석, 파악하여 적정한 대출심사 의견서 작성, 대출이율 및 대출기간 결정 등 대출실행 여부를 판단하고 자금의 효율적 운용, 대손 방지를 위한 제반조치, 여신의 법률적 검토, 사후관리업무 등 여신업무와 관련한 종합적인 업무를 수행하는 금융전문가
	국제금융역 (제2021-1호) (2008-0440)	전과목 : 66,000원 1부 : 33,000원 2부 : 33,000원	금융회사의 국제금융 관련 부서에서 국제금융시장의 동향파악, 분석 및 예측 등을 통하여 외화자금의 효율적 조달과 운용업무를 담당하고 이에 따른 리스크관리 등 국제금융 관련 업무를 수행하는 금융전문가
	신용위험분석사(CRA) (제2023-2호) (2008-0442)	1차 : 77,000원 2차 : 88,000원	금융회사 및 기업신용평가기관 등에서 개인과 기업에 대한 신용상태를 조사평가하고 신용위험을 측정 · 관리하는 여신전문가
	자산관리사(FP) (제2020-1호) (2008-0441)	전과목 : 55,000원 1부 : 28,000원 2부 : 28,000원	금융회사 영업부서의 PB(Private Banking) 팀에서 고객의 수입과 지출, 자산 및 부채현황, 가족상황 등 고객에 대한 각종 자료를 수집, 분석하여 고객이 원하는 Life Plan 상의 재무목표를 달성할 수 있도록 종합적인 자산설계에 대한 상담과 실행을 지원하는 금융전문가
	외환전문역 I종 (제2020-1호) (2008-0436)	전과목 : 55,000원	금융회사의 외환업무 중 외국환 거래 법규 및 외환거래실무를 이해하고 고객의 외화 자산에 노출되는 각종 외환 리스크를 최소화시키는 등 주로 개인 외환과 관련된 직무를 담당
	외환전문역II종 (제2020-1호) (2008-0436)	전과목 : 55,000원	금융회사의 외환업무 중 수출입업무 및 이와 관련된 국제무역규칙을 이해하고 외환과 관련된 여신 업무를 수행하는 등 주로 기업 외환과 관련된 직무를 담당
자체인증자격	은행텔러 (2008-0437)	전과목 : 55,000원	창구에서 일어나는 제반업무에 대해 신속하고 친절한 업무수행과 정확한 업무처리로 고객에게 도움을 주고 상담을 통해 문제해결을 하도록 도와주는 금융전문가
	영업점 컴플라이언스 오피서(은행) (2010-0118) (보험, 증권) (2013-0702,0703)	전과목 : 각 44,000원	금융회사의 영업점에서 준법관련 법규와 감독기관의 감독규정이 정한 내용과 취지를 충분히 이해하고 업무 수행과정에서 이를 준수하며, 영업점에서 발생 가능한 금융사고 및 민원사항이 발생하지 않도록 사전적 예방 차원에서 그 준수사항의 이행을 점검하는 금융전문가(은행, 보험, 증권 분야별로 자격이 구분됨)
	프라이빗뱅커 (CPB) (2018-004091)	1차 : 110,000원 2차 : 342,000원 (실무교육)	개인고액자산가의 자산 및 수익증대를 실현하기 위해 금융분야 전반에 걸쳐 종합적인 금융상담과 실행을 지원할 수 있는 최고급 수준의 금융자산설계전문가
	KBI 금융DT 테스트 (2021-001872)	전과목 : 44,000원	금융인 및 예비금융인을 대상으로 디지털금융 전반에 대한 기본지식과 업무활용능력 등 금융DT 관련 기본역량 평가
	자금세탁방지 업무능력 검정시험 (2023-004792)	전과목 : 66,000원	금융시스템을 이용한 자금세탁행위와 공중협박자금조달행위를 적발 및 예방할 수 있는 전문적인 업무역량 평가

소비자 알림사항

- 상기 "프라이빗뱅커(CPB)", "영업점컴플라이언스 오피서(은행)(보험)(증권)", "KBI 금융DT 테스트", "은행텔러", "자금세탁방지 업무능력 검정시험" 자격은 자격기본법 규정에 따라 등록한 민간자격으로, 국가로부터 인정받은 공인자격이 아닙니다.
- 민간자격 등록 및 공인 제도에 대한 상세내용은 민간자격정보서비스 (www.pqi.or.kr)의 '민간자격 소개'란을 참고하여 주십시오.

기타

- 응시료 환불 규정 : 접수기간 중 100%, 접수기간 종료 후 시험일 5일전 18시까지 50% 환불/이후 환불 불가
- 자격 공인번호는 재공인시점에 따라 변경될 수 있으며, 응시료, 환불규정 등은 응시 시점에 따라 변경될 수 있으니 자격시험 응시 전 반드시 한국금융연수원 홈페이지에서 응시하고자 하는 자격시험에 관한 최신 정보를 확인하시기 바랍니다. 자격시험에 관한 자세한 사항은 한국금융연수원 홈페이지를 참조하시기 바랍니다.
- 주소 : 서울특별시 종로구 삼청로 118 / TEL : 02-3700-1500 / 홈페이지 : www.kbi.or.kr